Os KAIABI do Brasil Central
História e Etnografia

INSTITUTO SOCIOAMBIENTAL

junho, 2004

Dados Internacionais de Catalogação na Publicação (CIP)
(Câmara Brasileira do Livro, SP, Brasil)

Grünberg, Georg
Os Kaiabi do Brasil Central : História e Etnografia / Georg Grünberg ; posfácio Klinton V. Senra, Geraldo Mosimann da Silva, Simone Ferreira de Athayde ; [tradução Eugênio G. Wenzel ; tradução dos mitos João Dornstauder]. -- São Paulo : Instituto Socioambiental, 2004.

Título original : Beiträge zur Etnographie der Kayabi Zentralbrasiliens.
Bibliografia

ISBN 85-85994-27-4

1. Etnologia - Brasil - Pesquisa 2. Índios da América do Sul - Brasil - Aspectos ambientais 3. Índios da América do Sul - Brasil - Cultura 4. Índios da América do Sul - Brasil - História 5. Índios Kaiabi I. Senra, Klinton V.. II. Silva, Geraldo Mosimann da. III. Athayde, Simone Ferreira de. IV. Título

04-2467 CDD-980.417

Índices para catálogo sistemático:

1. Índios Kaiabi : Brasil Central : Pesquisa etnográfica 980.417

Os KAIABI do Brasil Central

História e Etnografia

Georg Grünberg

Posfácio

Os Kaiabi hoje: aspectos culturais e ambientais

Klinton V. Senra
Geraldo Mosimann da Silva
Simone Ferreira de Athayde

Título original: *Beiträge zur Etnographie der Kayabi Zentralbrasiliens* (1970)

Os KAIABI do Brasil Central – História e Etnografia

Os recursos resultantes da venda desta edição serão destinados ao povo Kaiabi por intermédio da Associação Terra Indígena Xingu (Atix).

autor
Georg Grünberg

tradução
Eugênio G. Wenzel

tradução dos mitos
Padre João Dornstauder

revisão da tradução
Thekla Hartmann

Equipe ISA

edição e revisão
Klinton V. Senra, Marina Kahn, Simone Ferreira de Athayde

textos do posfácio
Klinton V. Senra, Geraldo Mosimann da Silva e Simone Ferreira de Athayde

revisão bibliográfica
Ângela Galvão

projeto gráfico/editoração
Vera Feitosa

editoração eletrônica
Ana Cristina Silveira

Apoio

Dka Austria
Dreikönigsaktion der Katholischen Jungschar

"... NA AUSÊNCIA DO JORGE TUDO QUE ACONTECIA A GENTE CONTAVA PRA ELE..."

Depoimento de Kupe´ap Kayabi, informante de Georg Grünberg (o Jorge) na década de 60, no Rio dos Peixes. Hoje, Kupe'ap mora na aldeia Capivara, dentro do Parque do Xingu.

Na década de 60, na aldeia Tatuy no Rio dos Peixes, quando os Kaiabi começaram a conhecer os brancos o primeiro contato foi com um padre, chamado padre João (Donstauder). Através desse padre os Kaiabi foram conhecendo outros brancos, como seringueiros, pessoal que tirava palmito, caçadores... Os Kaiabi na época lidavam melhor com o padre João. Os índios consideravam ele uma pessoa importante, como se fosse um chefe. Através desse padre nós conhecemos um branco chamado Jorge. Esta pessoa foi muito importante na vida dos índios, uma vez que se dava muito bem com os Kaiabi. Ele se dedicava muito em conhecer o artesanato e as coisas tradicionais dos Kaiabi. E os índios faziam muito artesanato naquela época. Então o Jorge juntava os Kaiabi para mostrar para ele as diferenças dos artesanatos, os desenhos das peneiras... E também os Kaiabi traziam os cocares, mostravam como faziam as armações utilizadas para o início da grande cerimônia do Jawasi. Durante a ausência do Jorge tudo o que acontecia depois a gente contava para ele.

Georg Grunberg

Kupe´ap, 1966

Nós Kaiabi também tínhamos diversas plantas de roças. E ele viu como as índias preparavam as cabaças e faziam as cuias... o prato dos índios. O velho Sabino (falecido no Xingu) andava com o Jorge e mostrava como os Kaiabi produziam e faziam as roças. Tudo isso, na época, o Jorge registrava. E também nós organizamos uma grande festa para o padre João e para o Jorge onde também demonstramos para esses dois brancos a maneira como recebíamos um branco para ser homenageado e como era para lembrar do passado. Então os índios começaram a pintar o padre e o Jorge e as moças também dançaram. E o canto de cada cantor era uma lembrança.

Lembrava dos inimigos antigos de outros povos. Naquela festa demonstravam tudo isso para o Jorge. Passavam urucum na barriga dele e aquele urucum era uma lembrança dos inimigos do passado. Os Kaiabi gostavam muito do Jorge porque ele trabalhava em favor dos índios e pela maneira que ele estava registrando todos os costumes tradicionais. Uma vez mataram muito macaco com flecha para mostrar pra ele que podiam matar bicho sem arma de fogo. E então botaram o Jorge pra carregar estes macacos e prepararam *mutap*(*). Juntavam tudo e tiravam o caldo para ele tomar. E então perguntaram se havia gostado e ele disse: gostei. Depois deram *mutap* e ele então aceitou a comida do povo Kaiabi.

O Jorge lidava muito bem com os Kaiabi. Quando Cláudio Villas Bôas chegou no Tatuy com a turma do Xingu para trazer os Kaiabi pra cá (PIX) o Jorge ficou muito bravo. Inclusive o Jorge trouxe uma carta do padre João para o Cláudio, exatamente por não aceitar levar os Kaiabi para o Xingu. Mas o Cláudio Villas Bôas falou para o Jorge que ele não ia deixar o povo Kaiabi abandonado no Xingu. O Cláudio insistiu em trazer o pessoal para cá. Então o Jorge foi junto com o povo até a picada de onde pegou o avião para vir com o pessoal para o Xingu. Era assim que o Jorge convivia com o povo Kaiabi lá no Tatuy. Os índios, quando o Jorge viajava para outra aldeia ou para sua cidade, sentiam a falta dele. Mas quando chegava, todos os Kaiabi o recebiam com o maior respeito. O Jorge foi uma pessoa muito importante, como se fosse um cacique nosso. Porque só ele é que cuidava bem de nós. Quando os Kaiabi vieram para cá ele veio junto porque não queria que o pessoal viesse ao PIX, então ele veio ver. Padre João falou para ele: "vai no Xingu e faz levantamento por lá, para conhecer como é lá". Então o Jorge veio com a gente. Depois ele retornou para o Tatuy e nunca mais voltou. Ele era meu amigo. Então eu queria ver tudo o que ele fez naquela época, as fotos dos artesanatos, das festas... eu queria ver isso tudo. Talvez esse livro possa servir pra nós no futuro. Esse livro pode ser muito importante pra nós, pra nossas crianças. A gente está aqui aguardando esse livro que vocês prometeram.

Depoimento colhido por Klinton V. Senra e traduzido por Yefuká Kayabi (com adaptações dos editores)

Geraldo Mosimann da Silva

Kupe'ap, 1997

(*) Cozido de carne de caça engrossado com farinha de mandioca na consistência de pirão.

Apresentação

A publicação deste livro nasceu do interesse do povo Kaiabi em acessar os resultados de uma pesquisa acadêmica sobre a sua cultura tradicional, realizada na década de 1960 pelo antropólogo Georg Grünberg. Do final dos anos 1990 para cá os Kaiabi estão envolvidos em um processo de resgate de sua história, formando um acervo de documentos no Parque do Xingu que poderá subsidiar tanto o trabalho político da Associação Terra Indígena Xingu (Atix) quanto o das escolas indígenas do PIX e das outras áreas onde existem representantes Kaiabi. Pessoas da equipe do Programa Xingu do Instituto Socioambiental viabilizaram o contato entre os Kaiabi e Georg Grünberg, mais de 30 anos depois que a sua tese foi concluída e publicada em alemão, em Viena, Áustria. Desde então, circularam apenas algumas poucas cópias datilografadas em versão traduzida pela dedicação de Thekla Hartmann e Eugênio Wenzel.

A tradução do texto original da tese aparece aqui publicada integralmente, respeitando-se inclusive a grafia original do autor das palavras em Kaiabi e de outros grupos indígenas. Exceção é o capítulo V, sobre Cultura Material, substituído pelo próprio autor por uma outra versão maior e mais completa, publicada originalmente por Friedl e Georg Grünberg em 1967* e traduzido para o português por Thekla Hartmann em 1997.

Nesta edição foram feitas revisões e notas explicativas, e acrescidas figuras e fotos originais do próprio Grünberg, tornando o material muito mais atraente e completo. Na parte final do livro, a título de complementação e atualização, foram incluídos textos de outros autores versando sobre alguns aspectos da vida e da situação atual dos Kaiabi, além de fotografias e figuras. Foram compiladas e anexadas tabela com correções de nomes científicos de espécies vegetais e uma listagem das referências bibliográficas mais significativas sobre os Kaiabi produzidas após a publicação original da tese de Grünberg.

A publicação deste livro foi possível graças ao apoio da agência de cooperação Dreikönigsaktion - DKA. (*Beto Ricardo/ISA*)

* Veja Grünberg, F. e Grünberg, G., 1967.

Sumário

Prefácio à versão original

O presente trabalho é o resultado da viagem de pesquisa que realizei durante um período de estudos no Brasil, possibilitada por uma bolsa do Ministério de Relações Exteriores do Brasil, obtida através das recomendações do professor Haekel, de Viena, e do professor Baldus, de São Paulo. Assim, tive a oportunidade de realizar, sob a orientação do professor Baldus, pesquisa de campo entre os Kaiabi do Rio dos Peixes, no noroeste do Mato Grosso, de dezembro de 1965 a novembro de 1966. Os meus parcos recursos financeiros não me teriam permitido empresa de tal vulto, se Harald Schultz, assistente de etnologia do Museu Paulista, falecido em 1966, não colaborasse generosamente com o meu equipamento, e se o Pe. João Dornstauder S.J. da Prelazia de Diamantino não me tivesse dado permissão de utilizar o depósito de medicamentos e gêneros alimentícios do Posto Tatuí.

Guiado por suas informações e seus aconselhamentos, escolhi os Kaiabi como objeto de estudo. Quero agradecer-lhe aqui todas as conversas que mantivemos e que me levaram a melhor compreender a situação em que viviam os Kaiabi. Além disso, permitiu-me ler seus diários e manuscritos (Dornstauder MSa-c, 1975).

Posso apenas mencionar algumas das muitas pessoas que apoiaram meu trabalho, mas gostaria de enfatizar que sempre tive consciência de que sem a paciente ajuda dos Kaiabi e de muitos brasileiros, meus esforços teriam sido inúteis.

O meu venerado professor, doutor Herbert Baldus, encontrou solução para todos os entraves burocráticos e encorajou-me a superar as inúmeras dificuldades que surgiram. O Cônsul Geral da Áustria, senhor Otto Heller, adiantou-me grande parte da bolsa mensal e participou com interesse de meus problemas. Durante os preparativos para a viagem, fui auxiliado não apenas por Harald Schultz, mas por sua esposa Vilma Chiara, por Thekla Hartmann, assistente da Cadeira de Antropologia, e pela família Anatôl Baron von Behr, da Fazenda Amolar. Durante as viagens ajudaram-me Guilherme Mayer e Fritz Tolksdorf em Porto dos Gaúchos, o senhor Marcelo Martins da Cruz e seus funcionários em Cuiabá e, no Parque Nacional do Xingu, especialmente Cláudio Villas Bôas. A estas pessoas, meus sinceros agradecimentos.

O professor Erhard Schlesier de Göttingen gentilmente permitiu-me o manuseio dos diários de Fritz Tolksdorf (Tolksdorf MS). O trabalho foi aceito em 1969 como tese de doutoramento pela Faculdade de Filosofia de Viena e publicado em *Archiv für Völkerkunde*, volume 24:21-186, Viena 1970, sob o título "Beiträge zur Etnographie der Kayabi Zentralbrasiliens".[1]

Os Kaiabi do Rio dos Peixes

Neste nosso decênio[2] certamente não se pode exigir de nenhum etnólogo que escreva monografias tribais com a consciência tranqüila. Ao propor-se tarefa dessa ordem, ele o faz sabendo aspirar a algo impossível. Apesar disso, considero o presente trabalho justificado, mesmo que encerre não apenas lacunas, mas também muitos erros. Existe a possibilidade de apontar as origens das falhas e de distinguir aquelas esferas em que a probabilidade de exatidão de minhas observações é maior ou menor. Sirvo-me dessa possibilidade na parte introdutória de cada capítulo.

Todos os dados etnográficos sobre os Kaiabi baseados em minhas observações referem-se, a rigor, ao grupo local Kaiabi do Rio dos Peixes. É difícil externar-me sobre a aparência física desses índios, pois no convívio relativamente longo a impressão pessoal de cada um sobrepujou a imagem conjunta típica, se é que algum dia existiu. Por isso remeto o leitor às descrições mais ou menos exatas de Sousa (1916:76, 82) e Schmidt (1942:17).

A grafia dos nomes tribais segue a Convenção elaborada pela Primeira Reunião Brasileira de Antropologia[3] (Anônimo 1954). Preocupei-me particularmente com a utilização exaustiva de todas as fontes históricas para a etnografia Kaiabi (capítulo II), porque neste campo quase não existem trabalhos preliminares e porque o conhecimento da situação histórica da tribo é pressuposto essencial para a compreensão de sua cultura.

---

[1] Nota do tradutor: com a autorização do autor, alguns trechos não essenciais do alemão foram suprimidos na presente tradução.

[2] Anos 60 (n.t.).

[3] Nota dos editores: decidimos manter a grafia dos nomes dos povos indígenas, dos indivíduos mencionados e dos termos citados na língua Kaiabi conforme o texto original de Grünberg.

Chave da transcrição fonética

Por motivos técnicos, foi impossível realizar uma transcrição fonética precisa das palavras kaiabi.

Não foram consideradas as oclusivas surdas implosivas finais, tendo sido transcritas da mesma maneira como as oclusivas surdas, e a vogal anterior não arredondada aberta sonora foi transcrita como i.

p = oclusiva (implosiva) bilabial surda
t = oclusiva (implosiva) alveolar surda
k = oclusiva (implosiva) velar surda
f = fricativa bilabial surda
s = fricativa alveolar surda
x = fricativa velar surda
v = fricativa labiodental sonora
ts = africada alveolar homorgânica surda
m = nasal bilabial sonora
n = nasal alveolar sonora
ŋ = nasal velar sonora
r = vibrante alveolar sonora
′ = parada glótica
w = semivogal bilabial sonora
y = semivogal palatal sonora
i = vogal anterior não arredondada fechada (aberta) alta sonora
e = vogal anterior não arredondada fechada média sonora
é = vogal anterior arredondada aberta alta sonora
ɨ = vogal central não arredondada fechada alta sonora
a = vogal central não arredondada fechada baixa sonora
u = vogal posterior arredondada fechada alta sonora
o = vogal posterior arredondada fechada média sonora
ó = vogal posterior arredondada aberta média sonora
ĩ, ẽ, ɨ̃, ã, ũ, õ = nasalizadas
Vogal seguida de vogal transcrita no alto = ditongo
O acento recai na última sílaba.
O registro obedece às diretrizes do *Summer Institute of Linguistics.*

capítulo I

Observações críticas relativas ao trabalho de campo

1. Cronologia

No dia 27 de novembro de 1965 voei em um aparelho da FAB (Força Aérea Brasileira) de São Paulo a Campo Grande, seguindo de ônibus até Cuiabá. Depois de uma entrevista na 6ª Inspetoria do SPI (Serviço de Proteção aos Índios),[4] segui para Diamantino. Com algumas interrupções, ali fiquei até 26 de dezembro na vã esperança de poder participar de uma expedição da Prelazia para a pacificação dos "Beiços-de-Pau" que acabou sendo frustrada (v. Pereira 1968:221-223). Informações e conselhos do missionário pe. João Dornstauder SJ levaram-me a entrar em contato com uma firma seringalista em Cuiabá, a fim de acompanhar um dos seus carregamentos rio Arinos abaixo e desembarcar entre os Kaiabi do Rio dos Peixes para iniciar a pesquisa entre estes índios pouco conhecidos.

De 09 a 19 de janeiro de 1966, viajei, num barco da firma Marcelo Martins da Cruz e com alguns seringueiros, Arinos abaixo e rio dos Peixes acima até a primeira aldeia Kaiabi, o Posto Tatuí, onde permaneci até 6 de março. Com alguns Kaiabi, remei até a aldeia de Temeoni, ali permanecendo de 20 a 29 de março. De 30 de março até 6 de abril, voltamos em direção ao Posto onde fiquei até 11 de abril. No dia 12 de abril aproveitei-me do barco de um seringueiro para subir o Arinos até Porto dos Gaúchos; a escassez de medicamentos e a situação incerta de minha bolsa de estudos exigiam uma volta a São Paulo.

O regresso, feito de barco, caminhão e ônibus, durou de 12 de abril a 3 de maio e apenas no dia 4 de junho de 1966 me foi possível viajar de ônibus de São Paulo para Cuiabá. Por falta de condução, permaneci em Porto dos Gaúchos de 16 de junho a 7 de julho e apenas a 10 de julho cheguei com um barco de motor de popa alugado ao Posto Tatuí, onde encontrei o Pe. Dornstauder. No dia 12 de julho remei, juntamente com alguns Kaiabi, até a maloca de Temeoni, aonde chegamos a 22 de julho. Ali ficamos até 12 de agosto, tentando, entre 27 de julho e 3 de agosto, estabelecer contatos amistosos com os Apiaká isolados. De 13 a 22 de agosto, rumamos novamente para o Posto Tatuí onde fiquei até o dia 29 de setembro, voltando no dia seguinte para a aldeia de Temeoni acompanhado de dois Kaiabi. No dia 6 de outubro, ao chegar,

---

4 Em 1967, o SPI foi extinto com a criação da Fundação Nacional do Índio - Funai. (n. ed.)

encontramos a maloca vazia, pois todos os seus moradores haviam seguido para uma pista provisória de aviões a 80 km a nordeste, de onde seriam transferidos para o Parque Nacional do Xingu.[5] Para ainda alcançar este grupo, segui sozinho, a pé, no dia seguinte, enquanto os Kaiabi que haviam viajado comigo esperavam por um outro grupo. Depois de uma marcha de três dias cheguei na tarde de 9 de outubro ao acampamento da FAB nas cabeceiras do córrego Coatá, voando no dia 12 de outubro, com a maior parte dos Kaiabi, até Diauarum no PNX. Ali fiquei até 28 de outubro, realizando neste período um censo dos Kaiabi habitantes do Parque Nacional, visitando todas as suas aldeias. De 28 de outubro a 4 de novembro visitei o Posto Leonardo mais ao sul e os Kaiabi que ali trabalhavam, voltando a São Paulo com um avião da FAB no dia 5 de novembro de 1966.

Os dois períodos de permanência entre os Kaiabi totalizaram algo mais que oito meses, durante os quais fui, com exceção de algumas semanas, o único não-Kaiabi a viver em suas comunidades.

2. Informantes

Dos numerosos informantes mencionados no texto, salientaremos apenas os mais importantes.

Moanyan/Joaquim - Viúvo relativamente jovem, havia perdido esposa e duas crianças (provavelmente apenas em 1964) e voltara ao status de *konomi'oo*, ou seja, de um jovem solteiro, embora seus conhecimentos e sua reputação como o melhor caçador de todo o grupo o tornasse uma personalidade importante. Desde o primeiro dia procurei imitá-lo em tudo e, felizmente, ele aceitou este comportamento, tornando-se meu companheiro constante e meu principal informante, embora fosse pouco loquaz. Mais tarde passou a chamar-me com leve ironia de "pequeno irmão". Foi o único a criticar meus erros e enganos de maneira franca, por vezes grosseira. Em todas as viagens ele era o organizador ou, então, auxiliava-me na sua organização. Mas sempre mantinha distância e nossas relações eram freqüentemente tensas, embora amigáveis. Os demais homens tomavam seus conselhos muito a sério, mas na presença de Temeoni – o chefe – ele mal abria a boca. Suas informações eram parcas, dadas, porém, com muita segurança e senso de responsabilidade. Ele negou-se terminantemente a ensinar-me Kaiabi e quase só falava português comigo, língua que

[5] A partir do início dos anos 70, com a promulgação do Estatuto do Índio (Lei nº 6.001 de 1973) que criou a figura jurídica de Parque Indígena, o Parque Nacional do Xingu passou a ser denominado Parque Indígena do Xingu. (n. ed.)

aprendera bastante bem nas viagens que fizera com Dornstauder. Aparentemente ressentia-se de não ter esposa e por isso foi o principal responsável pela viagem aos Apiaká, "a fim de procurar uma esposa".

<u>Temeoni/Pitaɨ</u>[6] - Era o chefe de todos os Kaiabi e uma figura impressionante, o que também Dornstauder 1955 e Tolksdorf 1957 confirmaram. Talvez fosse o único a ter plena consciência da amplitude da catástrofe sofrida pelos Kaiabi desde seu contato com os brasileiros. Ele se negava até a pronunciar uma única palavra em português. Em relação a mim, mostrava-se muito amável, às vezes até alegre e carinhoso, freqüentemente fazendo-me "preleções", cujo conteúdo eram mitos, ensinamentos gerais, mas também experiências pessoais, traduzidas por Pɨaká e Nawé a partir de gravações magnetofônicas. Sempre ficava muito contente quando eu procurava falar Kaiabi, incentivando-me. Excelente anfitrião, presenteava-me com freqüência e elogiava-me por me alimentar da comida Kaiabi e "dar-me bem com ela". Todos os Kaiabi, e também a maioria dos seringueiros, falavam dele com respeito, e o seu bom caráter, sua grandeza e dignidade constituíam tema de muitas histórias. Exclusivamente em consideração a ele, Ipepuri tomou todas as iniciativas possíveis no Xingu, a fim de transferir o grupo de Temeoni do Rio dos Peixes para o Parque Nacional, pois a presença de Temeoni e o seu prestígio legalizavam a migração, já realizada de fato, da maioria dos Kaiabi para esta nova área. Estou convencido de que Temeoni constitui o melhor fornecedor de informações abrangentes sobre a cultura Kaiabi, mas para assim utilizá-lo, o domínio da língua é *conditio sine qua non*.

<u>Yupari´up/Chico</u> - Este homem jovem foi o guia do grupo de Kaiabi que se transferiu em 1960 das malocas do alto rio dos Peixes para a área abaixo do Salto, a fim de entrar em contato mais estreito com Dornstauder ou com os civilizados. E por isso ele gostava de ser chamado "pequeno chefe". Entre ele, Mairerũ e o grupo conservador de Temeoni existiam tensões bastante fortes. Falava bem o português, sempre sorria jovialmente e enfatizava suas boas relações com os seringueiros. Conhecia bem a sede da missão, Utiariti, e os medicamentos e outros bens armazenados no Posto Tatuí encontravam-se sob sua guarda. Tratava-me como a um colega e procurava despertar a impressão de que tinha mais em comum com os "padres" e comigo do que com os demais Kaiabi. Mesmo depois de outubro de 1966 ele permaneceu no Posto Tatuí. Constituiu um bom informante, na medida em que dissimulava a reserva tradicional de prestar informações sobre religião e também sobre a vida sexual, embora seu conhecimento de temas religiosos fosse limitado.

---

[6] Temeoni faleceu no Parque Indígena do Xingu em 1976. Ele era o cacique da aldeia Capivara, que congregava a maior parte dos Kaiabi provenientes do Rio dos Peixes. (n. ed.)

Algo semelhante ocorria com Tapa/Tukan que, como genro de Temeoni, pertencia a este grupo conservador, mas que tendia fortemente para o Posto. Gozara originalmente de muito prestígio por ser o único filho do "grande xamã" falecido. Era o único que estivera em Cuiabá – contra a vontade de seu pai e de Dornstauder – "conhecendo", portanto, o "mundo dos civilizados", e freqüentemente contava de suas experiências ali. Suas atitudes e o domínio que tinha da língua portuguesa, denotavam um alto grau de inteligência, mas também um caráter instável e ele, às vezes, recebia repreensões declaradas dos outros. Seu estado de saúde era precário, principalmente devido a numerosas feridas nas costas, braços e pernas, provenientes de uma micose *(aⁱpira´ip)* característica dos Kaiabi (ver pág. 209).

Mairerũ/José - Era um chefe de família mais idoso e muito idôneo que, além de sua atividade política – fundou uma maloca própria –, também ocupava posição especial como "pequeno xamã". Ele vivera alguns anos entre brasileiros de Rosário Oeste, falava fluentemente o português e, talvez por isso, mantinha uma atitude marcadamente conservadora. Muito trabalhador, dominando a etiqueta frente aos brasileiros e contando com o auxílio de Dornstauder – através da venda de peles de animais – havia alcançado certa prosperidade: assim, ele possuía um rádio e sua mulher era dona da única máquina de costura. Todas as suas ações eram premeditadas e, principalmente em face de Yupari´up, assumia ares de superioridade, o que contribuía para aumentar a tensão entre ambos. Suas informações sempre eram fundamentadas, embora às vezes propositalmente falsificadas, a fim de preservar a distância necessária entre "nós" e "vocês".

Nyũkato - Genro de Temeoni, de quem sofria forte influência, falava muito mal o português, aparentando ser pouco independente e um tanto inexpressivo. Ele era considerado "bonito" e tinha uma criança ilegítima com Mariwa, uma filha de Temeoni e ulterior esposa de Tapa. Era marcadamente conservador e participou decisivamente da expedição de localização dos Apiaká, embora fosse casado – com outra filha de Temeoni – e tivesse cinco filhos.

Tɨmaka´i - Quase não falava português, era particularmente sensível e inteligente. Era o único xamã "verdadeiro", mas ainda não "grande", e aceitou-me como aprendiz durante seus tratamentos de doentes. Embora pertencesse ao grupo do Posto Tatuí, parecia não apreciar muito Dornstauder, talvez devido a sua posição de xamã.

Pɨaka/Canísio[7] e Nawé/Balduíno, dois homens jovens, vivos e fortes, haviam sido educados em Utiariti durante vários anos. Falavam bem o português e serviam-me de

---

[7] Canísio foi cacique da aldeia Capivara e há alguns anos retornou para o Rio dos Peixes com parte de sua família. (n. ed.)

tradutores dos mitos e narrativas de Temeoni. Tinham voltado ao Posto em agosto de 1966, incorporando-se ao grupo que se transferiu para o Parque Nacional e estavam particularmente sujeitos às tensões aculturativas associadas à renovação da vivência na comunidade de sua tribo. Logo após sua chegada ao Xingu, Nawé casou-se com uma moça Suyá. Durante algum tempo ele fora criado por Tɨmaka´i e por isso serviu principalmente como informante na esfera do xamanismo.

A figura-chave para a compreensão da migração dos Kaiabi do Teles Pires para o Xingu era Ipepuri/Antonio.[8] Provável mestiço de um mulato e uma Kaiabi do Alto Teles Pires, aprendeu desde cedo a conhecer e a odiar a exploração de seus companheiros de tribo pelos seringueiros. Depois de trabalhar durante algum tempo em Cuiabá como funcionário do SPI e de ser demitido devido a divergências de opinião, ele voltou para as malocas do Teles Pires. Em 1950 travou conhecimento com Cláudio Villas Bôas, da Expedição Roncador-Xingu (ver pág. 64) que lhe facilitou a migração para o Xingu. Perseguido pelos seringueiros – havia um prêmio por sua cabeça – ele percorreu nos anos seguintes todo o vale do Teles Pires habitado pelos Kaiabi, convencendo-os a fugir de seus donos e a transferir-se para o Parque Nacional, onde lhes era oferecida segurança. Durante esses anos, Ipepuri tornou-se xamã, transformando-se num líder carismático, logo seguido pela maioria dos Kaiabi.

A última fase desse movimento migratório foi a transferência do chefe Temeoni com seu grupo para o Xingu, seguido pelos restos de um grupo do Teles Pires. Como sua mulher, Ipepuri falava muito bem o português, apresentava-se muito cônscio de si mesmo e manifestava em relação a mim o comportamento típico de um brasileiro. Nem parecia Kaiabi, com cabelos e barba densos e crespos. Respondia prontamente a todas as minhas perguntas – também foi informante do professor Galvão – mas parecia adotar diversos elementos dos brasileiros e dos Kamayurá, principalmente na narração de mitos, designando-os de maneira sincrética como "realmente pertencentes aos Kaiabi". Por isso suas informações devem ser consideradas criticamente. *Mutatis mutandis*, o mesmo vale para o seu filho Mea^{u}´ap/Chico que também falava bem português e que me acompanhou durante o meu recenseamento no Xingu, sendo muito prestativo.

3. A posição do autor entre os Kaiabi

Inicialmente os Kaiabi consideraram-me um dos "padres", pois minha aparência e meu comportamento pareciam classificar-me nesta "tribo" (ver pág. 181).

[8] Ipepuri (Prepori ou, mais corretamente, Jepepyri) faleceu em 2000 na aldeia Kwaruja no Parque Indígena do Xingu. (n. ed.)

Só depois de algumas semanas eles tentaram uma nova classificação de minha filiação étnica, mas nesse meio tempo meu status já estava definido, ou seja, o de um homem jovem e solteiro, um *konomi'oo*, dentro de seu sistema de classes de idade (ver pág. 173). Devido a esse status, foi-me particularmente difícil obter informações. Minha loquacidade, contrária a toda expectativa de comportamento, deve ter indignado os Kaiabi. Só mesmo a sua tolerância permitiu-me aprender aos poucos a desempenhar o meu papel relativamente bem e tive a satisfação de perceber que me tornara um membro aceito, embora inteiramente dispensável, de minha classe de idade.

Eu prestava assistência aos doentes e esta se tornou a minha atividade mais importante durante todos aqueles meses, pois apenas ela justificava perante os Kaiabi e perante mim mesmo a minha permanência entre os índios. Com isso, logo adquiri a reputação de aprendiz de curandeiro, o que explicava meu grande interesse pelos tratamentos do xamã, meu "professor", assim como as viagens que eu fazia sozinho, sem ser molestado, procurando manter boas relações com seringueiros e padres, com Apiaká e Kaiabi. Além disso, esta "profissão" dava-me a possibilidade de cometer impunemente certos atos considerados "malucos" pelos Kaiabi. Não posso julgar se a minha posição entre os Kaiabi ficou caracterizada por estas conjecturas. Seja como for, as minhas atitudes distinguiam tanto das dos seringueiros, que fui considerado pelo menos inofensivo e nunca abertamente hostilizado.

4. A filiação lingüística e cultural dos Kaiabi

A literatura sobre índios brasileiros é rica em tentativas de classificar as diferentes tribos segundo critérios que variam desde a simples enumeração e localização (como Casal 1817) até a classificação em áreas culturais (a última sendo de Kietzman 1967).

A designação Kaiabi é conhecida pelo menos desde 1848 ("Cajabis", Ferreira 1905:87) e foi publicada pela primeira vez em 1850 ("Cajahís", Castelnau 1850:306), não se encontrando, entretanto, na ampla e muito citada obra de Markham (1910).

A filiação lingüística dos Kaiabi provocou dificuldades, pois as primeiras notícias fornecidas por Pyrineus de Souza (1916:74 e 92) sugeriam um parentesco com o Karib dos Bakairi. Assim esta classificação lingüística errônea deu entrada na literatura através de Rivet (1924) e ainda em 1940 (Guérios, p. 99) os "Cajabi" eram citados como Karib, embora Schmidt já tivesse constatado em 1929 que "através dos 100 vocábulos e frases dos índios Kaiabi... pode-se afirmar que os Kaiabi falam e compreendem bem um dialeto tupi" (1929:94). Loukotka (1944) já havia tentado agrupar as línguas dos Apiaká, Makiri (mais tarde identificados como Kaiabi) e Kaiabi nas "línguas centrais da família lingüística Tupi" (p. 31), o que foi aceito de forma semelhante por Mason (1950:240), McQuowen (1955:518) e Tax

(1960:436). Também a última das classificações puramente lingüísticas de Rodrigues não apresenta modificações essenciais: o Kaiabi aparece, provido de um ponto de interrogação, como nº 11 do Tupi-Guarani (1964:102).

Esta incerteza deveria ser eliminada através de um "Plano para Pesquisas nas Línguas Tupi", um projeto conjunto do Summer Institute of Linguistics (SIL) e o Museu Nacional do Rio de Janeiro, em que se incluiria a língua kaiabi (Anônimo 1965:18). Desde julho de 1966, duas lingüistas do SIL atuam no Parque Nacional do Xingu junto aos Kaiabi e assim tem-se a perspectiva de uma classificação definitiva de sua língua.[9]

A importância da investigação do Kaiabi como cultura foi apontada pela primeira vez por Darcy Ribeiro (1957) em seu trabalho, até hoje decisivo, sobre "Culturas e línguas indígenas no Brasil":

> "Outros grupos Tupi em estágio equivalente de integração são... os Kaiabi que se estão transladando do vale do rio Teles Pires para afluentes do rio Xingu, a fim de fugir às perseguições de frentes de economia extrativa que invadem o seu antigo território e procurar o tipo de amparo que o S.P.I. proporciona aos grupos xinguanos. O último grupo não foi até agora objeto de uma pesquisa etnológica; trata-se, entretanto, da tribo Tupi cujo estudo mais pode contribuir para o esclarecimento de alguns problemas básicos da Etnologia Brasileira" (p. 54).

Apesar desta exortação urgente, o presente trabalho continua sendo o único sobre a tribo e espero que ele corresponda, pelo menos em parte, às expectativas expressas.

Em termos de dados, Ribeiro apresenta uma estimativa inteiramente justa de uma população de 250 a 500 indivíduos, assim como a informação da migração de uma parte da tribo do rio Teles Pires para o Manitsauá Missu no curso superior do Xingu (p. 79).

Como Ribeiro, Gama Malcher obtém as notícias de seu catálogo "Índios" (1964) dos arquivos do SPI:

> "Kaiabi, contacto intermitente e alguns grupos ainda isolados, tupi. Diversas aldeias no noroeste de Mato Grosso, no Rio dos Peixes, afluente direito do Arinos, nos rios Verde e Teles Pires. Estão sendo compelidos a transferirem suas aldeias, cujas terras foram vendidas pelo Estado de Mato Grosso a diversas empresas imobiliárias. Recentemente um grupo está se localizando no Manitsauá,

[9] Há algum tempo está bem estabelecido que a língua Kaiabi pertence à família tupi-guarani (tronco Tupi). (n. ed.)

afluente esquerdo do Xingu. No Estado do Pará, o S.P.I. tem um Posto de assistência aos Kaiabi, margem direita do Teles Pires na Lat. 8º24´5 sul e Long. 57º38´5 W.-Gr." (p. 100).

O já mencionado artigo de Dale Kietzman (1967) que, como diretor do Summer Institute of Linguistics, tinha acesso a informações adicionais, deu aparentemente muito pouca importância às notícias dos missionários católicos. A respeito dos Kaiabi ele diz o seguinte:

> "A rather large tribe, probably numbering in excess of 1,000, sometimes classified as Kawahib, but probably not as closed related to groups 4-8 as they are to each other. A series of four villages are located on the Rio dos Peixes, from25 to 90 miles from the mouth. A group, possibly decimated in recent years, is located near the former site of an SPI post near the mouth of the Rio Verde. Some of these Indians have migrated to village sites in the Xingu valley… Many Kayabí are said to be living on the São Benedito River, and just below its junction with de São Manoel. Although they seem to occupy a large territory, the groups Kayabí contacted total only between 500-600. The Xingu group is very acculturated; those of the Rio dos Peixes are quite peaceful, but seldom contacted; the other groups still are somewhat hostile in contact situations" (p. 24).

As indicações de Kietzman sobre a população total de Kaiabi são exageradas, ao meu ver, e a sua afirmação de que no rio São Benedito viveriam "muitos Kaiabi" contradiz as informações que eu mesmo recebi no Rio dos Peixes e no Parque Nacional.

Ainda nos referiremos a duas tentativas de estabelecer áreas culturais no Brasil depois da de Stweard (1949:884). Murdock (1951) filia os Apiaká na "primary division: Mato Grosso" e constata que "this group includes the Apiaca, Cayabi and Tapanyuna tribes, who speak languages of the Tupi-Guarani stock" (p. 83). Galvão reúne diversas culturas em "áreas culturais" (1960), não obedecendo apenas a critérios lingüísticos: "como critério dominante, demos ênfase à distribuição espacial contígua de elementos culturais, tanto os de natureza ergológica como os de caráter sócio-cultural" (p. 15).

Na área IV – Tapajós-Madeira, Sub-área A – Kawahyb, Galvão inclui Parintintim, Tupi-Kawahib e Kaiabi (p. 26). Como em 1959 se conhecia muito pouca coisa sobre os Kaiabi, dispensamos a crítica das características culturais que ele considerou típicas para esta região; poder-se-á manter também no futuro uma área cultural que compreenda as mencionadas tribos.

Para finalizar, sejam ainda apresentados alguns dados antropométricos que, dado o pouco material comparativo existente, não serão usados para fins classificatórios. Realizei as mensurações no Posto Tatuí com o auxílio de um compasso curvo, amavelmente emprestado pelo professor Egon Schaden, e com uma fita métrica:

A partir dessa amostra da totalidade do grupo local (52 homens e 32 mulheres), pode-se avaliar, com 95% de probabilidade, que a estatura média de todos os 52 homens Kaiabi se encontra entre 153,06 – 156,56 cm e entre 142,52 – 146,12 cm para as mulheres.

	Homens	Mulheres
Total de indivíduos	18	14
Estatura média	154,81 cm	144,32 cm
com desvio padrão s =	4,54 cm	4,45 cm
Comprimento máximo da cabeça	18,16 cm	17,21 cm
s =	0,53 cm	0,35 cm
Largura máxima da cabeça	14,50 cm	14,22 cm
s =	0,33 cm	0,32 cm
Índice comprimento/largura	79,90	82,68

capítulo II

Fontes da Etnografia dos Kaiabi

1. A exploração da área do Alto Tapajós no século XVIII

No começo do século XVIII numerosas expedições partiram das áreas costeiras do Brasil em direção ao interior. Eram todas de iniciativa privada, organizavam-se em oposição às leis do poder oficial e eram chamadas "entradas" (Blanco 1966:311 e ss). O mais importante móvel destas instituições paramilitares era a escravidão de parcelas de populações indígenas para fins comerciais. Sua organização tática orientava-se de acordo com as subdivisões de tropas regulares e assim se originou o termo "bandeira", derivado inicialmente da nomenclatura militar oficial.

A bandeira de Antonio Pires de Campos deparou-se em 1718 no rio Coxipó, não apenas com índios, mas com lavras de ouro, e no mesmo ano fundou-se um acampamento num local de nome Cuyabá que a 1º de janeiro de 1727 foi elevado à categoria de vila. Pires de Campos investigava entretanto as redondezas de Cuiabá e deixou na sua "Breve notícia...", depois de 1727, não só a primeira descrição dos Paresi, como também uma menção aos Bacayris, dizendo em seguida: "...e d´ahi se seguem várias nações de gentio, que tenho por notícia, são aldeias infinitas e todo o gentio mui guerreiro e senhores de suas armas" (1862:448). Pouco podemos tirar desta passagem para a identificação de uma determinada etnia, mas é de supor que esta constatação se baseie em informações dos Bakairi que sabiam da existência de numerosos índios aguerridos ao norte da área que ocupavam no curso médio do Teles Pires.

Em 1739, uma bandeira de Cuiabá, sob a direção de Antonio Pinheiro de Faria, deparou com o "rio dos Arinos" onde, em vez dos esperados índios, encontrou ouro (Fonseca 1868:367). Esta novidade foi inicialmente ocultada, mas logo surgiram boatos em Cuiabá e Vila Bela de Mato Grosso sobre as novas lavras de ouro, e numerosas bandeiras partiram no ano seguinte, entre as quais a de Antonio de Almeida Falcão, que obteve o maior êxito. Em 1745, no curso superior do rio Arinos, acompanhado de 30 homens, ele encontrou ouro, fundando as minas de Santa Izabel. Segundo A. Leverger (= Melgaço 1884:331), esse povoado, abandonado desde 1747, encontra-se à margem esquerda, 17 km abaixo da foz do Rio dos Patos. Esta localidade, também chamada "arraial velho", formou, embora por poucos anos, a primeira concentração de população brasileira na área do Alto Tapajós, devendo ter exercido grande influência sobre os grupos indígenas circundantes. Pois foi a partir dessa época que tomaram conhecimento da intrusão dessa nova e desconhecida "tribo" que lhes era tecnologicamente superior e cuja estrutura social lhes era incompreensível. Apenas duas fontes secundárias permitem concluir pelo contato direto dos brasileiros ou portugueses com os índios das cercanias. Um religioso, o pe. Agostinho Lourenço, relatava em 1752 ao capitão-geral de Mato Grosso sobre o povoado do Arinos, que já deixara de existir havia alguns anos, comparando-o com Babilônia pela depravação de seus habitantes e pela sua súbita decadência. Ele culpava os mineradores de terem movido guerra contra os índios "... sem outro motivo ou outro direito que não o da ganância" (apud Melgaço 1949:233).

> "Armavam-se 50 ou 100 homens, e, deixando guardas no arraial, se lançavam ao sertão, e investindo com a primeira aldeia de índios que encontravam, matavam a todos os que pegavam nos arcos para a sua justa defesa, e aos que não escaparam fugindo metiam em correntes e gargalheiras, destruíam ou queimavam as casas, arrasavam as searas, matavam as criações e voltavam triunfantes para a sua Ilha Comprida, onde se repartiam os vencidos pelos vencedores e dêstes passavam em contrato de venda a Cuiabá e Mato Grosso (...) Muitos índios acabarão aqui como rezes ao corte do machado, ou sendo alvo de flexas e a fogo outros e de mau trato e enfermidades uma grande multidão. As mulheres pelo mesmo teor padeciam nas vidas e honestidade".

Num relatório elaborado em 1799, Ricardo Franco de Almeida Serra apresenta como causa do abandono das minas de Santa Izabel, além da parca descoberta de ouro, a falta de gêneros alimentícios e o conflito de jurisdição entre dois religiosos (cfr. Sá 1901:45 e Fonseca 1868:378-379).

> "... mas a valente e temível nação Apiassá, que habita aquelles terrenos, e carestia dos mantimentos e generos precisos para a dispendiosa extracção do ouro, as poucas forças do Cuyabá no 20º anno da sua creação em villa, e finalmente a descoberta dos diamantes e ouro do Paraguay, tudo foi causa urgente para se abandonarem as minas de S. Izabel, perdendo-se ainda a positiva certeza do logar da sua antiga existência" (Serra 1847:11).

Dois anos antes (1797), o mesmo autor mencionava pela primeira vez os Apiaká como tribo de língua tupi que habitava a confluência do Juruena com o Arinos (Serra 1844:195). Por isso persiste a suspeita de que aqueles índios que hostilizavam os garimpeiros em 1749 no Alto Arinos apenas foram posteriormente identificados com os Apiaká por este autor.

A notícia de descobertas auríferas ao sul do Tapajós ainda desencadeou duas outras empresas significativas. No início de maio de 1742, quatro homens sob a chefia de Leonardo de Oliveira partiram da Vila Bela, cruzaram a Serra dos Parecis, construíram pequenos barcos e, por primeiro, desceram o Juruena e o Tapajós até a sua foz no Amazonas, onde chegaram em agosto. Num manuscrito, até agora inédito, da Biblioteca Pública de Évora, o missionário pe. Manoel Ferreyra dá notícia do decurso dessa bandeira (MS 1751). Sem provocar conflitos armados, ela teve contatos com diversas tribos que na área do Juruena em especial, povoavam densamente as duas margens do rio:

> "... faz barra o Rio dos Arinos, povoado de m.to gentio... (...) Como trez dias de viagem asima dos Arinos, entra no Rio Topajos o grande rio da Gente de Lingoa Geral /diversa da dos Topinambàs/ povoado the as cabeceyras de m.ta gente, e por isso lhe chamaõ = Reyno da Gente de Lingoa G.al."

Essas informações sobre a área do Rio do Sangue e a embocadura do Arinos no Juruena são confirmadas pela segunda fonte sobre a situação dos índios antes do início da exploração sistemática da via de ligação de Mato Grosso com o Pará.

João de Sousa Azevedo que viajava entre São Paulo e Cuiabá comerciando nos rios Tietê e Paraguai, trasladou-se em 1746 com suas seis canoas do Alto Paraguai para o rio Sumidouro, chegando assim ao Arinos, onde encontrou abrigo no acampamento das minas de S. Izabel e lá vendia utensílios de ferro (Fonseca 1868:369). No fim do mesmo ano, ele embarcou Arinos abaixo, acompanhado apenas de seus escravos e sem dizer exatamente para onde pretendia viajar. Em 1747, ele chegou a Belém do Pará, no rio Amazonas, falando de minas de ouro na embocadura de um afluente do Baixo Juruena chamado de "Rio das Três Barras". Desta primeira navegação do rio Arinos até sua foz existia um "roteiro" circunstanciado que só foi publicado numa cópia posterior (apud Fonseca 1880:68-72). Ele contradiz em diversos pontos um escrito de Azevedo, que ele elaborara em Belém em agosto de 1747 e em que procurava justificar ao governador sua travessia ilegal do Brasil Central. Azevedo mencionava um "Reino dos Apiacás" no Baixo Arinos, com os quais a comunicação era possível e, no Baixo Juruena, um afluente em que "... faz o gentio grande assistencia a pescar e tirar pedras para os seus machados que os tem excellentes" (apud Fonseca 1880:68-72). Num relatório de 1752 ele novamente menciona o lugar onde encontrara ouro: "Achei hum seu braço com ouro com alguma conta, que não pude examinar, por quanto os barbaros erão muitos" (Azevedo 1943:186).

Em 1748, criou-se a Capitania de Mato Grosso com sede em Vila Bela de Mato Grosso, numa clara expressão do constante declínio da produção de ouro de Cuiabá e da sua perda de importância econômica. A "Notícia da situação de Mato Grosso e Cuiabá" elaborada por José Gonçalves da Fonseca provavelmente logo depois de 1750, aponta as conexões entre esta situação e a abertura da mineração no Arinos: "e finalmente resultou da empreza dos Arinos uma universal ruina aos moradores d´aquella comarca, de que ainda se não acham restabelecidos" (1868:373).

Os conhecimentos sobre os cursos dos afluentes do Tapajós não foram muitos ampliados nesse século. Em duas cartas de 30 de março e 25 de abril de 1771, a Câmara de Cuiabá respondia ao pedido de informação do Capitão General em Vila Bela sobre o curso do rio chamado Paranatinga, ao norte de Cuiabá (apud Leverger 1862:347ss.). Nesta época apenas se sabia que no alto curso do mencionado rio habitavam, de ambos os lados, "Baccayris" e que o Arinos e o Paranatinga corriam paralelos por um trecho bastante grande. A embocadura do último era totalmente desconhecida e o rio não era associado ao "Três Barras", cuja foz Azevedo descobrira no Baixo Juruena.

No fim do século XVIII temos, segundo o relatório de Serra datado de 1797 (1844:156-196, também apud Castelnau 1851:93ss) o seguinte quadro: Cuiabá, como centro econômico reativado, com foros de cidade e 18.000 habitantes nas adjacências. No norte, a região de densas florestas do Tapajós com seus dois afluentes, Arinos e Juruena. As comunicações com o Amazonas e o Pará faziam-se exclusivamente pelo Guaporé e Madeira, dada a sua maior facilidade de navegação. Nessas áreas supunha-se a existência de um grande número de tribos inimigas. Entre estas encontram-se, plenamente identificados, os quase extintos "Parecis" (Serra observa com toda razão: "... devendo esta nação a sua ruína ao seu valor e pacifica conduta" [p. 195]). E a leste da Serra dos Parecis, ao lado de onze designações tribais não identificáveis, os Apiacás, Cabaibas e Bacuris, além de Caiapó e Chavantes (Melgaço 1949:302).

2. Viagens no século XIX

A segunda navegação pelo Arinos no ano de 1805 foi, ao mesmo tempo, a primeira oficial. Por ordem do capitão general e governador Manoel Abreu de Menezes, Manoel Gomes dos Santos desceu o Arinos. Pode-se depreender o motivo dessa viagem nos Anais do Arquivo da cidade de Cuiabá que Joaquim da Costa Siqueira utilizou como documentação para seu "Compêndio... das notícias do Cuyabá" (1850:5-124).

> "Por ordem do Exmo. General se apromptou uma expedição, que se devia dirigir aguas abaixo do rio dos Arinos... a explorar se este rio é susceptivel de navigação para gyrar o negocio d´estas minas para a cidade do Pará, e com effeito se verificou esta diligencia nos primeiros dias de Julho; e como chegada a cidade do Pará se recolheu pela navigação que dirige a capital, o chefe da diligencia ahí deu conta de sua commissão" (p. 53).

Infelizmente, este relatório permaneceu inédito. Alguns trechos publicados por Castro e França (1868:114ss) e a compilação, em geral fidedigna, feita por Castelnau (3:1851:93-110) que manuseara o original em 1844, permitem inferir o conteúdo desse documento. Gomes e seus companheiros foram atacados logo abaixo da foz do rio dos Peixes por Apiaká, mas chegaram, apesar disso, com o grosso dos homens ao Pará (Castro e França 1868:114ss). A atitude hostil dos Apiaká é de interesse porque todos os relatos posteriores enfatizam a índole pacífica desses índios, tanto que eles são mais tarde citados como exemplo de êxito da "educação" de indígenas.

Em 1812, o capitão general João Carlos Augusto d´Oeynhausen ordenou uma outra expedição para a navegação da nova rota para o Pará que foi realizada com a utilização do relatório de Gomes dos Santos, sob o comando de Miguel João de Castro e Antonio Thomé de França; o seu diário de viagem foi publicado (Castro e França 1868:107-160). Essa expedição consistia de oito barcos com 72 homens, sendo oito brancos e o resto soldados e remadores escravos, pois contava-se com ataque dos índios. À altura da antiga Minas de S. Izabel já se depararam com os primeiros sinais de índios – sinais de fogos e armadilhas para peixes – e logo em seguida com um pouso abandonado, com sete redes, utensílios domésticos e uma canoa de casca (p. 112). No dia seguinte foram observados na margem numerosos índios e todos se rejubilaram com o seu inesperado comportamento pacífico:

> "... e por se ter conhecido que elles haviam mudado do systema hostil que praticaram na expedição que desceu em 1805, deixamos n´aquelle porto um machado, 2 facões, alguns maços de missangas, facas e espelhos" (p. 115).

O rio dos Peixes foi denominado rio de São Francisco de Assis e, a jusante, muito depois da embocadura do Arinos no Juruena, verificava-se denso povoamento por índios, cuja descrição não deixa dúvidas de que se tratava daqueles que nos anos seguintes seriam chamados de Apiaká.

O êxito dessa expedição e a crescente urgência em tornar o comércio cuiabano independente do comércio do Paraguai e do Prata que estavam em mãos inimigas, estimulou um grande número de viagens nos anos seguintes. Esta tendência foi apoiada por uma Carta Régia de dom João VI que, desde 1808, residia no Rio de Janeiro; datada de 14 de setembro de 1815, ela liberava o comércio entre o Pará e Mato Grosso via rio Arinos de todos os impostos nos dez anos subseqüentes (Guimarães 1844:297). Desde então e até a primeira década do século XX, houve no mínimo uma navegação anual do rio, com poucas interrupções. O autor anônimo da "Memória da nova navegação do rio Arinos", elaborada entre 1817 e 1822, fala de 17 viagens durante os cinco anos seguintes à expedição de Castro e França (Anônimo 1856:112), todas, porém, resultando em prejuízo.

Sem indicar cada uma das viagens individuais, darei uma pequena caracterização das fontes primárias e das secundárias mais importantes em ordem cronológica.

Em 1818, Antonio Peixoto de Azevedo, vindo do Pará, subiu o Juruena e convenceu sete moços Apiaká a acompanhá-lo até Cuiabá. O bom tratamento que receberam de Azevedo e a amável acolhida em Cuiabá deram origem a uma nova viagem, por iniciativa de um chefe Apiaká, com 14 pessoas de ambos os sexos até Cuiabá, onde todos foram acolhidos e alimentados pelos cofres públicos. Servia-lhes de intérprete um brasileiro chamado Braz Antonio que quisera viajar de Barcelos (Rio Negro) a Cuiabá em 1816, mas que se estabelecera na aldeia do mencionado chefe. A espetaculosa recepção do grupo pelo capitão general despertou grande atenção entre os cidadãos cuiabanos, chegando-se à redação da fonte etnográfica mais importante sobre os Apiaká, de autoria do cônego José da Silva Guimarães (1844:297-317) que procurou descobrir seus "usos e costumes" através de conversas sistemáticas.

> "Por frequentes conversações que com elles tive, por meio do intérprete, eu pude haver as noticias dos seus usos e costumes, e do vastissimo sertão que elles trilham; e tudo escrevi, para que com o auxilio de taes noticias, e com o socorro desses selvagens, se possa alcançar um dia a civilização d´esta Nação..." (p. 298).

Ele acrescentou à sua "Memória", publicada apenas em 1844, um vocabulário de 113 palavras. Koch-Grünberg (1902:350) escreveu um resumo de todos os dados sobre os Apiaká. Particularmente interessantes são os primeiros relatos sobre os habitantes do Rio dos Peixes – denominados pelos Apiaká de Itamiamy e regularmente visitados por eles a fim de obter as pedras para a confecção de machados. Nestas ocasiões, eles tinham que lutar com três tribos diferentes:

> "Recebe o Itamiamy muitos outros ribeirões pelo oriente, e em um d´elles, que está acima do salto feito por um grande morro, que atravessa o Rio, existe uma populosa aldêa da nação Tapanhóna. Estes Índios costumam a pôr estrepes, e fazer fojos em roda de seus alojamentos. São altos, corpulentos, intrepidos e porfiosos guerreiros: usam de arco e frecha, e furam as orelhas, que enfeitam com penas de arára, e gavião real... Deste logar tem os Appiacás marchado até os territórios das duas outras nações Tapanhónaúhúm e Timaoanas, que tem aldêas fóra das margens do Itamiamy. O Tapanhónaúhúm usa de arco e frecha e porrete: é gentio valeroso na guerra,

> costuma pintar a cara com tres circulos pretos, e furar as orelhas, que enfeita com pennas de diversas córes. E os Timáoanas, ultimos povoadores do Itamiámy, são de estatura ordinária, anthropophagos, feios, porque desfiguram o semblante com largas pinturas da testa até o pescoço: usam também de arcos e frecha e porrete, e enfeitam as orelhas com ouro de que as mulheres formam os seus collares" (p. 309 ss).

Um documento da mesma época (Anônimo 1856:99-118) confirma as informações de Guimarães:

> "Dizem os índios que pelo dito rio sóbem elles com o projecto de trazerem pedras para fazerem os seus machados, sendo-lhes preciso baterem-se com outra nação de indios aos quais chamam Tapaúma, habitantes nas fontes do dito rio do Peixe" (p. 100).

O ano de 1819 também é para Cuiabá a data do descobrimento de uma nova e promissora rota de comércio para o norte. O mencionado Antonio Peixoto de Azevedo foi encarregado pelo capitão general de descer o Paranatinga até verificar se ele desembocava no Tapajós ou no Xingu. O seu relatório de 1820 ficou desaparecido durante muito tempo (Melgaço 1884:441). Francis de Castelnau (3;1851:110ss), durante sua permanência em Cuiabá em 1844, pode obter de um membro da expedição – Joaquim Ferreira Nandu – algumas informações que, entretanto, divergem bastante do relatório de Azevedo publicado em 1885.

A expedição constava de 50 soldados, um piloto do Pará que dominava a língua geral e de três Munduruku (3; Castelnau 1851:110ss e Azevedo 1885:25). Isso também explica a designação Munduruku Paribitata (= Mururá) para os índios que atacavam da margem direita e que falavam uma "língua geral bastante viciada" (p. 30). Seus domínios começavam acima da confluência do rio Verde, estendendo-se até o rio Peixoto de Azevedo ("rio São Veríssimo"). É surpreendente a seguinte observação:

> "... se encontram muitos portos de índios, e em cada um d´elles immensos páos encostados à margem do rio, os quaes lhes servem para facilitar a passagem a nado de um para outro lado, por não usarem de canôas "(p. 31).

Mais adiante (p. 34), Azevedo menciona jangadas, mas não esclarece se se trata daqueles simples troncos de árvores para atravessar rios ou de verdadeiras jangadas. A uns 50 km acima da confluência do Peixoto, ele encontrou à margem esquerda duas canoas abandonadas "as quaes mostravam ter sido feitas com ferramenta portugueza" (p. 34).

> "Os índios Mundurucús, que me acompanhavam, certificaram-me serem as ditas canoas dos seus parentes habitantes na campina do rio Tapajós, os quaes tinham

de costume vir conquistar os indios, que deixamos atráz, denominados pelos ditos Mundurucús – gentios Paribitatá" (p. 35).

Rio abaixo até a foz, ele não teve mais contato com os índios. Como resultado dessa expedição, Azevedo constatou que os rios Três Barras, São Manoel e Paranatinga eram idênticos. Embora essa nova rota de comércio fosse mais curta que a anterior, ela nunca foi utilizada, e apenas em 1889 foi percorrida pela segunda vez. As razões para isso foram as atitudes hostis dos índios, a falta de um porto adequado e, particularmente, as inúmeras corredeiras.

À procura das famosas minas de ouro dos Martírios, partiu de Cuiabá em junho de 1820 uma bandeira de 42 homens chefiada pelo padre Francisco Lopes de Sá. Subiram inicialmente o rio dos Peixes, sendo ali ameaçados provavelmente por 500 Tapanhunas e forçados a retroceder. Não existem anotações de Lopes de Sá e é impossível verificar as diversas fontes secundárias (Guimarães 1844:310; Florence 1948:275; Melgaço 1949:325; von den Steinen 1894:388 e Mendonça 1919:304). O historiógrafo cuiabano Estevão de Mendonça é o mais minucioso em "Datas Matogrossenses":

> "Neste ponto (na Barra do Rio dos Peixes) se detiveram por espaço de uma semana, em explorações e pesquizas minerais, prosseguindo depois a montante até próximo do aldeiamento dos índios tapanhunas. Prudente, mas decidido a levar avante a sua empresa, o padre Lopes de Sá, apenas acompanhado por dous escravos avançou em serviço de reconhecimento muito além do seu acampamento, regressando no dia seguinte com a notícia de que no aldeiamento dos tapanhunas sómente se encontravam mulheres e crianças.
> Afim de evitar um encontro provavel com aquelles índios, os expedicionarios desceram pelo rio dos Peixes, e deixando as canôas no logar que denominaram Barranco Vermelho, sob a guarda de cinco homens, contornaram por terra em busca das cabeceiras do mesmo rio.
> No segundo dia de marcha, ao clarear, sahiram ao encontro da reduzida comitiva cerca de quinhentos índios daquella nação, vedando o prosseguimento dos expedicionarios e recusando os brindes oferecidos.
>
> Julgando-se impotente para uma luta, em que seriam esmagados pelo numero, o padre Lopes de Sá e seus companheiros resolveram abandonar o emprehendimento, e tornaram ao Barranco Vermelho, de onde voltaram ao rio Preto e depois a Diamantino" (1;1919:304).

Um oficial que elaborou em 1828 um trabalho estatístico-topográfico sobre Mato Grosso, e que possivelmente conheceu Lopes de Sá, reproduz uma conversa que alguns Tapanhunas mantiveram com Sá. Quanto à forma, é idealizada, mas o conteúdo parece fidedigno:

"Tapanhoúna (...): ha poucos annos responderão ao Interprete do Padre Francisco Lopes, que penetrou aquelles sertoes: – `Nossos pais vierão para aqui deixando muitas terras, porque os brancos as querião, e estão de posse dellas; e tratão destruir tudo para abrirem nova guerra comnosco, e nos levarem escravos, e virem-se assentar neste terreno; mas nós ensinamos a nossos filhos, que não temos para onde ir, e que quando, matando os brancos, estes nos acabarem, nossos filhos, e nossas mulheres morão todos´. A estas palavras começarão a atirar flexas..." (D´Alincourt 1880:106).

Em março de 1828, a expedição do barão Georg Heinrich Von Langsdorff – então cônsul russo no Brasil – iniciada no Rio de Janeiro em 1825, partiu de Diamantino e embarcou no Alto Arinos. O francês Hercules Florence acompanhava a expedição na qualidade de pintor. Devemos a ele um relato de viagem muito crítico, descoberto apenas em 1874, e diversas aquarelas e desenhos muito precisos, cujo valor etnográfico mal pode ser suplantado (Florence 1948). Uma pequena parte desses esboços foi publicada por Karl von den Steinen (1899), outros esboços e figuras por Taunay (Florence 1948) e Xprintsin (Manizer 1967). Segundo as descrições de Florence, as aldeias Apiaká se excediam em hospitalidade e ele nos transmite a impressão de uma atmosfera invejavelmente aconchegante, não mencionando, porém, qualquer tribo inimiga dos Apiaká. Em 1837, no discurso de abertura da Câmara Legislativa Provincial em Cuiabá – capital da província de Mato Grosso desde 1820 – o seu presidente, dr. José Antonio Pimenta Bueno (1840:170-174) tocou também nos problemas relacionados aos índios. Em primeiro lugar encontram-se considerações de ordem econômica. Das 53 tribos conhecidas, apenas dez estavam "domesticadas", embora outras tantas estivessem prestes a sê-lo, entre as quais também os Apiaká: "A bôa índole e serviços dos Apiacás promettem-nos igualmente interesses na navegação do Juruena para o Pará" (p. 170). E ainda constatava: "Desconhecemos todo o terreno que medêa entre o Rio S. Manoel denominado também Tapajós, e seus numerosos confluentes" (p. 170).

Em 1844, o viajante francês Francis de Castelnau demorou-se em Diamantino, onde encontrou diversos Apiaká, entrevistando um deles que falava um pouco de português (1850:314-317). Entre as tribos inimigas, ele mencionou os Parabitatas (p. 316). Castelnau relatou também de outro informante que percorrera muito aquela região dos

"... Bacchayris, qui habitent les sources de l´Arinos, sont des moeurs très douces; ...; ils sont em guerre avec les Cajahis. Les Tapanhunas, tribu hostile, sont établis sur une rivière de même nom qu´eux, qui est um brás de l´Arinos; ils parlent la même langue que les précédents; ils se teignent entièrement en noir" (p. 306ss).

Este trecho menciona pela primeira vez a designação tribal Kaiabi na forma Cajahi (talvez um dos freqüentes erros tipográficos de substituição de b por h) em conexão com os Bakairi. Isto parece denotar que se trata de uma designação transmitida por estes últimos. No terceiro volume de sua obra, numa compilação de sete fontes diversas, Castelnau novamente menciona os Tapanhuna:

> "Vers la moitié de la distance qui sépare, d´environ soixante-dix lieues, le confluant du Sumidouro de celui du Juruena, habitent, sur les deux rives de l´Arinos, les Indiens Tapanhunas, enemis des Bacuris leurs voisins. Les Tapanhunas s´étendent, dit-on, sur la rive gauche, jusqu´à une dizaine de lieues du Juruena et, sur la rive droite, jusqu´en face de son embouchure" (1851:97).

Em 1846, o presidente da província de Mato Grosso, Ricardo José Gomes Jardim, batia-se com êxito pela fundação de uma "Diretoria dos Índios". Num ofício ao governo imperial, ele mencionava a aldeia fiscalizada dos Apiaká no Salto Augusto (Arinos):

> "... nação pacífica e numerosa, que habita entre o dito rio e o Juruena, a qual tem por si mesma procurado a civilização. Em 1843 mandou-se para alli um inspector e alguns soldados de 1ª linha com o fim de fixar-se e augmentar-se o aldeamento, e proporcionar aos Índios a necessaria ferramenta e sementes para plantações; mas o inspector nomeado falleceu em Janeiro de 1845 sem ter dado adiantamento algum a aquella povoação, apezar dos sacrifícios feitos pela fazenda provincial" (p. 550).

Em 1848, Joaquim Alves Ferreira, nomeado dois anos antes para o cargo de Diretor Geral dos Índios da Província de Matto Grosso, recolhia informações sobre 33 tribos; Karl von den Steinen teve a oportunidade de vê-las no Arquivo da Diretoria dos Índios em Cuiabá, publicando em 1894 alguns trechos em língua alemã (1894:389, 548-552). No original (Ferreira 1905), os Kaiabi são mencionados laconicamente: "Tudo o que se sabe dos Cajabís é que são bravios e indomitos e habitão a margem do Paranatinga acima do salto. São inimigos dos Bacahiris" (p. 87). Numa lista, seu número é dado como desconhecido e seu habitat as "Cabeceiras do Paranatinga" (p. 80). Na mesma lista fala-se de duas outras tribos: "Tapanhumas – 800 – Ribeirão do Tapanhuma, Confluente do Arinos; Nambiquaras – 600 – Rio do Peixe, Confluente do Arinos" (p. 81). E, mais adiante:

"Nambiquaras: Conhece-se huma horda de huns 600 desses selvagens que habitão as vizinhanças da confluencia do rio do Peixe com o Arinos. Sustentão-se da caça, da pesca, e de alguns fructos da terra que cultivão com instrumentos de páo e pedra. Vivem em estado habitual de guerra com os outros índios, e particularmente com os Apiacás, a quem fazem todo o mal que pódem. Fogem de ter relação comnosco e costumão fazer emboscadas para atacar as nossas canôas que se empregão na navegação da Villa de Diamantino para o Pará, porém temem-se muito das nossas armas e não appóem rezistencia aberta.

Tapanhunas: Esta nação tem os mesmos costumes, uzos e indole que os Nambiquaras. Contão-se 800 individuos, habitão as immediações da confluencia do rio dos Tapanhunas com o Arinos" (p. 88ss).

E o relatório sobre os Bakairi conclui: "O aldeamento e a civilização dos Bacahiris facilitará a dos Cajabis" (p. 94). É muito difícil avaliar o valor dessa fonte. Como quer que seja, procurava-se em 1848 inicialmente obter, com auxílio das fontes oficiais, um quadro abrangente do número, localização e grau de "civilização" dos indígenas de Mato Grosso.

Em 1845, João Baptista Prudêncio, cidadão de Diamantino, redigiu um relatório sobre a precária situação econômica desse município antes rico, e também abordou a "catechese e civilização dos índios". Considerava essencial que os Apiaká fossem auxiliados contra os constantes ataques dos Munduruku:

> "... antes algum auxílio de gente tem sido prestado a elles, pela forte e guerreira nação Mundurucú que tem obstado a completa extincção dos Apiacás, ainda assim estão reduzidos a menos da quarta parte do número que tinha quando abriu-se esta navegação, segundo affirmão alguns dos primeiros navegantes" (p. 7).

Muito esclarecedora é a indicação da proveniência dos índios que importunavam os Bakairi. Como se depreende das fontes acima citadas, tratava-se sobretudo dos Kaiabi.

> "Bacarahy... tem ella também diminuido muito de população pelos repetidos ataques das tribus selvagens, que habitão o rio dos Peixes, e seus confluentes, e ainda no anno passado soffrerão grande damno delles, surprehendendo-os a noite e destruirão suas plantações, pelo que algumas familias, que ficarão sem roças descerão os Arinos, e se achão situadas logo abaixo do novo porto, em que se abriu varadouro ás canôas para Cuyabá" (p. 7).

As relações hostis entre Bakairi e Kaiabi também são confirmadas no relatório de 1858 do novo Diretor Geral dos Índios, João Baptista de Oliveira, que assim se refere aos Bakairi localizados no Paranatinga e no Alto Arinos: "São de condições eminentemente pacifica, e até timidos, porque a fuga é o único meio a que recorrem para subtrahir-se nos ataques dos seus inimigos Tapanhumas, Nambiquaras e Cajabis" (p. 137).

Só dispomos de outro relato de viagem no ano de 1861. O geógrafo inglês Chandless viajou de Diamantino a Santarém e, numa conferência de 12 de maio de 1862, apresentou à Royal Geographic Society o primeiro levantamento do Arinos (1862:268-280). Em mapa anexo ele indica os Bakairi nas cabeceiras do Arinos, "a small and very timid tribe of Indians, used to be met with; but owing to the attacks of stronger tribes, they have latterly withdrawn more towards the head-waters of the Arinos" (p. 270). Um dia de viagem abaixo do rio Sumidouro: "... one is in the country of hostile Indians, the Tapanhonas and Nambiguaras, who frequent both banks of the river, but chiefly the right bank. These Indians have frequently attacked passing canoes, and seem to reject all attempts at intercourse" (p. 271). O Rio dos Peixes, o maior afluente do Arinos, nunca fora explorado (p. 272). "The Apiacares are a small tribe...: it is said, that a larger portion of the tribe, not wishing to hold intercourse with the whites, broke off and settled on the Rio S. Manoel" (p. 273). Na embocadura do Teles Pires (S. Manoel), Chandless encontrou seringueiros pela primeira vez, os primeiros mencionados para esta região.

No ano seguinte, em 1862, um aventureiro espanhol chamado Bartolomé Bossi (1863) partiu com um grupo heterogêneo de 40 cuiabanos para descobrir as minas de ouro que o padre Lopes procurara em vão em 1820. Logo após seu embarque no Arinos, entretanto, a tripulação amotinou-se e, sem entrar em contato com índios, Bossi foi obrigado a voltar. Ele observou, entre Diamantino e Porto Esperança (abaixo da desembocadura do rio Preto no Arinos), numerosas seringueiras, mas nenhum extrator (p. 86). Sobre os índios ele assim se manifesta: "Uma tribu feroz que se llama Tapañuna, domina el desierto desde el rio de los Patos hasta las inmediaciones del salto Augusto, y esos Indios atacan com frecuencia las canoas" (p. 90). Acrescentou uma litografia de um guerreiro Apiaká que, comparada com os desenhos de Florence, é totalmente inverossímil. Mas parece que esta figura foi usada, durante a Exposição Anthropológica Brazileira, realizada em 1882 no Rio de Janeiro, como modelo para apresentar um "cacique dos Apiaká". E Josef von Siemiradzki (1898:150) passou a gravura da Exposição para um artigo seu publicado em Viena.

Vindo do rio Amazonas, o botânico brasileiro João Barbosa Rodrigues (1875) subiu o Tapajós e narra, tal como Chandless, a fuga dos Apiaká, Teles Pires acima, onde viviam como Parabiteté (p. 117). "Os Appiacás e Parabitetés, que são irmãos, oriundos do mesmo tronco, usam... um risco negro circundando os labios; ... os Parauaritis são pintados quasi como os Appiacás" (p. 133). Rodrigues recebeu estas informações de Apiaká "civilizados" do Alto Tapajós.

Pouco tempo depois, no ano de 1875, um outro estudioso brasileiro, o engenheiro Antonio Manoel Gonçalves Tocantins, visitou o Alto Tapajós e especialmente as aldeias Munduruku do Cururu. Seu relatório sobre esta tribo (1877) tornou-se um dos clássicos da etnografia brasileira. Inclui também alguns dados sobre outras tribos da área do Tapajós do ponto de vista dos Munduruku:

> "Tupaiunas – Pintam-se de negro.
>
> Paribitat – Habitam campos na direcção de Cuyabá.
>
> Paribitêtê – Habitantes das cabeceiras do rio D. Manoel, affluente do Tapajoz" (p. 97).

Os dois últimos nomes designam os mesmos grupos de índios que haviam atacado Peixoto de Azevedo em 1819 (1885:35) e que foram identificados por Barbosa Rodrigues como um grupo Apiaká emigrado (1875:117).

Em 1884 e 1887 realizaram-se, sob a direção de Karl von den Steinen, as duas primeiras expedições alemãs no Xingu que determinaram toda uma era das pesquisas entre índios no Brasil. Seus relatórios de viagem também trazem as primeiras notícias seguras sobre os Kaiabi (1886:122 "Cajabí", 1894:203ss, designados por "Kayabi") que ele havia obtido entre os Bakairi do Alto Teles Pires (Paranatinga). Na segunda aldeia Bakairi do Alto Paranatinga viviam duas mulheres Kaiabi, aprisionadas ainda crianças, quando de um ataque dos Bakairi. Não mais falavam sua língua quando von den Steinen as encontrou em 1884 (1886:122). Ele calculou que tivessem 18 e 22 anos de idade e nelas realizou mensurações antropológicas (1886:364ss). Depois de sua segunda expedição, ele relatava:

> "... nesta região (Paranatinga) os Kayabi tinham o monopólio dos machados de pedra; os Bakairi vizinhos deviam adquiri-los deles, posteriormente seus inimigos mortais" (p. 203).
>
> "Os inimigos principais dos Bakairi ocidentais, e que provavelmente na medida em que é possível dar crédito à tradição, já o eram dos Bakairi unidos, são os Kayabi.
>
> "Selvagens indômitos da proximidade do Salto", é o que reza o relatório da Diretoria dos Índios. O que sôbre êles pouco consegui saber dos Bakairí é o seguinte. Os Kayabí dão a si próprios o nome de Paruá, sendo pela língua – o que entretanto carece de confirmação – parentes dos Kamayurá do Kulisehu, o que quer dizer que seriam uma tribu tupi. São homens robustos e, como também

a tribu próxima dos Apiaká, do grupo tupi, amigos da antropofagia. Plantam mandioca, milho, batatas, mandubi, etc. do mesmo modo como as outras tribos. Possuem maças bem trabalhadas de madeira bacaiuva e que são envolvidas por trançados, medem cêrca de metro e meio, têm forma de varas chatas e são carregadas ao braço numa corda. Também quanto a isso concordariam com os Kamayurá. As flechas são de cana cambaiúva, como as dos Yuruna, mas menores. Não possuem propulsores, o que constitue uma importante diferença em relação aos Kamayurá.

Os Kayabí moram no Rio Verde, cujas nascentes ficam entre a aldeia Bakairi do Rio Novo e a do Paranatinga: é um afluente da margem direita dêste último, entrando nêle abaixo do célebre Salto. A referida tribu é, portanto, muito vizinha sem dúvida dos Bakairi. A inimizade que reina entre as duas já vem de tempos antiquíssimos. Só bem no princípio houve concórdia: os Kayabí, informaram-nos, apareceram na zona dos Bakairi para morar com êles, estabelecendo-se junto dum ribeirão próximo; pouco depois nasceram as contendas. Lembro dos Kayabí da lenda de Keri. Os antigos Bakairí desceram o Paranatinga até abaixo do Rio Verde, voltando, porém, de medo dos Kayabí; êstes eram senhores dos machados de pedra, o que deu motivo às desavenças.

Quanto a lutas havidas em tempos mais recentes, obtive informações mais precisas. Os Kayabí mataram o pai de Felipe, fizeram o assalto de noite e levaram também uma criança. O avô, o pai e o tio de Antônio avançaram até a embocadura do Rio Verde, onde os Kayabí estavam caçando e procurando conchas. Os Bakairí chegaram de tarde ficando cautelosamente retraídos, mas de manhã bem cedo, quando os Kayabí ainda jaziam nas suas rêdes, fizeram o assalto, matando dois, enquanto os outros fugiram. Os Kayabí tinham o corpo untado com óleo de almíscar (de um cipó) e urucú, e fediam como o diabo. Levavam consigo cuias, uma outra espécie de urucú, arcos e flechas. Na aldeia do Paranatinga encontramos, em 1884, duas mulheres kayabí, Maria e Luiza Kayabí que infelizmente não sabiam mais palavra alguma de seu idioma materno. A excursão contra os Kayabí fôra empreendida por uns vinte Bakairí, prendendo as duas meninas, ainda pequenas, além de uma irmã de Luiza, a qual, porém, mordia tão furiosamente em torno de si que teve que ser morta" (1940:501s).

Ao invés de fazer aqui uma crítica de texto, remeto o leitor para a parte etnográfica deste trabalho, dividida por assunto.

Um integrante brasileiro da primeira expedição ao Xingu, o oficial Manoel de Souza Gomes, estabeleceu-se aparentemente entre os Bakairi e viveu com eles durante vários anos. Voltando à "civilização", trouxe um colar que ele teria tirado de um chefe por ocasião de um ataque aos Kaiabi, doando-o ao Museu Nacional do Rio de Janeiro (Rego 1899:178).

De grande importância foi uma expedição dos oficiais Lourenço Telles Pires e Oscar de Oliveira Miranda que se realizou em 1889 com o apoio da Sociedade de Geographia do Rio de Janeiro, a fim de proceder à mensuração do rio Teles Pires (naquela ocasião ainda conhecido pelos nomes de S. Manoel, Paranatinga e rio das Três Barras). Acompanhados de 28 homens, entre os quais alguns Bakairi, eles embarcaram em agosto no Alto Paranatinga pretendendo chegar em dezembro ao Pará. Sem ter entrado em contato com os Kaiabi, a expedição malogrou, naufragando numa cachoeira um pouco ao norte de 10º de latitude sul; apenas Miranda e cinco companheiros conseguiram sobreviver (Miranda 1890:149). Por sugestão do então coronel Rondon (1916:219s), deu-se ao rio o nome do malogrado chefe da expedição, nome que até hoje ele mantém. Miranda relata:

> "... encontramos um pequeno rancho de índios, cujas madeiras tinham sido cortadas a machado de pedra; estava deserto; batemos os arredores e nada encontramos. Já nos causava estranheza e despeito não encontrarmos habitantes. Os dias subsequentes foram empregados em passar grandes cachoeiras... e neste trecho encontramos duas novas cabanas de índios com diversos instrumentos e armas, que trocamos por facas, machados, espelhos, sem consentimento porém dos donos, que não encontramos por mais que procurassemos; estes ranchos estavam dentro de duas roças de mandioca, amendoim, batatas doces, pecegos; estas roças eram assás grandes e admiramos o trabalho de as fazer, dispondo para a derrubada apenas de machado de pedra. Tudo parecia indicar que taés ranchos serviam apenas para as épocas da plantação e da colheita, retirando-se depois os donos para suas aldeias; onde estavam estas é que não nos foi possível descobrir; deviam ser muito pelo interior das terras, mas os caminhos para alli estavam perfeitamente dissimulados; julgamos poder attribuir o facto dos índios occultarem assim suas moradias à necessidade de se esconderem afim de evitarem as correrias das outras tribos; pois que é sabido que por este rio os bellicosos Mundurucús, habitantes do Tapajós, faziam excursões de guerra até o território de Matto-Grosso. O facto é que não vimos nenhum desses índios que o Felippe dizia serem Cajabis, o que bastante nos aborreceu" (p. 146s).

O mencionado Felipe era um chefe Bakairi, não se podendo duvidar, portanto, do seu julgamento. Esta extrema reserva que os Kaiabi demonstravam uma década antes da invasão dos seringueiros em seu território tribal é mais um indício de que a sua agressividade, freqüentemente enfatizada, nada mais seria que a reação aos atos de violência dos seringueiros, atos para eles incompreensíveis.

Em 1895 o francês Henri Coudreau viajou Tapajós acima até o Salto Augusto no Baixo Juruena. Seu relatório (1897) é pouco crítico quanto aos dados relacionados com os índios e deve ser utilizado com cuidado. Seus informantes eram Munduruku e Apiaká "civilizados", além de seringueiros.

> "Les CAJABIS bravos s´étendraient du Alto Tapajoz au São Manoel et au Xingu nord des Bakairis bravos, des Tapanhunas aux Parintintins" (p. 93).
>
> "Les TAPANHUNAS vivent dans les campos du Rio dos Tapanhunas. Ces campos se prolongent vers l´est dans la direction des Paranatinga et vers le nord dans la direction du São Manoel, mais il n´est pas à croire qu´ils s´étendent sans interruption jusqu´aux campos de ces deux rivières; de profondes masses de fôrêts vierges occuperaient, d´après les Mundurucús, tout le pays entre les campos de Tapanhunas et du Paranatinga et la Cachoeira das Sete Quédas. Les Tapanhunas sont, paraît-il, de lingua geral, les Apiacás auraient, disent-ils, parfaitement compris leur langue dans les recontres d´ailleurs forts rares qu´ils ont eues avec eux depuis la migration des Apiacás vers le nord. La tactique de guerre des Tapanhunas ne dénote pas de la part de ces Indiens une bien grande valeur militaire ni morale: c´est tout bonnement l´assassinat par trahison. Ils attendent les voyageurs qui s´en vont passant par la rivière. Les Tapanhunas sont là sur quelque plage, sur quelque berge, à um angle autant que possible pour que les voyageurs soient forcés à agir de suite sans avoir trop le temps de réfléchir. Ils surgissent ainsi tout à coup du paysage sans arc ni flèches, riant, parlant fort, et faisant à ceux qui viennent force signes d´amitiés pour les inviter à accoster.
> Que les imprudents voyageurs s´approchent à portée des flèches et soudain nos Tapanhunas font pleuvoir leurs "tacuaras" sur leurs confiantes victimes. En quinze années de voyage chez les Indiens je suis arrivé à me faire cette conviction que les Indiens "bravos" sont purement et simplement des bandits héréditaires et professionels à l´endroit desquels la philantropie est un leurre" (p. 90ss).

Por rio dos Tapanhunas devemos entender aqui o rio dos Peixes. Coudreau também apresenta a figura de um machado encabado e de duas lâminas dos Tapanhunas, que muito se parecem com as dos Kaiabi e dos Apiaká (p. 91).

3. A frente de expansão brasileira nos rios Arinos e Teles Pires

Enquanto as viagens do século XIX significaram, com pequenas exceções, apenas contatos curtos e irregulares entre os índios e os representantes da civilização européia, esta situação mudou por volta do início do século.

No seu trabalho pioneiro, Darcy Ribeiro (1957) mostrou como o destino dos índios depende do tipo econômico de expansão brasileira com que se estabelece o primeiro contato. Conforme se tratasse de representantes de economia extrativa (borracha, minerais, ipecacuanha, mate, castanha-do-pará etc), de criação de gado ou de agricultura, alteravam-se também as formas possíveis de integrar lucrativamente os índios ao sistema econômico ou, então, de expulsá-los e mesmo exterminá-los. Para a região em questão, por razões climáticas, interessava apenas a exploração de minérios, como ouro e diamantes, e a extração da borracha. A primeira limitou-se à iniciativa privada de alguns aventureiros. Independia das oscilações da economia mundial e não teve significado de vulto, excetuando-se a descoberta do garimpo "Paranatinga" em fins de 1963, que concentrou por pouco tempo cerca de 6.000 garimpeiros de diamante no afluente do curso superior do Teles Pires (Azevedo 1966:85).

O sistema econômico que se tornou característico para os afluentes do rio Tapajós é o da extração de borracha, especialmente das seringueiras (*Hevea brasiliensis*) (cfr. Ribeiro 1975:23) encontradas nas margens dos rios. Em 1861, Chandless (1861:275) observou os primeiros seringueiros na embocadura do rio Teles Pires, no Juruena. Por volta de 1884, eles avançaram para o noroeste, a partir de Diamantino, em direção aos seringais das encostas da Serra dos Parecis (Campos 1960:204).

Depois da primeira Constituição Republicana de 1891, as províncias do antigo Império passaram a Estados e reuniram-se na Federação dos Estados Unidos do Brasil. O direito de tributar a extração da borracha passou à competência dos respectivos Estados e já em 1895 foi enviado, Arinos abaixo, o primeiro coletor estadual de Mato Grosso, que foi atacado na embocadura do Juruena e mortalmente ferido por "Tapanhunas" (Nimuendajú 1948:311).

Em 1898 um empresário brasileiro, o dr. Passini, viajou Arinos abaixo para examinar as possibilidades de exploração da borracha. Dois Apiaká lhes serviram de remadores (Koch-Grünberg 1902:355).

No ano seguinte Theodor Koch-Grünberg, que acompanhava H. Meyer na sua segunda expedição ao Xingu, encontrou esses dois Apiaká em Cuiabá. Provinham da aldeia de Salto Augusto. Koch-Grünberg obteve deles algumas informações e um vocabulário, publicado em 1902.

> "As tribos dos formadores do Tapajós ainda são mal conhecidas e é provável que se encontrem entre elas parentes próximos ou até membros da tribo dos Apiaká.
>
> Os Nambiquara e Tapanyuna, habitantes da região do Arinos e que, segundo informes do Apiaká Alfredo, possuem grandes casas de palha e flechas de

cambayuva com pontas de bambú, são há muito inimigos declarados tanto dos Apiaká como dos Mundurukú.

Pouco conhecidos também, embora se trate sem dúvida de tribos Tupi, são os Parintintin e os Aipo-Sissi, que habitam a margem esquerda abaixo dos Nambiquara. Estes Aipo-Sissi destacam-se, segundo meus amigos Apiaká, pelo tamanho do membro viril que aparentemente chega até o joelho. Teriam arcos de madeira da palmeira seriba e flechas de bambu, usando o cabelo comprido atrás" (1902:357s).

A respeito dos Kaiabi, o autor repete aquilo que era conhecido pelos Bakairi e que também está reproduzido em von den Steinen (1894:392s e p. 359).

Em 1872, foi enviada a Paris, para controle de qualidade, a primeira borracha nativa explorada em Mato Grosso. Procedia dos seringais ao longo do rio Preto, um pequeno tributário do Alto Arinos (2; Mendonça 1919:345). Dois anos depois também foi iniciada a exploração da borracha do rio Novo, um afluente mais ocidental do Arinos (p. 85-87). Em 1898 malogrou uma grande expedição para exploração da borracha no Alto Arinos, pois uma parte dos 130 homens – dos quais mais da metade Borôro "pacificados" – morreu de malária e inanição (1; 1919:345s).

Depois de 1900, foi aberto mais um seringal no rio Claro (rio Sumidouro), um afluente ocidental do Alto Arinos. Os seringueiros tiveram contatos hostis com os chamados índios "Tapanhunas" e, num massacre, foram mortos 20-30 índios, ocasião em que foi utilizada uma metralhadora refrigerada a água (informação verbal de Marcelo Martins da Cruz, de Cuiabá).

Em 1902, foi fundada na embocadura do Teles Pires e Juruena, a Collectoria de Rendas do Estado do Mato Grosso, criada por decreto em 1891. Seu primeiro comandante, Thomaz Carneiro, começou de imediato, junto com seu irmão Ernesto, uma campanha de extermínio dos homens Apiaká desta região, a fim de se apoderar de suas mulheres. Ambos foram mortos a tiros por dois Apiaká. O novo coletor de rendas, Fábio Freira, sob pretexto de vingar a morte de seu antecessor, junto com aproximadamente 100 seringueiros e empregados, matou, num ataque à aldeia Apiaká, toda sua população, incluindo mulheres e crianças. Dizem que o resto dos Apiaká se retirou para a região do Médio Teles Pires. Em 1912 existiam ainda, sob um novo comandante, 32 índios na referida coletoria, dos quais 16 mulheres prostituídas, sete homens e nove crianças (Costa Pinheiro apud Rondon 1916:217s e Hoehne apud Rondon 1915:168).

Duas décadas depois, Murilo de Campos publicou o livro em que se ocupou minuciosamente das causas do declínio dos Apiaká, registrando na coletoria do Teles Pires, em 1912, apenas 20 índios (1936:177-81).

Em 1910 foi fundada nas proximidades desta coletoria, na outra margem do Juruena, a Collectoria de Fiscalização do Estado do Pará. Nela trabalhavam, em 1901, 80-100 seringueiros (Savage-Landor 1913:272).

Henry A. Savage-Landor, um viajante inglês pouco sério, desceu o Arinos em 1911 e referiu-se a seringueiros nas cercanias de Porto Velho, no Alto Arinos. Eles lhe contaram da existência de "... Indians of the Cayapó tribe...", que se encontrariam nas proximidades (Savage-Landor 1913:13). Nessa ocasião não se encontrava mais nenhum Apiaká no Salto Augusto (Costa Pinheiro apud Rondon 1915:75).

Em 1915/16 o etnógrafo William Curtis Farabee viajou Tapajós acima até a embocadura do Teles Pires:

> "Here we visited the last remnants of the Apiacás, once a large and ferocious tribe, speaking the dialect of the Tupi language... Today they wear clothing only when they go among the rubber gatherers" (1917:126).

Baseado na aparência dos índios, ele deduziu uma forte miscigenação com negros. Resumindo, podemos constatar que o primeiro "boom" da borracha concentrou várias centenas de seringueiros na região Arinos-Juruena, particularmente no Baixo Juruena, e resultou na extinção dos Apiaká como tribo. Até 1910, uma parte deles retraiu-se para o sudeste, na região do Médio Teles Pires. Os Kaiabi não são mencionados, registrando-se, porém, muitos ataques de "Tapanhunas" que, numa ocasião, foram identificados como Kayapó.

A segunda área de penetração de seringueiros foi o Alto Teles Pires com suas duas ramificações, o Paranatinga e o rio Verde, com seus afluentes.

Em agosto de 1873, brasileiros conduzidos por Bakairi investigaram pela primeira vez o Alto Paranatinga, em busca de borracha. Chegando próximo ao paralelo 14 de latitude sul, sem contato hostil com os Kaiabi, eles voltaram a Cuiabá via rios Novo e Arinos. A mesma rota foi seguida, no ano seguinte, por outras expedições, cujos membros fundaram a primeira feitoria no rio Novo (2; Mendonça 1919:85-87). Em 1878 e 1884 foram enviadas duas expedições por uma companhia de Cuiabá, que se propusera à descoberta da "mina dos Martyrios", das quais a primeira alcançou o Paranatinga (2; 1919:211), enquanto a segunda não ultrapassou a região do Arinos e, na sua volta, foi atacada por Kaiabi (1; 1919:99).

Em 1899, os seringueiros avançaram sistematicamente em direção norte, ao longo das matas ribeirinhas do Alto Paranatinga e do Rio Verde. Os Kaiabi resistiram encarniçadamente, mataram os seringueiros e levaram as cabeças degoladas para suas aldeias (Cojazzi 1932:75). Numa palestra sobre sua expedição ao Xingu, Hermann Meyer refere-se ao mesmo ano:

"Durante a viagem recebemos uma notícia interessante: os índios Kayabi haviam irrompido de suas florestas no Paranatinga, realizado tropelias em diversos povoados da Serra Trombador, matando vários moradores. Era a primeira vez que esses índios se aventuravam na zona de ocupação brasileira. Provavelmente, os diversos roubos dessas tribos até agora desconhecidas, que aprenderam a conhecer instrumentos de ferro e outros produtos da civilização através dos contatos com seringueiros, nelas despertou o desejo de mais, e é de temer que eles se tornem um flagelo tão grande para toda a região como eram antigamente os Borôro, se o Governo não proceder racionalmente à pacificação. Saindo de Cuyabá segui seus rastros por vários dias pelas montanhas, mas não pude mais encontrá-los; já se haviam retirado para suas matas" (1900:122-128).

Em 1900, o comerciante cuiabano José Benedito Gomes Pedroso empreendeu uma expedição à região do Alto Teles Pires, destinada principalmente à pacificação dos Kaiabi (2; Mendonça 1919:9s). Dela faziam parte 18 pessoas, entre elas o padre salesiano italiano D. Bálzola, que se tornara conhecido como missionário Borôro e cujas notas autobiográficas foram publicadas em Turim, em 1932, por seu irmão de hábito D. Antonio Cojazzi. Infelizmente, os dados etnográficos desta primeira fonte sobre os Kaiabi são bastante superficiais. A três de julho de 1900, a expedição partiu do Alto Paranatinga (Porto da Mulateira) em três barcos grandes e dois menores. A 13, encontraram o primeiro Kaiabi, postado na margem esquerda:

"Batteva le mani e ci faceva cenno di ritornare indietro con segni che volevano dire:

- Più in giù vi sono molti indi e vi attendono le loro frecce. Ritornati al posto di partenza e presi diversi oggetti, li presentammo da lontano.
Allora si placò alquanto la sua ferocia. Appena entrati nella piccola barca per portarglieli, egli indicò il luogo dove li dovevamo mettere e fuggí nel bosco. Deposti gli oggetti e ritirata la barca, l´indio ritornò con un altro. Si gettarono con gioia sui regali e poi fuggirono. Ci fermammo tutta la gionarta, aspettando che ritornasseró con altri, ma non comparvero più" (p. 80s).

Essas cenas se repetiram ainda diversas vezes e quando os presentes rarearam, também os índios começaram a aceitar menos amigavelmente a penetração dos estranhos, de modo que a expedição, talvez até antes de ter alcançado a boca do rio Verde, fugiu novamente rio acima com visível temor: "Continuamente pensávamo: - Da un momento all´altro ci verranno sopra e faranno di noi un massacro" (p. 86). Mais de uma vez a tripulação quis fazer uso das armas para defender-se das flechas "envenenadas" (p. 82 e 85) que foram atiradas em sua direção como advertência. A respeito dos Kaiabi só ficamos sabendo o seguinte: num lugar da margem esquerda encontraram um grupo de 150 índios, entre os quais apenas duas mulheres (p. 84); a 23 de julho foi observada uma canoa com sete Kaiabi, que tinham grandes arcos (p. 83), temiam um aparelho fotográfico (p. 84) e as espingardas (p. 87). A 30 de julho viram os últimos índios que os haviam seguido por onze dias e, a 7 de agosto, todos alcançavam, incólumes, o Porto da Mulateira (p. 88).

Em 1901, uma expedição semelhante teve um final infeliz:

> "L´anno seguente, 1901, un altro esploratore con una comitiva volle tentare quel viaggio. Assaliti dai Kayabi, si difesero con le carabine e ne massacrarono un gran numero. Però gli esploratori a stento e dopo un mese di faticosissimo viaggio, poterono mettersi in salvo" (p. 88s).

Tratava-se provavelmente da expedição de um tal Bodstein, que viajou a encargo da firma Orlando, Bruno & Cia, de Rosário para a boca do rio Verde e que escreveu a respeito um relatório para a Gazeta Official do Estado de Mato Grosso (Bodstein 1903). Max Schmidt resume este artigo:

> "Nos três últimos dias da viagem pelo rio Verde até sua embocadura no Paranatinga são encontrados sinais da presença de índios. Inicialmente, um rancho abandonado na margem do rio Branco. A 11 de agosto os vestígios de índios se tornam mais freqüentes, vendo-se, à margem esquerda do rio, uma roça dos Kayabí, assim como um porto para suas canoas. Vê-se a fumaça de suas fogueiras; depois uma canoa de casca de jatobá, um pequeno rancho e finalmente um homem e uma criança que logo fogem para a mata. O primeiro encontro com os Kayabí dá-se no dia seguinte, 12 de agosto, quando cerca de 30 índios aparecem na margem do rio oferecendo ´coroas, brincos e adornos de plumas de pássaros´, ou seja, enfeites de penas, a título de presentes. Todos têm o corpo pintado de vermelho com urucu. A estes índios se reúnem outros, logo depois da entrada no Paranatinga, dos quais alguns vinham subindo do Baixo Paranatinga e outros, ao contrário, desciam do alto curso do rio" (1904:467).
>
> "Infelizmente não foi possível ao Sr. Bodstein obter mais particularidades sobre a tribo em questão, pois a harmonia inicial entre os membros da expedição e os índios foi rompida logo depois do primeiro encontro, por um ataque por parte desses últimos" (p. 468).

No mesmo ano, 1901, houve um desentendimento entre Kaiabi e alguns Bakairi, que já se encontravam a serviço de um seringalista:

> "En la fecha de mi estada en la estancia de Corrego Fundo los Kayabí habían penetrado en los montes sobre el Rio Paranatinga hasta unas 6 leguas distante de Corrego Fundo y saltado al cacique Antonio que allí busco con su gente caucho para señor Jange Soares, el proprietário de la estancia. Pero Antonio los había rechazado con su gente armada y matado en esa ocasión a un Kayabí." (Schmidt 1947:21).

Em 1910, os Kaiabi mataram o gerente de um seringal, M. F. Valois Velho, e uma subseqüente expedição punitiva matou muitos Kaiabi e raptou seus filhos (Nimuendajú 1948:307).

Em 1915, a maioria dos Bakairi trabalhava no rio Novo e no Paranatinga, no seringal da firma Orlando e Irmãos, que se estendia por todo o rio Beijaflor e no Teles Pires até o ribeirão Morocó, em cujas proximidades se encontrava o último barracão (Sousa 1916:37, 40 e 71). A primeira feitoria de seringueiros do Pará, no Baixo Teles Pires, encontrava-se na margem direita, 1.100 metros abaixo da cachoeira Apiacá, pouco ao sul do paralelo 9 (p. 51s).

Os Kaiabi mantiveram sua atitude de resistência ativa pelo menos até 1927, o que teve como conseqüência a sua dizimação, mas preservou a tribo como um todo fechado. Como se disse acima, a política mundial estimulou novamente, em 1942, a exploração da borracha na região amazônica.

Ao final do mesmo ano, Benedito Bruno Lemes Ferreira, de Cuiabá, estabeleceu um seringal na Cachoeira do Pau, no Alto Arinos, e expandiu-o sistematicamente nos anos seguintes. A reativação dessa atividade econômica abandonada na região mesmo antes de 1920, também provocou uma nova onda de contatos dos brasileiros com os nativos.

Em 1946, a exploração da borracha expandiu-se para a região do rio Claro (rio Sumidouro). Em 1950 inicia-se a exploração do Arinos e, em 1951, alcançou-se pela primeira vez a embocadura do rio dos Peixes, onde se deu, em 1953, o primeiro contato pacífico com os Kaiabi que viviam nas cabeceiras deste rio.

Em 1955 foram fundadas diversas feitorias no rio dos Peixes até o Salto, com aproximadamente 14 pessoas entre as quais também alguns garimpeiros (Dornstauder MSa). No ano seguinte foi fundado um barracão junto ao Salto (Santa Maria), expandindo-se a exploração no curso superior do rio dos Peixes sem, contudo, alcançar o território dos Kaiabi. Em novembro de 1957, quatro Kaiabi já trabalhavam no seringal (Tolksdorf MS).

Depois da morte de Leme Ferreira, Marcelo Martins da Cruz assumiu o seringal até que este foi abandonado – talvez, temporariamente – em 1966. A ele agradeço as informações correspondentes. Que na sua administração não se chegasse a conflitos demorados entre os Kaiabi do Rio dos Peixes e os seringueiros, deve-se à intervenção pessoal do missionário jesuíta pe. João Evangelista Dornstauder SJ, cuja atuação será examinada mais de perto no item 5.

A partir de 1955, um novo fator econômico entrou em cena. A Companhia Colonizadora Noroeste Mato-Grossense Ltda. (Conomali), dirigida pelo industrial Guilherme Mayer, do Rio Grande do Sul, começou, no início de 1955, os trabalhos de medição e derrubada na margem direita do Médio Arinos. Na chamada Gleba Arinos surgiu a localidade de Porto dos Gaúchos, onde chegaram as primeiras famílias do Rio Grande do Sul, em abril de 1956. Eram típicas famílias de agricultores, em geral de descendência alemã, que plantavam café, arroz, mandioca etc. e que introduziram na região plantações de seringueiras que, em 1965, deram os primeiros rendimentos. A bem organizada colônia teve rápido impulso nos dois primeiros anos e, em 1958, já contava com 677 habitantes (Campos 1960:206). No início dos anos 60 surgiram dificuldades e uma parte dos colonos foi embora. Em fins de 1965, no entanto, a situação se estabilizara.

A 1º de maio de 1965, a colônia foi desmembrada da administração de Diamantino e elevada a município independente de Porto dos Gaúchos, sendo Guilherme Mayer seu primeiro prefeito. Seus limites são a oeste o Arinos, até a embocadura do Juruena, ao norte o município de Aripuanã – mais ou menos 10º e 20' de latitude sul –, a leste o divisor de águas da Serra dos Caiabis e, ao sul, o rio Souza de Azevedo. Deste modo, o município inclui o rio dos Peixes e o território habitado pelos Kaiabi.[(10)]

Para os índios das redondezas, especialmente os Kaiabi e os "Beiços-de-Pau", esta primeira ocupação estável em seu território provocou grandes mudanças. Já em abril de 1956, o primeiro grupo de Kaiabi chegou a pé à Gleba Arinos, sendo ali amigavelmente recebido. Desde então verificaram-se outras visitas que nunca levaram a conflitos.

As coisas foram diferentes com os assim chamados "Beiços-de-Pau" (Grünberg 1966:147s) que, pela primeira vez em 1951, e especialmente desde 1955, atacaram com flechas, de ambas as margens do Médio Arinos, os barcos dos seringueiros e da Conomali que ali passavam, o que era respondido com armas de fogo. Só esporadicamente verificavam-se ferimentos nas duas partes. De dezembro de 1958 a fevereiro de 1959, um grupo dirigido pelo pe. João Dornstauder tentou inutilmente, com o apoio do órgão de proteção aos índios e da Gleba Arinos, a pacificação desta tribo. Em 1963 – e, de acordo com Pereira (1968:218) também em 1953 – foram distribuídos aos índios, aparentemente com o conhecimento do SPI, arroz e açúcar envenenados. Em 1964, 1966 e 1967 falha-

[10] Atualmente a terra indígena habitada pelos Kaiabi no Rio dos Peixes encontra-se no município de Juara que foi desmembrado de Porto dos Gaúchos. (n. ed.)

ram outras tentativas dos missionários jesuítas – pe. Adalberto Holanda Pereira e pe. Antonio Iasi – de pacificar esta tribo (Dornstauder MSb, Iasi 1967 e Pereira 1968). A 30 de setembro de 1967 o piloto do barco da Conomali, um Apiaká "civilizado", trocou presentes com os "Beiços-de-Pau", estabelecendo o primeiro contato pacífico.

Na região do Alto Teles Pires a exploração da borracha expandira-se até os anos 20, pois Max Schmidt escreve em seu relatório de 1927:

> "En esa fecha los ´siringueros´ o caucheros ya habían penetrado, varias veces en el territorio de los Kayabí y los índios toleraban estas penetraciones hasta un cierto punto, durante la estación seca, sin cometer hostilidades. Pero, todavía antes del tiempo de las lluvias, acostumbraban sembrar flechas en el camino, para intimar el salir de su territorio y los siringueros solían respetar esta intimación para evitar las hostilidades de los Kayabí las que habían de prover en el caso contrário" (1942:7). "... partimos del camino principal, frecuentado en tiempos anteriores por los siringueros que iban a los gomales al Rio Paranatinga pero, en esta fecha, poco frecuentado, y proseguimos el viaje en un camino todavía más estrecho el que más bien parecía a una senda de índios pero era también transitado, antes, por los siringueros." (1942:10s).

Em 1943, estabeleceram-se novamente dez seringais na margem direita do alto curso do Teles Pires que se estendiam até 13º de latitude sul (Veloso 1952:380). Em 1951, todos estes arrendamentos do Estado estavam em mãos da Empresa Rio Novo Ltda. (Erion) dos irmãos Mário e Renato Spinelli, que desde 1946 é a maior produtora de borracha nativa do Mato Grosso. Em julho de 1951, a geógrafa brasileira Marília Gosling Veloso visitou esta firma em plena expansão e nos forneceu uma imagem precisa da organização da exploração da borracha no curso superior do Teles Pires (1952:377-406). Esta estendia-se desde o rio Novo até o Paranatinga, alcançava ao norte o paralelo 12 e começava a expandir-se pelo rio Verde. Cerca de 180 feitorias e seis barracões empregavam 248 seringueiros e demais mão de obra de apoio, com apenas 45 mulheres e 29 crianças (p. 385 e 389). Entre as 322 pessoas encontravam-se certamente alguns Kaiabi, sobre os quais, no entanto, não possuímos dados.

Em fins de 1953, foi fundada uma feitoria no Médio Teles Pires, 373 km abaixo do Posto José Bezerra do SPI e, portanto, já no centro da região ocupada pelos Kaiabi junto à aldeia Purutaí (Dornstauder MSa).

Daí em diante já não era mais possível aos Kaiabi um recuo maior rio abaixo, restando-lhes duas alternativas: a integração passiva no seringal ou uma resistência ativa e fuga para um novo território. Devido a certas circunstâncias, esta segunda solução foi inclusive favorecida por uma instituição brasileira (ver p. 63).

Na região do Teles Pires a expansão brasileira das últimas décadas desenvolveu-se na sua forma mais violenta, não podendo ser em nada atenuada pelo Serviço de Proteção aos Índios que ali atua desde 1922. Perdura até a suspeita de que este órgão participou ativamente na expulsão dos Kaiabi e em sua integração forçada nos seringais (Las-Casas 1964:11-4).

4. A Comissão Rondon e o Serviço de Proteção aos Índios

Pelo Tratado de La Paz, a região do Acre, que era da Bolívia até 1899, passou em 1903 para o Brasil que, além de pagar uma indenização finânceira, responsabilizou-se pela construção da estrada de ferro Madeira-Mamoré. Para ligar esta região, geograficamente muito exposta, situada no Alto Juruá e Purus, com o governo central no Rio de Janeiro, o presidente da época, Afonso Moreira Pena, encarregou um oficial de serviço técnico, qualificado por seus trabalhos no sul de Mato Grosso, o major Cândido Mariano da Silva Rondon, de executar o projeto de construção de uma linha telegráfica entre Santo Antonio do Madeira e Cuiabá. Esta "Comissão de Linhas Telegráphicas Estratégicas de Mato Grosso ao Amazonas", chamada "Comissão Rondon" devido ao seu chefe, realizou entre 1907 e 1915 todas as tarefas de que fora incumbida e investigou, através de numerosas expedições, o noroeste de Mato Grosso e o Território de Rondônia (antes de 1956, Guaporé), desmembrado daquele Estado desde 1942, que leva o nome de seu desbravador. A Comissão publicou cerca de 100 relatórios sobre Geografia, Etnografia, Zoologia e Botânica. Desta empresa, que chamou a atenção de toda a população brasileira, resultou também uma nova atitude face aos indígenas.

A 20 de julho de 1910 foi criado, por decreto, o Serviço de Proteção aos Índios (SPI), que Rondon dirigiu desde o começo. Numa época em que em muitas partes do Brasil, facilmente acessíveis em um ou dois dias de viagem das principais cidades, guerras sangrentas com índios interrompiam as atividades econômicas e tribos inteiras eram exterminadas, este oficial lutava por uma atitude humanística e protecionista em relação aos "selvagens" (Ribeiro 1962:7ss). Na ordem do dia de 20/07/1908 que Rondon dirigiu aos 127 homens que iniciavam a marcha através da região habitada pelos Nambikwára, encontra-se o seguinte: se alguém fosse ferido por estes habitantes do Juruena, não haveria represália contra eles que defendiam com pleno direito sua terra e suas famílias. "Sejamos fortes contra os nossos sentimentos de vingança e tenhamos abnegação bastante para resistir à tentação do orgulho, que é a perdição da humanidade" (Anônimo 1916:118s). Sua divisa, que foi adotada pelo Serviço de Proteção aos Índios, soava: "Morrer se preciso for, matar, nunca". Para alguns de seus colaboradores, esta não foi uma simples frase (Baldus 1958:293). Outros princípios eram o reconhecimento das tribos indígenas como povos independentes, a garantia da terra por eles habitada (Artigo 216 da Constituição) e a responsabilidade direta do Estado pelos índios.

Nas duas primeiras décadas após a criação do SPI, Rondon dispunha da experimentada equipe de construção da linha telegráfica, cujo idealismo muitas vezes compensou a freqüente falta de recursos financeiros. Os êxitos convincentes na pacificação de dezenas de tribos indígenas lhe deram suficiente respaldo político para se opor a autoridades locais e, em 1930, funcionavam 97 postos em quase todos os Estados brasileiros (Ribeiro 1962:31s).

A Constituição e as leis de proteção aos índios foram elaboradas nas regiões litorâneas e, na medida em que o SPI se esforçava por sua concretização na gigantesca hinterlândia, esta instituição foi se tornando politicamente incômoda, pois a empatia romântica do habitante da cidade pelo índio não contara com o alcance da política protecionista. Assim, a situação do SPI tornou-se dependente do prestígio do então marechal Rondon e curtos períodos de intensa atividade eram seguidos por longos períodos de estagnação. Subordinado inicialmente ao Ministério da Guerra, o Serviço passou para o Ministério do Trabalho, voltou ao primeiro, foi subordinado em 1940 ao Ministério da Agricultura e, em 1957, declarado "órgão de interesse militar", cuja direção podia ser transferida para oficiais da ativa. A baixa remuneração costumeira dos funcionários e a crescente burocratização dificultaram todo o trabalho dentro do Serviço; de 1950 a 1957, etnólogos foram postos pela primeira vez na chefia dos setores mais importantes e, sob a direção de José Maria da Gama Malcher, desenvolveu-se uma atividade cientificamente orientada e muito promissora. Nestes anos, parecia que o SPI se tornaria, pela segunda vez neste século, o modelo para um serviço de proteção eficaz ao indígena. Em 1958, morreu Rondon e daí em diante a direção foi confiada exclusivamente a militares, com uma interrupção de seis meses no ano de 1964, em que o dr. Noel Nutels, médico do SPI, ocupou a direção. Com sua demissão, o governo militar afastou, em 1964, o último acadêmico do SPI. No final de 1967 foram denunciadas atividades criminosas do SPI, o que conduziu à sua dissolução.Uma comissão de inquérito do Ministério do Interior constatou, em 1968, que houve numerosos crimes contra os índios sob a direção de Moacir Ribeiro Coelho (1962/63) e especialmente sob a de Luís Vinhas Neves (1964/66), crimes que iam desde desvios de incontáveis verbas oficiais até a participação em assassinatos. Dos quase 700 empregados do SPI, 134 foram acusados e mais de 200 exonerados, mas até 1969 ninguém sofrera condenação.

Em 1962 Baldus mostrou, numa comunicação sobre os métodos e resultados da proteção ao indígena do Brasil perante o 35º Congresso de Americanistas no México, o quanto a evolução do SPI após a morte de Rondon contradizia as intenções originais deste (Baldus 1962:29ss).

"A despeito dos esforços do Serviço de Proteção aos Índios e das missões religiosas no sentido de proteger o índio contra os espoliadores e chacinadores há, ainda, no Brasil, bastantes tribos isoladas, indefesas e ameaçadas de extermínio... Estão eles, agora, encurralados numa selva na qual avançam, de todos os lados, os colonos, sem que o Serviço de Proteção aos Índios entre em ação" (p. 37).

Baseado na sua amarga experiência entre os Tapirapé e Karajá, Baldus já registrara o mal em 1948 e propusera uma reforma:

"Todos os esforços do Serviço de Proteção aos Índios estavam dirigidos, até agora, unilateral e exclusivamente para aproximar da nossa cultura as tribos do Brasil, pacificando as hostis e acaboclando as outras" (1948:162).

"Quase todos eles parecem-se com cirurgiões que nunca ouviram falar em anatomia e nunca tiveram bisturi na mão. Ignoram corpo e alma de seus ´protegidos´ por não serem médicos nem etnólogos. Não tendo aprendido a vencer os próprios preconceitos etnocêntricos, fecham-se num complexo de superioridade que, no melhor dos casos, os deixa considerar os índios, à moda dos missionários, como ´crianças´" (p. 167s).

"A finalidade principal do Serviço de Proteção aos Índios deve ser, porém, a defesa contra todos os agressores que vêm de fora, sejam eles brancos ou tribos vizinhas. Entre os brancos cuja aproximação tem de ser impedida figuram não só os ladrões de terra, mascates, turistas e caçadores, mas também os jornalistas e cinematografistas do tipo daqueles que retratam as mulheres completamente despidas numa tribo cuja cultura exige que elas cubram certas partes do corpo" (p. 167).

Deve-se constatar, entretanto, que o SPI foi a instituição de proteção ao índio mais importante até a década de 60 e que, sem sua intervenção, a maior parte das tribos por nós conhecidas e ainda existentes teriam sido dizimadas pelo extermínio ou integração forçada no proletariado rural.

Na região dos afluentes do Tapajós, Rondon organizou quatro expedições, das quais a primeira foi empreendida e comandada pelo capitão Manoel Theophilo Costa Pinheiro entre dezembro de 1911 e março de 1912. O médico dr. Murillo de Campos e o botânico Frederico Hoehne o acompanharam. Apenas no Baixo Juruena, na embocadura do Teles Pires, depararam com Apiaká (Pinheiro apud Rondon 1915:75-77 e 1916:217-219) e também com Munduruku. Das duas nações, Hoehne (apud Rondon 1915:175-177) e Campos (1936:182-202) recolheram respectivamente um vocabulário.

De outubro de 1914 a fevereiro de 1915, um outro grupo, sob o comando do tenente Júlio Caetano Horta Barbosa, realizou uma expedição para a medição do Arinos.

Dela participaram o médico dr. João Meira e o botânico amador João Geraldo Kuhlmann (Barbosa apud Rondon 1916:236-246). Notaram rastros de índios desde as cabeceiras até a embocadura do Marapó (São Cosme), possivelmente dos Bakairi (p. 240). Na margem esquerda do Médio Arinos e na região da embocadura do rio dos Peixes não encontraram sinais de outros índios.

No mesmo ano também foi explorada e mensurada a região do rio do Sangue, o afluente mais importante do Alto Juruena, através de uma expedição dirigida pelo tenente Vicente de Paulo Vasconcellos (Rondon 1916:223-234).

A última das expedições empreendidas pela Comissão Rondon para a exploração do Alto Tapajós deveria retomar a tentativa de levantamento topográfico do Teles Pires, fracassada em 1889.

Em fevereiro de 1915, um grupo partiu de Tapirapoã, junto à linha telegráfica. Era constituído por seis homens, o médico dr. Alberto Moore, o zoólogo Antenor Pires e seu comandante, o tenente Antonio Pyrineus de Sousa. A este devemos um relatório minucioso (Sousa 1916) sobre a expedição, com os primeiros dados etnográficos relativos aos Kaiabi, que vão além de simples referências. Como todos os oficiais da Comissão Rondon, Pyrineus de Sousa fora treinado para o relacionamento com os índios e era, além disso, um extraordinário observador, de tal modo que sua descrição representou, até o presente trabalho, a principal fonte etnográfica sobre os Kaiabi. Por isso tratarei das referências específicas desta fonte na parte etnográfica e aqui apenas esboçarei o transcurso da viagem.

A 8 de maio de 1915, os participantes da expedição encontraram, a mais ou menos 20 km acima da embocadura do rio Verde no Teles Pires, um barco de casca com quatro homens Kaiabi que subiam o rio. Eles se assustaram e fugiram para a margem mais próxima, enquanto gritavam: *"caiabí, apinacó, apinin, muié"* etc. Sabiamente, a expedição apenas desembarcou um bom trecho abaixo, na mesma margem, atraindo com sinais e chamados a atenção dos Kaiabi, que logo a seguiram de canoa gritando, sempre a uma distância segura, *"Caiabí apinacó? Caiabí apinin? Akilí"* (p. 73s). Dessas palavras, *akilí* é certamente Bakairi; *caiabi, apinacó* e *apinin*, provavelmente, também o são. Só *muié* poderia ser Kaiabi ("eu pego"): isto conduziu à errônea ordenação lingüística dos Kaiabi junto aos Karib, como foi mostrado no capítulo I/4.

Os expedicionários mostraram machados, facões e contas de vidro aos Kaiabi e três deles aceitaram os presentes com muito receio, enquanto o quarto, escondido no mato, garantia a volta com arco e flecha. Deu-se assim o primeiro contato e, à noite, os participantes da expedição postaram uma sentinela a fim de se prevenir de surpresas. Esta medida de cautela foi mantida durante todo o tempo em que viajaram pela região dos Kaiabi.

A 9 de maio, eles passaram a embocadura do rio Verde, encontrando outros índios e numerosos sinais de um denso povoamento. No dia seguinte, um pouco abaixo, aguardava-os, na margem do rio, uma turma de mais de 100 homens, mulheres e crianças que ostentavam ornamentos festivos e prazerosamente trocaram presentes. Pyrineus de Sousa lamentou não ter levado machados e facões em número suficiente. Nos dias seguintes, esta circunstância levou a situações perigosas, já que a 12 de maio, num encontro com aproximadamente 200 índios, não havia mais o que presentear além de contas. Na tarde desse mesmo dia, encontraram-se com um outro grupo, igualmente numeroso, na margem direita. O ambiente piorava a olhos vistos, pois os índios suspeitavam que ainda existissem presentes não destinados a eles pelos estranhos. A 13 de maio deu-se a primeira advertência, através de um índio velho pintado de preto, enfeitado com penas, que dançou e cantou à vista dos brasileiros. Ao mesmo tempo, foram atiradas diversas flechas sobre os barcos da expedição, sem que houvesse feridos. Isso era uma declaração formal de guerra e assim foi interpretada pelo experimentado oficial. No dia 14, foram perseguidos por 17 barcos Kaiabi e falharam as tentativas de afugentá-los com dinamite. Na madrugada do dia 15, os Kaiabi assaltaram o acampamento que a expedição abandonara silenciosamente, antes da meia noite. Nenhum dos nove brasileiros teria escapado com vida se o comandante não tivesse interpretado tão corretamente a atitude dos índios. A fuga teve êxito e, na noite de 17 a 18 de maio, notaram pela última vez os Kaiabi, que passaram remando à procura da expedição.

> "Foi a última vez que vimos Caiabi. É uma tribo bastante numerosa, forte, sadia, dispersa por diferentes agrupamentos. Tivéssemos bastante apinacó e apinin, não seríamos hostilizados" (p. 91).

Esta é a última referência aos Kaiabi deste autor, que realmente correu perigo de vida, mas não viu os índios como inimigos. Creio que no caso deste oficial da Comissão Rondon pode-se falar de ética profissional.

Em 1920 o SPI fundou, através da 6ª Inspetoria Regional em Cuiabá, o Posto Indígena Simões Lopes, que inicialmente se localizava entre o Paranatinga e o Colisevo. Em 1924 foi transferido para a margem direita do Alto Paranatinga e destinado ao atendimento dos Bakairi (Galvão/Simões 1964:132 e Schmidt 1947:26).

Em 1922, foi fundado um Posto com o nome de Pedro Dantas, no rio Verde, destinado à pacificação dos Kaiabi. Dois anos depois, era totalmente destruído por ataque maciço dos Kaiabi, no qual dois funcionários morreram. Em meados de 1925, este Posto foi novamente estabelecido, mais ao sul, na margem esquerda do Teles Pires, a cerca de 180 km acima da embocadura do rio Verde (Simões 1963:81 e Schmidt 1929:89). Ali chegou, em 1926, o primeiro grupo de Kaiabi. No início de 1927 mataram mais um empregado do Posto.

Em 1927, Max Schmidt viajou com uma tropa do SPI para o Posto Pedro Dantas onde ficou de 19 de março a 16 de maio. Como primeiro etnólogo, tentou estudar os Kaiabi, mas não conseguiu chegar a resultados satisfatórios devido a diversas circunstâncias infelizes. Imediatamente após a expedição, publicou em língua alemã os dados então colhidos (1929:88-96) e, mais tarde, mais minuciosamente, em espanhol (1942). A atitude extremamente agressiva dos Kaiabi, e as crises cada vez mais fortes de malária, impediram um trabalho intensivo.

> "No período seguinte minha doença assumiu formas cada vez mais sérias, de modo que em alguns dias eu não nutria mais a esperança de voltar a ter força suficiente para iniciar a difícil viagem de volta" (1929:92).

Por motivos de segurança, a visita dos índios ao Posto era muito limitada:

> "Entre outras, vigorava a norma de que os empregados só podiam afastar-se das proximidades imediatas do Posto em grupos de dois e, fora dele, sempre armados de espingardas.
>
> Para evitar um eventual ataque, os índios só podiam aproximar-se desarmados do Posto, pela margem oposta do rio, sendo então transportados em grandes canoas por empregados armados.
>
> Quando da aproximação dos índios, logo dava-se sinais para reunir todos os empregados, mesmo os que se encontravam na roça do outro lado do rio, perto da sede.
>
> Justamente um pouco antes de nossa chegada, os índios haviam se mostrado descontentes com o pequeno número, a seu ver, de machados e facões com que tinham sido presenteados e, ao contrário do que acontecera antes, haviam se mantido longe do Posto por um período relativamente longo" (p. 89).

Nos dois meses, Schmidt só teve contato com os Kaiabi em oito dias e mesmo assim apenas no Posto ou imediações, junto ao pessoal armado do SPI.

> "Diante da enorme desconfiança dos índios, que aos poucos se transformava em mau humor, não se podia naturalmente fazer nada com eles durante essas visitas, em especial porque demonstravam absoluta recusa em revelar qualquer coisa de sua língua..." (p. 89s).

Tanto mais assombroso é o fato de Max Schmidt ter registrado 18 vocábulos no seu primeiro artigo (1929:95), todos corretos, e que possibilitaram a classificação dos Kaiabi como Tupi. No seu trabalho posterior, acrescentou 13 vocábulos colhidos por ele mesmo, além de 75 palavras e frases que provinham do encarregado do Posto, entre as quais se notam, entretanto, numerosos equívocos e confusões (1942:31-34). A atitude de

Schmidt para com os Kaiabi parece ter sido eivada de desconfiança, pois, a respeito de um jovem "cacique" que o visitava freqüentemente, ele escreve:

> "... este cacique miraba, no sé la causa, a matarme de cualquer manera. Un dia él mandó a su hermano a pedirme a visitarle en lo rozado del puesto. Naturalmente no accepté la amable invitación porque yá estuve prevenido. Otra vez, cuando yo tenía un fuerte aceso de paludismo e estuve acostado, solo, por dentro del rancho que estaba situado bastante lejos de los demás ranchos, un empleado del puesto encontró a este cacique rodando mi casa pero impedióle entrar en ésta porque conocía suas intenciones malas" (1942:13).

Algumas fotografias retratam bem a aparência e o vestuário dos Kaiabi (1929:fig 2-4 e 1942: fig 2-15). Schmidt faz uma observação interessante sobre a visita de supostos Apiaká:

> "Pude fotografar ainda uma horda de índios que chegara por essa época ao Posto e na qual também se encontravam aparentemente índios Apiaká bravos. Esses índios Apiaká, difíceis de distinguir dos Kayabi dado o seu exterior semelhante, aparecem com freqüência no Posto junto com os Kayabi, em relação aos quais parecem exercer uma função de senhores. Atribui-se lhes em geral uma influência má sobre os Kayabi" (1929:92).
>
> "Los empleados del puesto me dijeron que, muchas veces, llegasen, también, con los Kayabís, Apiakás, pero como los índios no acusaban nada en lo que respectaba a su origen étnico y estos Apiakás mostraban un porte completamente igual a aquel de los Kayabís era difícil diferenciárles de éstos, de modo que no podía constatar si estuviesen talvez entre éstos algunos individuos Apiakás. Por lo común se imputa a los Apiakás una influencia mala sobre los Kayabís" (1942:12).

Esta é a única notícia a respeito dos Apiaká no Alto Teles Pires, mas combina com as informações dadas pelos Kaiabi, que obtive em 1966 no Rio dos Peixes. A partida de Schmidt, gravemente enfermo, fora fixada para o dia 12 de maio, mas teve de ser adiada. Os Kaiabi tinham roubado os três barcos do Posto no dia 11, "... a fim de pilhar com toda a calma as roças prontas para a colheita..." (1929:93).

Assim, Schmidt só pode partir a 16 de maio, chegando a Cuiabá a 16 de junho. As notícias de Schmidt sobre a cultura material dos Kaiabi são críticas e precisas; serão oportunamente mencionadas nos próximos capítulos. Lamentavelmente, ele não pode estudar outros aspectos da cultura e assim os Kaiabi permaneceram, até o presente, uma tribo quase desconhecida do ponto de vista etnográfico, já que nenhum etnólogo permaneceu naquele seu território.

Em junho do mesmo ano (1927), uma tropa do Posto foi surpreendida e desbaratada pelos Kaiabi: quatro brasileiros morreram e suas cabeças foram levadas para as aldeias (Schmidt 1942:10). Provavelmente devido a este fato, o Posto foi suprimido, sendo restabelecido em 1929 num lugar mais favorável, 10 km mais ao sul, com o nome de José Bezerra. De uma carta de 20 de julho de 1943 do encarregado deste Posto à direção no Rio de Janeiro, extraímos o seguinte:

> "Acaba de regressar a este Posto um grupo de "Cajabís" que aqui residiu de 1929 a 1934, trazendo em sua companhia um menor branco, civilizado, de 12 anos presumíveis, que fora por eles aprisionado no Baixo Tapajós após uma luta com os civilizados e da qual saíram vitoriosos. Fiquei com o menor sob os cuidados desta administração até ulterior decisão dessa diretoria" (Ribeiro 1943:26).

Tratava-se, pois, de Kaiabi que avançaram para o norte até o Tapajós e dos quais Nimuendajú, que tinha acesso aos arquivos da 2ª Inspetoria Regional em Belém do Pará, relata:

> "After 1936, the Cayabí, at first under the name of Makiri, began to appear peaceably at the mouth of the São Manoel-Paranatinga River. The missionary, Father Albert Kruse, took a short vocabulary from those who stopped at the Mundurucu mission of Cururu" (1948:308).

Este "Vocabulário da língua Makiri" data de 1936 e se encontrava com Kruse em Santarém como manuscrito inédito (Loukotka 1944:46). Um outro vocabulário, não datado, destes "Makiri" foi publicado em 1936 (Lyra apud Loukotka 1964:184). Procede de uma brasileira que esteve no Posto do SPI Teles Pires, fundado em 1941, e destinado à pacificação dos Kaiabi que se haviam mudado para o sul. Este Posto estava localizado na margem direita do Baixo Teles Pires, a 8 graus e 55 minutos de latitude sul. Das 37 palavras do vocabulário, consegui identificar 35 com palavras do mesmo significado dos Kaiabi do Rio dos Peixes. A respeito da fundação do Posto Teles Pires (mais tarde denominado Posto Caiabi), um etnólogo do Museu Goeldi relata o seguinte:

> "Com o recesso sofrido pelo SPI após 1930, alguns grupos Kayabi foram descendo o Teles Pires, localizando-se um desses bandos à margem esquerda desse rio, um pouco acima da cachoeira Sete Quedas. Dali partiam para atacar barracões e seringais, determinando reclamações e farto noticiário em Belém e no Rio. Em 1941, reorganizado o SPI, foi mandado fundar o Posto Kayabí, à margem direita do Teles Pires, um pouco abaixo da cachoeira São José. Ainda naquele ano começaram os Kayabi a freqüentar o Posto e, em 1942, um grupo desses índios se transferia para sua proximidade" (Schmidt 1936:81).

Nimuendajú fornece números mais exatos a respeito destes índios:

> "According to the reports of the Arquivos da Inspetoria de Indios of Pará, 90 Indians appeared at the post in 1941, and 42 in 1942 and settled down somewhat above the post. Meanwhile, the mortality among these newcomers was very great" (1948:308).

Existe um relatório não publicado, de Luiz C. Tenan, datado do ano de 1943 (1943 MS), que está guardado no arquivo do SPI do Pará e de cujo conteúdo apenas encontramos estas duas referências em Nimuendajú:

> "Two wide parallel strips tattooed with genipa at the mouth level for men, and a single strip on the cheek with vertical lines around the mouth for women, is perhaps a tribal characteristic, according to L. Tenan... According to L. Tenan, they decapitated a slain enemy and cooked the head, eating the meat and making a trophy and musical instruments of the skull. In their attacks against civilized people, they sometimes took children captives" (1948:309).

Estes dados, apenas parcialmente corretos, indicam um contato muito superficial de Tenan com os Kaiabi do Baixo Teles Pires.

Em 1953 e 1954 este Posto ainda existia e era freqüentado exclusivamente por Kaiabi (Brasil 1953:119 e 1955:12).

Em 1959/60 um jovem etnólogo do Museu Paraense Emílio Goeldi percorreu a área do Alto Tapajós, escrevendo o seguinte sobre a situação nesta região:

> "Os Kayabi, que se encontram hoje já bastante reduzidos, estão principalmente concentrados num Posto indígena do SPI no rio S. Manuel, embora existam alguns integrados no seringal" (Las-Casas 1964:7).

O mesmo autor fornece um quadro exato do total alheamento do Posto em relação a suas finalidades, apontando também os motivos da desorganização:

> "Era flagrante o processo de reformulação dos objetivos do SPI por parte de seus agentes locais. Isto parecia decorrer de duas razões básicas: total ausência de recursos para uma correta aplicação da política oficial da instituição; má preparação do pessoal recrutado para servir nos postos e sua deficiente remuneração" (p. 12).
>
> "Passavam a tratar o índio não como um protegido e sim como um aviado" (p. 13).
>
> "Diversos informantes mencionaram ter havido desde um caso de índios amarrados para não saírem do Posto, até um assassinato cometido por um encarregado do Posto. Em decorrência desta situação, freqüentemente os índios preferem mu-

dar de "patrão", isto é, passar do Posto para o seringal e, quando fora do Posto, fogem à simples aproximação de agentes do SPI. Dentro do Posto convivem índios provenientes de diferentes grupos, às vezes rivais, o que contribui para diminuir a eficiência do Posto como emprêsa e como agência de unificação de seus "fregueses". Em face de desorganização, um Posto "fornece" seus funcionários ao seringal que os recruta, passando assim o SPI a funcionar como preparador de pessoal para o seringalista" (p. 14).

Nessas circunstâncias, os Kaiabi restantes preferiram migrar, em fins de 1966, para o Parque Nacional do Xingu.

Na área de influência do Posto José Bezerra a situação dos Kaiabi do Alto Teles Pires era semelhante. O já citado pe. Dornstauder SJ visitou-o em meados de 1954 e, a respeito dos 54 Kaiabi ali presentes, relatou:

> "Há pouco tempo, três que tinham vindo em visita do Rio dos Peixes morreram de pneumonia e de uma infecção intestinal. Ao Posto falta tudo que é necessário, sobretudo medicamentos. Os índios têm de dormir no chão. O kaiabi ´Capitão Sabino´ (Ya´wat) queixa-se de que jamais alguém do SPI visitou os índios em sua aldeia, contando que a primeira maloca se encontra a quase 400 km rio abaixo" (Dornstauder MSb).

O mesmo índio relatou-me, a 29 de outubro de 1966, no Posto Leonardo, PNX, suas experiências com o SPI:

> "Eu trabalhava em Rosário e fui depois para o SPI em Cuiabá, onde também trabalhava Ipepuri (um outro Kayabi). Mas lá eles queriam que fosse para o Posto José Bezerra e eu fui. Mas o pessoal de lá brigava muito comigo e queria mandar-me de castigo ao ´Posto de punição´ no São Lourenço. Então eu desci o Teles Pires com minha mulher..."

No início de 1956, Dornstauder novamente demorou-se por mais de uma semana no Posto, e informou sobre uma grave gripe epidêmica que sacrificou diversos índios (MSb).

Em 1956, o Posto José Bezerra foi extinto oficialmente e os poucos Kaiabi que nele permaneciam foram transferidos para o Posto Simões Lopes, na margem direita do Alto Teles Pires.

5. A Fundação Brasil Central e o Parque Nacional do Xingu

A 4 de outubro de 1943, foi criada a Fundação Brasil Central (FBC) que tinha por objetivo a colonização planejada da região dos cursos superiores do Araguaia, Xingu e Tapajós. No mesmo ano, pôs-se em marcha, sob a divisa "desbravamento-exploraçãoaproveitamento", a Expedição Roncador-Xingu. Esta "frente avançada da civilização" devia percorrer pela primeira vez o Brasil Central de sudeste a noroeste – seguindo mais ou menos a linha Rio de Janeiro-Manaus – e assim criar as bases para um planejamento mais exato. A expedição começou em Aragarças, em 1943. Em fevereiro de 1944 fundou Chavantina, no rio das Mortes, e penetrou na região do alto Xingu até março de 1947, onde construiu, no Jacaré, um grande campo de pouso para a Força Aérea Brasileira (FAB). Os experimentados sertanistas Leonardo, Orlando e Cláudio Villas Bôas assumiram a direção da expedição no norte de Mato Grosso (Sick 1957a:71-74). Foram criadas diversas estações e postos, entre os quais também Diauarum, e a facilidade de acesso por via aérea pela FAB e FBC trouxe uma série de cientistas (especialmente do Museu Nacional do Rio de Janeiro), empresas cinematográficas e jornalistas a esta região, de tal modo que já em 1952 apresentava-se ao Congresso um anteprojeto para a criação de uma reserva para os indígenas (Galvão/Simões 1964:134).

A expedição avançou do Xingu na direção do Teles Pires, alcançando-o via Manitsaua-Missu em outubro de 1949 (Sick 1957:74). Ao mesmo tempo, um engenheiro da FBC, Frederico Hoepken, reconheceu por avião a região entre os paralelos 8 e 12, à procura das pistas de pouso (Soares 1953:10). A mais ou menos 12 km terra adentro da margem direita do Teles Pires, na proximidade da embocadura do Peixoto de Azevedo, foi descoberto um lugar de campo aberto, onde se construiu uma pista utilizada até setembro de 1950.

Na mesma época encontrou-se outro sítio limpo, cerca de 100 km a sudoeste, nas cabeceiras do Coatá, um afluente do rio dos Peixes, e nele foi preparado um campo de pouso provisório para assistência à expedição. Parece que ele só foi aproveitado algumas vezes e logo abandonado. Por isso, não se chegou a um contato direto com o grupo Kaiabi, situado aproximadamente 80 km para o sul. Este campo foi limpo pela segunda vez no começo de setembro de 1966 por pára-quedistas da Para-Sar, divisão especializada da FAB, e em cooperação com o PNX iniciou-se a "Operação Cayabí", que objetivou a transferência do principal grupo de Kaiabi do Rio dos Peixes para o Parque Nacional do Xingu (Azevedo 1966b:41).

No Teles Pires, em 1949, três Kaiabi inicialmente se juntaram à expedição, sobre os quais Helmut Sick, um zoólogo da expedição, escreve o seguinte:

> "Os homens Kaiabim são tatuados com duas linhas que correm do canto da boca para a orelha e, além disso, com uma linha que contorna a boca. A cultura material desses nativos está num nível bastante baixo. Não fazem redes elaboradas como seus vizinhos do Xingu, mas no máximo de raízes amarradas;

deitam-se em geral sobre giraus rústicos ou simplesmente no chão. Os Kaiabim possuem um senso de pudor muito pronunciado e nunca aparecem sem alguns trapos. Para ocasiões especiais confeccionam grandes aventais de penas de mutum. Nossos três Kaiabim, entre eles o cacique Avassiú, vestiam-se como os trabalhadores brasileiros da expedição. Além desses nossos constantes companheiros, mal tivemos contato com outros representantes dos Kaiabim. Suas aldeias ficavam muito distantes, a oeste" (1957b:192).

Tratava-se, portanto, de índios que já haviam trabalhado no seringal e, por isso, foram julgados erroneamente e de forma depreciativa. Mas os irmãos Villas Bôas também tinham notícias de um grupo Kaiabi "bravo" no Rio dos Peixes (Tatuí):

> "... além dos Kayabi já pacificados que ali trabalhavam, era também o acampamento visitado, segundo informa Orlando Villas-Bôas, por Kayabi bravos denominados por seus irmãos 'mansos'– Tatuê" (Simões 1963:81).

Alguns Kaiabi do Teles Pires, entre eles Ipepuri, encontraram por parte dos irmãos Villas Bôas uma compreensão inesperada para sua situação opressiva e aceitaram a ajuda oferecida e, em parte, também o convite para mudar para o Xingu. Em 1950 já se falava de um Kaiabi participando da pacificação dos Txukaramãi no Alto Xingu, empreendida com êxito pelos Villas Bôas (Brasil 1955:83). Em 1954 adoeceram, na mesma região, quinze Kaiabi numa epidemia de sarampo. Dois morreram (Brasil 1955:139). Em 1955 chegaram outros 40 Kaiabi do Teles Pires, que se estabeleceram na margem esquerda do rio Arraias, próximo da sua embocadura no Manitsauá-Missu (Simões 1963:81). Em 1961/62, a maior parte dos índios do Alto e Médio Teles Pires já se encontrava no Alto Xingu, onde os Kaiabi, graças aos conhecimentos de português e certa familiaridade com a civilização brasileira, tornavam-se indispensáveis na administração do Parque Nacional do Xingu, fundado em 1961. Esta reserva indígena, com uma extensão de 22 mil km^2, foi criada "... entre outras atribuições, com a finalidade de assegurar às tribos xinguanas a posse da terra que ocupam, garantindo-lhes, em princípio, assistência médica, social e educacional, indispensáveis para assegurar sua sobrevivência, ao mesmo tempo que a preservação de seus padrões culturais" (Galvão/Simões 1966:134). Apesar disso, o maior grupo de índios que habita o PNX desde cerca de 1964 é o dos Kaiabi, que não apresentam nenhuma conexão cultural mais próxima com as tribos xinguanas (Vide cap. III, 2 e IX).

> "Dado o longo contacto mantido com as frentes pioneiras do Tapajós, eles começaram a introduzir na área alto-xinguana alguns elementos culturais modernos, cuja difusão vem sendo facilitada pelo fato de já terem sido "traduzidos" em termos de uma cultura indígena" (Galvão/Simões 1966:48).

Nos quadros de uma pesquisa sobre as relações interétnicas das tribos do Parque Nacional, Eduardo Galvão, do Museu Goeldi, estudou também, conforme me comunicou por carta, os Kaiabi das imediações do Posto Diauarum, no verão de 1966. Além disso, o Harvard-Central Brazil Research Project conveniado entre o Museu Nacional e a Universidade de Harvard para análise de estruturas sociais e definido em 1963, planejou a inclusão dos Kaiabi no PNX (Anônimo 1964:133). Em julho de 1966, uma equipe do Summer Institute of Linguistics (Helga Weiss e Rose Dobson) iniciou o estudo da língua Kaiabi.

Diversos fatores provocaram a migração dos Kaiabi para o leste, da área do Alto Tapajós para o Alto Xingu, que possivelmente se encerrou em outubro de 1966 com 31 índios do Rio dos Peixes e 13 do Baixo Teles Pires:

1. a forte pressão étnica no seu próprio habitat, exercida por seringueiros e que apenas se efetivou dada a falta – ou ao não funcionamento – das instituições de proteção aos índios;
2. a disposição cultural prévia dos Kaiabi de mudarem-se para uma nova área;
3. a personalidade de Ipepuri do lado dos Kaiabi, que uniu a tribo como chefe carismático e, principalmente, a de Cláudio Villas Bôas do lado brasileiro, que estabeleceu as bases organizatórias para a migração dentro da ordem jurídica e social nacional.

6. A Prelazia de Diamantino

A *praelatura nullius* de Cuiabá, fundada em 1745, foi elevada a bispado em 1826 e a arcebispado em 1910. A 22 de março de 1929, pela bula "Cura Universae Eclesiae", de Pio XI, foi desmembrada de seu domínio a *praelatura nullius Adamantes*, com sede em Diamantino, sendo confiada aos jesuítas da província meridional como *Missio Adamantea Mato Grossensis*. D. Alonso Silveira de Mello SJ, o prelado nomeado administrador apostólico desde 1949, foi elevado, a 21 de agosto de 1955, a bispo titular de Nasaí, tornando-se, assim, o único bispo da Societas Jesu no Brasil (Anônimo 1960:105, 964 e Anônimo 1966).

A Prelazia de Diamantino abrange a maior parte do norte de Mato Grosso, uma área de mais de 350 mil km^2, que inclui os cursos superiores dos rios Xingu, Teles Pires, Arinos e Juruena, estendendo-se até as povoações do Alto Paraguay, onde se encontra a região de maior densidade populacional relativa dentro da Missão.

Desde a fundação da Prelazia, também atuam em seu território missionários protestantes norte-americanos. Em 1926 foi fundado um posto missionário da Isamu (Inland South-American Missionary Union) no Juruena, junto à linha telegráfica, na qual dois homens e duas mulheres dedicavam-se à catequese dos Nambikwára (Grubb 1927:29). Em outubro de 1930, um dos dois missionários, sua filha e quatro empregados brasileiros foram mortos por estes índios (Oberg 1953:87). Ao mesmo tempo, a missão católica no Posto Juruena fez a tentativa de cuidar dos Paresi e Nambikwára. O pe. Dréneuf (1940) publicou um trabalho relativo a esta época ao qual, infelizmente, não tive acesso. Lévi-Strauss, que estudava os Nambikwára desta região em 1938, criticou este missionário francês e seus co-irmãos de maneira bem sarcástica (1960:148, 217, 230 ss), sem, contudo, se ater rigorosamente aos fatos. Em 1940, a Missão Anchieta transferiu-se mais para leste, para Utiariti – que também se encontra junto à linha telegráfica – e tentou influenciar os Nambikwára, especialmente desde 1945/46, concorrendo sem grande êxito com uma missão protestante norte-americana estabelecida no mesmo local (Oberg 1953:84s e 98; Boglár 1962:621ss). Desde então, também atuava em Utiariti o missionário austríaco pe. João Evangelista (Hans) Dornstauder SJ, que de forma crescente passou a estender a ação missionária a outras tribos indígenas e, como extraordinário conhecedor de índios, colocou a assistência social em primeiro plano.

Em 1953 ele visitou sistematicamente todas as aldeias dos Irántxe (Pereira 1964:106) e também os 23 Kaiabi junto ao Posto José Bezerra. Em julho do ano seguinte visitou novamente este Posto e soube, por Puruta'i e pelo "Capitão Sabino", que um grupo maior de Kaiabi bravios vivia no Rio dos Peixes (Tatuí). Decidiu localizá-los na estação seca seguinte, junto com Sabino.

A 18 de abril de 1955, Dornstauder partiu de Diamantino, encontrou-se em maio no Posto José Bezerra com os Kaiabi que iam acompanhá-lo e visitou, durante a viagem, as cinco outras aldeias junto ao Teles Pires que somavam 103 Kaiabi. A 6 de junho iniciou a travessia rumo ao rio dos Peixes, subindo o rio Jaguaru (Javari). Estabeleceu pacificamente um primeiro contato com os 110 Kaiabi do curso superior do rio dos Peixes distribuídos em cinco malocas. Permaneceu como hóspede deles de 19 de maio a 17 de junho. Nessa ocasião, Dornstauder realizou um censo demográfico e fez muitas anotações, tendo Sabino como intérprete. O relacionamento deve ter sido muito cordial, pois os Kaiabi, dos quais apenas poucos tinham visto brancos no Posto do SPI, ofereceram a Dornstauder um roçado para plantar mandioca e milho, além de quererem torná-lo membro do grupo. É interessante observar que já havia no Tatuí alguns instrumentos de ferro (machados e facões), além de bananas e cachorros. Os índios andavam nus e, em 1966, Sabino divertiu-se contando-me da consternação dos moradores da maloca Temeoni face ao seu vestuário, quando viram, em 1955, um membro da tribo vestido à brasileira pela primeira vez.

Na viagem de volta, descendo o rio dos Peixes, Dornstauder encontrou, pouco abaixo do Salto, os primeiros seringueiros (ver p. 50) e, junto ao Arinos, a nova roça da Conomali (ver p. 51).

De fins de 1955 a fevereiro de 1956, Dornstauder visitou novamente o Posto José Bezerra, despendendo ali assistência por uma semana, por ter irrompido uma gripe epidêmica. Na mesma época, foi construído pelo seringalista Lemes Ferreira um barracão pouco abaixo da embocadura do rio dos Peixes no Arinos (mais tarde Posto Santa Rosa).

Enquanto isso, um outro problema se apresentava a Dornstauder. Os encontros hostis com uma tribo de índios desconhecida, a que os seringueiros denominavam "Canoeiros", aumentavam com tal freqüência na área do Alto e Baixo Juruena e seus afluentes, que se tornou duvidosa a possibilidade de exploração da borracha, iniciada nesta região em 1952. Até 1956 pelo menos oito seringueiros foram mortos por eles, que haviam atacado e parcialmente destruído quatro barracões e seis feitorias. Não foi possível avaliar suas próprias baixas. Como já nesta época não se podia contar com uma ação do SPI, o pe. João Dornstauder encarregou-se da pacificação, realizada em circunstâncias as mais difíceis e sendo coroada de êxito em 1959 (Dornstauder 1960 e MSc; Saake 1967). Devido a esta atividade, que lhe garantiu inclusive o apoio dos seringalistas no futuro, Dornstauder foi desviado temporariamente dos Kaiabi.

Em abril de 1956, por iniciativa própria, um grupo de Kaiabi viajou por terra até a Gleba Arinos, recém fundada. Até junho, três grupos chegaram ao Salto, alcançando por duas vezes o barracão Santa Maria, há pouco reconstruído, onde ofereceram seus serviços aos seringueiros.

De 22 de julho a 5 de agosto de 1957, dois Kaiabi, Mairerũ/José e Masi´a/Sebastião, acompanharam Dornstauder na sua expedição de pacificação Juruena acima (1960:576).

A 1º de outubro de 1957, Dornstauder partiu de Porto dos Gaúchos para penetrar pela segunda vez na região dos Kaiabi, subindo desta vez o rio dos Peixes (Dornstauder 1975:94-96). Acompanhavam-no Mairerũ/José, Frederico (um Paresi), Lino (um Irántxe) e Fritz Tolksdorf, um alemão que vivia no Brasil e que entrara em contato com Dornstauder através da Gleba Arinos, para colher experiências no relacionamento com os índios. Baseado em seus diários, Tolksdorf redigiu, em março de 1958, uma descrição pormenorizada da viagem, que foi conservada como manuscrito no Instituto de Etnologia da Universidade de Göttingen e ali examinada por mim.

A caminho, a expedição topou com um grupo de seringueiros nas margens do Arinos, entre os quais já se encontravam dois Kaiabi. A 5 de outubro aportaram no barracão do sr. José Rosa, onde um outro Kaiabi, "Armando", se reuniu a eles. A 7 de outubro começaram a subir o rio dos Peixes encontrando no dia seguinte, na última feitoria, logo abaixo do Salto, dois outros Kaiabi, que também se uniram a eles. Depois de contornar penosamente o Salto, alcançaram a primeira maloca na tarde de 16, e meia hora depois o porto da grande maloca de Temeoni, situada 100 metros terra adentro. De 17 a 20 de outubro permaneceram nesta maloca, iniciando em seguida a viagem de volta, dificultada pela escassez de alimentos e gasolina, por uma infecção gripal entre os Kaiabi e pela forte malária de Tolksdorf. A dois de novembro, chegaram ao barracão do sr. Rosa, e Tolksdorf subiu novamente até a Gleba no dia 8, enquanto Dornstauder empreendia outra viagem ao Juruena. Os valiosos dados de Tolksdorf, e também aqueles que obtive dele pessoalmente em 1966, serão tratados na parte etnográfica.

No início de 1958, Dornstauder assumiu o barracão do sr. Rosa, transformando-o no Posto Santa Rosa de assistência aos Aripaktsá (Erigpactsá, Canoeiros). Em abril do mesmo ano, ali chegaram os primeiros Kaiabi para trabalhar em troca de presentes. Em pouco tempo assumiram a direção, o que levou a desentendimentos com os Aripaktsá. No decorrer do ano de 1959 chegaram mais Kaiabi, de tal modo que a 10 de janeiro de 1960 existiam 22 Kaiabi e apenas 21 Aripaktsá no Posto. Dornstauder reconheceu que assim o trabalho seria pouco produtivo e os limitados recursos de auxílio se esgotariam rapidamente, sem que se alcançasse êxito real na assistência social. Ele decidiu reservar o Posto exclusivamente para os Aripaktsá, com exceção de dois ou três Kaiabi que ficariam ajudando, e prometeu aos Kaiabi fundar um posto próprio em local adequado, da escolha deles, desde que participassem ativamente da iniciativa. Justificava esta decisão com a forte tendência dos Kaiabi, manifesta há quatro anos, de entrar em contato com os "civilizados" e mudar das cabeceiras para o curso inferior, e com a crescente mortalidade causada pelas doenças introduzidas pelos seringueiros. Só se poderia dar assistência aos Kaiabi se eles se estabelecessem num lugar acessível a barco a motor, ou seja, abaixo do Salto (MSb).

Em fevereiro e março do mesmo ano (1960), Wilhelm Saake SVD, partindo de Utiariti, visitou a região do Juruena, às vezes em companhia de Dornstauder, interessando-se especialmente pelos Aripaktsá já pacificados, sobre os quais trouxe as primeiras notícias etnográficas relevantes (Saake 1962). Durante a visita ao Posto Santa Rosa, encontrou-se com alguns Kaiabi:

> "Ao lado dos Kayabi largos, musculosos, atarracados, robustos e pesadões, os Canoeiro fazem figura quase graciosa com seu tipo esguio e magro" (p. 135).

E sobre as tarefas urgentes de investigação, ele escreve:

> "Um trabalho de pesquisa particularmente interessante se oferece entre os vizinhos dos Canoeiro, os Kayabi, que têm hoje suas moradias no Rio dos Peixes, um afluente do Arinos. Esta tribo tupi há dez anos era ainda tão arisca e distante da civilização moderna como há pouco ainda os Canoeiro. Já alcançaram hoje um grau de aculturação bastante elevado que, entretanto, deixou intactos im-

portantes bens culturais, particularmente a alma índia, como por exemplo festas, cantos, danças, além de muito da cultura material. Um grupo de jovens apresentou-me suas canções durante toda uma hora. Um deles conduzia o canto, ao narrar cantando um acontecimento. Os outros acompanhavam cantando o bardo de maneira muito impressionante. As canções constituem o que de mais impressionante ouvi entre índios. Seria relativamente fácil reunir todo o grupo de índios e realizar um levantamento. Pode-se falar, de outro lado, de um *periculum in mora*, pois a ligação com os tempos antigos se torna cada vez mais frouxa com a morte de membros mais velhos" (p. 138s).

De 11 a 13 de abril de 1960, os Kaiabi do Posto Santa Rosa foram levados de volta para o Rio dos Peixes e Dornstauder esclarece: "Se a maioria dos índios mudar para baixo, e fazer aldeia, eu farei aí um Posto" (MSb). A 9 de setembro foi fundado o Posto Tatuí (ou Posto Reus), na margem esquerda do rio dos Peixes, cerca de 40 km abaixo do Salto, num local escolhido pelos Kaiabi. Ali estavam aproximadamente 30 Kaiabi, especialmente famílias jovens, que faziam parte do "círculo progressista" em torno de Yupari´up/ Chico, em certa oposição ao chefe Temeoni, que ficou morando no antigo local. O Posto consistia de uma cabana de madeira, que continha um depósito de gêneros alimentícios, instrumentos de trabalho e medicamentos, e das choças circunvizinhas dos Kaiabi, erigidas conforme o modelo das feitorias brasileiras. Em 1959 e 1960, morrinha e gripe provocaram muitas mortes entre os Kaiabi, de modo que a assistência médica tornou-se o problema predominante. Mas ficou sem solução, pois as outras visitas de Dornstauder, de apenas alguns dias, que até 1966 só eram possíveis no máximo a cada três meses, não bastavam para um tratamento contínuo. Dornstauder primeiro levou quatro Kaiabi a Utiariti, para a sede da Missão. Esta tendência de afastar da tribo especialmente as crianças e os jovens acentuou-se nos anos seguintes. Em dezembro de 1961, havia 36 Kaiabi junto ao Posto Tatuí, 11 estavam ocupados no Posto Santa Rosa e quatro adultos e seis crianças em Utiariti ou a serviço da Missão. No antigo local de habitação permaneceram apenas 26 pessoas, na maloca de Temeoni. A população total reduziu-se, portanto, de 27 pessoas (um quarto, mais ou menos) no decorrer de seis anos. Com a ausência de muitos adultos e da maior parte dos jovens em idade púbere, o cerimonial foi radicalmente reduzido e não se realizaram mais iniciações. O prestígio pessoal de Dornstauder entre os seringueiros evitava, por outro lado, conflitos mais graves com os Kaiabi, já que tudo o que tinha a ver com eles, na perspectiva dos seringueiros, era "negócio de padre", sendo por isso respeitado.

Com sua atitude constantemente mediadora e sem proteger demais os índios, este missionário conseguiu uma situação relativamente pacífica no Rio dos Peixes, que não pode ser alcançada em todo o resto do noroeste de Mato Grosso. Apesar disso, já em 1959 um

Kaiabi mais idoso foi morto por um seringueiro em circunstâncias não esclarecidas e, em janeiro de 1962, eclodiu um conflito junto ao Posto Santa Rosa, que mais tarde foi descrito pelo Kaiabi Yuroni:

> "Às 5 horas da manhã chegaram Bentão, Nêu, Ditão (três seringueiros). Eu dei café, Bentão foi buscar cachaça na canoa. Ele bebeu. – "Você também quer?" – "Não, eu não bebo isso". – "Então tome um pouco". Eu bebi um pouco. Eu gritei muito. Eu penso: "Eu tenho faca, o seringueiro tem um revólver". Ele atirou com o revólver no posto. Eu perguntei: – "Você quer minha mulher?" – "Não, não a sua. Eu quero qualquer uma". Nêu disse: – "Eu pago. Eu te dou uma camisa". Ditão pegou a mulher de A (um Kayabi). Ele chamou-a para fora, ela veio. Ele tomou ela. A. estava na cozinha e tinha medo. Eu digo para minha mulher: – "Você fica. Você não vai. Você fica deitada aqui (na rede)". Ela não foi. Depois A. bateu na sua mulher. Quase matou ela. Eu falei com ele. No Posto ele bateu nela novamente e a matou (semanas depois). Negrão disse: – "Eu gosto da tua mulher. Eu quero ela". Eu disse: – "Não. Eu não posso te dar minha mulher". Ele brigou. Ele pegou o revólver. Eu peguei a mão dele e apertei para baixo. Ela quase entrou no meu pé (a bala). Eu disse: – "O que é isso? Você quer morrer?" Ele foi embora. Ele não tinha mais cartuchos" (Dornstauder MSb).

Em 1964 os Kaiabi mataram, perto da aldeia Temeoni, dois seringueiros que tinham forçado algumas mulheres ao intercurso sexual. Em 1966 a jovem esposa de Temeoni, Noi, foi violentada por um seringueiro e ele foi surrado. Tais casos, porém, eram esporádicos e nunca alteraram fundamentalmente a atitude formal entre os dois grupos étnicos, que inclusive permitia, em alguns casos, trabalhos conjuntos.

De julho a outubro de 1962, o assistente do Museu Paulista, Harald Schultz, visitou uma aldeia dos Aripaktsá nas proximidades do Salto Augusto no Baixo Juruena e, por ocasião de seu regresso, aportou no Posto Santa Rosa, que pouco depois foi abandonado.

> "Informaram os Cajabí (Juracy, mulher e filhos) que há diversas malocas de sua tribo no Rio dos Peixes, afluente do Arinos, inclusive malocas de Cajabí arredios, num dos afluentes muitos dias de marcha mata adentro, a partir das margens do curso superior daquele rio" (1964:218).
>
> "Por ocasião da minha passagem em outubro este Posto, situado em terras férteis, estava quase totalmente abandonado, estando ali apenas a família Cajabi do índio Juracy. O abandono do Posto de assistência aos índios por parte de sua direção, dava motivos a críticas por parte da população civilizada residente na região,

que comentava 'ser errado tirar os índios das suas malocas, acostumá-los à vida num Posto, para depois devolvê-los a seu estado primitivo', e acrescentavam: 'mais pobres do que antes!'. A verdade, entretanto, parece ser a seguinte: esgotando-se os recursos, imprevisíveis, para a manutenção do Posto, uma parte dos índios foi levada para Utiarity, sede da missão católica, onde está sendo educada, enquanto que outros preferiram voltar a sua vida na selva" (p. 222).

Possivelmente tal constatação fosse exata para alguns Aripaktsá; dos Kaiabi do Rio dos Peixes, contudo, 30 se encontravam na aldeia Temeoni, 40 no Posto Tatuí e 15 em Utiariti.

Em 1965/66 era o seguinte o quadro da Prelazia de Diamantino e de sua Missão Anchieta (Dornstauder 1965 e Anônimo 1966):

Em Diamantino encontram-se o bispo e superior da Missão, pe. Henrique Froehlich, a quem estão adjudicados sete padres e diversos irmãos, que se ocupam na paróquia, no seminário e na administração da Missão. Nas circunvizinhanças de Diamantino encontram-se quatro paróquias com cinco padres e dois irmãos: Alto Paraguai, Arenápolis, Nortelândia e a paróquia da igreja do Rosário, de Cuiabá.

Utiariti é o centro de educação e catequese dos índios, sendo também uma paróquia. Aqui se encontram quatro padres e cinco irmãos. Há uma escola e um hospital ainda não provido de um médico residente e cuidado por irmãs religiosas que também dirigem a educação das meninas índias. Ligação por rádio e uma estrada para caminhão até a BR-29 possibilitam boa comunicação com Diamantino, que fica a uma distância de 420 km aproximadamente. Em dezembro de 1965 encontravam-se 23 Kaiabi em Utiariti, dos quais nove moços e sete moças, separados de suas famílias, e duas famílias. A escola da Missão era freqüentada, em dezembro de 1965, por 69 Apiaká, 14 Paresi, 12 Kaiabi, oito Irántxe e dois Nambikwára, todos jovens. Os resultados da aprendizagem, realizada exclusivamente em português, e da catequese católica são satisfatórios do ponto de vista da Prelazia. A região missionária propriamente dita divide-se em cinco setores, nos quais atuam apenas três a quatro padres e nenhum irmão.

• setor 1 - Missão do Divisor: ela compreende os Xavante, Paresi e Bakairi "civilizados" com os dois postos do SPI, Simão Lopes e Batovi, e com os dois postos da missão protestante Isamu. Oficialmente, os Nambikwára não estão incluídos e a missão Paresi foi suspensa de fato em 1963, porque estes índios foram classificados como "estragados e irredutíveis" (Grünberg 1966:149s). O padre competente, José Moura, é, ao mesmo tempo, vigário da paróquia de Nortelândia.

• setor 2 - Barranco Vermelho (Santo Inácio): neste setor são atendidos, num posto homônimo da Missão, os Aripaktsá do Alto Juruena, especialmente do Rio do Sangue. Ligado a ele está o Posto Japoira, mais abaixo no Juruena, que só é procurado esporadicamente, também para missionar Aripaktsá. Os "Cinta-Larga" nominalmente também pertencem à circunscrição deste setor, que foi confiado ao padre Antonio Iasi e/ou ao padre Isidoro Schneider.

• setor 3 - Missão Volante: é este o setor do pe. João Dornstauder, a quem compete a assistência social, as comunicações e o reforço em toda a área fluvial da Missão, não apenas junto às tribos como também às populações marginais dos "civilizados" e à Gleba Arinos. Em barco com motor de popa e com alguns índios que constantemente se revezam como ajudantes, ele viaja a maior parte do ano do porto Anchieta em Utiariti até o Salto Augusto, passando por Barranco Vermelho, Japoira e o Tatuí e até Porto dos Gaúchos junto ao Arinos, e depois Juruena abaixo, voltando em seguida. Trata-se de um trecho de mais de dois mil quilômetros, interrompido por numerosas corredeiras. No Baixo Juruena, Dornstauder assiste a outro grupo de Aripaktsá. Este grupo é atendido principalmente por um posto permanente de uma missão evangélica luterana, dirigida em 1961/64 pelo pastor alemão Richter e posteriormente por Fritz Tolksdorf. Na prática, a colaboração mostrou-se viável e até propícia, apesar das dificuldades que, por causa disso, a Prelazia criava para Dornstauder. Também o SIL atua lá desde 1966. Este setor ficou encarregado da assistência e catequese dos Kaiabi do Rio dos Peixes e do atendimento religioso aos poucos moradores católicos de Porto dos Gaúchos, entre os quais há também alguns Munduruku e Apiaká "civilizados" que, originários do Baixo Juruena, trabalham como seringueiros e pilotos de barco. Em 1966, Dornstauder conseguiu introduzir na jurisdição da Missão um tirolês perito em desenvolvimento, Gerhard Stemberger, posto à disposição por um ano por uma congregação mariana austríaca. Além de Diamantino e Utiariti, Stemberger também atendeu o Posto Tatuí de junho a agosto, onde dispensou cuidados médicos aos Kaiabi presentes, distribuiu gêneros alimentícios e deu aulas de língua portuguesa.

• setor 4 - "Beiços-de-Pau" e setor 5 - Xingu: em ambos os setores, que de fato estão conjugados, trabalha o padre Adalberto Holanda Pereira. Em 1958/59, 1964, 1966 e 1967 foi inutilmente tentada a pacificação dos chamados "Beiços-de-Pau" do Médio Arinos (Iasi 1967, César 1969 e Pereira 1968) e, devido à criação do Parque Nacional do Xingu, que proibiu qualquer tipo de trabalho missionário, operações no setor 5 não são possíveis.

Os etnólogos fizeram numerosas críticas, muitas vezes justificadas, aos métodos da missão cristã entre os índios. Tanto quanto ao SPI, faltam-lhe, de modo geral, meios de ajuda técnica e científica, assim como organização (Baldus 1962:29). A pretensão de cumprir a vontade de Deus, na opinião de muitos missionários, dispensa-os da obrigação de utilizar o conhecimento humano, de modo que rejeitam tanto a cooperação com outras missões cristãs como com especialistas técnicos e científicos. Princípios importantes, como o da transferência para os índios das terras por eles habitadas, prevista na Constituição, quase nunca foram concretizados; ambas as margens do rio dos Peixes, por exemplo, já foram demarcadas, loteadas e nominalmente vendidas pelo Estado do Mato Grosso em 1961, sem que a Prelazia de Diamantino interviesse. Prática geral é registrar no nome das missões as áreas habitadas por índios, para assim se poder exercer um controle melhor, o que teve, em alguns casos, conseqüências catastróficas para os índios (Ribeiro 1962:103ss). No caso específico da Prelazia de Diamantino constatamos o seguinte:

Dos 20 padres, apenas três ou quatro se dedicam ativamente à missão e assistência na região ocupada pelos índios; outros quatro atuam no centro educacional de Utiariti. A missão efetiva abrange os Aripaktsá do Alto Juruena e rio do Sangue, pequenos grupos fortemente aculturados de Paresi, Irántxe e Nambikwára em Utiariti e, na região do Rio dos Peixes, uma parte dos Kaiabi. Com a transferência de 31 Kaiabi do Rio dos Peixes para o Parque Nacional do Xingu em outubro de 1966, realizada sem prévios entendimentos e contra a vontade da Prelazia, toda a ala conservadora de Temeoni e um terço dos Kaiabi do Posto Tatuí foram subtraídos à influência da Missão, de modo que os poucos índios restantes no Posto muito provavelmente serão transferidos para Utiariti, o que corresponde a seus anseios. Com este grupo, os últimos Kaiabi deixarão o seu habitat original.

A maioria relativa e absoluta de pessoal, bem como os recursos da Prelazia e da missão destinam-se à catequese entre os brasileiros das paróquias de Diamantino, Cuiabá, Nortelândia e Alto Paraguai. Mostra-se aqui uma tendência a restringir a assistência trabalhosa e aparentemente infrutífera aos índios em favor de uma catequese bem sucedida à população brasileira. Não raro, esta tendência leva, principalmente entre as missões católicas, a um alheamento dos objetivos desta instituição. Por outro lado, a pouca ajuda destinada a índios e a brasileiros nesta imensa região do Alto Tapajós, provém quase exclusivamente da Missão em Diamantino; a atuação do Dornstauder, em particular, deve ser considerada modelar também no que se refere à colaboração com as missões protestantes, com o SPI e com etnólogos, sendo geralmente rejeitada pela direção. Para um melhor funcionamento da assistência médica, social e espiritual neste âmbito da missão, considero necessário recrutar especialistas em economia, medicina e etnologia para elaborar um plano objetivo e crítico que deveria abranger todos os grupos étnicos e que pudesse ser executado com suficientes recursos financeiros.

figura 1: Mapa do norte de Mato Grosso, 1965-1966

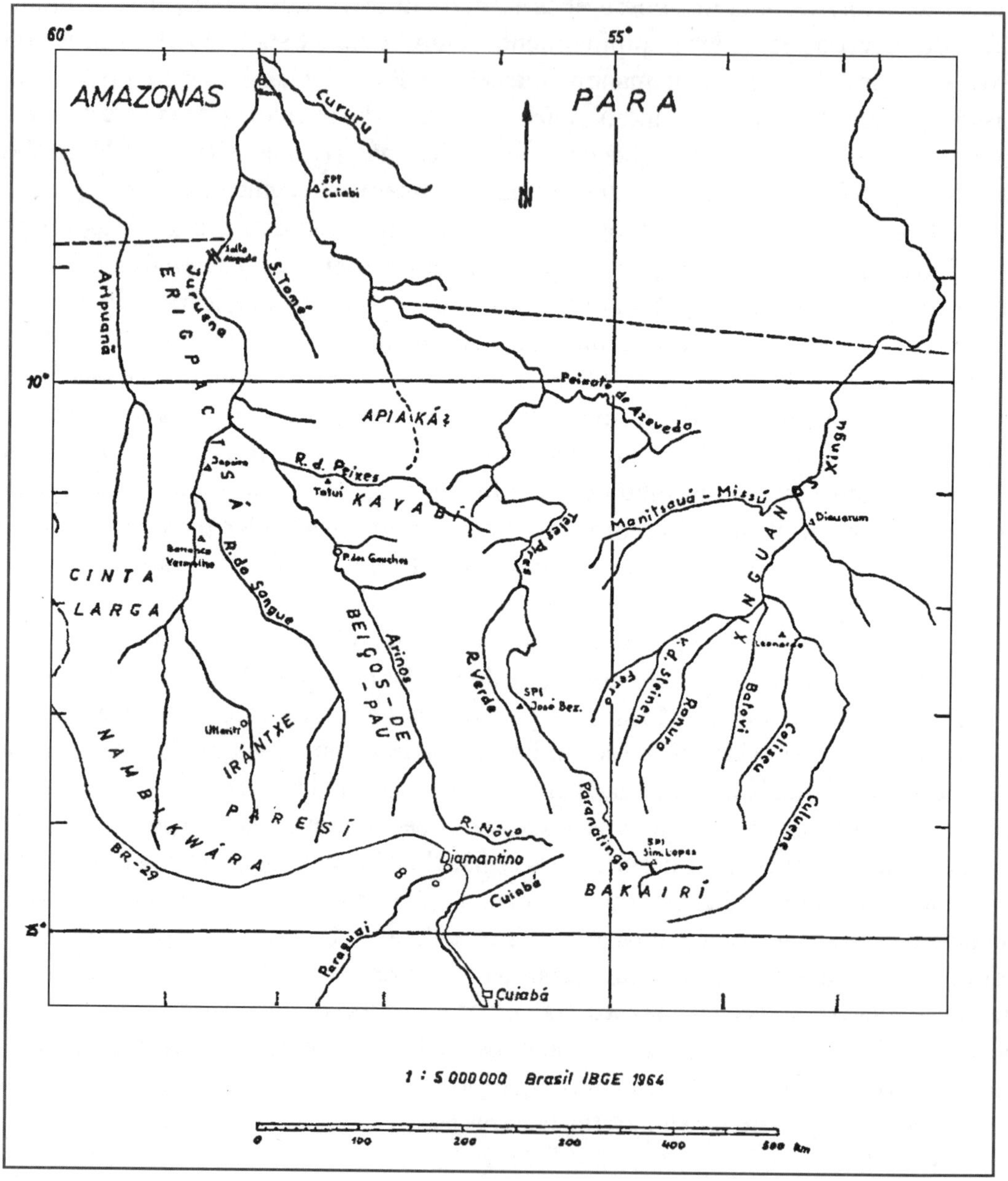

capítulo III

Demografia e situação geográfica

1. Situação geográfica

O noroeste de Mato Grosso é a parte menos conhecida do Brasil do ponto de vista geográfico. Daí a dificuldade de classificar esta zona de transição entre o Planalto Central do Brasil com suas formações gramíneas e arbustivas e a Hiléia da bacia do Amazonas (Neef 1966:439ss).

Acima de 13º30´ de latitude sul, a região dos rios Teles Pires e dos Peixes, habitada pelos Kaiabi, encaixa-se nitidamente na zona de florestas tropicais úmidas e o clima, na escala de Köppen, é do tipo Amw, apresentando uma temperatura média acima de 18º C no mês mais frio e uma estação seca bem pronunciada (Kuhlmann 1954:79ss). A temperatura média anual alcança pouco mais de 24º C com valores mínimos em junho/julho e máximos em outubro/novembro/dezembro; a amplitude é mínima e, além disso, inferior à oscilação da média das temperaturas diárias (Brasil 1960:fig 36 e 71ss). Exceção é a assim chamada friagem, a chegada súbita de massa polar, que pode ocorrer nos meses de junho/julho e nunca dura mais que três dias, atingindo, às vezes, o ponto de congelamento.

A umidade relativa do ar é alta (acima de 80%) e mais da metade de precipitação anual, superior a 2.000 mm, cai sob a forma de torrenciais chuvas vespertinas, acompanhadas de trovoadas, nos meses de janeiro, fevereiro e março, ou seja, no meio do período chuvoso que se estende de outubro a abril. Na estação seca que se segue, há três meses sem chuva alguma.

Espécies características da mata são a seringueira (*Hevea sp*) e a castanheira (*Bertholletia excelsa*), árvores altas com poucas epífitas, que crescem em solos arenosos próximos às margens dos cursos d´água. Ocorrem também grandes e numerosas manchas de vegetação semelhante à savana – talvez devido à propriedade de certos solos de não reterem umidade – que são geograficamente descritas como "áreas campestres inclusas", mas aparecem muitas vezes em mapas erroneamente como "serras". Soares (1953:25) sugere que esses campos abertos são formas de degradação, provindas da queimada anual da vegetação provocada pelos índios. Em todo caso, trata-se de uma formação *sui generis* que ainda não foi analisada cientificamente e que tem grande significado para a vida dos Kaiabi. Animais, plantas e também fenômenos naturais que só podem ser observados nos campos, como o granizo, ocupam um lugar nos seus relatos e são conhecidos nos menores detalhes, embora estes índios habitem apenas a região de mata próxima aos rios. De seu comportamento era fácil deduzir que nas viagens preferiam a floresta ao campo e, mesmo que tivessem que fazer desvios, andavam ao longo de córregos nas densas matas-galeria.

A designação kaiabi para o rio dos Peixes é *tatu'ɨ*, o que Temeoni esclareceu da seguinte maneira: originalmente os Apiaká localizavam-se neste rio e lhe deram o nome de *iniatatu'ɨ*, água, ou, rio do peixe *iniatatu* (cascudinho). Mais tarde os Kaiabi passaram a dizer simplesmente *tatu'ɨ*.

2. Demografia[11]

a) Os Kaiabi do Rio dos Peixes em agosto de 1955 e em setembro de 1966

Os dados de Dornstauder registram a situação demográfica dos Kaiabi do Rio dos Peixes em agosto de 1955 (MSa 1955). Cento e oito indivíduos viviam na margem esquerda do alto Tatuí em cinco malocas, distantes 4 a 7 km uma da outra, sendo a distância máxima entre a superior e a inferior, portanto, de 33 km. Estavam assim distribuídos:

Maloca de Temeoni = 33 pessoas
Maloca de Kwasiari = 31 pessoas
Maloca de Yuruna'i = 19 pessoas
Maloca de Yurupanyé = 14 pessoas
Maloca de Mɨa'oo = 11 pessoas
TOTAL = 108 pessoas

A estrutura etária de toda a população encontra-se na Fig. 3.

Em setembro de 1966 subsistiam apenas 84 indivíduos do mesmo grupo local, dos quais 51 viviam nos três sítios junto ao rio dos Peixes, enquanto 22 se encontravam no centro da missão de Utiariti e 11, completamente desintegrados, no Juruena e seus afluentes.

A pirâmide etária (Fig. 3) também mostra claramente uma perturbação no equilíbrio populacional. Há apenas uma pessoa (Temeoni) acima de 45 anos e a falta de mulheres é particularmente acentuada.

Na consciência dos Kaiabi, a ausência de grande parte dos jovens desempenha um papel importante. Sempre que eu perguntava porque diversas festas e ritos não mais se realizavam, recebia a seguinte resposta: "Faltam as meninas e os rapazes estão

---

[11] Pagliaro (2002) realizou recentemente um detalhado estudo demográfico dos Kaiabi para o período de 1970 a 1999 (cf. bibliografia complementar). Dados demográficos atualizados também podem ser consultados na seção final desta publicação. (n. ed.)

Figura 2: KAIABI NO RIO DOS PEIXES, 1955 E 1966

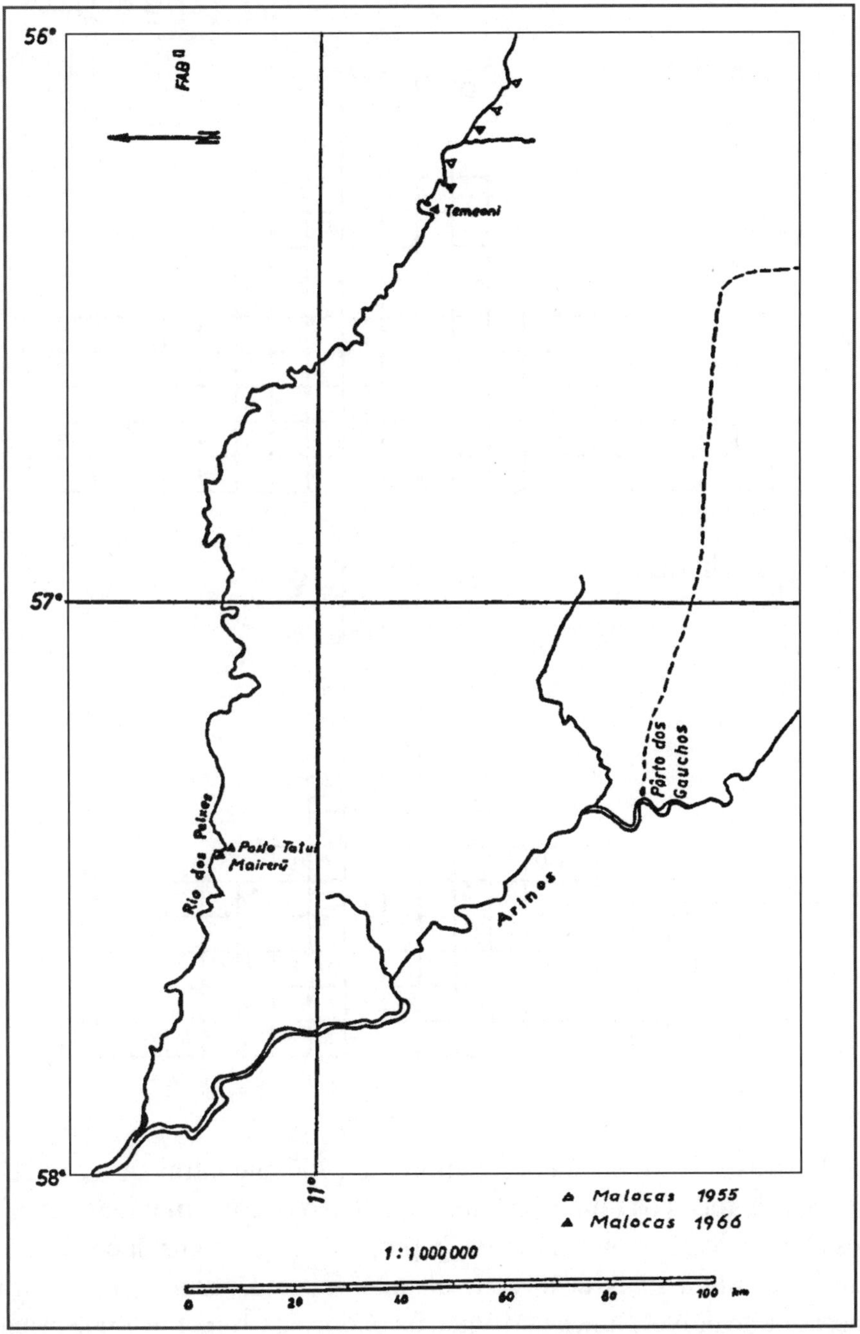

Figura 3: Pirâmides de idade

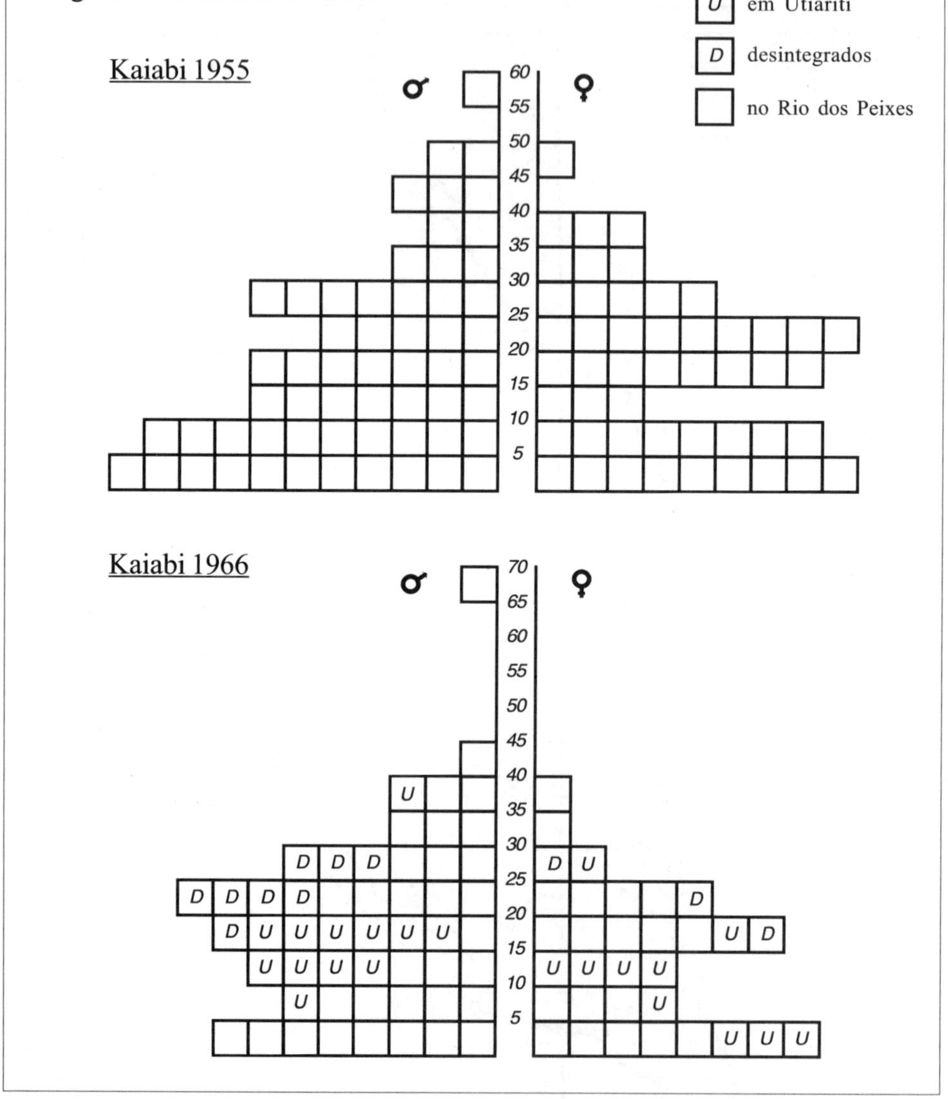

todos em Utiariti”. Realmente, em setembro de 1966 encontravam-se em Utiariti onze rapazes (38% de todos os homens abaixo de 20 anos) e oito meninas (35% de todas as mulheres abaixo de 20 anos). Às vezes, a proporção de jovens que viviam em Utiariti e no Tatuí era muito mais desfavorável, mas mesmo assim ainda se trata de uma constatação muito grave. Nunca verifiquei na maloca de Temeoni, onde o abastecimento de gêneros alimentícios era mais precário, os sintomas de depressão ou falta de disposição para qualquer atividade que, por vezes, reinavam no posto. A presença de todos os jovens e crianças parecia estimular sobretudo as atividades religiosas e daí resultava, novamente, um aumento de vitalidade que se manifestava em todos os domínios da cultura.

Também a depopulação dos últimos dez anos, de que os Kaiabi têm aguda consciência, levava-os muitas vezes a considerações profundamente pessimistas. Temeoni disse-me: "Quando as pessoas ficam velhas não podem mais carregar flechas. Mas agora não chega mais a acontecer que envelheçam, pois quando vieram os civilizados, morreu tanta gente. Também as mulheres, elas antigamente ficavam com a barriga frouxa; agora apenas dá moças, pois elas não ficarão velhas".

Realmente, o primeiro contato em 1955 foi seguido por moléstias epidêmicas das vias respiratórias, certamente gripe (Dornstauder MSa 1955), o mesmo ocorrendo em 1957 (Tolksdorf MS 1958). Nos anos subseqüentes repetiram-se infecções com outras doenças, anteriormente desconhecidas para os Kaiabi, como coqueluche e morrinha, contra as quais apresentavam pouca resistência. Ainda em 1954 houve uma epidemia de sarampo que sacrificou mais de dez vidas, manifestando-se mortalidade mais elevada entre as mulheres. A assistência médica dispensada por Dornstauder e pela Missão de Diamantino foi inoperante, vista em conjunto, pois os intervalos entre o adoecimento e o tratamento eram demasiado longos. A dizimação dos índios por doenças introduzidas na primeira década do contato só pode ser evitada através de uma assistência médica ininterrupta. No caso dos Kaiabi, espera-se que eles já tenham superado o período crítico e alcançado alguma resistência, de modo que um aumento populacional se torna novamente possível, desde que não irrompam epidemias mais fortes.

Os Kaiabi residentes no Rio dos Peixes, em dezembro de 1966, distribuíam-se da seguinte maneira:

(convenções: m. = masculino; f. = feminino; + = casado; : = filhos)

Posto Tatuí (5 casas, 25 pessoas)

- Tɨmaka´i + Morerã^{u} = m. Taŋato
- Kwaban/Simão + Kũya´été = f. Kriawi; m. (sem nome)
- Masi´a/Sebastião + Yuvé´ai = m. Tapats/Pedro; f. Te´akato´i/Anita; m. Piãĩ/José Carlo
- Yuray´ok/Maró + Katayu´i = f. (sem nome)
- Kwasiari/Tukuma´wapé/Frederico + Tɨpɨ = m. Tasirawé (adotado)
- Yupari´up/Chico + Moneyu´i/Maria Lurdes = m. Tsirã^{i}; m. (sem nome); m. Moanyan/Joaquim; m. A^{u}wasio/Mané; m. Kawé

Maloca Ma^{i}rerũ (1 casa, 7 pessoas)

– Ma^{i}rerũ/José + Yeupit/Anna = m. Kawã^{i}wi (adotado); f. Yawat/Maria
– Purikato/Luiz + Morekato (Paulina) = f. (sem nome)

Maloca Temeoni (2 casas, 19 pessoas)

– Temeoni/Pita^{i} + Mo^{i} = m. Kupeani/Antonio
– Nyũkato/Domingo + Kũyakato = m. Masi; m. Kupi´a; m. Tsirawɨ; f. More´ai; f. Arawɨ
– Kupe´ap/Mariano = m. Pan; f. Tanyum; m. Pẽĩ
– Tapa + Krima´it/Mariwa/Maria = f. Deareyop; m. Péró/Paulo; m. (sem nome).

Designações geográficas e etnográficas dos Kaiabi:

Rio dos Peixes = Tatui: tatu´ɨ
Arinos = ɨpɨtan
Juruena = ɨa´ip
Rio do Sangue = anéraup
Paranatinga = Teles Pires: wu^{i}ratsiŋi
Xingu = paranapep, yakaré, wu^{i}wa´ɨ
Kaiabi = iputunõõ, iputanaŋa
Apiaká = tapɨ´ɨ^{i}´itsiŋ
Aripaktsá
acima da confluência do Arinos com o Juruena e
no Rio do Sangue = yɨmamɨk;
abaixo da confluência, no rio Juruena = kawa´ip
Beiços-de-Pau = ɨpé´oo
Kayapó (?) (a oeste do Teles Pires) = ɨpéwi
Munduruku = u¡ra´ɨp
Bakairí (?) (a nordeste do rio dos Peixes) = tɨma^{u}aŋ
Brasileiros (= civilizados) = tapɨ´ɨ^{i}´ipyat; (os claros): pioaɨ; (os escuros): pionõõ

b) Os Kaiabi no PNX em setembro de 1966 (Fig. 4)

Como já se disse na parte histórica deste trabalho, a maior parte dos Kaiabi emigrou no início dos anos sessenta para a região do Alto Xingu que, do ponto de vista ecológico, se diferencia nitidamente do vale do Teles Pires.

Em setembro de 1966, os Kaiabi distribuíam-se em sete malocas e em ambos os centros administrativos do PNX.

Os Kaiabi do Rio dos Peixes

Max Schmidt

Primeiro grupo Kaiabi a chegar ao PI Pedro Dantas, Rio Verde (1926)

F. Tolksdorf

Maloca de Temeoni, Alto Rio dos Peixes (1959/60?)

fotos: Georg Grünberg

Chefe Temeoni, maloca Temeoni (1966)

Pe. João Dornstauder SJ (conduzindo o motor) com índios Kaiabi e seringueiros no Rio Tatuí (1966?)

fotos: Georg Grünberg, 1966

Moanyan

Tapa

Nyũkato (Niũgatu)

Masi'a (Masi)

Kuapan

Georg Grünberg fotografado por um menino Kaiabi, Rio dos Peixes (1966)

fotos: Georg Grünberg, 1966

Apá com motivo kwatsiat

U'i/wi/rũ, recipiente de entrecasca

Panakũ, cesto para transportar rede

Canoa monóxila

Kwasiari, Rio dos Peixes

Detalhe da vista frontal da maloca com revestimento de folhas de inajá

Kũyakato esfarelando mandioca. À esquerda, um apá e à direita, uma cuia

Figura 4: Kaiabi no PNX, 1966

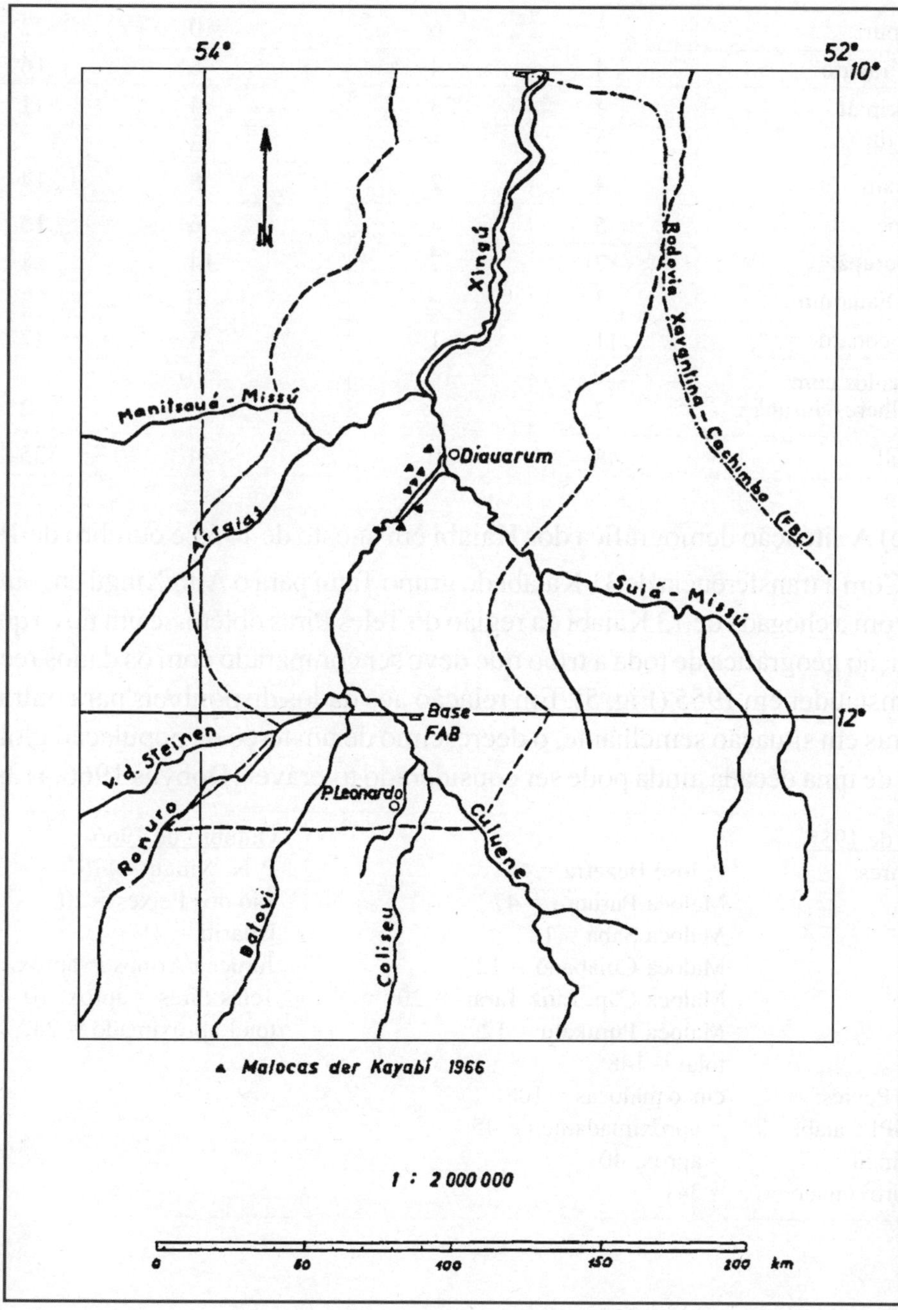

Maloca	Homens	Mulheres	Crianças com menos de 15 anos	Total
Ipepuri	6	6	10	22
Wu^{i}rakato	4	4	8	16
Aukɨpɨat	4	3	4	11
Mea^{u}i	2	3	2	7
Mɨnan	4	2	8	14
Kupé	5	4	6	15
Moérupã	7	7	14	28
P. Diauarum	3	–	–	3
P. Leonardo	11	1	5	17
Casados com mulheres Juruna	2	–	–	2
Total	48	30	34	135

c) A situação demográfica dos Kaiabi em agosto de 1955 e outubro de 1966

Com a transferência de 31 Kaiabi do grupo Tatuí para o Alto Xingu em outubro de 1966 e com a chegada de 13 Kaiabi da região do Teles Pires obtém-se um novo quadro da distribuição geográfica de toda a tribo que deve ser comparado com os dados recolhidos por Dornstauder em 1955 (Fig. 5). Em relação aos dados disponíveis para outras tribos brasileiras em situação semelhante, o decréscimo de um terço da população global num período de uma década ainda pode ser considerado tolerável (Dobyns 1966:413ss).

Agosto de 1955		Outubro de 1966
Teles Pires:	P. José Bezerra = 45	P. N. Xingu = 179
	Maloca Puruta'i = 47	Rio dos Peixes = 20
	Maloca Sabá = 12	Utiariti = 21
	Maloca Cuiabano = 12	Juruena/Arinos = aprox. 12
	Maloca Cap. Luiz Tarari = 20	Teles Pires = aprox. 10
	Maloca Purukatu = 12	total aproximado = 242
	total = 148	
Rio dos Peixes:	cinco malocas = 108	
Posto SPI Caiabi	= aproximadamente 45	
Alto Xingu	= aprox. 40	
total aproximado	= 341	

Figura 5: Situação demográfica dos Kaiabi, 1955 e 1966 (Norte do Mato Grosso)

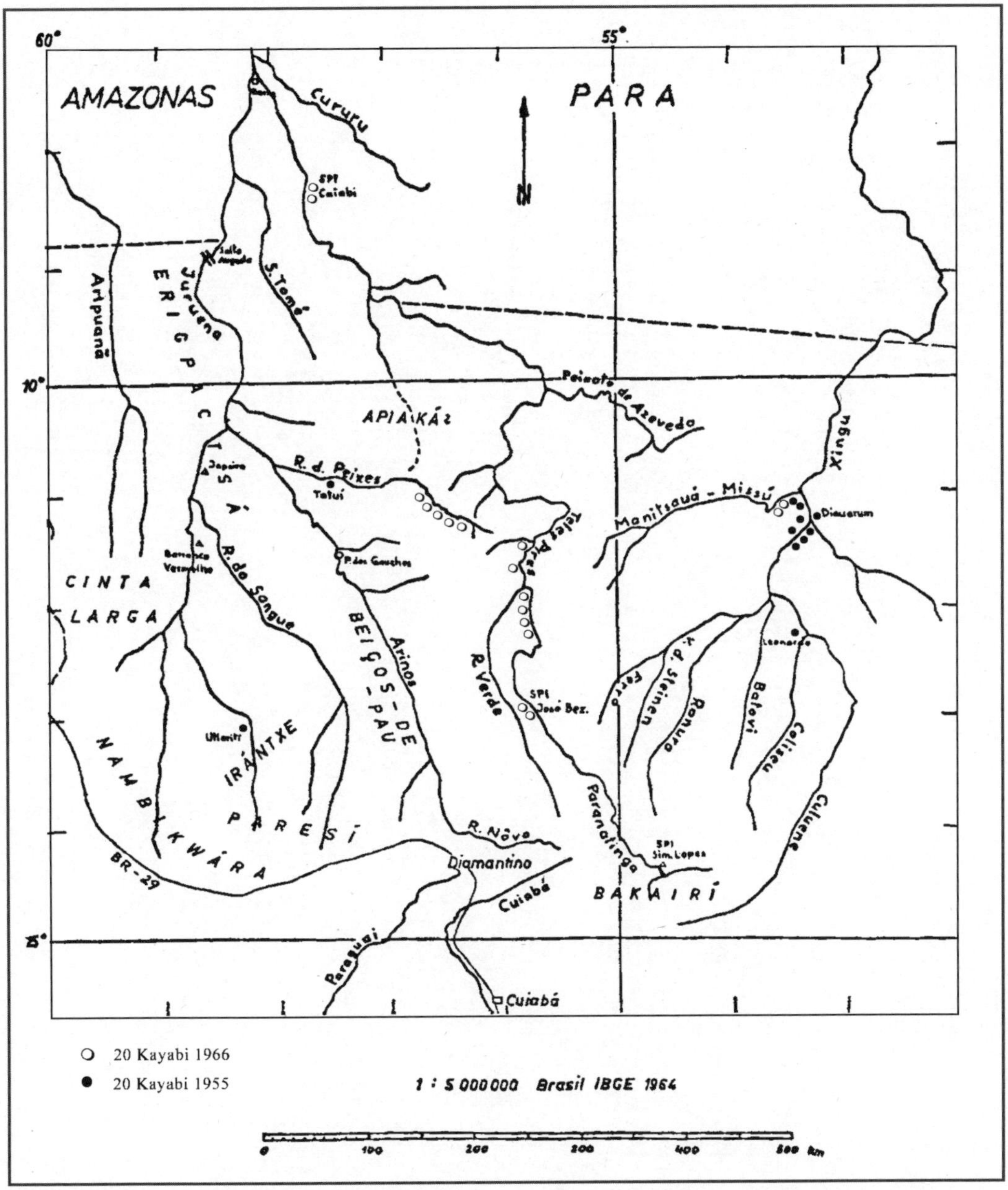

capítulo IV

AS BASES DA ECONOMIA

1. Aspectos gerais

É muito difícil distinguir os aspectos econômicos dos da organização social, principalmente quando se trata de uma "sociedade fechada" em que quase todo indivíduo tem relação de parentesco com outro. Deste ponto de vista, toda atividade econômica abrange também uma atividade social, podendo-se incluir aquela nas considerações sobre a organização social. Parece-me, contudo, mais correto do ponto de vista metodológico, reunir num único capítulo aqueles aspectos da economia menos dependentes de uma interpretação do contexto cultural global, a fim de obter, com esta distinção, maior margem para uma avaliação crítica. Pois para perceber os fundamentos de uma economia basta ao investigador realizar observações sobre determinados processos, que podem ser testados com as suas próprias categorias de pensamento culturalmente moldadas. Os aspectos sociais, entretanto, apenas são observáveis quando se encontra o acesso às categorias êmicas correspondentes da cultura.

A economia dos Kaiabi baseia-se no cultivo de tubérculos e numa coleta diversificada. A manutenção de animais silvestres não domesticados desempenha papel ínfimo.

No que diz respeito à agricultura no Brasil tropical, há algumas pesquisas recentes a que darei destaque especial (Galvão 1963; Carneiro 1961; Frikel 1959). A nomenclatura botânica segue Mansfeld (1961) e a zoológica se orienta principalmente por Carvalho (1951).

2. Produção primária de alimentos

a) Cultivo da terra[12]

O primeiro passo consiste na escolha do terreno para a roça, que não deve ser ameaçado por enchentes, mas localizar-se próximo ao rio, para permitir um transporte econômico da colheita, e apresentar solos de determinada qualidade. Depois disso estabelece-se o tamanho de uma roça aproximadamente retangular, o que depende do número de membros da família e da qualidade da terra. A roça nova de Nyũkato, de

[12] Na seção complementar ao final desta publicação podem ser obtidas mais informações sobre a prática agrícola Kaiabi. (n. ed.)

setembro de 1966, media apenas uns 400 m^2, embora ele fosse responsável pelo sustento de sete pessoas. A roça de Mairerũ, feita na mesma época e prevista para dez pessoas, abrangia mais ou menos 5 mil m^2, e duas roças velhas de Temeoni mediam aproximadamente 1.200 e 2.500 m^2. De acordo com os Kaiabi, todas são "pequenas" ou "muito pequenas". Nenhuma roça é usada por mais de três anos, mas como anualmente é aberta outra, a cada ano resulta uma superfície correspondentemente maior, destinada ao cultivo.

Logo que se determinam a localização e o tamanho da roça, cortam-se arvoretas, cipós e arbustos com auxílio de facão e, eventualmente, com a foice. Em seguida as árvores são derrubadas à altura do peito com o machado, trabalho que deve ser encerrado em julho, para que a roça seque nos meses subseqüentes de seca. No começo da estação chuvosa, em fins de setembro ou começo de outubro, costuma soprar um vento forte por vários dias, sinal para o início da queimada.Tomam-se palmas secas dos telhados das choças, assim como tições resinosos de boa combustão e ateia-se fogo a diversos pontos da roça ao mesmo tempo. A direção do vento é essencial, pois o primeiro fogo deve queimar a maior parte possível da madeira com chama viva, evitando produção muito forte de fumaça. No dia seguinte, enquanto ainda fumegam os troncos maiores, inicia-se a segunda queimada. Partes de galhos e troncos mal queimados são amontoados em torno da raizama fumegante e o fogo é novamente atiçado. Ao mesmo tempo, os desníveis do solo que se originaram da queima de raízes e cupins são aplainados com varas, nivelados, e a lenha carbonizada é esmigalhada e socada no chão. Procura-se deixar apenas troncos meio queimados naquela parte da roça mais próxima da casa, prevendo seu uso futuro como lenha. Os trabalhos da coivara podem prolongar-se por muitos dias, encerrando-se com as primeiras chuvas. Freqüentemente começa a chover durante a queimada, por uma a duas horas, o que não chega a atrapalhar. Os trabalhos da queimada são difíceis e perigosos. Ferimentos devido à queda de galhos e queimaduras são freqüentes. Antigamente os Kaiabi utilizavam o machado de pedra no lugar de facão e foice.

Fim de setembro e início de outubro é tempo de plantio, para o que os Kaiabi se servem da enxada; em raros casos também usam um pedaço de pau com ponta aguçada que antigamente era o único instrumento de plantio. Com a enxada é feita uma pequena cova no solo. Quando se usa o pau-de-plantar, ele é fincado no chão no sentido oblíquo e depois levado para a posição vertical, formando-se assim uma cova de formato cônico. Então, deita-se a semente, o fruto ou talo, e o solo é novamente alisado com o pé direito. Para o plantio da mandioca, os talos são cortados em pedaços de aproximadamente 20 cm, colocando-se três deles em cada cova, dois lado a lado e o terceiro sobreposto, de modo a resultar a figura de um H ou A. No plantio do milho, três grãos são geralmente jogados na cova.

Em quantidade maior, os Kaiabi plantam regularmente o seguinte.[13]

1. Mandioca *(Manihot esculenta)*
   maniwété: mandioca brava
   (Manihot dulcis aipi) mani´akap: mandioca doce
   mais raramente: *mani´atata*: mandioca mansa, recebida dos seringueiros
2. Milho *(Zea mays)*
   awatsiwété: milho mole
   awatsi´un: milho preto
   mais raramente: *awatsi´ux*: milho duro, recebido dos seringueiros
3. Inhame *(Dioscorea sp)*
   kara´oo: cará grande
   kara´un: cará preto
   kara´ita ou *karasí*: cará branco
   mais raramente: *karawi*: cará pequeno, recebido dos seringueiros
4. Batata *(Ipomoea batatas)*
   yetik: batata doce
5. Feijão *(Phaseolus sp)*
   kumanaté: feijão fofo
6. Amendoim *(Arachis hypogaea)*
   monowi: amendoim
7. Tajá *(Xanthosoma sp ?)*
   tawa´oo: tajá grande
   tawarasí: tajá branco
8. Mangarito *(Xanthosoma sp ?)*
   namo´a: mangarito amarelo
9. Banana (*Musa paradisiaca* ?)
   baku´aoo: banana

[13] Uma atualização dos nomes científicos e da grafia na língua indígena para as espécies vegetais utilizadas pelos Kaiabi pode ser encontrada em tabela apresentada na seção complementar ao final desta publicação. (n. ed.)

Nas orlas da roça ou nas proximidades da casa são plantadas outras espécies:

10. Abacaxi *(Ananas comosus?)*
   yuparapat: abacaxi
11. Pimenta *(Capsicum sp)*
   ɨku´ɨ´été: pimenta cajabi
12. Urucu (*Bixa orellana*)
   urukũ: urucu
13. Cabaças *(Crescentia cujete* e *Lagenaria sp)*
   ɨ´akɨt: cuia, cabaça
14. Algodão *(Gossipium sp)*
   amuneyo: algodão
15. Tabaco *(Nicotiana sp)*
   putém: tabaco
16. Caju *(Anacardium occidentale)*
   akayu: caju
17. Cana de açúcar *(Saccharum officinarum)*
   kana: cana
18. Mamão *(Carica papaya)*
   mamõ: mamão

Caju, cana de açúcar e mamão foram introduzidos por Dornstauder após 1955.

A ordem das plantas alimentícias acima corresponde aproximadamente à sua importância; as variedades mais usadas estão grifadas.

Ocorrem como plantas cultivadas todas aquelas registradas no Alto Teles Pires por Miranda (1890:146), von den Steinen (1894:392), Sousa (1916:79) e Schmidt (1942:24): mandioca, milho, batata, amendoim e inhame. Além disso, Tolksdorf (MS 1958) menciona para o Rio dos Peixes: inhame, mangarito, banana e algodão. É interessante que dois anos antes Dornstauder já encontrara, para sua surpresa, plantações de banana (MSa 1955).

b) Caça

Do ponto de vista da produção alimentar primária, a caça entre os Kaiabi, juntamente com a pesca, fornece aproximadamente um terço das calorias da produção total. Mas, de acordo com a avaliação subjetiva, principalmente por parte dos homens e em vista das possibilidades de aquisição de prestígio, a imagem se inverte. Em sua autoconcepção, o Kaiabi é, antes de tudo, um caçador, e as atividades venatórias estão, juntamente com a guerra, em primeiro lugar na escala de valores. Que a primeira manifestação amistosa em relação a mim tenha se verificado apenas na tarde em que abati o primeiro animal, caracteriza bem esta atitude.

Como animais de caça, têm significado especial:

Mamíferos
Macaco prego *(Cebus macrocephalus): kai´été*
Queixada *(Tayassu pecari): taya´oo*
Caitetu *(Tayassu tajacu): té[1]tetu*
Veado *(Mazama americana): kérupam*

Aves
Mutum *(Mitu mitu): mu[1]tũ*
Macuco *(Tinamus sp): inamu*
Pomba *(Columba sp): pika´oo*

Anfíbios e répteis
Sapo (?): *kutap*
Sapinho (?): girinos
Tracajá grande (?): *yawatsi´oo*
Jabuti (?) *(Testudo tabulata): yawatsipép*

Insetos
Saúva (?) *(Atta sp): ɨya*

Esta acentuada limitação da "boa" caça é muito característica, mas desde o contato com os brasileiros ela foi relaxada. Moanyan observou:

> "Só os civilizados comem bichos repugnantes; nós e principalmente o velho (o chefe Temeoni) não os comemos. Mas agora nós já começamos a comê-los também".

A caça aos macacos, especialmente importante do ponto de vista econômico, é em geral empreendida por diversos homens em conjunto: um deles atua como líder, escolhendo a direção a seguir e abrindo o caminho com o facão. Os outros o seguem, um atrás do outro, a uma distância de dois a três metros, e estacam quando o primeiro se detém para escutar. Localizado um bando de macacos, os homens, imitando os gritos dos animais, correm formando uma corrente que procura impelir a caça numa direção predeterminada de fuga. Enquanto a comunicação entre os caçadores é mantida através de chamados curtos, eles tentam ultrapassar no chão os macacos que fogem pelas copas das árvores, para poder emboscá-los pela frente. Assim diversos macacos podem ser abatidos um atrás do outro, com o arco ou com a espingarda, pois os animais continuam a fugir sempre na mesma direção.

Queixadas podem ser encontradas em manadas de mais de cem ao longo das margens do rio dos Peixes, denunciando-se por sua forte catinga. Ao viajar de canoa pelo rio, os Kaiabi as percebiam, encostavam e iniciavam a caçada, procurando cercar a manada. Localizados, os animais debandavam numa direção, enquanto os índios tentavam ultrapassá-los pelos lados e abater quantos pudessem.

Caitetu e veado são capturados em caçada individual.

As aves manifestam-se em geral ao amanhecer e pouco antes do pôr do sol, podendo, assim, serem facilmente identificadas e caçadas. Geralmente sozinho, o caçador aproxima-se vagarosamente do mutum, enquanto imita seu pio característico. Outras aves, como o tucano, são abatidas a partir do rio. Ovos de pássaros são considerados repugnantes e não comestíveis.

Uma determinada espécie de sapos é regularmente apanhada quando se sai de canoa. Tais sapos assentam-se de preferência em galhos e troncos de árvores que pendem na água. Como sua coloração se adapta ao fundo, são difíceis de ver. Girinos, tal como peixes bem pequenos, são ocasionalmente apreendidos com peneiras por homens e mulheres.

Tracajás raramente são caçados, sendo abatidos apenas em ocasiões especiais.[14] Seus ovos são considerados comestíveis, embora não se lhes atribua nenhum valor específico.

Também a saúva alada é objeto de coleta, quando das revoadas em determinadas épocas do ano.

Quando falam dos animais repugnantes, mencionados acima, os Kaiabi referem-se àquela segunda categoria de caça que é usada para a alimentação com reservas e que é considerada imprópria por implicar em perigos físicos e espirituais:

Mamíferos

Coatá *(Ateles sp)*: *ka'ioo*
Bugio *(Alouatta sp)*: *akiki*
Cotia *(Dasyprocta aguti)*: *akutsi*
Coati *(Nasua narica)*: *kwatsi*
Paca *(Cuniculus paca)*: *pakoo*
Capivara *(Hydrochoerus hydrochoerus)*: *kapiwat*
Anta *(Tapirus terrestris)*: *tapi'it*
Tatu *(Dasypus sp)*: *tatu'*

[14] No PIX são bastante caçados pelos Kaiabi que os apreciam grandemente. (n. ed.)

Aves

Jaó *(Crypturellus sp)*: *yania'oo*
Jacu *(Penelope sp)*: *yakupémoo*
Jacutinga *(Pipiles sp)*: *yakupétsĩ*
Jacamim *(Psophia sp)*: *wu¹raoo*

A partir do contato com os brasileiros, também a galinha, o peru e o porco pertencem aos animais comestíveis, sob determinadas condições. O próprio Temeoni comeu galinha pela primeira vez em 1965.

A anta, o maior animal da região amazônica, geralmente é reconhecida quando atravessa um rio e os índios disparam contra ela quando chega à margem. Muitas vezes ela escapa, já que tem pele muito grossa e grande resistência. Os lugares de travessia da anta também se reconhecem pela quantidade incomum de mutucas.

Sem poder fornecer uma classificação completa, acrescento mais uma lista de animais considerados absolutamente não comestíveis pelos Kaiabi: todos os felinos (onça, onça parda, jaguatirica), lontras, cachorros, tamanduás, preguiças, aves de rapina, papagaios, tucanos, cobras, jacarés, moluscos, gafanhotos.

Contudo, caçam-se animais com outros objetivos que não a alimentação e dos quais quero mencionar os mais importantes. Como prova de coragem pessoal e para conquistar prestígio, os homens mais jovens caçam os grandes felinos:

Onça pintada *(Felis onca)*: *yawa'pinim*
Onça preta *(Felis onca)*: *yawarum*
Onça parda *(Felis concolor)*: *yawapiraŋ*
Jaguatirica *(Felis pardalis)*: *mirakayat*

Apenas se apossavam das presas como troféu de caça e de algum osso tubular para confeccionar flautas de bocal, sem orifícios laterais. Somente a partir do contato com os brasileiros é que alguns Kaiabi passaram a caçar a jaguatirica através de armadilha de cepo, para trocar sua pele por bens de consumo brasileiros. Sua atitude ambígua em relação a esta técnica de caça evidenciava-se claramente quando verificavam, com satisfação e alegria, que uma jaguatirica havia escapado da armadilha.

Dentes de diferentes tipos de macacos são usados em colares, e dos ossos tubulares do coatá são confeccionados pentes. Os dentes de cutia são transformados em lâminas para facas de entalhe e em enfeites auriculares. Dentes de ariranha *(Pteronura brasiliensis)*: *takapéoo*, formam colares. Ariranha e lontra *(Lutra platensis)*: *takapé í*, além disso, são caçadas por causa da pele desde o contato com os brasileiros.

Da carapaça do tatu, provavelmente do tatu-galinha *(Dasypus novemcinctus)*: *tatu'i*, são feitos braceletes para as meninas.

Por causa das penas, diversas aves constituem caça apreciada. Além do gavião real *(Harpya harpya)*: *kwanũũ*, que é mantido numa gaiola, são caçados, principalmente, o tucano *(Rhamphastos sp)*: *tukan*, necessário para confecção de brincos para meninas e dos ornatos da empenação das flechas; arara *(Ara ararauna)*: *kaniné´été*, arara azul *(Anodorhynchus hyacinthinus)*: *araraoo*, e arara amarela: *kaninéwɨ*; ambos os mutuns *(Mitu mitu)*: *m^{i}tũ* e mutum carijó *(Crax fasciolata)*: *mu^{i}tũmap*; a garça branca *(Casmerodius albus)*: *wuɨra´tsini*; o papagaio amazônico *(Amazona sp)*: *a^{i}yruoo*, e o socó *(Trigrisoma lineatum ?)*: *akópinim*. Todas estas aves fornecem penas para enfeites de pescoço, cintura e cabeça, e para emplumação das flechas. Fazem agulhas dos tendões do jacumim, utilizadas para a costura da raque das penas na haste de flechas. A carapaça peitoral do jabuti é material para tortuais de fusos e diversas conchas são usadas como cortadores e enfeites.

Os cachorros nunca são aproveitados nas caçadas e, quando viajam nas canoas, são geralmente amarrados, antes que os índios desçam em terra. Quando farejam algo, ficam inquietos e latem, sendo então repreendidos pelos Kaiabi e também surrados.

Se numa viagem ou num caminho próximo à maloca os Kaiabi topam com uma caça ou um simples sinal dela, de pronto concentram nela toda sua atenção, e outros planos tornam-se secundários. Se mulheres e crianças estão presentes, elas esperam no caminho ou voltam para a aldeia. Conforme a distância, pelo menos um homem permanece com elas.

Em janeiro de 1966, um grupo de homens, mulheres e crianças a caminho de uma fruteira carregada, espantou um caitetu que, grunhindo, procurou fugir. Todos os homens o perseguiram por várias dezenas de metros em desabalada corrida, até que o caitetu se enfiou em um buraco debaixo de um tronco de mais de 2 metros de grossura, de onde se ouviam seus grunhidos. Inicialmente procurou-se espantar o animal com folhas compridas de palmeira pinada, Em seguida, fincaram-se galhos retos de 5 a 10 cm de grossura e com altura aproximada de um homem, em semicírculo ao redor do buraco, amarrando-os com cipó para formar uma cerca.Uma estaca pontuda de uns 2 metros de comprimento foi então batida no chão, em movimentos verticais rítmicos, no lugar onde se supunha o oco do buraco em que o animal se escondia. Atingiram a cova, mas nem por isso o caitetu se perturbou. Aí, um Kaiabi trançou, com ramos e cipós, um cesto de forma cônica, emborcando-o firme em cima do novo buraco. Com muito custo acendeu-se então um fogo, tentando por mais de meia hora soprar a fumaça para dentro de uma das aberturas. Conseguiram-no em parte, mas sem o resultado desejado. Depois de três horas de trabalho, ainda se escutava o grunhir do caitetu debaixo das raízes do tronco. Um tanto irritados e mais tarde achando graça, os homens voltaram para a aldeia.

No dia seguinte, após o nascer do sol, um homem tentou inutilmente tirar o bicho de seu esconderijo.

Este exemplo mostra que, justamente nas caçadas, a perspectiva econômica pode ser relegada a segundo plano e que, entre os Kaiabi, ela abrange componentes pronunciadamente lúdicos.

Diversas vezes observei casos de falta de rentabilidade econômica na caça. Atirando da canoa, Moanyan abateu um veado e duas queixadas numa só seqüência, mesmo sabendo que a presa era demais para nós, quatro pessoas: abandonou o veado. Em abril, um seringueiro presenteou Moanyan e a mim com metade de uma queixada, o bastante para sustentar-nos durante dois dias de nossa viagem de canoa. Naquela noite choveu e, embora eu propusesse proteger a carne da água debaixo da rede, Moanyan deixou-a lá fora. No dia seguinte ela já estava estragada e ao meio dia tivemos que jogá-la fora, pois começava a feder. Numa outra vez, Moanyan, com outros dois Kaiabi e comigo, surpreendeu um bando de macacos. Abatemos três. Moanyan teria abatido mais bichos sem hesitar, embora três fossem mais do que suficiente.

c) Pesca

Como o seu nome indica, o rio dos Peixes é piscoso e a pesca, ao lado da agricultura e da caça, pertence às bases de subsistência dos Kaiabi. Mas há uma diferença relativamente grande entre as espécies acima e abaixo do Salto, pois para as espécies maiores como o jaú, matrinchã e o rubafo, este trecho é inacessível devido às cachoeiras do Salto. Pescam-se sobretudo os seguintes peixes:

Curimatá *(Prochilodus sp)*: *uwuya*
Jaú (*Paulicea sp*): *yania´oo*
Matrinchã (*Characinus sp*): *pia^{u}´oo*
Pacu (*Myteles sp*): *baku´oo*
Peixe-cachorro (*Raphidon sp*): *ia^{i}kãn*
Cascudinho (?): *iniatatú*
Peixe-agulha (?): *ipirafukuoo*
Piava (*Leporinus sp*): *pia´wi*
Pintado (*Pseudoplatystoma sp*): *uruwi*
Rubafo (*Xiphostoma sp* ?): *pira´oo*
Tucunaré (*Cichla sp*): *tukunaré*
Traíra (*Hoplias sp*): *téré´it*

Grande parte destes peixes pode ser flechada de barcos próximos da margem, particularmente no tempo da seca, quando se formam poças rasas de água onde estão os peixes. Para isso o arco é muitas vezes mantido na horizontal e, quando disponível, emprega-se uma flecha especial para pesca, provida de diversas pontas. Na estação chuvosa caminha-se pelo mato inundado próximo às margens, com o arco levemente armado, para poder flechar imediatamente um peixe em fuga. Nestas águas rasas e lamacentas surpreendemos, em fevereiro de 1966, durante uma excursão de caça, um cardume de peixes pequenos. Ele denunciou-se por um zunido estranho, permeado por sons metálicos muito límpidos. Imediatamente os homens tomaram suas facas e perseguiram os peixes, transpassando-os com lances certeiros. Em questão de cinco minutos capturamos de 2 a 3 quilos de peixe. Uma outra técnica praticada na estação seca é o envenenamento de peixes com timbó (*Paulinea sp* ?). Esta espécie de cipó é cortada em pedaços de aproximadamente 50 cm de comprimento, enfeixados e batidos com paus ou com remos em águas paradas, até que a seiva leitosa atordoe os peixes numa determinada área. Mulheres e crianças também ajudam a recolher os peixes. Segundo informações dos Kaiabi, pequenas frutas redondas e vermelhas de uma árvore também são usadas como veneno de pesca.

Nos córregos próximos do rio dos Peixes, os Kaiabi costumam construir barreiras de ramos e folhas de palmeira pinada, que conduzem os peixes que sobem os riachos a uma armadilha cilíndrica feita com cipó e raques de palmas. Estas nassas são controladas e esvaziadas diariamente ou cada dois dias.

No rio, próximo da aldeia, também se pegam peixes pequenos com peneira: ela é afundada junto à margem, os peixes são atraídos com restos de comida ou com farinha de mandioca e, em seguida, levanta-se a peneira de chofre. Só as mulheres pescam assim, por conta própria, o produto limitando-se a peixinhos e girinos. Com muita destreza, podem ser capturados peixes de até 20 cm de comprimento.

A partir do contato com seringueiros, a pesca com anzóis e fio de náilon passou a ter crescente importância, já que é a única maneira de pescar no rio fundo na estação chuvosa. Assim se pegam peixes grandes, sendo anzóis e linhas de pescar objetos de troca muito apreciados. Segundo informações dos Kaiabi, não havia antigamente método semelhante de pesca.

Quero ainda mencionar o peixe elétrico (*Gimnotus electricus*): *arapóo*, que talvez não se encontre no rio dos Peixes. Mas ele é capturado pelos Kaiabi em suas excursões maiores pela região do Teles Pires e Juruena, já que seu otólito é usado na confecção de pequenas figuras antropomorfas.

d) Coleta

Frutas silvestres fazem parte da alimentação normal dos Kaiabi, sendo particularmente abundantes na época das chuvas. Se durante a caçada um Kaiabi topa com uma árvore carregada de frutas, ele anota sua posição, abre uma picada em linha reta até a aldeia e pede à família, e às vezes também a outros moradores da aldeia, para irem juntos buscar as frutas. A árvore é derrubada à altura do peito, apanham-se as frutas maduras que são carregadas em cestos para a aldeia, em geral pelas mulheres ajudadas por crianças. Durante a atividade, todos comem dos frutos. Com raras exceções, não me foi possível classificar estas árvores:[15]

ka'a'ɨwa: cacau *(Theobroma cacao)*
ɨ'wapirã: ?
yutawa'ɨ: ?
re^i^tranaoo: ?
ɨ'wapiruru: ?
iŋa'yowoo: ingá *(Inga sp)*
akutsikanafũ: ?

Acrescentam-se ainda as frutas de uma espécie de cipó *(yawarémo'a)* e de um arbusto que cresce junto ao rio *(takamo)*. No campo ocorrem os frutos do pequizeiro (*Caryocar sp*): *kawasimi'wa*, e os da palmeira inajá (*Maximiliana regia*): *inataip*.

O fruto economicamente mais importante é a castanha-do-pará (*ɨ'waoo*) da castanheira (*Bertholletia excelsa*): *ɨ'waooip*. Esta é a árvore mais importante das florestas do Rio dos Peixes, encontrando-se em grande quantidade em alguns lugares do rio. Nunca é derrubada durante as expedições de coleta. Homens e mulheres procuram sistematicamente pelo chão os ouriços caídos e, depois de partir a casca muito dura com o facão, recolhem as castanhas em grandes cestos de transporte. As castanhas-do-pará são armazenadas por diversos meses e representam a principal garantia nos tempos de escassez.[16]

Certos tipos de cogumelos são coletados para pessoas que estejam correndo algum perigo físico ou espiritual.

Mel é a única substância doce colhida pelos Kaiabi, sendo extraordinariamente apreciado. Os Kaiabi distinguem pelo menos quatro tipos de mel:[17]

- de abelhas, em ocos de árvore:
  tapé'wa
  yawa'kanũ

---

[15] Os nomes destas e de outras espécies frutíferas conhecidas pelos Kaiabi podem ser consultados em tabela apresentada na seção complementar ao final desta publicação. (n. ed.)

[16] Esta espécie, de grande importância para os Kaiabi, praticamente não ocorre na área do PIX. (n. ed.)

[17] Estudos posteriores indicam a existência de mais de 40 espécies de abelhas e tipos de mel conhecidos pelos Kaiabi. (n. ed.)

- de abelhas, do lado de fora da árvore:
  iwa'oo
- de térmitas:
  gupi'ait

O mel *tapé'wa* é o mais valorizado pelos Kaiabi. Se descoberta uma colméia durante uma expedição de caça, seu mel constitui propriedade do homem que primeiro percebeu a árvore. Se a saída se encontrar muito alto no tronco, derruba-se a árvore, que é aberta com o machado a mais ou menos 1,5 m abaixo daquele orifício, expondo os favos, dos quais pinga o mel amarelo claro. Os favos são espremidos com a mão em folhas de pacova que, dobradas para cima, servem de recipientes. Nesta ocasião as abelhas atacam, tornando-se necessário grande domínio e concentração para não esparramar o mel com gestos descontrolados. Ao fim do trabalho, o homem corre para o rio próximo, lava-se cuidadosamente, livrando-se das abelhas e dos restos de mel. Em geral o mel é transportado em recipientes para a aldeia; os favos são mastigados nas proximidades da árvore e cospe-se a cera, que é amassada em forma de roletes. Ela serve para a fabricação de material adesivo.

As quantidades de mel obtidas variam entre 0,5 e 5 litros. Se a saída das abelhas estiver muito alta ou se a árvore for demasiado grossa, os Kaiabi constróem um andaime com pequenas árvores, ramos e cipós, e abrem o tronco em cerrada luta com as abelhas. Nunca observei a técnica de defumação para afastar as abelhas. A coleta de mel de térmitas, menos valorizado, é pouco popular, pois as ferroadas dos animais são muito dolorosas.[18]

3. Preparo dos alimentos

a) Produtos da roça

Mandioca brava: as ramas de 2-3 m de altura são cortadas um pouco acima do chão, com um facão, as raízes arrancadas, catadas à mão e amontoadas. Em seguida o homem, com a ajuda da mulher, leva-as em um cesto até o rio, onde as raízes são postas de molho numa canoa cheia de água ou numa aguada separada com folhas de palmeira. Depois de três dias, são retiradas pela mulher, descascadas à mão, espremidas numa cabaça com água e prensadas em bolas do tamanho de dois punhos. Uma parte das bolas é logo passada em peneira e socada no pilão, enquanto as restantes são colocadas num jirau para

[18] Atualmente os Kaiabi do PIX estão empenhados na produção de mel a partir da criação de abelhas nativas e de *Apis melífera* dentro de um projeto de Alternativas Econômicas realizado pela Atix em parceria com o ISA. (n. ed.)

secar ao sol ou perto do fogo, folhas de pacova servindo de base. Os flocos, finamente socados e peneirados, são colocados em cima de um torrador quente, espalhados com a mão e constantemente revirados e mexidos com uma metade de cabaça de forma alongada, para evitar que se queimem. Os flocos torrados são novamente peneirados e a farinha pronta, *u´i*, é guardada em cabaças. Ela constitui o alimento básico mais importante dos Kaiabi. De 60 a 80 quilos de mandioca, uma mulher consegue fazer cerca de 50 litros de farinha em 5-6 dias.

A massa úmida de mandioca peneirada pode também ser transformada em beijus: com o fundo de uma cabaça, ela é prensada sobre uma chapa de torrar bem aquecida, formando um bolo achatado de aproximadamente 0,5 cm de grossura e 30 a 50 cm de diâmetro. Este *mani´ókó´ó* ou *me^{l}yu* não é virado, sendo retirado da chapa com o abanador de fogo quando a parte inferior apresenta cor marrom-clara. Esses beijus têm uma consistência pastosa, não são temperados e permanecem comestíveis por vários dias.

Outra alternativa consiste em misturar a massa de mandioca com castanha-do-pará bem socada, fazer uma bola grande e deitá-la na cinza: *mani´okanapé*. Forma-se assim uma crosta dura, que exala um cheiro delicioso. Ela é quebrada com as mãos e comida. A bola volta para junto do fogo até uma nova crosta se formar.

Mandioca doce: em ocasiões especiais são arrancadas as raízes dessa espécie de mandioca, trazidas à maloca e raladas com um pedaço espinhoso da raiz-mestra de palmeira paxiúba, de modo que os flocos úmidos caiam com algum sumo numa canoa de casca (pote de chicha). O ralador de paxiúba é amarrado na canoa com um cipó, de tal modo que a mulher pode trabalhar com as duas mãos simultaneamente. Os flocos são espremidos e mais tarde jogados fora. O sumo espesso vai ao fogo em grandes panelas e, sempre mexido, é aquecido lentamente até que se forme espuma. A chicha quente e pastosa, *kamiakut*, assim obtida tem sabor muito doce; ela se liquefaz entretanto nas 24 horas seguintes, sendo então fartamente consumida como *mani´akawɨ*. É a bebida de festa dos Kaiabi.

Mandioca mansa (sem veneno): considerada apenas uma curiosidade pelos Kaiabi, é preparada de maneira habitual na presença de seringueiros por razões de prestígio. Os índios acham-na "muito pequena e dura".

O milho é usado principalmente para o preparo de uma bebida: *kawĩ*. As espigas de milho verde são trazidas para a maloca, debulhadas e os grãos são socados em pilões por mulheres, geralmente em grupos de duas ou três. A massa úmida é posta numa peneira e espremida com as mãos em uma cabaça cheia de água; o que resta na peneira é despejado novamente no pilão. Meia cabaça pequena de farinha de mandioca é mastigada por algumas crianças, sendo acrescentada como *minó´ó* no mingau de milho, que é posto sobre o fogo em grandes panelas. Para melhorar esta chicha também se acrescenta freqüentemente castanha-do-pará e amendoim bem moídos. O mingau *kawĩyuk*, grosso e quente, esfria durante a noite e, no dia seguinte, tem sabor extraordinariamente refrescante e cada vez mais ácido; o açucaramento pela ptialina provocado pela mastigação da farinha de mandioca promove a fermentação, da qual resulta uma "cerveja" de baixo teor alcoólico (Hartmann 1960:36).

No tempo da seca, as espigas de milho são armazenadas numa choça-celeiro ou então na própria maloca; as espigas de milho seco são debulhadas e os grãos socados. A farinha resultante é misturada com água fria; o restante do processo da confecção de chicha obedece à descrição acima.

Também se pode fazer farinha *(awatsiku´i)* dos grãos de milho socados, submetendo-os à torragem e ao peneiramento. Esta farinha só se produz em pequenas quantidades e é considerada um petisco. Espigas de milho novo também são tostadas diretamente sobre o fogo ou, então, depois de debulhados, os grãos são aquecidos sobre o torrador até ficarem bem tostados e cor de ouro. Finalmente, do milho também são feitos beijus: mistura-se o milho bem socado com água, de modo a se obter uma massa úmida, semelhante à semolina, que é torrada em bolos parecidos com os beijus de mandioca: é a *meyusĩ.* O milho preto, uma variedade com grãos negros, é utilizado por ocasião dos ritos pubertários.

O milho duro recebido dos seringueiros é tratado tal como a mandioca mansa.

O preparo de todas as variedades de inhame, batata-doce, tajá e mangarito é o mesmo: os tubérculos feculosos são tostados na cinza quente, próximo ao fogo, e são comidos descascados. Além disso, de batata-doce se faz uma outra chicha: elas são cozidas, amassadas e misturadas com água. Resulta daí uma bebida quente, doce, saciante e não fermentada: *yétiki.*

As grandes folhas de tajá são cozidas e comidas sem outros ingredientes. As vagens de feijão também são preparadas assim. Amendoim se come cru junto com farinha ou então misturado à chicha do milho depois de bem socado.

Os Kaiabi comem as bananas cruas, armazenando-as, eventualmente, em celeiros subterrâneos para o amadurecimento.

b) Animais

Os macacos são primeiramente abertos na barriga e destripados; põem-se na brasa o fígado, coração e os intestinos esvaziados com a pressão de dois dedos; são petiscos especiais. O pelo é chamuscado no fogo, raspando-se depois os pelos chamuscados com um pedaço de madeira chanfrada. Então é cortado o rabo, igualmente posto na brasa, pois assim fica logo pronto para ser comido na hora. O animal é moqueado numa grelha quadrada de ramos verdes, sob a qual o fogo arde vivamente. As partes musculosas do corpo e o miolo têm preferência.

Praticamente todos os outros mamíferos são preparados de modo semelhante.

Mamíferos muito pequenos e aves são cozidos na maioria das vezes. Assim, por exemplo, o mutum é depenado e lhe cortam as asas e as pernas; depois ele é destripado pelas costas e o corpo dividido em duas porções iguais e cozidas numa panela. Cabeça e garras nunca são removidas.

Pyrineus de Souza (1916:91) escreve que no Teles Pires lhe foi presenteado um pato moqueado com penas e tripas e, mais tarde, uma carne de veado mal moqueada, já podre, que estava cuidadosamente embrulhada em folhas de pacova (p. 79).

Da carne de mamíferos e aves prepara-se com freqüência o *mutap*: carne cozida e socada com os ossos no pilão e misturada com farinha de mandioca, formando um pirão, do qual se fazem pequenas bolotas com a mão. Elas são passadas na farinha de mandioca e enfiadas na boca. O *mutap* é fortemente temperado com pimenta e ingerido quente. O caldo de carne, *téfét*, principalmente de macaco, é um alimento forte muito apreciado. É bem condimentado e bebido quente.

Carne desfiada e tostada é bem socada e peneirada, podendo ser armazenada por muito tempo em cabaças como farinha de carne, um alimento de alto valor nutritivo.

Semelhante é o preparo dos peixes maiores: são moqueados numa grelha, cozidos e misturados com farinha de mandioca, formando o *imiramutap*; a farinha de peixe é *ipirakui*. Peixes menores são entalados numa vareta partida e postos sobre o fogo. Peixes muito pequenos e girinos podem ser embrulhados em folhas de pacova, amarrados com cipó e colocados na brasa. Os sapos também são entalados em varetas e tostados, comendo-se suas coxas. Também pode ser preparar *mutap* com girinos cozidos.

Tartarugas são emborcadas e assadas dentro da carapaça; depois elas são abertas no peito e comidas. Os ovos crus são chupados, sendo acompanhados de farinha de mandioca.

Arrancam os abdomens das saúvas que, depois de tostados, são misturados à farinha e ao beiju.

c) Frutas silvestres e mel

Frutas com polpa são consumidas sem qualquer preparo; cocos da palmeira inajá são cozidos em água e comidos em seguida,[19] a fina polpa desses frutos também

[19] Atualmente os Kaiabi praticamente não comem o coco de inajá. (n. ed.)

pode ser raspada e bebida com água. Particularmente importantes são as castanhas-do-pará, consumidas junto com farinha de mandioca ou então piladas e acrescidas à chicha ou combinadas com pratos à base de mel.

Se o mel não for consumido no local da coleta, ele é misturado com água e bebido: *e*^{j}*ri*. Quando em excursões mais demoradas, o principal alimento dos Kaiabi consiste de farinha de mandioca, transportada em recipientes de entrecasca ou em cabaças, e de hidromel, preparado a cada refeição, rico em carboidratos, ele constitui a parte mais importante da alimentação.

Em resumo, pode-se se dizer que os Kaiabi contam com uma alimentação muito diferenciada e, a título de exemplo de uma refeição, apresento a seguir o cardápio da tarde de 25/02/1966: milho fresco assado; castanhas-do-pará com farinha de mandioca, acompanhadas de chicha de milho; *mutap* de cogumelos com farinha da mandioca, acompanhado de hidromel; cocos de inajá cozidos e descascados.

Em um outro dia, 03/08/1966, ocupamo-nos, em três pessoas, a consumir uma grande queixada, obra de 12 horas.

4. Condimentos e estimulantes

Infelizmente não tive oportunidade de observar entre os Kaiabi o preparo de um equivalente do sal, pois ele já fora suplantado na ocasião pelo sal grosso dos seringueiros que, contudo, era raramente usado. Entretanto, o substituto tinha importância secundária no preparo de alimentos, especialmente quando comparado com a indispensável pimenta. De acordo com as informações, os homens jovens coletavam antigamente para toda a aldeia, os brotos de palmeira inajá, entregando-os às mulheres idosas que os queimavam em trabalho conjunto, socavam bem a cinza e a distribuíam a todas as mulheres. Cada família nuclear possuía esse sal – *yukró'oo* – em solução aquosa, para temperar sobretudo caldos de carne.

Já se disse que a pimenta é o principal condimento entre os Kaiabi. Ela é conservada seca e cozida com os alimentos. Seu sabor extraordinariamente picante lembra o de pimentões.

Souza (1961:81) diz que os Kaiabi não fumavam e cuspiam com desdém os cigarros oferecidos. No Rio dos Peixes, porém, eles fumavam sempre que podiam e só obtinham o fumo através de trocas com os seringueiros. Segundo Moanyan, não havia fumo antes da chegada dos civilizados, mas Tapa achava que antigamente o xamã preparava e fumava em sessões de cura pequenos rolos semelhantes a cigarros. Hoje, o tabaco é usado como estimulante por homens, mulheres e também por crianças, além de ser medicamento prescrito pelo xamã.

5. Manutenção e aproveitamento de animais

Como na maioria das tribos indígenas das florestas tropicais, há também entre os Kaiabi uma predileção por xerimbabos e a cada grupo doméstico pertencem alguns animais que, sem serem em geral de proveito econômico direto, participam da convivência humana. Filhotes de macacos e pássaros, cujos pais foram mortos na caçada, são trazidos para a choça, amarrados e alimentados. Pequenos mamíferos e répteis, em especial jabutis, também são mantidos durante meses e comidos ocasionalmente. Nunca tive a impressão, contudo, de que esses animais fossem mantidos para fins utilitários. Talvez constituam estoque para períodos de escassez de carne.

A arara multicor – *kaniné´été* – desempenha um papel especial e é caçada com considerável dispêndio de energia. A um dia de viagem rio abaixo, Mairerũ descobriu uma grande árvore em cujo tronco, bem no alto, uma família de araras fizera seu ninho. Vários meses depois, em meados de fevereiro, procurou-a novamente com um outro Kaiabi e comigo, para derrubá-la e capturar os filhotes. Devido às muitas raízes tubulares, foi necessário construir um andaime com estacas e cipós e derrubar a árvore na altura de 4 metros. Dos dois filhotes de arara, um morreu na queda e o outro foi cuidadosamente retirado. Mairerũ tratou-o com mingau de farinha de mandioca, que ele tomava entre os lábios. O casal de araras, muito agitado, voava constantemente em torno do local onde estivera a árvore. Eu abati um dos pássaros e o outro fugiu. Este filhote de arara foi criado com grande cuidado e, após meio ano, já era completamente manso.

Quase cada família possuía uma arara, que em geral se movimentava livremente e nunca era presa em gaiolas.

Só a harpia é mantida numa gaiola resistente. Considera-se impossível amansá-la e mesmo os adultos temem suas garras. Cada maloca possui uma grande gaiola cúbica apoiada sobre quatro postes de aproximadamente um metro de altura, que se encontra na periferia do terreiro limpo.

Pássaros não consumidos pelos Kaiabi são regularmente abatidos para a grande ave de rapina. Quando necessário, tiram-se as penas dela. Com a ajuda de uma flecha, uma corda de arco solto é colocada em forma de laço em torno de suas patas; puxada de um golpe, ela imobiliza o animal contra um lado da gaiola. Coloca-se um pedaço de madeira curto entre suas garras, à guisa de garrote, soltam-se em seguida duas barras da gaiola e, enquanto um homem força para baixo a cabeça da ave, um outro amarra as garras no garrote de madeira. Só então é retirado o pássaro da gaiola, cuidadosamente seguro, enquanto um outro índio dobra os canhões das rêmiges rente ao corpo da ave, cortando-os na dobra com uma faca. Deixam-se as rêmiges primárias e as retrizes na harpia. Depois de retiradas, por exemplo, dezesseis penas, a ave é novamente engaiolada.

Desde 1960, aproximadamente, os Kaiabi tiveram, através de Dornstauder, acesso aos animais domésticos brasileiros comuns na região. Perceberam logo o valor das galinhas, mas ainda não utilizavam seus ovos nem as alimentavam regularmente. Em ocasiões especiais, abate-se alguma com flechas, sendo preparada como se fosse caça.

Um peru foi considerado uma grande curiosidade, mas a maioria dos Kaiabi irritou-se com o gorgolejar e seu comportamento "estranho". Além disso, as crianças tinham medo dele e o animal foi morto. Um casal de patos mansos, ao contrário, era muito estimado, embora não se multiplicasse: eram tratados como animais de estimação.

A criação de porcos escuros foi introduzida com muito trabalho por Dornstauder e teve êxito. São mantidos em um grande cercado no Posto Tatuí. Embora sofressem muito com o ataque de morcegos (vampiros) à noite, eles se multiplicaram. Os leitõezinhos eram freqüentemente soltos a fim de dar aos meninos de 6 a 12 anos a oportunidades de exercitar-se nas caçadas. Sob os olhares benevolentes dos homens adultos e acompanhados pelos seus comentários, os meninos praticavam técnicas de aproximação, a colocação de armadilhas e o uso de arco e flechas, cujas pontas eram cobertas por sabugos de milho.

O cachorro também é um animal importante. Embora não seja usado na caçada e, comparado com os demais xerimbabos, muito maltratado, todo homem faz questão de possuir pelo menos um. O prestígio associado a esse bem parece aumentar com o tamanho do cachorro e, eventualmente, também com sua agressividade. Já em 1955, Dornstauder observara cachorros no alto curso do rio dos Peixes, e Tolksdorf observa (MS 1958):

> "Como de costume, o índio procura prover-se, sempre que pode, de um cachorro. E assim sempre havia alguns cães presentes em cada maloca".

Em 1966, Kwaban possuía cinco cachorros, que são designados pela palavra portuguesa de kasóró. Os animais recebem nomes que em alguns casos também são usados para seres humanos, e filhotes recém nascidos são distribuídos como presentes.

Jiraus, um pouco mais baixos do que aqueles usados para a guarda de provisões, são usados como "casa de cachorro" e os animais ali ficam amarrados durante o dia. Apenas os filhotes ficam soltos, sendo tratados e acarinhados.

capítulo V

EQUIPAMENTO MATERIAL[20]

1. Circulação e transporte

a) A construção de caminhos

Da maloca partem picadas em todas as direções, elas recebem o nome dos donos das roças a que se dirigem. Tais caminhos continuam floresta adentro e podem estender-se em alguns casos até a uma distância de dois dias de marcha. Todas as características locais são observadas nos seus traçados: nas clareiras abertas pela queda de árvores caminha-se, sempre que possível, sobre os troncos caídos; brejos e maciços de bambu são contornados; na proximidade de rios, aproveitam-se as travessias de porcos-do-mato e antas, assim como os vaus usados por esses animais para varar rios. A picada é aberta a partir do centro do caminho de modo que os golpes de facão se alternam para a direita e para a esquerda e os galhos talhados são vergados para o lado. Quando há mudança de direção,

[20] Na tradução deste capítulo foram incorporadas as informações constantes de um artigo anterior sobre a cultura material dos Kaiabi, publicado por Friedl e Georg Grünberg em 1967. Para elaborar aquele trabalho, os autores analisaram as duas coleções etnográficas, respectivamente de 106 e 55 objetos, recolhidas por G. Grünberg em 1966 e que hoje encontram-se, a primeira, no Museu de Arqueologia e Etnologia da Universidade de São Paulo e, a segunda, no Museum für Völkerkunde und Schweizerisches Museum für Volkskunde Basel, na Suíça. Para fins comparativos, os autores ainda se utilizaram dos materiais etnográficos trazidos do rio dos Peixes em 1957 e 1959/60 por Fritz Tolksdorf, hoje guardados no Instituto de Etnologia de Göttingen e no Museu de Etnologia e Pré-História de Hamburgo, na Alemanha. Havia ainda uma pequena coleção de artefatos Kaiabi no Museu de Etnologia de Berlim, reunidos em 1927 por Max Schmidt no Posto Pedro Dantas do rio Teles Pires (Schmidt 1942) mas, de acordo com uma informação pessoal do dr. Günther Hartmann, daquela instituição, ela foi em grande parte destruída durante a Segunda Guerra Mundial. Os autores do citado artigo organizaram-se de acordo com o trabalho modelar de Gerhard Baer (1960), baseando-se os termos técnicos em Hirschberg/Janata (1966) e, na área das técnicas têxteis, principalmente em Bühler-Oppenheim (1948). Os trabalho de tradução também se utilizaram do *Dicionário do artesanato indígena*, de Berta G. Ribeiro. As citações extraídas da escassa bibliografia sobre os Kaiabi têm função confirmatória e, para a identificação da fauna, usou-se o trabalho de Carvalho (1951). Aqui, na tradução, o esquema descritivo original de cada item do equipamento material dos Kaiabi não foi obedecido, a fim de adequar-se o conteúdo ao formato da monografia. (n. t.)

as indicações são mais precisas, quebra-se um número maior de galhos ou, então, arranca-se parte da casca de uma árvore. O caminho, às vezes, passa dentro da água, o que não é considerado desvantajoso, desde que ela não passe acima do joelho. Como os Kaiabi sempre andam em fila indiana, sem exceção, mesmo os caminhos mais freqüentados apresentam, no máximo, dois metros e, em geral, 50 centímetros de largura.

b) Transporte fluvial

Todas as viagens dos Kaiabi são feitas por via fluvial, apenas durante as caçadas e na passagem de divisores de água é que andam a pé.

Meio de transporte é a canoa de casca e, desde o contato com os brasileiros, a canoa monóxila. Já em 1955, Dornstauder observara na aldeia Temeoni uma canoa monóxila que dava a impressão, entretanto, de ser pouco estável e de haver sido imitada com grande esforço. Em 1966, as canoas de casca eram confeccionadas apenas em emergências.

No caso da canoa monóxila, o impulso é dado com remos, os homens sentados um atrás do outro remam alternadamente à esquerda e à direita, com batidas de pá curtas e fortes, enquanto o embate dos cabos dos remos na borda da canoa marca a cadência. O último homem pilota, torcendo o cabo do seu remo e, se necessário – em corredeiras, por exemplo – ele também rema. Depois de 20 a 40 batidas, numa freqüência de 20 a 25 por minuto, fazem uma pequena pausa, o que, por ocasião da subida de um rio, leva invariavelmente à completa cessação do movimento. Nas corredeiras a freqüência é elevada para 45 batidas por minuto, perfazendo um total de 200 sem pausa, o que acarreta perda do fôlego e forte transpiração. Não conseguindo transpor a corredeira, os homens deixam-se levar para águas paradas próximas, a fim de descansar e tomar novo impulso. Na estação seca sobem o rio levando a canoa em varas que medem até quatro metros. É comum terem de desembarcar e, com água até a cintura, levantarem a canoa até passarem as pedras. Rio abaixo, usam os remos apenas para governar a canoa e, sobretudo na estação seca, são necessários enorme destreza e bom conhecimento da topografia para encontrarem os canais mais convenientes nas corredeiras.

Para dar uma idéia da capacidade de uma canoa monóxila, basta mencionar que aquela em que viajamos para a aldeia Temeoni, em março de 1966, levava seis adultos, cinco crianças, três cachorros, alguns xerimbabos, e víveres para duas semanas. Nas maiores canoas de casca costumava-se transportar, antigamente, cargas semelhantes.

b.1.) Canoa de casca *(i/a^{t})*

Feitas por homens com *yutai/p*, jatupeiro (*Hymenea sp.*), casca de jatobá. Na sua falta *i/´waooi/p*, castanha (*Bertholletia excelsa*), casca da castanheira-do-pará.

Medidas: comprimento 3-6 m; largura 60-120 cm; profundidade, mais de 30 cm; grossura da casca 2-3 cm.

Feitura: com o facão corta-se uma tira estreita de casca de uma árvore apropriada a uma altura de 1 metro do chão. Se a casca for suficientemente grossa, ergue-se junto à árvore um andaime simples de troncos e cipós de 2 m de largura por 6 m de altura, e que apresenta três a quatro plataformas de galhos a intervalos regulares. Com o machado talha-se então no tronco um grande retângulo de cantos arredondados, nas dimensões desejadas (de acordo com o tamanho da canoa), levantando-se ligeiramente as suas bordas com alguns golpes de machado. Em seguida aplicam-se cunhas entre o cerne e a casca a intervalos de cerca de 50 cm, que são aprofundado de modo uniforme em todos os lados. Esta é a parte mais difícil do trabalho, uma vez que a casca pode romper-se. Estando a casca quase solta, acende-se uma fogueira ao pé do tronco para torná-la mais flexível, descolando-se toda em seguida. Os dois lados correspondentes à curvatura do tronco, com formato de tonel, são alisados por fora e, a golpes de machado, tornados elásticos. Por fim são vergados com os pés, formando-se um cocho em que proa e popa apresentam uma parede dobrada para dentro com borda voltada para fora. A fim de evitar que a casca ainda elástica volte ao estado original, as quatro pontas vergadas são respectivamente fixadas com um laço de cipó torcido, que passa por dois orifícios laterais. A superfície inferior da canoa não é trabalhada.

Dados complementares: por não terem linhas aerodinâmicas, as canoas só permitem velocidade limitada. São acionadas por remos e, na estação seca, por varas de madeira ou bambu para viagens rio acima. A capacidade, conforme o tamanho da canoa, alcança até sete pessoas com bagagem e provisões. As canoas pequenas são guardadas no interior das casas e também servem de cochos de chicha, *kawĩrẽrũ.*

Documentação: Schmidt (1904:467) apud Bostein (1903): "... vi duas canoas de casca de jatobá" . Sousa (1916:83): "A canoa caiabi é um verdadeiro cocho com as extremidades egualmente levantadas e amarradas com cipó. a prôa alongada ou em ponta, como a pêpi (a canoa de casca do Bakairi), dificilmente rompem a corrente das águas, só servindo para navegar rio abaixo. A casca do cajueiro, apesar de grossa, é muito flexível, não tendo a mesma consistência e firmeza da pêpi feita de casca de jatobá. O caiabi rema em pé, muito ligeiro, e quando se cansa, passa o remo a outro indio. Não tem piloto; o mesmo remador dá direção à canoa que, não tendo prôa nem pôpa, avança indifferentemente com uma ou outra extremidade para frente". Nimuendajú (1948:309) incorporou esta descrição de Sousa. De acordo com os Kaiabi, eles hoje não empregam a casca do cajueiro para as suas canoas. A afirmação de que remam em pé deve basear-se em erro de observação.

b.2.) Canoa monóxila

Feita por homens com a madeira de *i/wi/ni/p*, árvore tabuinha (?).

Medidas: comprimento 4-8 m; largura 50-90 cm; profundidade 40-60 cm.

Feitura: a árvore cortada é trabalhada com um formão até atingir a forma desejada e, pronta a canoa, ela é empurrada para o rio sobre troncos roliços. Tem a forma típica da canoa brasileira, servindo de bancos, na proa e na popa, os reforços talhados na madeira maciça. A canoa monóxila passou a ser usada depois do contato com os seringueiros, sendo preferida à de casca pela sua maior facilidade de manejo e resistência.

b.3.) Remo *(i/atpi/woa^p)*

Construído por homens e meninos mais velhos da madeira de *i/pɔro´wi/^{p}*, cuarantã[(21)], (?) uma árvore com raízes tubulares. Usado pelos homens.

Medidas: comprimento 130-140 cm; largura da empunhadeira, aproximadamente 10 cm; largura da pá 25-30 cm.

Feitura: com o machado tira-se uma lasca da parte inferior da mencionada árvore, continuando-se a trabalhá-la com o facão. Cabo e punho são polidos com folhas siliciosas. A pá do remo tem forma aproximadamente rombóide, com ângulos arredondados. O punho engrossado junto à extremidade proximal reta, apresenta-se um tanto torcido para a esquerda. Um remo recém feito é de coloração amarelo clara e afunda na água. Após alguns meses, assume uma coloração avermelhada, fica mais leve e flutua. O punho torcido para a esquerda possibilita, pelo menos a indivíduos destros, a máxima utilização do efeito alavanca.

2. Instrumentos de trabalho

Segundo informações dos Kaiabi, eles obtinham material lítico para seus instrumentos de trabalho no *yu´nap* (córrego Machado), um afluente da margem direita do rio dos Peixes, dois dias e meio de viagem abaixo da aldeia Temeoni. Isto corresponde aos informes de Guimarães (1844:309) e do Anônimo da *Nova Navegação* (1856:100), explicando também a notícia de von den Steinen (1886:203) de que os Kaiabi detinham o monopólio dos machados de pedra na área do Teles Pires. Naturalmente não me foi possível observar a confecção das lâminas de facas, machados e pontas de flecha, pois instrumentos líticos não eram mais utilizados em 1965.

---

[21] Trata-se da peroba (*iperom'yp*), *Aspidosperma sp*, família Apocynaceae. (n. ed.)

a) Machado de pedra *(ytayiʔ)* (figura 1)

Empregado antigamente para trabalhos em madeira, tinha a forma achatada com talão redondo. Era feito e usado exclusivamente por homens.

Medidas: cabo com comprimento de 45 cm, diâmetro de 3 cm e espessura uniforme; lâmina com largura, no gume, de 6,3 cm, espessura 2 cm, largura no lado oposto 4 cm com 1 cm de espessura; comprimento 10,4 cm.

Feitura: de um galho reto preparava-se o cabo e o orifício de fixação com o facão. A lâmina era talhada com outras pedras e depois polida e afiada com areia e água, sendo finalmente ajustada no orifício do cabo e presa com uma mistura de resina de árvore e cera de abelhas. O exemplar assim descrito foi confeccionado como modelo para o pesquisador.

Documentação: Schmidt (1929:95): "... dois machados de pedra com cabos de madeira e uma lâmina de machado. A lâmina é ajustada, sem outra amarração, a um orifício que atravessa toda a parte dianteira do cabo, tal como se fazia antigamente na região dos formadores do Xingu. O cabo do machado maior, com lâmina lítica polida, apresenta uma forma de borduna simples que lembra a dos machados Guayaki, enquanto o outro machado, extremamente pequeno, sugere, pela forma, os da região do Alto Xingu". Schmidt (1942, lâmina XI, Fig. 26: ilustração dos mencionados machados de pedra).

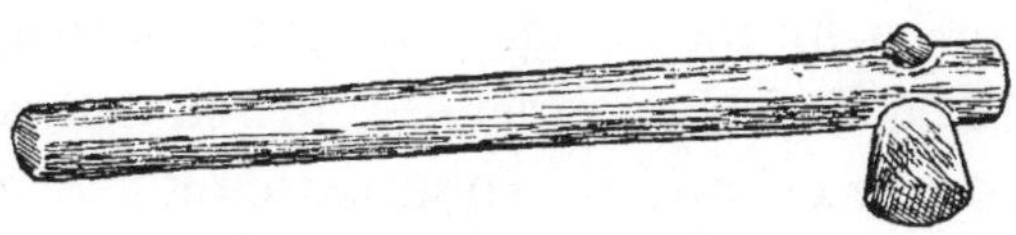

Figura 1: MACHADO DE PEDRA

b) Lâminas de machados de pedra

As três lâminas, encontradas por um Kaiabi ao trabalhar na roça do Tatuí, têm formato achatado com talão redondo, estando uma quebrada ao meio.

Medidas: um exemplar com 9 cm de comprimento e 10 cm de largura; outro com comprimento de 12 cm e largura de 6,5 cm.

Feitura: vide 2a.

c) Formão *(paratsi)* (figura 2)

Hoje em desuso, era feito por homens e por eles usado para trabalhar madeira e penas, em especial durante a confecção de flechas.

Medidas: um exemplar com 12,5 cm de comprimento e outro com 11 cm.

Materiais: cabo de madeira; *akutsi*, cutia (*Dasyprocta aguti*), dente de cutia; enrolamento com fio de algodão.

Feitura: na extremidade ligeiramente curva de uma varinha de madeira prende-se o incisivo de uma cutia, de tal modo que a sua superfície cortante forme um prolongamento da haste de madeira. A raiz do dente emerge em forma de meia lua, servindo de contraforte para a mão. A amarração é feita com fino fio de algodão que envolve em numerosas voltas cruzadas o dente e a haste. Num dos espécimes recolhidos, a raiz do dente foi enrolada em fio de algodão e recoberta com resina, provavelmente para evitar o estilhaçamento.

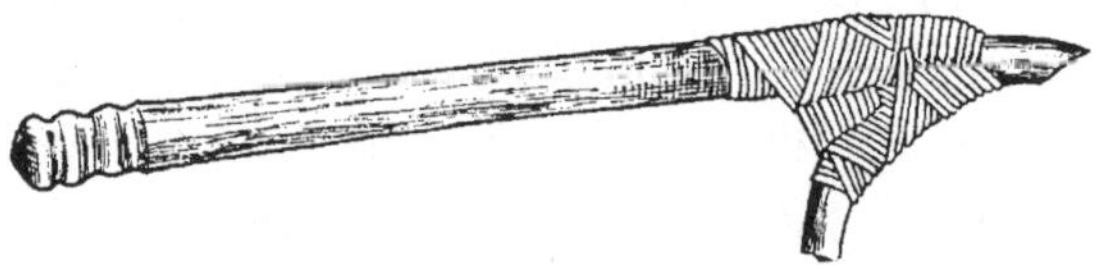

Figura 2: Formão

d) Lâmina de faca de pedra *(itayiʔ)*

Não mais usada hoje em dia, foi encontrada a dois dias e meio de viagem abaixo da aldeia Temeoni, no córrego Machado. Tem o formato de um triângulo equilátero que vai se afinando para um retângulo estreito em direção a uma extremidade, metade da qual está quebrada. De acordo com os Kaiabi, essas lâminas eram entaladas em cabos de madeira e usadas como "facas". Sua feitura e uso eram do domínio dos homens.

Medidas: 6 cm de comprimento e 5 cm de largura.

3. Armas e armadilhas

Os Kaiabi empregam, exclusivamente para a guerra, uns cacetes chatos providos de empunhaduras retas que se alargam nas extremidades, e de folha ampla que termina em ponta pouco aguçada, de secção côncavo-convexa. Arco e flecha são usados para guerra, caça, pesca e fins cerimoniais. As pontas das flechas, entretanto, e em parte também as suas hastes, são adaptadas ao fim específico a que se destinam. No ano de 1966, a maioria dos homens possuía, além disso, cartucheiras brasileiras e alguns também tinham espingardas de pequeno calibre (calibre 22) e revólveres (calibres 32-38).

a) Borduna *(moap)* (figura 3)

Feita pelos homens da madeira da palmeira *tsi/ri/p*, siriva[22] (*Syagrus speciosa*?), é de uso masculino, como arma de guerra.

Medidas: comprimento total 51 cm; comprimento do punho 27 cm; largura do punho 4,5 cm; comprimento da lâmina 24 cm; largura da lâmina 10 cm.

Feitura: de uma palmeira derrubada destaca-se um pedaço da dura madeira, limpando-o do miolo esponjoso. O facão talha a borduna no seu formato típico, achatada, com um punho reto que se alarga na extremidade e se espalma em direção à ponta pouco aguçada. A curvatura do tronco da palmeira resulta numa lâmina ligeiramente côncava. O acabamento é o seu polimento com uma pedra ou um caco de vidro.

Dados complementares: encontrei entre os Kaiabi outras bordunas desse formato e com as seguintes dimensões: 93 cm X 15 cm; 73 cm X 13 cm; e aproximadamente 90 cm X 15 cm, tendo esta um aspecto rombóide. A borduna acima descrita é, portanto, um exemplar relativamente pequeno.

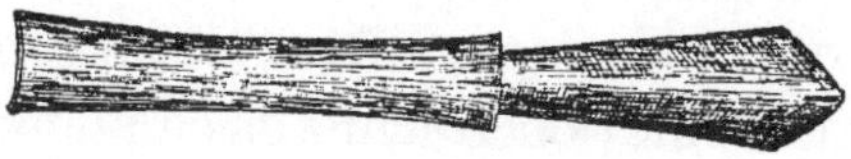

Figura 3: BORDUNA

Documentação: von den Steinen (1894:392): "Possuem bordunas bem trabalhadas de madeira da palmeira bacayuva, envolvidas em trançado, com cerca de 1 metro de comprimento e na forma de varas achatadas. Carregam-nas presas por uma corda ao braço". Essa informação, provavelmente errônea, fornecida pelos Bakairi, foi incorporada por Nimuendajú (1948:309). Todas as bordunas que conheço eram feitas de siriva, medindo menos de 1 metro de comprimento. A borduna aparentemente maior dos Kaiabi (97,5 cm de comprimento) pertencia ao chefe Temeoni e encontra-se hoje no Museu de Göttingen, sob o número Am 3559.

[22] A siriva foi identificada recentemente a partir de uma coleta realizada no Rio dos Peixes em 1999. Trata-se da espécie *Bactris macana*, da família das palmeiras Arecaceae. (n. ed.)

b) Arco *(wi/rapat)* (figura 4a)

Confeccionado e usado por homens, é uma arma de caça, mas também usada para a pesca. Feito com *tsi/ri/p*, siriva, e tendo corda de algodão, seu formato é de uma ripa ligeiramente curva, de secção transversal circular nas pontas e achatada nas faces interna e externa na altura de empunhadeira.

Medidas: comprimento 208 cm; maior diâmetro 3 cm.

Feitura: corta-se uma grande palmeira siriva, de preferência rente ao chão, limpando-a dos espinhos até uma altura aproximada de 3 metros. Essa parte é cortada, dividida ao meio e de uma das metades desbastam-se ripas de uns 10 cm de largura, conforme o número de arcos a serem preparados. Limpas do resto dos espinhos e do miolo, as ripas são aparelhadas com o facão. Para o acabamento, o arco é entalado entre o dedão e o segundo dedo do pé e trabalhado à faca para adquirir um formato arredondado que se afina em direção às extremidades e achatado nas faces interna e externa na altura da empunhadura. Nas duas pontas recorta-se um ombro contínuo e, finalmente, todo o arco é alisado com as folhas siliciosas de um cipó. Quatro fios de algodão, respectivamente torcidos em Z e, em seguida, reunidos em torção S, formam a corda do arco, que ainda é impregnada com a seiva vermelha da árvore *mu¹wai/p* (?). A corda é presa por um nó ao ombro da ponta inferior do arco, na ponta oposta por um laço duplo, voltando pela face externa até pouco acima da empunhadura onde é enrolada (figura 4b).

Figura 4a

Figura 4b

Para armar o arco, apóia-se a sua ponta inferior no chão, segurando a oposta com as duas mãos. A empunhadura é vergada para baixo com o joelho e a corda, assim afrouxada, é presa e esticada na ponta superior com uma nova laçada.

Carrega-se o arco debaixo do braço esquerdo, ficando o cotovelo um tanto afastado do corpo, e com a corda voltada para cima. As flechas, com as pontas voltadas para frente, repousam sobre a face interior do arco. Para disparar, segura-se o arco na vertical.

Quando se pesca de canoa, ele também pode ser mantido horizontalmente. A flecha encosta no lado esquerdo do arco, entre o dedo médio e o indicador da mão esquerda, enquanto os entre os três dedos médios da direita retesam a corda e o indicador e o dedo médio seguram a extremidade da flecha. Às vezes, o dedo mínimo também é usado.

Para proteger o punho esquerdo do retrocesso da corda, o pulso é envolvido com um grosso cordel na extensão de uns 10-15 cm.

Documentação: Schmidt (1929:96): "No antebraço, logo acima da mão, os homens usavam um largo anel formado pelo enrolamento em espiral de uma longa corda grossa". Certamente não se tratava de um enfeite, como Schmidt supunha, mas do protetor de pulso mencionado acima.

c) Flechas

Na estação seca os Kaiabi cortam hastes retas de camaiúva e levam-nas em grandes feixes para a aldeia. Atadas entre si pelas extremidades com fios de algodão, elas ficam secando ao sol. Leves curvaturas das hastes são corrigidas sobre o fogo. O preparo das flechas e o seu uso são reservados aos homens.

c.1.) Flechas para fins cerimoniais no *Yawotsi (oi/p).* (figura 7)

Os exemplares nºs 2-12, 14 e 15 foram recolhidos no Tatuí e o de nº 13 na aldeia Temeoni. Em todos a haste era de *kama´yi/p*, camaiúva (*Guadua sp.*), usando-se enrolamento de embira, fibra torcida de *tucumã*, tucum (*Astrocarium sp.*), algodão finamente fiado, mistura de cera e resina e, no entalhe, plumas vermelhas e amarelas de *tukan*, tucano (*Ramphastos sp.*). Quanto à emplumação, os exemplares do Tatuí constavam de penas de *kanine´ete*, arara (*Ara chloroptera*) e *mu^{i}tũ*, mutum (*Mitu mitu*). As penas do exemplar 13 eram de *kanine´ete*, arara (*Ara chloroptera*) e *k^{W}anũũ*, gavião real (*Harpyia harpyia*). O exemplar 2 tinha ponta de madeira clara, o de nº 13, ponta de *tsi/ri/p*, siriva, e os demais de madeira marrom.

Medidas:

nº 2: comprimento total 151 cm; da ponta, 18,5 cm;
nº 3: comprimento total 152 cm; da ponta, 19 cm;
nº 4: comprimento total 152 cm; da ponta, 18 cm;
nº 5: comprimento total 152 cm; da ponta, 17 cm;
nº 6: comprimento total 152 cm; da ponta, 18 cm;
nº 7: comprimento total 152,5 cm; da ponta, 17 cm;
nº 8: comprimento total 151,5 cm; da ponta, 18 cm;
nº 9: comprimento total 151,5 cm; da ponta, 18 cm;
nº 10: comprimento total 151 cm; da ponta, 14 cm;

nº 11: comprimento total 152 cm; da ponta, 18 cm;

nº 12: comprimento total 152 cm; da ponta, 12,5 cm;

nº 13: comprimento total 131,5 cm; da ponta, -;

nº 14: comprimento total 152 cm; da ponta, 18 cm;

nº 15: comprimento total 151,5 cm; da ponta, 17,5 cm;

Feitura: entalha-se primeiro a haste de camaiúva na extremidade junto ao nó, prendendo ali, com uma mistura de resina e cera, quatro plumas amarelas e vermelhas do peito do tucano, as quais ainda são atadas com um fio de algodão torcido formando um padrão decorativo. As duas pontas desse fio terminam em nó e ficam soltas em um comprimento de uns 3 cm. O atilho do fio ainda é reforçado com dois laços de embira.

Rêmiges pretas de mutum e vermelhas de arara são cortadas ao meio, ao longo das raques, aguçadas e liberadas das barbas. Na haste de camaiúva furam-se seis a dez orifícios com um prego encabado ou um formão de incisivos de cutia. Prendem-se provisoriamente as pontas das raques à haste com um cordel de algodão e, em seguida, costura-se com uma agulha de tendão de *wu*^{i}*raoo*, jacamim (*Psophia viridis*) e uma fibra de tucum as meias-penas à haste, dando-lhes uma ligeira torção. A emplumação adquire sua forma definitiva quando se chamusca a beirada das meias-penas com um pedaço de casca da árvore *itaki/pe'i/p* (?) em brasa. O fio de algodão nas pontas das raques é substituído por anéis de embira que, provavelmente, têm valor decorativo (figuras 5b e 6 b).

De um galho reto recorta-se com o facão uma ponta que é introduzida na haste de maneira a apoiar-se no nó (figura 5a). A ponta da flecha nº 2 foi provida de quatro farpas retas, lateralmente alternadas (figura 6a).

Figura 5a: PONTA LISA
Figura 5b: EMPLUMAÇÃO
Figura 6a: PONTA COM FARPAS
Figura 6b: EMPLUMAÇÃO

5a 5b

6a 6b

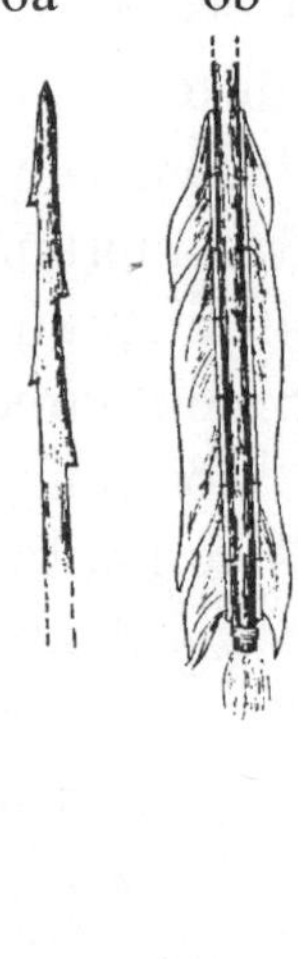

c.2.) Flechas de caça (*oi/p*)

Sempre providas de vareta, ou seja, de uma peça intermediária entre a haste e a ponta perfuradora da flecha. Nos dois exemplares recolhidos no Tatuí, a vareta era de *i/wi/ra*^{1}*wa´i/p* (?), a ponta de ferro e a emplumação de penas de *mu*^{1}*tũ*, mutum (*Mitu mitu*) e *akɔpinim*, socó (*Tigrisoma lineatum* ?).

Medidas: em um dos exemplares, o comprimento total é de 172 cm, o da vareta 26,5 cm e o da ponta 7 cm; no outro, as medidas correspondentes são 169,5 cm, 26 cm e 8 cm.

Feitura: para o preparo da haste e da emplumação ver 3.c.1. A vareta é talhada com o facão e sua extremidade superior tem um corte oblíquo. Corta-se a cabeça de um prego grosso de ferro, aguçando essa ponta, enquanto a outra é dobrada em um ângulo de uns 30 graus. Ajusta-se então a ponta à extremidade oblíqua da vareta de tal forma que a extremidade dobrada forme uma fisga, sendo a junção enrolada com fibra de tucum. Este enrolamento, em seguida, é betumado com resina e cera e pintado de preto com carvão.

Dados complementares: originalmente e, às vezes até hoje, a forma da ponta era trabalhada em osso de macaco. As duas penas da emplumação nunca têm o mesmo tamanho e são sempre de duas espécies diferentes de aves. No momento do tiro, a pena maior *ipəpəo* está sempre voltada para cima, enquanto a menor aponta para baixo. Sempre se preparam, simultaneamente, duas flechas iguais que, durante a caçada, também são disparadas uma logo após a outra. Os Kaiabi as designam por "companheiras".

Documentação: Schmidt (1904:468): "... na ilustração ao lado" (que representa a ponta de osso, a emplumação e a amarração da vareta) "da flecha que procede da expedição Bodstein e que me foi amavelmente presenteada por um companheiro na viagem de vapor Paraguai abaixo, a haste é de cambayuva, tal como me diziam os Bakairi. A ponta de osso da flecha de 1,60 m de comprimento é presa com resina e um enrolamento de cordel de fina fibra vegetal. A ligação da vareta com a haste é reforçada com um enrolamento de casca de *waimbé* (*Philodendron*). As duas meias-penas que formam a emplumação na extremidade inferior são costuradas através de orifícios feitos na haste e amarradas em cima e em baixo com um pedaço de fio ou de cipó. O entalhe na haste fica paralelo às penas, não se acrescentando tampões a ele. Pluminhas decorativas emergem do enrolamento existente junto ao entalhe."

c.3.) Flecha de caça com ponta de bambu

A confecção da haste, da emplumação e da vareta seguem a descrição anterior. Para o preparo da ponta, corta-se um pedaço de uns 20 cm de bambu, um pouco acima do nó, dele separando uma lasca de aproximadamente 3 cm de largura que é aguçada acima do nó. Em direção à extremidade oposta, essa lasca primeiro se alarga um pouco para depois estreitar-se até formar uma lingüeta que é então amarrada na vareta e colada com resina.

c.4.) Flecha de pesca

O preparo da haste, da emplumação e da vareta seguem a descrição de c.2. À guisa de ponta, amarram-se na vareta quatro arames de uns 15 cm de comprimento, através de um atilho de cordel de algodão, de modo a ficarem um tanto extrovertidos.

Usava-se, antigamente, a madeira de *inatai/p*, inajá (*Maximiliana regia*) para a confecção da ponta.

d) Ponta de flecha lítica

Encontrada no córrego Machado, a dois dias e meio de viagem a jusante da aldeia Temeoni, essa ponta tinha o formato de um triângulo equilátero com 4 cm de lado. Os Kaiabi nada souberam dizer sobre a confecção e função do objeto.

e) Nassa *(itsi´a)*

Feitas e instaladas pelos homens, as nassas são usadas para pegar peixes. Colocam-se essas armadilhas em barragens feitas de galhos e folhas de palmeira, com a boca virada rio abaixo. São feitas de nervuras de *i/wi/ka uí/p*, uma palmeira, e cipó. O exemplar aqui descrito mede cerca de 1,5 m de comprimento, apresentando um diâmetro de 40 cm.

Feitura: as nervuras de 1,5-2 cm de largura são atadas, a intervalos regulares, com cipó a um anel do mesmo material, de modo a formar-se um cilindro. Uma das extremidades é amarrada com cipó formando um cone, enquanto as nervuras que ultrapassam o anel são dobradas para dentro, dando origem a um funil com pequena abertura central. Para evitar que as nervuras saiam do lugar, elas ainda são atadas entre si, também com cipó, em quatro ou cinco pontos do objeto. Para retirar os peixes aprisionados, a amarração de cipó é desfeita numa das extremidades e refeita em seguida para a reutilização da nassa.

4. Produção de fogo

Antigamente, os Kaiabi só produziam fogo com paus ignígeros, técnica ainda hoje utilizada de vez em quando. Em excursões de caça e viagens os fósforos são muito apreciados. Alguns Kaiabi também conseguiram obter isqueiros através de troca, usando-os, porém, mais por questões de prestígio.

a) Paus ignígeros

Para obter fogo, o bastão-base é colocado no chão e seguro com o pé direito. O outro bastão é apoiado numa das concavidades do primeiro e girado, entre as palmas das mãos, em um movimento constante de cima para baixo. A serragem quente, acumulada pela fricção, desce pelo entalhe da concavidade formando um montículo preto e fumegante que ateia a isca de folhas. O processo todo leva uns três minutos. São sempre os homens que preparam e usam o aparelho ignígero. Os dois bastões utilizados são de madeira de *urukũ*, urucu (*Bixa orellana*).

Medidas: comprimento do bastão-base, 110 cm; comprimento do bastão ativo, 101 cm.

Feitura: cortam-se dois bastões retos do arbusto de urucu que são descascados e postos ao sol para secar. São sempre guardados nas proximidades do fogo a fim de mantê-los secos. Começando numa das extremidades, esculpem-se no bastão-base concavidades redondas providas de um entalhe estreito junto à borda. O bastão ativo é aguçado na extremidade de uso. Ambos bastões têm a grossura aproximada de um dedo.

5. Arquitetura e construções

A maloca de duas águas (*'ɔkoo)*, de planta baixa retangular, é sempre construída por homens e habitada por uma família extensa.

Materiais: esteios e revestimento das paredes, madeira de *patsii/p*, paxiúba (*Iriartea exorrhiza*); cobertura de folhas de *inatai/p*, inajá (*Maximiliana regia*); caibros e ripas de longos troncos roliços; amarrações de cipó.

Medidas: 10-12 m de comprimento; 8-10 m de largura; 4,5 m de altura.

Feitura: seis postes aguçados numa extremidade e entalhados na outra, com um diâmetro aproximado de 25 cm e uma altura de 3,5-4 m, são fincados no chão, com movimentos rítmicos, em duas fileiras. Fincam-se mais quatro esteios, de 1,5 m de altura por 15 cm de diâmetro, ao lado e paralelos a estas fileiras. Cada fileira é unida por caibros que repousam no entalhe superior dos esteios, formando-se assim o suporte para as ripas (figura 7a). Estas são unidas aos caibros por amarrações de cipó a intervalos regulares. Só então insere-se, ao longo da cumeeira, um caibro fino, sem função de sustentação, que se amarra às pontas das ripas com cipó. As folhas da palmeira inajá são dobradas ao longo da nervura central, de modo que os folíolos ficam sobrepostos. Cobre-se o madeirame com essas folhas à maneira de telhas, começando de baixo para cima (figura 7b). Frente e fundos da casa são revestidos com uma fileira de tábuas estreitas de paxiúba, deixando-se livre uma entrada retangular de 1,60 m de altura por 60 cm de largura (figura 7c).

Entrando na maloca, reconhece-se de imediato a severa tripartição do espaço, também visível na planta baixa: no centro, uma superfície retangular totalmente livre que se estende da frente até os fundos e serve de passagem e local de danças. À direita e à esquerda, encontram-se os compartimentos de habitação, cada qual provido de um

7a

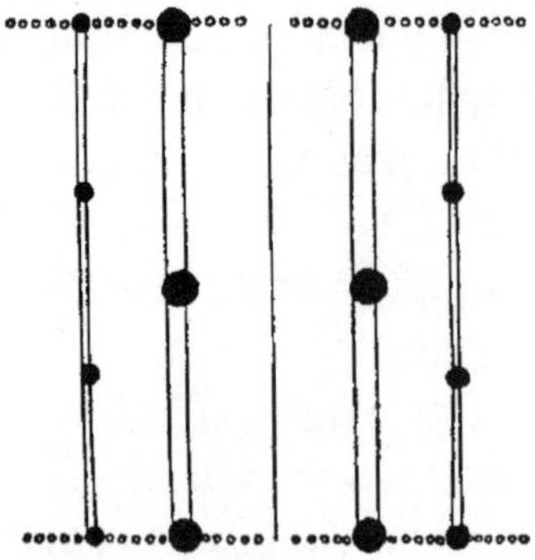

Figura 7a: PLANTA BAIXA – ESTEIOS E CABOS

7b

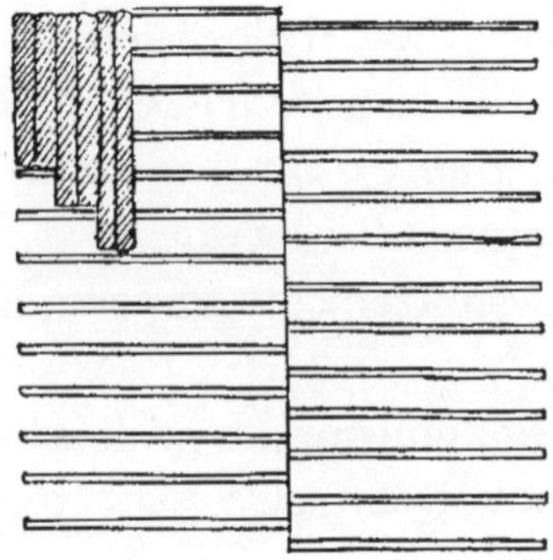

Figura 7b: TETO – RIPAS COM FOLHAS DE PALMEIRA

7c

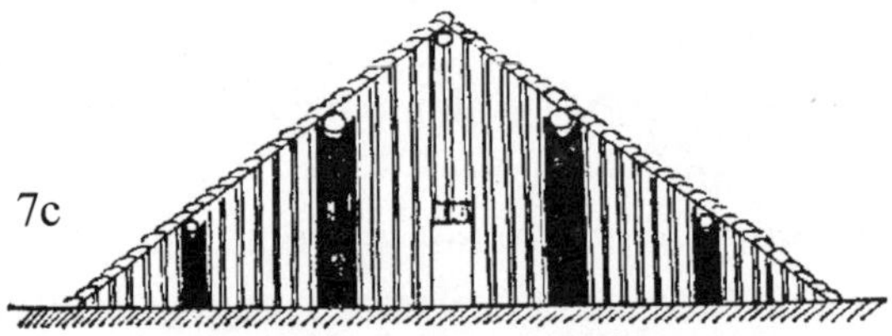

Figura 7c: VISTA DA FRENTE

fogo central, em torno do qual se dispõem, em um polígono bastante regular, as redes, amarradas respectivamente na viga mestre e no revestimento lateral da casa. No ângulo formado pelo teto e o chão batido, guarda-se uma pequena canoa de casca que serve de tacho para chicha. Nas folhas de palmeira da cobertura, estão enfiadas flechas, paus ignígeros e, segundo o relatório de Tolksdorf, feixes de finas aparas de madeira usadas como tochas, hoje substituídas por lampiões de querosene raramente usados. Arcos acham-se encostados ao lado e, às vezes, também se encontram jiraus de varas atadas com lianas sobre os quais são guardados diversos cestos, panelas e gêneros alimentícios. De construção semelhante são as camas de cachorro e plataformas para todos os tipos de xerimbabos.

Nas proximidades do fogo, encontram-se panelas, cabaças colocadas sobre suportes, colheres para mexer a comida e abanos. Embaixo das redes ficam banquinhos e pacotes de entrecasca amarrada que também serve de banco. Ao lado dos esteios estão os pilões e mãos de pilões. Grandes recipientes de entrecasca pendem do teto, presos por maxilares inferiores de porcos-do-mato. As bordunas são amarradas com entrecasca nos esteios. Os utensílios de trançado das mulheres, quando não em uso, são armazenados sobre jiraus ou pendurados no teto, assim como latas contendo chumbo, pólvora e espoletas. O sal, obtido através de troca com os brasileiros, e o óleo de tucum para o trato dos cabelos encontram-se dentro de cabaças ou em garrafas arrolhadas com sabugo de milho, dependuradas no teto com cordéis de algodão. Ocasionalmente, folhas de palmeira ou cachos de cocos são usados para varrer o interior da maloca.

O relatório de Fritz Tolksdorf (MS 1958) proporciona uma boa impressão do interior de uma casa Kaiabi:

> "Dentro da maloca impera a confusão. Por todos os lados vêem-se redes em volta de pequenos fogos e panelas espalhadas; as vigas e do teto pendem espigas de milho, cestos trançados que armazenam amendoim, recipientes que guardam penas..., flechas e arcos estão encostados até onde o homem estendeu sua rede, enquanto os instrumentos de fiação estão no chão ou pendurados do lado da mulher. Acima da rede da mulher geralmente ainda se encontra a de uma criança. Vêem-se teares, as mais das vezes ocupados por uma mulher a tecer qualquer coisa. Num dos cantos confeccionam-se panelas e por todos os lados papagaios e outras aves domésticas fazem barulho."

Próxima a toda maloca, observa-se uma choça construída da mesma maneira, embora bem menor, dando a impressão de inacabada, pois falta-lhe o revestimento lateral e o teto é apenas ligeiramente coberto de folhas de palmeira. Esta choça – *oni'i* (?) – não é habitada, destinando-se ao sepultamento e lamentação dos mortos o que, entretanto, foi negado para mim pela maioria dos Kaiabi. Assim, Tapa afirmou até o fim que se tratava meramente da maloca inacabada de um Kaiabi que havia viajado.

Uma outra choça não destinada à moradia é a *mairók*, usada pelo xamã como lugar de culto. Folhas de palmeira inajá, espetadas em círculo no chão, formam a estrutura de uma choça tipo colméia, completamente fechada que, no exemplar por mim observado, encostava-se em duas árvores. Ela se encontrava na mata, a uns 30 m da maloca. Seu diâmetro era de 145 cm e a altura de 260 cm. Penetrava-se nela afastando duas folhas de pacova que constituíam o revestimento. Do lado de dentro, verificavam-se nas folhas algumas aberturas à guisa de janelas. Tɨmaka'i, seu dono e construtor, identificou-a inicialmente como cabana de caça.

Para o armazenamento do milho encontra-se um celeiro de mourões, *awatsi'ók*, de aproximadamente 2 m de altura. Como a maloca, apresenta planta retangular e teto de duas águas, tendo entretanto a uma altura que corresponde à dos ombros, um piso de varas. No rio dos Peixes, só Mairerũ tinha tal celeiro, distanciado alguns metros de sua maloca. Mairerũ enfatizava que, antigamente, "tudo estava cheio desses celeiros, mas hoje tudo está vazio".

Na aldeia Temeoni usava-se um celeiro subterrâneo para bananas: um buraco circular com diâmetro aproximado de 50 cm e profundidade de 50-60 cm, revestido de folhas de pacova. Alternava-se uma camada de bananas ainda não maduras e folhas de pacova com outra de madeira cuidadosamente recoberta de terra.

Quando se torna necessária a passagem sobre um rio pequeno, corta-se uma árvore próxima à margem, de tal modo que ela possa servir de ponte. Se por ela devem ser transportadas cargas maiores, como frutas, ou se for utilizada por mulheres e crianças, estendem-se ao longo da ponte alguns cipós à guisa de corrimão.

No caminho muito freqüentado entre o Posto Tatuí e a casa de Mairerũ, Moanyan e eu fizemos, em fevereiro de 1966, uma ponte, tal como era construída antigamente: dois postes de uns três metros de comprimento, pontiagudos em baixo e bifurcados no alto, foram enterrados com movimentos rítmicos ascendentes e descendentes no meio rio, a uma distância de 2,5 m um do outro. Os postes foram ligados por uma viga pesada que se apoiava nas forquilhas, em sentido paralelo ao das margens do rio. Em seguida, três troncos compridos e relativamente finos foram apoiados lado a lado, apontando para as duas margens, sobre este esteio. Os troncos não foram unidos por nenhuma amarração de cipó. Consumimos cerca de seis horas para realizar todo o trabalho.

Durante viagens e expedições de caça, os Kaiabi se protegem da chuva construindo para-ventos provisórios de folhas de pacova. Para pernoites durante a estação das chuvas, eles fazem a seguinte construção: a partir de um tronco de árvore e formando um quadrado, espetam no chão três paus pontiagudos, providos de forquilhas na extremidade superior, unindo-os com galhos, o que dá origem a um teto coberto de folhas de pacova, ligeiramente inclinado, que mal tem a altura de um homem e mede cerca de 2 m por 2 m. Não demolem a estrutura, poupando-a para uma próxima ocasião.

Finalidade diferente tem uma pequena choça de duas águas, *yervay-moók*, completamente revestida de folhas de palmeira inajá, de 2,5 m por 3 m e 2 m de altura, situada a uns 50 m da maloca. A entrada é uma pequena abertura retangular, fechada por uma esteira trançada de folhas de palmeira. O interior é completamente escuro e os mosquitos nela não penetram devido ao seu cerrado revestimento. E por isso, naqueles meses em que abundam os mosquitos, esta construção é usada por uma família nuclear para dormir à noite. Nela não se constata fogo nem qualquer tipo de mobiliário. Só vi essa moradia sazonal na aldeia Temeoni, reconstruída por Nyũkato e usada apenas por sua família. Segundo informações dele, todas as famílias com filhos pequenos tinham tal choça no passado e essa proteção deixou de ser tão necessária a partir da adoção das roupas. Em 1955, Dornstauder ainda observou diversas dessas choças.

6. Tralha doméstica

a) Banco *(kanawa)*, feito e usado por homens.

Medidas: comprimento aproximado de 25 cm; largura de cerca de 12 cm; altura aproximada de 10 cm.

Feitura: talhado de um só bloco de madeira com o facão, o banco é retangular com um assento ligeiramente côncavo. Os trilhos são paralelos à largura (figura 8b) ou ao comprimento (figura 8c) e, neste caso, podem ser entalhados simetricamente de modo que o banco tenha o formato de um H deitado (figura 8a).

8a
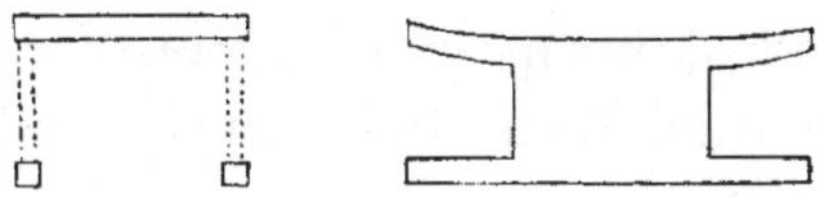
Figura 8a: Trilhos entalhados e paralelos ao comprimento

8b
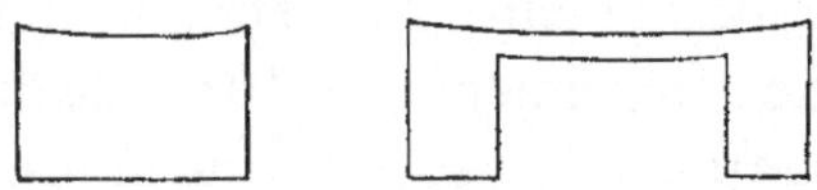
Figura 8b: Paralelos à largura

8c
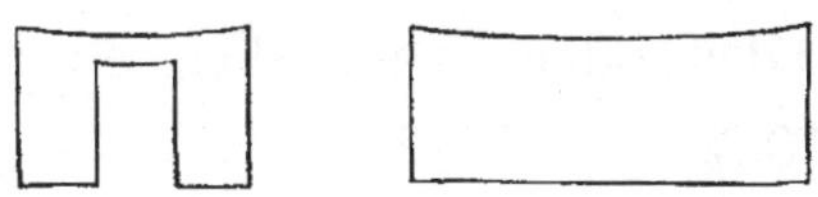
Figura 8c: Paralelos ao comprimento

b) Colher de pau *(kawĩpi/woa^{p})*, feita por homens e usada pelas mulheres tanto para mexer a chicha quanto a título de separador na confecção das tipóias de algodão (vide 8.c.). Cuidadosamente entalhada e polida, a colher tem o formato de uma tabuinha alongada, achatada, terminando na extremidade superior com uma largura um pouco maior em forma de lingüeta.

Medidas: 47 cm de comprimento; 3 cm de largura no punho; 4,2 cm de largura na extremidade superior.

c) Batedor de feijão (figura 9)

Feito por homens, o batedor é usado exclusivamente para trabalhar o feijão que os Kaiabi conhecem desde o seu contato com os seringueiros. Dada a semelhança de forma do batedor entre uns e outros, é provável que os índios tenham obtido o artefato da mesma fonte.

Medidas: 61 cm de comprimento; 5,5 cm de diâmetro na parte mais grossa e 3,2 cm na parte mais fina.

Feitura: talhado com o facão em um pedaço de madeira e alisado, o batedor é um bastão reto, mais grosso na parte central. Uma das extremidades é grossa e cilíndrica, enquanto a outra, cônica, é mais estreita.

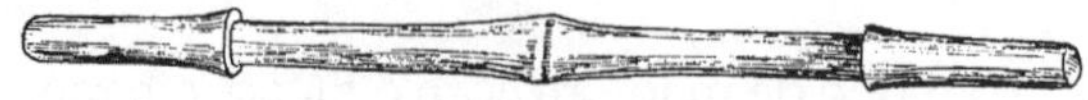

Figura 9: Batedor de feijão

d) Pilão e mão de pilão *(iŋo´a) (i/wi/ra)*

Feito pelos homens para as mulheres pilarem mandioca, milho, amendoim, peixe etc., tem formato cilíndrico. Um pedaço apropriado de um tronco de árvore é cortado com o facão e escavado numa das extremidades com o auxílio de fogo. A mão de pilão é um tronco fino de árvore aparelhado com o facão.

Medidas: altura do pilão, cerca de 75 cm; diâmetro, 30-40 cm; profundidade da cavidade, cerca de 30 cm. A mão tem 2 m de comprimento por 10 cm de diâmetro.

Dados complementares: para as meninas preparam-se pilões menores. Devido ao seu peso, os grandes pilões não podem ser transportados nas canoas, assim é o único objeto que é deixado na maloca quando das andanças periódicas dos Kaiabi.

e) Suporte de cabaça *(tapawia)* (figura 10a)

Usado por mulheres e confeccionado pelos homens com roletes de *kama´yi/p*, camaiúva (*Guadua sp.*) e fio de algodão.

Medidas: 17 cm de diâmetro; 10 cm de altura; diâmetro menor, no centro, 12,5 cm.

Feitura: numerosos brotos de camaiúva são cortados em tamanhos iguais. Dois roletes por vez são atados em “X” com um cordel contínuo até que se forme um círculo em

Figura 10a: Suporte com cabaça

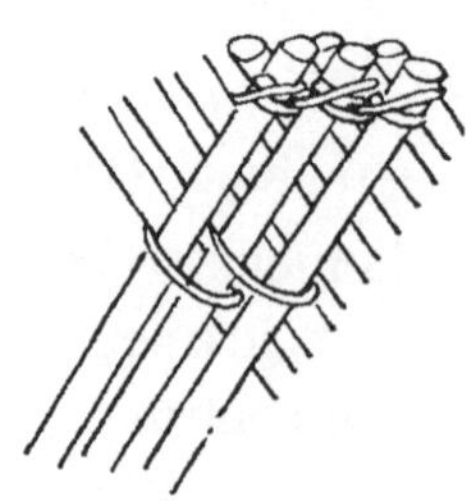

Figura 10b: Amarração dos roletes

que os roletes externos ficam inclinados para a direita e os internos para a esquerda, num ângulo de 45 graus. Em seguida, ambas as extremidades dos roletes ainda são enroladas com um fio de algodão que enlaça sucessivamente dois roletes opostos e, na segunda volta, forma um nó simples na face externa do objeto (figura 10b).

f) Cuia *(i/'aoo)* (figura 10a)

Para armazenar alimentos, as cuias são feitas do fruto de *Crescentia cuiete* e impregnadas com a casca de *i/wiyupɛi/p*, árvore água-preto[23](?). De uso feminino, sua confecção cabe aos homens, mas a fase final de impregnação é obra das mulheres.

Medidas: em dois exemplares, 28,3 cm de diâmetro por 21 cm, com altura de 16 cm; 14 cm de diâmetro por 13 cm, com altura de 7,5 cm.

Feitura: colhe-se o fruto ainda verde, aperta-se um cordel em torno de sua maior circunferência, cortando então o fruto ao meio ao longo dessa linha e alisando a superfície do corte. Tira-se o miolo da cuia, deixando-a em seguida por uma ou duas semanas mergulhada no rio para que os restos da polpa apodreçam e a casca fique mole. Depois de seca, ela é impregnada da seguinte maneira: cascas da árvore *i/wiyupɛi/p* são trituradas manualmente, misturadas com água e esfregadas no interior da cuia. Queima-se então uma bola de seiva seca de seringueira (*Hevea sp.*) por baixo de uma panela de barro emborcada para que a fumaça cubra o seu interior com uma finíssima fuligem. Esta é misturada com a calda de *i/wiyupɛi/p* e passada no interior da cuia. O procedimento repete-se diversas vezes e, nos intervalos, a cuia é posta para secar sobre o fogo.

O interior da cuia fica assim recoberto por uma camada preta, homogênea e impermeável à água. As cuias são guardadas num cesto cargueiro (vide 6o) sob o teto, acima do fogão, e adquirem, através do calor, e talvez também pela fumaça, a sua coloração externa marrom-avermelhada. Uma das cuias recolhidas não foi guardada dessa maneira e ficou com sua cor amarela clara natural.

Dados complementares: as cuieiras são propriedade comum da aldeia. Seus frutos são colhidos uma vez por ano por uma família, ao fim da estação seca. As cuias são preparadas e distribuídas pelas mulheres da aldeia.

Documentação: Schmidt (1929:96): "Da produção artística dos Kayabi mencionem-se as belas figuras incisas em duas cuias que adquiri. Trata-se principalmente de figuras de diversos animais como macacos, jacarés, aves etc., executadas de maneira muito

[23] Atualmente, no Parque do Xingu, os Kaiabi utilizam a tinta da casca da mirtácea *Myrcia deflexa* para a impregnação de cuias. (n. ed.)

original, contribuindo muito para a avaliação dos dotes artísticos de seus autores. Figuras humanas também são representadas, além de ornamentos". As mencionadas figuras incisas podem ser vistas em Schmidt (1942), lâmina XVI, fig. 39, 40; lâmina XVII, fig. 41; lâmina XVIII, fig. 42.

g) Colher de cabaça *(ĩ/ãpi)*

Feita por homens até o momento da impregnação, é usada pelas mulheres para servir comida e bebida e também, em exemplares menores, como brinquedo das meninas. O material usado é a cabaça *i/'aki/*^{t} (*Lagenaria sp.*). Para a impregnação, vide 6f.

Medidas: diâmetro com cabo, 10 cm; sem cabo, 8,2 cm; altura, 4 cm. No exemplar que serve de brinquedo: diâmetro com cabo, 5,5 cm; sem cabo, 3,8 cm; altura 1,5 cm.

Dados complementares: os Kaiabi atribuem maior valor a esse tipo, sem que saibamos a razão.

h) Metade de cuia ou cabaça *(ki/ipε*^{p}*)*

Comprida, oval, achatada, ela é usada pelas mulheres para alisar a farinha de mandioca que está sendo torrada.

Medidas: 23 cm de comprimento; 6 cm de altura; 8 cm de largura.

Feitura: vide 6f.

i) Cuia *(kanafu)*

Preparada pelos homens do fruto de *Crescentia cuiete*, *i/'aki/*^{t}, é usada pelas mulheres para guardar gêneros secos como farinha de mandioca, de peixe, milho, frutos secos etc.

Medidas: 17,5 cm de altura e 21 cm de diâmetro.

Feitura: abre-se um orifício redondo, de 8,5 cm de diâmetro, junto ao cabo do fruto recém colhido, retirando a polpa. Depois de ficar de uma a duas semanas mergulhado no rio, o recipiente é limpo novamente, sendo então "defumado", mas não impregnado.

j) Cabaça *(i/'a)*

Para guardar pedras, dentes, cascas de frutos e assemelhados, esse recipiente é preparado pelos homens usando *i/'aki/*^{t} (*Lagenaria sp.*) e fios de algodão. É utilizada por indivíduos de ambos os sexos.

Medidas: diâmetro de 10-15 cm.

Feitura: no fruto recém colhido, abre-se um orifício redondo, de 6-10 cm de diâmetro, na parte superior. Retira-se a polpa e pendura-se o recipiente acima do fogo para secar. Um pequeno anel de fios de algodão é aplicado ao fundo da cabaça e um outro, um pouco maior, logo abaixo do orifício. Os dois anéis são unidos por fios de algodão paralelos, numa distância de 2-3 cm um do outro. A dois pontos opostos ata-se um cordel que permite pendurar a cabaça.

Documentação: Em Rondon (1953:56) encontram-se duas ilustrações dessas cabaças (figs. 584 e 585). Das seis cabaças reproduzidas, duas estão envolvidas com fios de algodão que correm em zigue-zague e duas são decoradas com incisões. Schmidt (1942), lâmina XII, fig. 28, também ilustra uma cabaça desse tipo.

k) Recipiente para urucu

Para guardar as sementes de urucu, os homens usam e fazem um recipiente de *i/'aki/^{t}* (*Lagenaria sp.*). Colhido o fruto, faz-se um pequeno furo junto ao cabo e outro, um pouco maior, oposto a ele. Depois a cabaça é deixada na água durante algum tempo. Para retirar a polpa amolecida, enche-se a cabaça com seixos e areia, sacudindo-a então. Depois de seca, passa-se um cordel torcido pelos dois furos e, enchida a cabaça com sementes de urucu, fecha-se o orifício maior com uma rolha de sabugo de milho. Guarda-se a cabaça pendurada no teto.

Medidas: 10 cm de diâmetro e 10 cm de altura.

l) Recipiente de entrecasca *(u'i/wi/rũ)*

Usado pelos homens para guardar penas, adornos plumários, colares e assemelhados, é feito por eles da entrecasca da árvore *u'i/wi/ri/p* (?) com reforço de cipó.

Medidas: em dois exemplares, 37 cm de comprimento por 13 cm de diâmetro; 36 cm de comprimento por 14 cm de diâmetro.

Feitura: corta-se um pedaço reto e liso do tronco da árvore mencionada, prendendo-se uma cinta de entrecasca perto de uma das extremidades. Com um pedaço de pau, bate-se a entrecasca sobressalente até ela tornar-se flexível, sempre deslocando a cinta em direção ao meio do pedaço de tronco. O mesmo se faz na extremidade oposta. O restante da entrecasca é depois igualmente batido. Introduzem-se, então, cunhas entre ela e o cerne, o que permite soltá-la por inteiro. O cilindro de entrecasca assim obtido é reforçado com dois a três aros de cipó e sapecado sobre o fogo para livrá-lo das felpas. Amarram-se, em seguida, as duas extremidades da entrecasca macia com fibra de embira, fechando-se assim o receptáculo.

Dados complementares: tais recipientes são confeccionados em diversos tamanhos. Os menores têm as medidas dadas acima, nos maiores cabem até flechas.

m) Recipiente de folha de pacova (figura 11)

Feito por homens de uma folha de *paku'a* (*Heliconia sp.*) e cipó. Serve para guardar frutas e tem o formato de uma caixa aberta de plano retangular.

Medidas: 20 cm de comprimento; 10 cm de largura; 12 cm de altura.

Feitura: recorta-se um pedaço retangular de uma folha de pacova. Seus quatro cantos são dobrados em forma de triângulo e dobrados para cima. Com um pauzinho, fazem-se dois furos no lado dobrado, passando um pedaço de cipó por eles que se arremata com um nó.

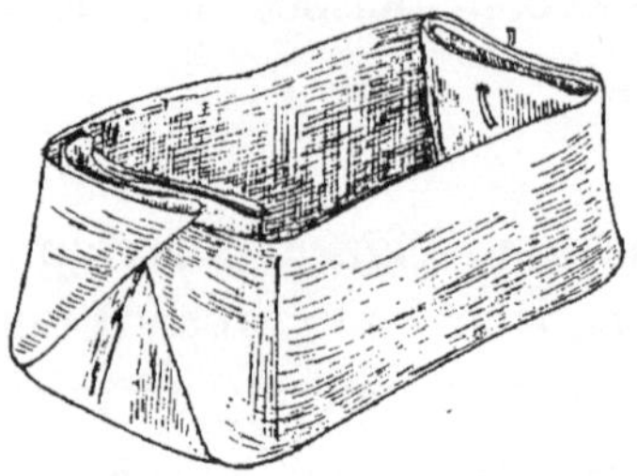

Figura 11: Recipiente de folha de pacova

Dados complementares: esses recipientes são descartados após serem utilizados umas poucas vezes.

Documentação: Schmidt (1942:27): "Una pequeña cesta, formada de una hoja está representada en la figura 29. Ella tiene 25 cm de largo por 13 cm de ancho y 11 cm de alto" (Lâmina XII, fig. 29). Rondon (1953:56) ilustra dois recipientes de folha de pacova na figura 584.

n) Cesto cargueiro *(panakuawet)*

Usado para o transporte de frutas, é feito pelos homens de duas folhas de *inatai/p*, inajá (*Maximiliana regia*) e amarrações de cipó.

Medidas: 20 cm de comprimento; 15 cm de largura; 50 cm de altura.

Feitura: duas folhas pinuladas da palmeira são sobrepostas e as raques dobradas no formato de um retângulo (60 cm X 20 cm) aberto em cima. Os folíolos próximos, trançados entre si, dão origem ao lado que se apoiará nas costas do portador, enquanto os folíolos restantes são dobrados para frente e unidos numa trança para formar os lados e o fundo do cesto. A frente aberta do cesto é atada com um pedaço de embira em zigue-zague. Quando em uso, o cesto é forrado com folhas de pacova para evitar que as frutas caiam. Os cestos são carregados nas costas, presos por uma faixa de embira que passa pela testa do portador.

o) Cesto cargueiro *(panakuawet)*

Destinado ao transporte de mandioca, milho, inhame e batatas doces, este cesto feito pelos homens de ramos flexíveis, cipó e embira também serve para guardar cabaças que não estão sendo usadas. Pouco resistente, homens e mulheres usam-no algumas vezes e o jogam fora.

Medidas: 30 cm de comprimento; 35 cm de largura; 65 cm de altura.

Feitura: quatro amarrações ovais de ramos flexíveis são respectivamente envolvidas em zigue-zague com uma faixa de cipó em que se enrolam, em seguida, em sentido vertical, três outras fitas do mesmo material, formando um trançado grosso. As quatro armações são unidas entre si de maneira a formar um cesto aberto em cima e na frente o qual, uma vez cheio, é fechado com embira. É carregado às costas, seguro por uma faixa de entrecasca que passa pela testa do portador. O formato do cesto é de três superfícies longo-ovaladas e uma circular que constitui a sua base.

p) Cesto cargueiro *(i/rũ)*

Feito pelos homens com fibras da palmeira *i/wi/kaŋui/p* (?) e embira, é por eles usado para o transporte e a armazenagem de castanhas-do-pará.

Medidas: aproximadamente 30 cm de diâmetro por 100 cm de altura.

Feitura: a confecção deste cesto, de formato quase cilíndrico e de fundo quadrado, parte de 40 a 50 fibras de mais de 2 metros de comprimento e de 5-10 mm de largura. Elas são reunidas em feixes de 2-3 fibras e trançadas entre si em ângulo reto até formarem uma superfície de 20 X 20 cm. Esta superfície é reforçada com uma fita de entrecasca que enlaça cada uma das fibras. As pontas sobressalentes das fibras são dobradas para cima e fixadas a intervalos regulares com embira, que as enlaça dos dois lados. Também este cesto é carregado às costas e preso à testa.

Documentação: Schmidt (1929:95): "... um deles (cesto) é confeccionado com o trançado de fio duplo, tal como as nassas da região dos formadores do Xingu...". Schmidt (1942:25): "Esta banasta está formada en la manera de que el hilo doble, torcido, en este caso, a la izquierda, pasa los palitos verticales de la pared de la banasta en espiral". Ilustração na lâmina XII, fig. 27.

7. Trançados[24]

a) Apás *(araaoo)*

Usados para guardar por pouco tempo gêneros alimentícios, os apás são trançados de *uru'i/p*, taquarinha[25] (*Arundinaria sp.*), cipó e fios de algodão. Seu trançado

---

[24] Uma análise dos significados dos padrões de desenhos dos trançados kaiabi pode ser encontrada em Ribeiro (1987; cf. bibliografia complementar). (n. ed.)

[25] As plantas mais utilizadas para as peneiras kaiabi, tanto no Rio dos Peixes como no Parque do Xingu, pertencem ao gênero *Ischnosiphon*, da família Marantaceae. Recebem o nome geral de arumã na língua portuguesa. (n. ed.)

é do tipo cruzado em diagonal, ostentando diversos motivos decorativos que representam figuras estilizadas, animais e outros. Os homens confeccionam os apás para o uso de toda a família.

Medidas, em seis exemplares:

1 – 37,5 cm de diâmetro e 12,5 cm de altura;
2 – 39 cm de diâmetro e 13 cm de altura;
3 – 37 cm de diâmetro e 14,5 cm de altura;
4 – 51,5 cm de diâmetro e 16 cm de altura;
5 – 34,5 cm de diâmetro e 12 cm de altura;
6 – 19,5 cm de diâmetro e 6,8 cm de altura.

Feitura: com a unha do polegar racham-se as taquarinhas que são colocadas a secar ao sol até que seu miolo branco e esponjoso possa ser removido com facilidade. Depois, dividem-se os colmos em fasquias do mesmo comprimento e com cerca de 2 mm de largura. O trabalho de trançado é feito por um ou dois homens, acocorados no chão.

Quando pronto, o quadrado assim trançado é vergado para cima e entalado entre dois aros de cipó. Cada duas talas são dobradas sobre um fio de algodão, que envolve os dois aros, e enroladas pelo fio seguinte formando assim o arremate da borda.

Arranca-se a casca da árvore *yimarei/p*, jaquetipá[(26)] (?), retirando com o facão a grossa entrecasca felpuda e de cor vermelho escura. Diversas dessas faixas de entrecasca são espremidas sobre um recipiente de folha de pacova (vide 6m). Passa-se tal líquido em ambos os lados do apá, deixando-o secar em seguida. Esse processo é repetido de cinco a dez vezes até o objeto ficar recoberto por uma camada vermelho escuro uniforme. Depois de secar por 1-2 dias, essa camada é raspada com a unha do polegar, a tinta solta-se sem dificuldade no lado externo e liso das talas, mas o seu verso, mais áspero, continua impregnado. Emerge assim o motivo decorativo, o mesmo no interior e no exterior da cesta, porque as talas são sempre trançadas numa direção com o seu lado áspero para cima e, na outra direção, num ângulo reto, com o seu lado liso para cima.

Dados complementares: trançar apás é considerado um trabalho importante porque "é bonito" e as pessoas sentem orgulho por tê-lo confeccionado. Padrões decorativos difíceis são dominados por poucos indivíduos. Além disso, o apá é o item mais importante do presente de noiva. Parece que o padrão taŋa chegou aos Kaiabi através dos *tapi/i/ʌ̃tsiŋ*, Apiaká.

---

[26] Trata-se de uma espécie de jequitibá, *Cariniana sp*, família Lecythidaceae. (n. ed.)

Exemplar 1: AO CENTRO, TRÊS SAPOS *kururu*, CADA UM COM QUATRO *'ea*, OLHOS; EM CADA LADO, DUAS FILEIRAS DE *i/wirapu*$^{\tilde{\imath}}$, CIPÓ.

Exemplar 2: AO CENTRO, *taŋakũya*, MULHER-TANGA (*taŋa* É UMA PESSOA MÍTICA) COM DUAS CRIANÇAS *taŋata'i/*^{t} E MUITOS *'ea*. NUM LADO, UMA FAIXA DE *i/wirapu*$^{\tilde{\imath}}$, CIPÓ.

Exemplar 3: *k*^{W}*atsiarapa*^{t}, BRAÇOS (?).

Exemplar 4: AO CENTRO, *taŋakũya*, QUATRO *taŋa'ɔkoo*, HOMENS-TANGA (?) INCOMPLETOS E, NOS CANTOS, OITO *taŋata'i/*^{t} E MUITOS *'ea*.

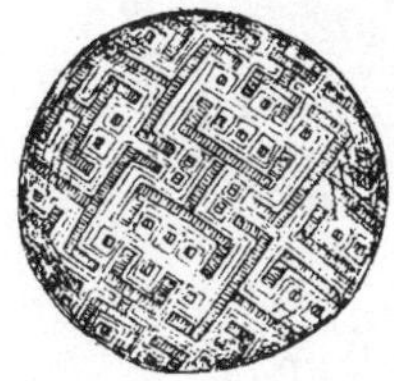

Exemplar 5: TRINTA E SEIS *kururu*, CADA QUAL EM UM QUADRADO COM QUATRO *awatsi'*$a^{\tilde{\imath}}$, GRÃOS DE MILHO

Exemplar 6: NÃO PINTADO; *yowiteran* (?)

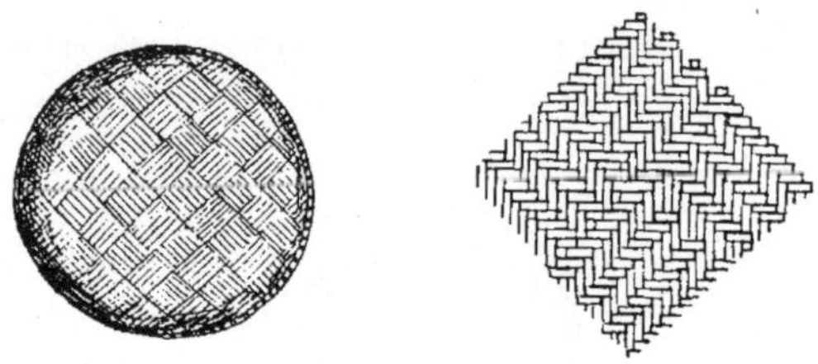

Documentação: Rondon (1953:56), fig. 584, representa um apá tingido com motivo de $k^{W}atsiarapa^{t}$.

Alguns apás foram desenhados a partir de fotografias de G. Grünberg:

APÁ COM MOTIVOS *kururu* E *'ea*

APÁ COM VARIANTE DE inimɔ'ɛta

APÁ COM MOTIVO inimɔ'ɛta

APÁ COM MOTIVOS *kururu* E *'ea*

APÁ COM MOTIVO $k^{W}atsia^{t}$

APÁ COM MOTIVOS *ifaɛ'ok* E *'ea*

Apá com motivos *inimɔ'ɛta* e *i/wirapu*$^{\tilde{I}}$

Apá com motivo *i/wirapu*$^{\tilde{I}}$

Apá com motivos *i/wirapu*$^{\tilde{I}}$, *awatsi'a*$^{\tilde{I}}$ e *kururu*

b) Peneira *(i/rupem)*

Usada para peneirar farinha de mandioca e de milho, também serve para apanhar pequenos peixes e girinos. Os homens as fazem de *uru'i/p*, taquarinha (*Arundinaria sp.*), cipó e fios de algodão, em um processo semelhante ao dos apás, apenas o trançado é mais frouxo. É usada pelas mulheres.

Medidas: aproximadamente 35 cm de diâmetro e cerca de 15 cm de altura.

c) Cesto para transportar a rede durante as viagens *(panakũ)* (figura 12)

Usado pelos homens, o cesto é feito por eles de *uru'i/p*, taquarinha (*Arundinaria sp.*), uma armação de madeira e amarrilhos de fios de algodão. Para o processo de tingimento, vide 7a.

Medidas: 22 cm X 22 cm de base e 47 cm de altura.

Feitura: o cesto é composto de quatro partes, cada uma confeccionada independentemente da outra. A base quadrada, as costas retangulares e as laterais ovaladas na parte superior são trançadas em diagonal, trabalhadas e tingidas da mesma maneira que os apás. As bordas de cada parte trançada são entaladas entre duas varas de madeira e nelas se prendem as talas sobressalentes com fios de algodão. A base apresenta um arremate em forma de trança.

As diversas partes são unidas com fios de algodão, reforçando-se as laterais com uma a duas varetas de bambu e fechando a abertura da frente com um cordel de algodão em zigue-zague.

Motivos decorativos no trançado: o do fundo do cesto chama-se *inimɔ'ɛta*, "muitos fios"; na extremidade superior das laterais, *k^{W}atsiarapa^{t}*, braços (?); nas laterais propriamente ditas, uma variante de *k^{W}atsiarapa^{t}*, *ifaɛ'ək*, "dedos estendidos", garras. O motivo representa quatro animais com braços, garras e *'ea*.

Dados complementares: em 1965/66 existiam no rio dos Peixes dois cestos cargueiros diferentes, um consta da coleção Grünberg e o outro ficou em poder do chefe, tendo sido, porém, fortemente danificado numa viagem em fins de 1966. É provável que tais artefatos não sejam mais produzidos.

Figura 12: CESTO PARA TRANSPORTAR REDE DE DORMIR

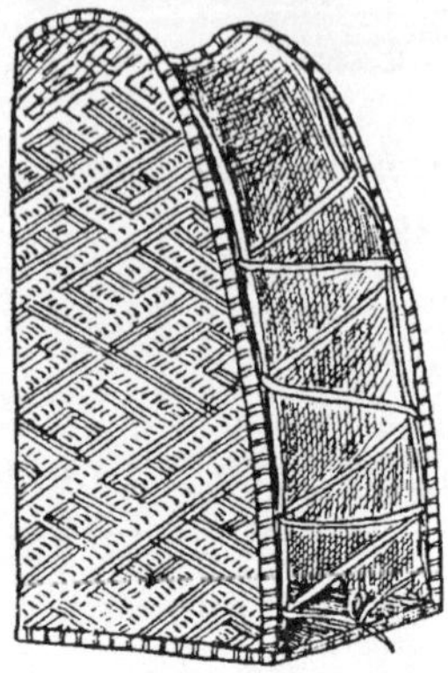

d) Tampa para cabaça de chicha *(kawĩoya^{p})*

Medindo cerca de 40 cm X 30 cm, essas tampas são feitas de *uru'i/p*, taquarinha (*Arundinaria sp.*), algodão e madeira, na técnica do trançado diagonal, tal como descrito no item 7a, relativo aos apás. Também são tingidos como aqueles. Os homens fazem essas tampas para evitar que detritos caiam na chicha.

e) Abano *(tapɛkwa^{p})*(figura 13)

Os abanos são usados tanto para atiçar o fogo como para retirar os beijus prontos do torrador. São feitos pelos homens para uso das mulheres, empregando-se brotos de *tukumã*, tucum (*Astrocarium sp.*), *kama'yi/p*, camaiúva (*Guadua sp.*) e fios de algodão.

Medidas em três exemplares:

1 – 30 cm de comprimento e 23,5 cm de largura;

2 – 27,5 cm de comprimento e 22 cm de largura;

3 – 33 cm de comprimento e 22 cm de largura.

Para usá-lo, segura-se o abano entre quatro dedos e o polegar, este apontando para baixo.

Feitura: cortam-se os brotos da palmeira tucum e separam-se os seus folíolos. Tira-se a nervura central de cada folíolo com a unha do polegar e as fitas de folhas são postas ao sol para secar. Acocorado no chão, o homem forma com os folíolos secos, agora amarelos, um trançado diagonal de forma quase trapezóide, com ângulos superiores arredondados. O sobressalente dos folíolos na parte superior é entalado entre as metades de uma haste de camaiúva e o conjunto preso por um enrolamento de fio de algodão, que forma a empunhadura do abano.

Além do motivo do gancho duplo, os abanos também se apresentam lisos ou com motivo de duplos meandros.

Documentação: Schmidt (1929:95): "Entre os trançados da coleção encontra-se um abano que, quanto à forma, corresponde aos abanos dos formadores do Xingu, apresentando, porém, motivos decorativos de ganchos de meandros". Schmidt (1942), lâmina XIII, fig. 31 com a ilustração do mencionado abano.

Figura 13: ABANO COM MOTIVO DE GANCHO DUPLO

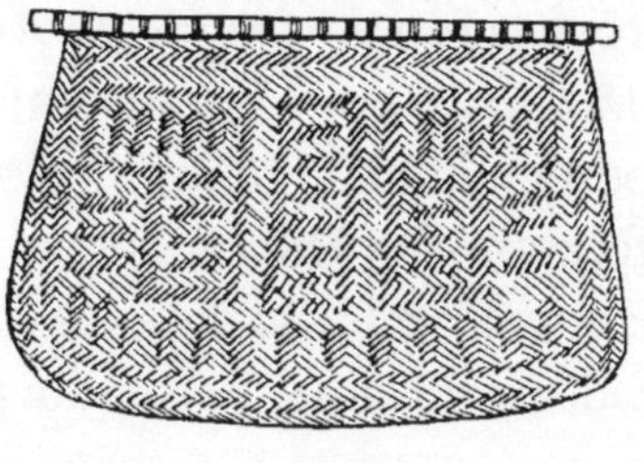

f) Recipiente trançado *(u'i/wirufũkooo)* (figura 14)

Usado para guardar pedras, bolas de cera, dentes, plumas do peito de tucano, conchas etc., esse cesto é feito pelos homens para uso geral. Apresenta-se em diversos tamanhos, possuindo base quadrada e secção transversa circular.

Medidas: cerca de 15 cm de altura por cerca de 8 cm de diâmetro.

Feitura: com os brotos de *tukumã*, palmeira tucum (*Astrocarium sp.*) prepara-se um trançado diagonal com formato tubular, passando pela extremidade superior um pedaço de cipó ou um cordel de fio de algodão para fechar a cestinha.

Figura 14: RECIPIENTE TRANÇADO

g) Aro para penas, vide 11i.

h) Peneira para farinha *(i/rupemeaoo)* (figura 15a)

Feita por homens para uso das mulheres, suas matérias-primas são os brotos de *tukumã*, tucum (*Astrocarium sp.*), fio de algodão ou cipó.

Medidas: da peça toda, 45,5 cm X 49 cm; do quadrado trançado, 26,5 cm X 25 cm.

Feitura: para o preparo das fasquias vide 7a. As fasquias são trançadas de maneira a formar um quadrado e os quatro lados entalados respectivamente entre duas varetas roliças da grossura de um dedo mínimo. As pontas das fasquias são dobradas ao longo das varetas e envolvidas com fio de algodão. (figura 15d)

A parte central da peneira, um trançado reticular aberto, forma-se com fasquias colocadas em quatro direções diferentes. Em um ângulo de 90 graus, trançam-se respectivamente duas fasquias, introduzindo-se em 45 graus uma fasquia à direita e outra à esquerda quc, por sua vez, ficam perpendiculares entre si. Como os espaços da primeira unidade de trançado são maiores, formam-se vãos octogonais (figura 15b). Em direção às bordas, as fasquias introduzidas diagonalmente são dobradas sobre as demais, continuando o trabalho como trançado cruzado, as fasquias correndo, portanto, em duas direções (figura 15c).

Dados complementares: essa técnica difícil de trançado é dominada apenas por alguns homens.

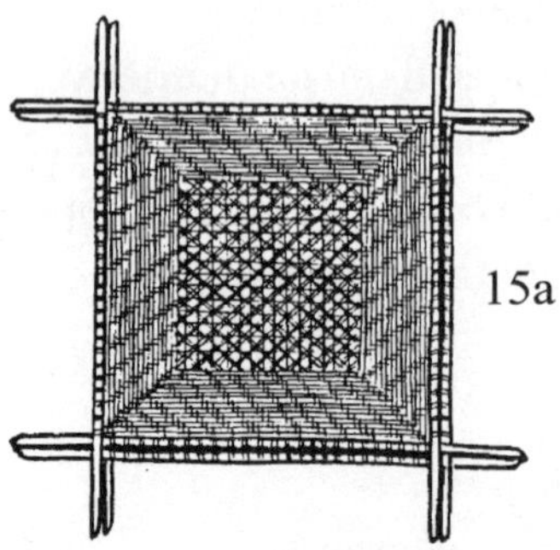

15a

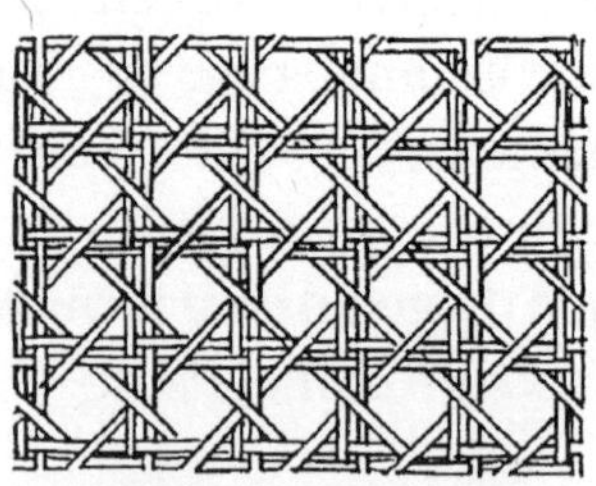

15b

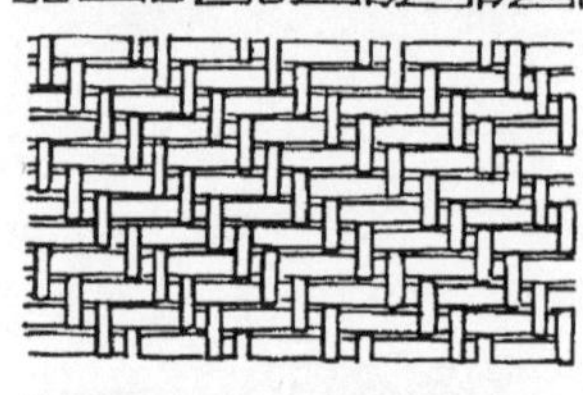

15c

15d

Figura 15a: Peneira de mandioca
Figura 15b: Trançado de crivo aberto
Figura 15c: Trançado paralelo das bordas
Figura 15d: Arremate da peneira

8. Têxteis

a) Fuso *(ɛ 'im)*

Para as mulheres, os homens fazem fusos em que a vareta é de *tsi/ri/p*, siriva e o tortual de carapaça peitoral de uma tartaruga fluvial[27] (?).

Medidas em dois exemplares:

1 – Vareta, 27 cm de comprimento; tortual, 4,5 cm de diâmetro;

2 – Vareta, 29 cm de comprimento; tortual, 5 cm de diâmetro.

Feitura: com o facão, corta-se a vareta para o fuso de um pedaço de siriva, provendo-a de um entalhe circular na ponta superior. A vareta então é polida. Com uma pedra tira-se um pedaço arredondado da carapaça de tartaruga que é alisado numa pedra com água e areia; por fim, perfura-se o centro.

Dados complementares: em geral a mulher fia acomodada na rede. Imprime com a mão espalmada uma rotação à direita do fio, da perna em direção ao corpo. Ela segura o tufo de algodão com a mão esquerda e, logo que o fio gira adequadamente, ela regula sua grossura resvalando o polegar e o indicador da mesma mão ao longo do fio. A parte fiada é embobinada na vareta.

b) Rede de dormir *(ta'ti/)*

Usada como leito e como assento, a rede Kaiabi é feita de fios de algodão, sendo a corda de suspensão de fibra de palmeira (?). Todos os adultos possuem sua rede, bem como as crianças a partir dos cinco anos aproximadamente. Sua confecção compete às mulheres, auxiliadas por homens na armação do urdimento.

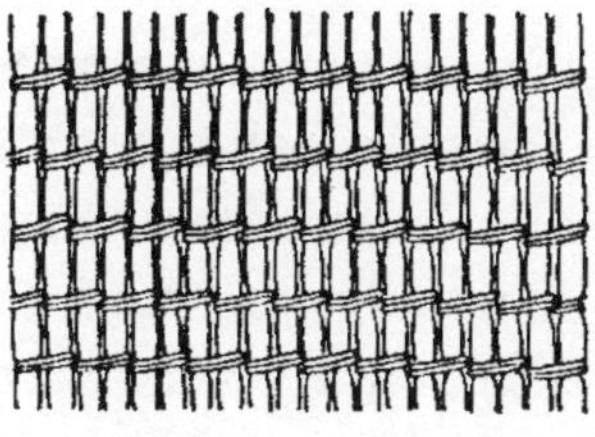

Figura 16: TECIDO DA REDE

[27] Denominada *jowosipep* na língua kaiabi, trata-se do tracajá (*Podocnemys cf expansa*). (n. ed.)

Medidas: 178 cm de comprimento e 139 cm de largura.

Feitura: a uma distância de uns 2 metros de um dos esteios da casa, finca-se um outro e, entre os dois, começando em baixo, enlaça-se o fio contínuo do urdimento. Os fios usados para a confecção de redes são fiados em fusos particularmente grandes (com cerca de 65 cm de comprimento) e torcidos dois a dois em sentido horário (torção em Z). Dois fios mais finos são torcidos em Z e, dois a dois, utilizados para a entramação.

Inicialmente, aplica-se no começo, no meio e no fim da urdidura respectivamente uma entramação de dois fios. Retira-se depois o urdume dos esteios, juntando as alças de cada lado com um cordel de fibra de palmeira. A tecelã pendura, em seguida, a futura rede no interior da casa e, sentando-se nela, continua a aplicar as entramações, partindo do centro em direção à borda. A intervalos de 4-6 mm ela aplica uma entramação de dois fios, dando origem a um tecido compacto.[28]

c) Tipóia *(tupa*ᴵ*)*

Com fios de algodão torcidos, as mulheres elaboram essas tipóias para carregar crianças de até quatro anos de idade.

Medidas em dois exemplares:

1 – 116 cm de comprimento e 18,5 cm de largura;

2 – 142 cm de comprimento e 25 cm de largura.

Feitura: dois esteios mais altos que um homem são fincados no interior da casa a uma distância de 1-1,5 metros um do outro. Na altura do peito, prende-se uma vara fina e, 50-90 cm mais abaixo, uma outra, ambas ligadas aos esteios com um cipó. A vara superior fica de fato amarrada aos esteios, enquanto a outra só se liga por uma laçada simples a um deles.

Dois fios grossos de algodão são torcidos em sentido horário (Z) e enrolados em novelo. Destinam-se ao urdume. Para o trabalho de trama, torcem-se no mesmo sentido (Z) dois outros fios mais finos. O fio do urdume é enlaçado nas duas varas horizontais e preso por um nó. O fio contínuo do novelo prossegue enlaçando as duas varas, da direita para a esquerda, em um movimento espiral, sempre prendendo-se por um nó na laçada anterior. Junto às duas bordas desse urdume, coloca-se respectivamente uma laçada formada por dois fios torcidos em Z que, por sua vez, foram novamente torcidos dois a dois, três a três em sentido anti-horário (torção S). Para manter o urdume seguro ainda se intro-

[28] No Xingu, as mulheres kaiabi passaram a empregar também técnicas de confecção de têxteis aprendidas com os Yudjá (Juruna).

duz um fio duplo que se entrama respectivamente com dois fios do urdume; pronta a tipóia, ele pode ser removido.

Começa agora o processo de entramação. Duas ou mais colheres (vide 6b) são usadas como separadores e enfiadas entre os fios do urdume segundo a fórmula "um por cima, um por baixo". O fio para a trama, enrolado em um bastão roliço, é passado sob o separador que o comprime para baixo. O separador é retirado e a volta do fio se dá por baixo do separador seguinte, repetindo-se os movimentos a partir daí.

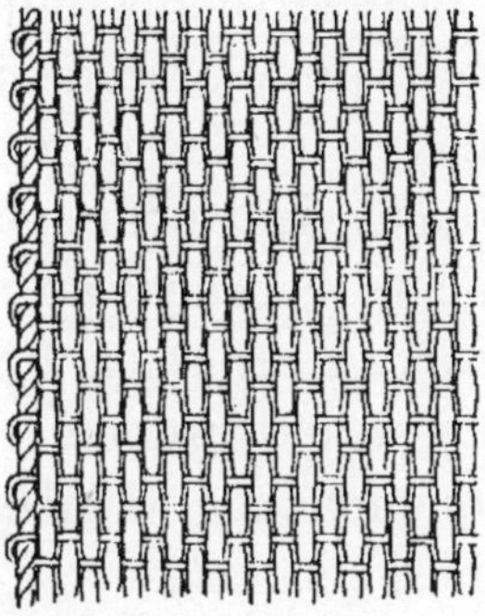

Figura 17: TECIDO DA TIPÓIA

Documentação: Sousa (1916:79): "... as mulheres só carregavam os filhos ainda de peito, trazendo-os em largas faixas de algodão a tiracollo...".

9. Cerâmica [29]

a) Panelas de barro *(yapɛpə)* (figura 18)

São as mulheres que fazem e usam essas panelas, destinadas ao preparo da chicha e à cocção de carne, peixe, feijão, cogumelos e diversos outros gêneros alimentícios. A oleira emprega argila branca, carvão obtido da queima da casca da árvore *takupɛi/p* (?) e a seiva da casca de *mɔrii/p*, simaneiro (?).

Medidas em três exemplares:

1 – 10,8 cm de altura e 12 cm de diâmetro;

2 – 13 cm de altura e 16 cm de diâmetro;

3 – 18 cm de altura e 25 cm de diâmetro.

Feitura: na estação seca os homens tiram argila do rio, a três dias de viagem acima da aldeia Temeoni, e os torrões são guardados dentro da casa. Ao iniciar sua atividade, a

[29] Há muitos anos os Kaiabi não fabricam mais utensílios de cerâmica, mas recentemente algumas mulheres têm tentado recuperar esta técnica. (n. ed.)

oleira tritura o torrão seco em um pilão, acrescentando-lhe um pouco de água. Queima em seguida as cascas da árvore *takupɛi/p*, esfarelando e peneirando o carvão obtido que, misturado com água à argila, resulta em uma massa preta. O suporte para o trabalho de modelagem é uma terra laterítica, seca e peneirada. A oleira modela a base da panela no formato de uma tigelinha; forma na mão roletes relativamente curtos de argila que são sobrepostos a essa base, dando origem à parede do recipiente que finalmente é alisado com uma concha fluvial (*Unio sp.*). Segue-se o polimento com uma pedra-sabão (saponite) lisa. A oleira trabalha ao sol, colocando as peças prontas primeiro numa sombra e, depois de algumas horas, novamente ao sol. As peças secas, agora de coloração cinza escuro, são enchidas até ¼ de sua altura com cinzas incandescentes e deixadas na proximidade do fogo.

Para queimar as peças, elas são colocadas bem juntas, mas sem se tocarem, sobre pedras ou pedaços de cupinzeiros. Novamente recheadas de cinzas, são cobertas com cascas de *takupɛi/p* que forma um cone sobre a cerâmica. Folhas secas de palmeira, tiradas da cobertura da casa, são introduzidas no alto do cone, incendiando-se nas cinzas quentes do interior das panelas. As cascas queimam uniformemente de cima para baixo durante cerca de meia hora, ficando a cerâmica em brasa.

As panelas queimadas e frias apresentam coloração preta com manchas vermelho-marrom. Para torná-las impermeáveis, elas são untadas por dentro e por fora com a seiva do simaneiro.

Dados complementares: durante a queima é proibido falar, urinar e defecar a fim de não quebrar a cerâmica.

Documentação: Schmidt (1929:95): "Na coleção que eu trouxe, duas panelas simples de barro representam a sua cerâmica bastante primitiva". Schmidt (1942), lâmina XI, fig. 25: ilustração da mencionada cerâmica.

Figura 18: Panela de argila queimada

b) Torrador *(yamεp)*

Mulheres preparam esta peça para o seu uso, ou seja, para torrar a farinha de mandioca e assar os beijus. Trata-se de uma tigela muito rasa, provida de uma borda levemente elevada.

Medidas: cerca de 70 cm de diâmetro por 10 cm de altura.

Feitura: vide 9a.

10. Instrumentos musicais

a) Flauta reta *(awawa)* (figura 19)

Os homens, individualmente ou em conjunto, tocam-na em momentos de lazer. Sentado ou deitado na rede, o Kaiabi segura a flauta com ambas as mãos, de tal modo que o dedo médio e o indicador da mão esquerda cubram os orifícios superiores e os mesmos dedos da mão direita ficam sobre os inferiores. Para soprar a flauta, o lábio inferior é colocado rente ao gume, de maneira que a abertura superior do instrumento quase desaparece sob o queixo do músico.

Medidas em dois exemplares:

1 – 36,6 cm de comprimento e 4 cm de diâmetro;

2 – 56 cm de comprimento e 2,7 cm de diâmetro.

Feitura: corta-se um pedaço de bambu sem nós e entalha-se um gume circular numa das extremidades. No terço central da flauta cavam-se quatro orifícios, sem localização exata, com uma acha de lenha em brasa. Se a seqüência tonal não agrada ao artesão, ele prepara outra flauta.

Dados complementares: de acordo com um Kaiabi, essa flauta não existia antigamente, os Kaiabi a teriam recebido de outros índios "do poente".

Figura 19: Flauta reta

Documentação: Schmidt (1942:28): "Fuera de estas flautas de hueso yo adquirí una flauta de caña, representada en la figura 44a. Ella tiene tres agujeros para hacer variar el sonido y su largor asciende a 15,2 cm". Lâmina XIX, fig. 44a.

b) Flauta com bocal lateral e defletor interno *(ya'wakan)* (figura 20)

Essa flauta, feita pelo xamã de um osso tubular de onça, *yawat* (*Panthera onca*), é usada exclusivamente por ele para o tratamento de doentes. Ele toca a flauta para expulsar o *mama'e*, espírito, que provoca a doença e que pode apresentar-se sob a forma de pedrinhas, de um prego, de pedacinhos de osso etc. O defletor interno é feito com uma mistura de cera e resina.

Medidas: 9,4 cm de comprimento.

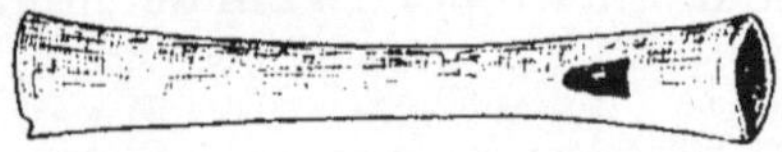

Figura 20: Flauta *ya'wakan*

Dados complementares: trata-se de um dos apetrechos mais importantes do xamã.

Documentação: Schmidt (1942:28): "De instrumentos de música los Kayabís utilizan pequeñas flautas de hueso de las cuales algunos ejemplares están reproducidos en la figura 44b-e, y de las cuales la mayór tiene 17,5 cm de largo y el menór 8 cm de largo. Por lo común estas flautas están provistas de un cordón de algodón para llevarlas al pescuezo". Lâmina XIX, fig. 44b-e.

c) Flautas de pã *(yumia'o)* (figura 21)

São construídas pelos homens para o seu uso durante a festa do *Yawotsi*.

Medidas em dois exemplares:

1 - 30,3 cm a 26,5 cm de comprimento; 7,5 cm de largura; 1,2 a 1,5 cm de diâmetro.

2 - 40 cm a 35 cm de comprimento; 8 cm de largura; 1,2 a 1,5 cm de diâmetro.

Feitura: cinco ou seis tubos de taquara que terminam em nó são cortados em comprimentos diversos, agrupados de acordo com esse comprimento e unidos entre si com amarrações de fio de algodão nas duas extremidades.

Dados complementares: as flautas de pã nunca são tocadas com finalidade lúdica, sendo as mais valorizadas entre os instrumentos de sopro.

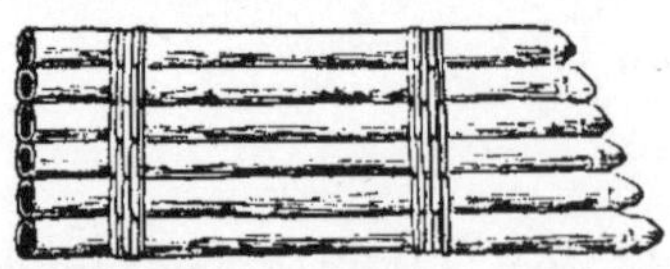

Figura 21: Flauta de pã

d) Trompete transverso *(i/reruyumi'a)* (figura 22)

Feito e usado pelos homens, talvez na festa *Yawotsi*, o trompete não deve ser tocado no fim da tarde ou de noite, pois o seu som parece atrair o porco-do-mato e a onça.

Medidas em dois exemplares:
1 - 45,7 cm de comprimento e 5 cm de diâmetro;
2 - 47,5 cm de comprimento e 4,2 cm de diâmetro.

Figura 22: TROMPETE TRANSVERSO

Feitura: corta-se um segmento de taquara de maneira a manter o nó numa das extremidades do tubo. A uns 5 cm desse nó, entalha-se um orifício retangular que serve de abertura de soprar.

Para tocar o trompete, segura-se o instrumento com as duas mãos, transversalmente ao corpo e um tanto virado para cima. Com a vibração dos lábios junto à abertura de sopro, obtém-se um som semelhante ao esturro da onça.

Dados complementares: um trompete transverso menor é usado como brinquedo dos meninos (vide 12e).

11. Ornamentação do corpo, adornos e vestuário

a) Tatuagem[30]

O que mais chama a atenção na aparência dos Kaiabi é a sua tatuagem facial característica, a que Sousa assim se refere:

> "Na altura da boca tinham duas listras negras, parallelas, largas, feitas com tinta de genipapo." (1916:76)

Schmidt também registrou sua impressão de que se tratava apenas de pintura corporal com jenipapo, embora com restrições:

> "A pintura corporal é particularmente habitual no rosto, tratando-se aparentemente de uma pintura preta com genipapo que desperta a impressão de tatuagem. Não me foi possível verificar se as linhas isoladas eram tatuadas; as diversas figuras que os homens geralmente ostentam no peito e muitas vezes nos braços e que pareciam ter caráter de insígnias tribais são provavelmente tatuagens." (1919:95ss)

[30] Recentemente, alguns Kaiabi voltaram a fazer as tatuagens faciais. (n. ed.)

Contata-se, de fato, que entre os Kaiabi podemos distinguir com bastante precisão:

1 - a tatuagem facial que também serve de insígnia tribal;

2 - as tatuagens individuais, associadas a determinados nomes;

3 - a pintura corporal que, por seu lado, desempenha diversas funções.

No desenho da figura 23.1. vê-se a tatuagem facial de todos os homens adultos. Apenas o chefe Temeoni ainda apresentava uma grossa linha preto-azulada em torno da boca.

A figura 23.2. mostra a tatuagem correspondente das mulheres que, tal como a dos homens, é parte integrante dos ritos de iniciação e aqui será considerada apenas enquanto marca exterior.

Com um longo espinho da palmeira tucum, são feitos na pele pequenos furos, próximos uns dos outros. Com auxílio do espinho é introduzida na pele a borracha queimada da seringueira que, misturada à seiva da árvore *ipau'ip*, adquire uma consistência pegajosa. Estes dados baseiam-se em informações de Tapa e Mairerũ, pois a última tatuagem havia sido feita vários anos antes da minha permanência entre os Kaiabi.

As figuras 23.3-9 mostram tatuagens associadas a nomes obtidos em sonhos e a que só os homens mais velhos têm direito; são aplicadas em braços e nas pernas.

As pranchas de Schmidt evidenciam uma concordância dos menores detalhes entre as tatuagens (por ele chamadas pinturas) dos Kaiabi do Teles Pires de 1927 e as do grupo local do rio dos Peixes, quarenta anos depois (1942: lâmina XIV, figura 34 e lâmina XV, figura 37a-f). Também a interessante informação dada a Schmidt e a mim pelos Kaiabi de que os Apiaká usavam a mesma tatuagem é confirmada pela notícia de Guimarães em 1819:

> "Pintam a cara, trazendo três linhas de uma orelha a outra... fazem... com piques pequenos, feitos com espinho de tocûm." (1844:303ss)

As figuras de Florence do ano de 1828 são ainda mais impressionantes por mostrarem homens e mulheres com tatuagens idênticas às dos Kaiabi de 1966 (1948:277 e 273; cfr. Koch -Grünberg 1902:358).

b) Pintura

Os Kaiabi pintam o corpo com urucu, o que também foi constatado por Sousa (1916:76) e Dornstauder (MSa 1955). Entretanto, à medida que vão adotando as roupas dos brasileiros, renunciam à pintura a fim de não manchar de vermelho os tecidos claros. O urucu tem um cheiro agradável, mantém longe os mosquitos e ainda protege a pele através das substâncias oleosas que encerra, provocando um sensação de bem-estar geral, expressa nas seguintes frases: "torna os homens fortes" e "permite reconhecer melhor os animais durante a caçada". Talvez se encontrem aqui também aspectos mágicos que não serão abordados no presente.

Figura 23: Tatuagem (1-9) e pintura corporal (10-11)

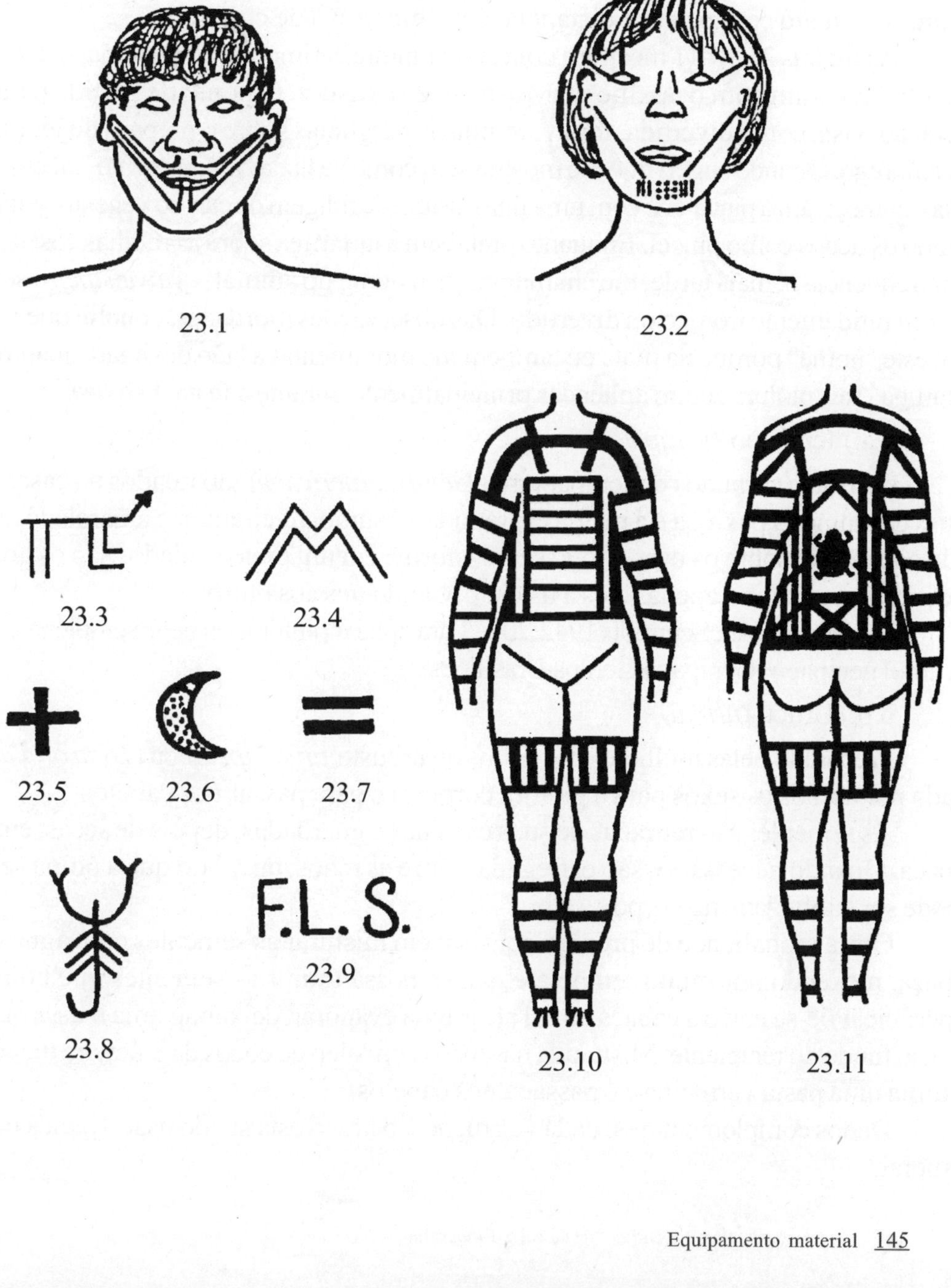

Sousa nos fala de um outro tipo de pintura corporal: "Pouco antes do ataque surgiu na margem um velho Kaiabi com o corpo pintado de preto, que dançava e cantava, envergando apenas na cabeça um enfeite de penas brancas" (1916:86). Para essa pintura ritual de guerra os Kaiabi provavelmente usavam a seiva de jenipapo, que se torna azul escura ao contato com o ar e, à distância, dá a impressão de cor preta.

As figuras 23.10-11 mostram uma outra pintura cerimonial com jenipapo, que Tapa executou em mim com o auxílio de Moanyan e Kwasiari. O ponto de partida para esta operação, vista como divertida, foram as minhas perguntas sobre o preparo do jenipapo e seu emprego. Quando sugeri que me mostrassem como se fazia "antigamente", aceitaram a idéia e começaram a pintar-me com uma fina mistura de fuligem de carvão vegetal e jenipapo, usando os dedos como pincel. Enquanto pintavam a tartaruga sobre as minhas costas, riam com freqüência e, mais tarde, me chamaram pelo nome do animal – *yawatsipép* – sempre em tom nitidamente irônico ou divertido. Das observações mordazes, conclui que me davam este "nome" porque na mata eu também me movimentava "tão devagar" quanto uma tartaruga. Tais pinturas eram aplicadas principalmente durante a festa *Yawotsi*.

b.a.) Jenipapo *(yenipa*^{p}*)*

Os frutos carnudos do jenipapeiro (*Genipa americana*) são ralados na casca espinhosa da palmeira paxiúba e a massa espremida. O sumo, ligeiramente amarelado, é aplicado com a mão sobre o corpo e logo se transforma em um preto azulado. São os homens que preparam a tinta e apenas eles a usam, pintando uns aos outros.

Documentação: Schmidt (1942:20): "Para aplicar pinturas en negro emplean la savia del árbol genipapo (Genipapa Genipa Brasiliensis)".

b.b.) Urucu *(urukũ)*

Preparado pelas mulheres dos frutos do arbusto *urukũ'ip*, urucu (*Bixa orellana*), é usado por ambos os sexos para a pintura corporal e para passar nos cabelos.

As sementes são retiradas de suas cápsulas e guardadas, depois de secas, em uma cabaça. Quando necessário, são esfregadas entre as mãos, de modo que a polpa se solta e pode ser lambuzada no corpo.

Outra modalidade de preparo consiste em misturar as sementes com água numa cabaça, mexendo por muito tempo até que se possa retirar as sementes que bóiam na superfície. Põe-se então a cabaça ao sol até a água evaporar, deixando uma massa quebradiça no fundo do recipiente. Misturada nas mãos com óleo de cocos da palmeira tucum, ela se torna uma pasta vermelha e é passada nos cabelos.

Dados complementares: cada vez menos, o urucu está sendo usado para a pintura corporal.

Documentação: Schmidt (1904:467) de acordo com Bodstein (1903): "Todos têm o corpo pintado de vermelho com urucu...". Sousa (1916:76, 78): "O corpo estava pintado com urucum...". "Os cabellos... quasi sempre se acham untados de urucum".

b.c.) Óleo de coco de palmeira *(yani/)*

Para passar nos cabelos, as mulheres preparam esse óleo com os frutos da palmeira *tukumã* (*Astrocarium sp.*). Libertam os cocos recém colhidos de sua casca e raspam sua polpa que é cuidadosamente triturada no pilão, onde fica em repouso durante uns três dias. Aí então pode-se retirar o óleo que bóia à superfície. O óleo é absorvido por chumaços de algodão que são guardados em cabaças e garrafas fechadas. Quando necessário, espreme-se o chumaço entre as duas mãos, passando o óleo nos cabelos.

No passado, homens e mulheres usavam cabelo longo que lhes chegava até a cintura; dividiam-no ao meio e amarravam-no bem apertado na base da cabeça com um cordel de algodão. Moças e mulheres, às vezes, deixavam os cabelos soltos. Assim foram vistos por Sousa (1916:78) e Schmidt (1929:96), ainda por Dornstauder e, ocasionalmente, por Tolksdorf em 1957. Durante minha estada, todos os homens já haviam cortado o cabelo e só os meninos pequenos podiam deixá-lo crescer.

Sousa também relata que algumas mulheres depilavam sobrancelhas, cílios e pêlos púbicos, o que não pude mais constatar em 1966.

Entre meninas pequenas observei o seguinte penteado: os cabelos eram repartidos no occipício e feitas duas tranças cruzadas fortemente formando um semicírculo, que eram presas com um cordel de algodão junto às têmporas. Em uma outra menina, fizeram duas pequenas tranças atrás e uma na testa. Puxam às vezes a cabeleira dos meninos pequenos para o alto da testa, formando ali um novelo apertado em forma de botão. Sousa (1916: 81) descreve o penteado de uma índia:

> "... tinha o cabello aparado um pouco grande, de modo a tapar as orelhas, fazendo na testa uma pastinha...".

Consideram muito importante cuidar dos cabelos, penteando-os, untando-os com óleo de tucum a que, antigamente, acrescentavam urucu.

b.d.) Pente *(ki/wa^{p})* (figura 24)

Os homens preparam, para uso geral, pentes da madeira de *inatai/p*, *inajá* (*Maximiliana regia*), ossos tubulares de *ka'ioo*, coatá (*Ateles sp.*) e fios de algodão.

Medidas em dois exemplares:

1 - 7,5 cm de comprimento por 6,5 cm de altura;

2 - 6,5 cm de comprimento por 6,5 cm de altura.

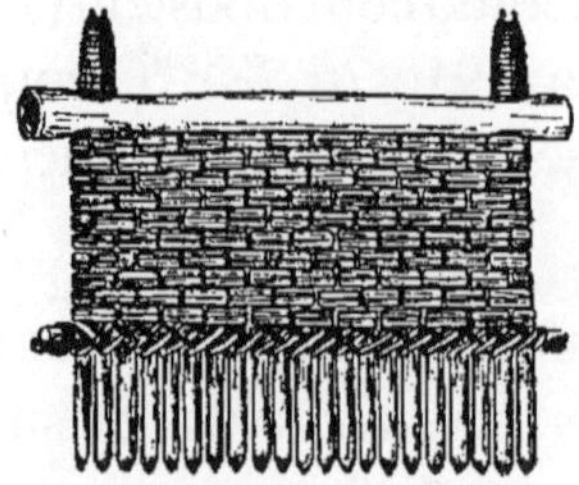

Figura 24: PENTE

Feitura: uns 30 pauzinhos afilados são colocados lado a lado e entalados no centro de duas talas transversais. Um fio de algodão enlaça, em movimento cruzado, cada pauzinho e as talas. Em seguida, e até a extremidade superior, os dentes são envolvidos dois a dois por um fino fio duplo de algodão. Entalha-se uma fenda ao longo de quase todo o comprimento de um osso de macaco, à qual se ajusta a extremidade superior dos dentes. Dois dentes de cada lado do pente são enfiados no osso e suas extremidades sobressalentes são enroladas em um fio de algodão recoberto de resina.

Documentação: Schmidt (1929:95): "Um pequeno pente apresenta o formato comum de pauzinhos com dentes de um lado só". Schmidt (1942:21): "... para peinarlos sirven pequeños peines formados de palitos, de los cuales un ejemplar de 75, cm de largo y de 6 cm de ancho está representado en la figura 16a. Los palitos de los cuales los más largos salen, a cada un lado, al borde de la manija del peine, están ligados con un trenzado de hilo de algodón, el que llena toda la parte de la manija, a los listones transversales que los afirman". Lâmina VIII, fig. 16a.

c) Enfeites e indumentárias

É difícil distinguir enfeites e vestuário entre os Kaiabi, pois eles partem da premissa necessária de que qualquer ser classificado como "humano" deve estar "enfeitado" e, portanto, "vestido". Totalmente nu vi apenas um rapaz débil, de uns 14 anos, que não aprendera falar e que, embora precariamente sustentado, era considerado membro da comunidade com reservas. Seu nome era *Kupi'a* – térmita – alusivo à nudez e à ausência de qualquer proteção.

Os ricos enfeites dos Kaiabi causaram grande impressão em Sousa (1916:passim). Para os homens, ele menciona protetores de pulso, cinta de cordéis e joelheiras de algodão que, para as mulheres, eram de contas de coco, diversos adornos de orelhas, diademas e coifas de penas. O trabalho com penas desempenha um papel preponderante na sensibilidade artística e estética dos Kaiabi. Justifica-se inteiramente falar de um estilo de arte próprio dos Kaiabi, associados aos estilos de outras tribos Tupi ao sul do Amazonas, como os Munduruku, Apiaká e Urubú (Ribeiro, D. e B., 1957:17ss).

Os gorros de pele de animais mencionados por Sousa (1916:79) constituem um problema:

> "Alguns índios traziam chapéus de pelles de animaes (onça, macaco e coati). Parece-nos que estes enfeites são usados pelos homens em dia de festa".

Estes gorros também são mencionados por Roquette-Pinto (1935:278 e 306), que reproduz um barrete de pele de onça confeccionado pelos Nambikwara (p.237), semelhante, segundo o autor, ao dos Kaiabi. Como o curioso adorno só era conhecido por estas duas tribos, além dos Guaiaki, Roquette-Pinto concluiu que os Nambikwara provavelmente o haviam obtido de seus vizinhos Kaiabi (p.306). Enquanto, porém, este tipo de adorno de guerra pertence ao inventário cultural estável dos Nambikwara, e eu o observei apenas uma vez entre os Kaiabi, a conclusão inversa é a mais provável, ou seja, a de que se tratava somente de despojo Nambikwara em mãos dos Kaiabi.

Schmidt (1929:96) completa estas observações sobre os enfeites dos Kaiabi com alguns detalhes e com a menção a colares feitos de conchas.

Sousa e Schmidt confirmam o atamento do pênis. Entre os homens, o prepúcio é amarrado com um cordel de algodão junto ao escroto e a glande empurrada para dentro dele, o que lhe dá um aspecto roliço com três saliências, enquanto o prepúcio fica ligeiramente dirigido para cima . No ato de urinar, o cordel tem que ser removido, mas logo é atado outra vez.

O quadro do vestuário masculino incluía a cinta de cordéis enfiados com contas de coco tucum, o cordel peniano e, no braço esquerdo, um enrolamento de fio de algodão para proteger o pulso (ver pág. 115)

Em ocasiões especiais, acrescentam-se pauzinhos auriculares, colares de dentes de animais e de humanos, joelheiras e adornos plumários para a cabeça, o pescoço e os quadris; adornos para a guerra eram coifas de penas. Antes da puberdade, meninos e meninas usam, de acordo com o sexo, diversos tipos de pauzinhos auriculares, colares de matéria vegetal, braceletes, cordéis nos quadris e nos joelhos. As mulheres não usam penas em seus enfeites, excetuando-se os brincos, mas os adornos para as ancas e joelhos são particularmente ricos. O púbis não é coberto.

Estes dados correspondem às representações que os Kaiabi têm de ornamentos e vestuário, mas elas raramente foram concretizadas durante a minha permanência. Já em 1955, Dornstauder observara no alto rio dos Peixes alguns tecidos brasileiros com que os Kaiabi completavam a sua indumentária. Das mulheres, Tolksdorf escreveu o seguinte, em 1958:

> "Vestem-se só de tanga, isto é, um trapo pendurado na frente e, às vêzes, também atrás, ou então andam nuas. Quando chegamos, várias delas haviam posto

vestidos que obtiveram em algum lugar. Os tecidos estavam todos da cor do urucu, tal como as redes."

Hoje todos os Kaiabi adultos têm pelo menos uma peça de vestuário que eles usam quando em contato com brasileiros. Alguns usam constantemente roupas iguais às dos seringueiros.

d) Adornos para as orelhas

d.a.) Adorno auricular para meninas *(ne^{i}pi/pya^{t})* (figura 25a)

Para uso das meninas, os homens confeccionam um adorno feito com haste de *kama'yi/p*, camaiúva (*Guadua sp.*), um pequeno dente de cutia ou mesmo de cachorro, as penas amarelas e vermelhas do peito do *tukan*, tucano (*Rhamphastos sp.*), além de fios de algodão e fibras de embira.

Medidas: 13,5 cm de comprimento.

Feitura: o dente é metido dentro da haste de camaiúva e densamente envolvido com um fino fio de algodão. O terço superior da haste é lambuzado com uma mistura de resina e cera, nela se aplicando primeiro as peninhas vermelhas e depois as amarelas em anel. Elas ainda são presas com um atilho de fio de algodão e um enrolamento de embira.

Figura 25a: Adorno auricular para meninas

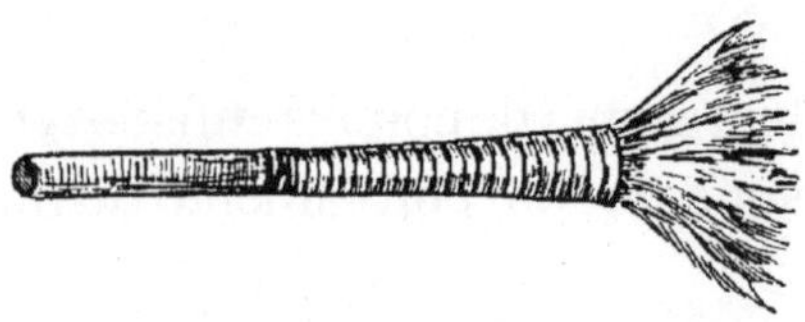

Figura 25b: Visto de frente

Documentação: Sousa (1916:78). Rondon (1953:54), fig. 580. Schmidt (1942), lâmina VIII, fig. 17, ilustra tal peça e a designa de "adorno de oreja para hombres".

d.b.) Adorno auricular para rapazes *(ne^{i}pi/pya^{t})* (figura 26)

Medidas: 20,5 cm de comprimento.

Feitura: os homens enfiam dois incisivos de *akutsi*, cutia (*Dasyprocta aguti*) em uma haste de *kama'yi/p*, camaiúva (*Guadua sp.*) e o vão entre os dentes é preenchido com uma mistura de resina e cera. A parte superior da haste é envolvida com embira e, no encaixe dos dentes, o adorno é enfeitado com um chumaço de algodão não fiado.

Dados complementares: a haste é enfiada no furo do lóbulo da orelha de tal modo que os dentes apontam para cima.

Documentação: Sousa (1916;78): "Tanto os homens como as mulheres furam as orelhas, onde collocam brincos interessantes; feitas com pontas de chifre de veado ou com taquarinha – de 8 a 10 centímetros de comprimento – tendo engastado na parte da frente um pennacho de pennas de periquito ou de passarinho, cujas cores sejam vivas. Usam tambem um simples pedaço de pau mettido na orelha". Rondon (1953:54), fig. 580. Schmidt (1929:96): "Hastes auriculares mais curtas ou mais compridas eram usadas pelos homens nos lóbulos das orelhas; frequentemente elas são providas na parte da frente de um dente de roedor, um tufo de plumas ou então um pendente de penas". Schmidt (1942), lâmina VIII, fig. 16b-e traz a ilustração do mencionado adorno. Mas a figura 18 ele designa como "adorno de oreja para mozas".

Figura 26: ADORNO AURICULAR PARA RAPAZES

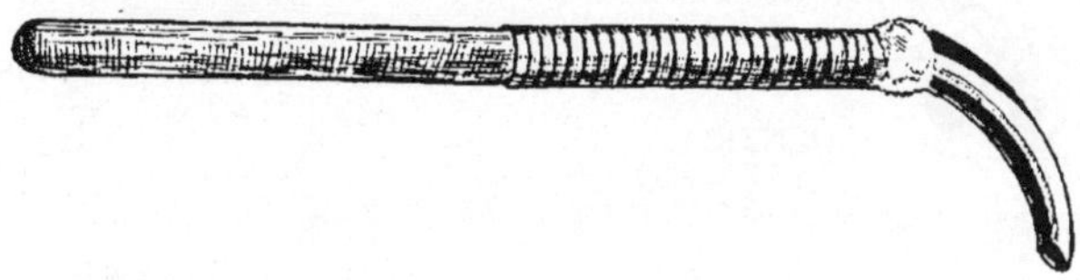

e) Adornos para o pescoço

e.a.) Colar de cocos de inajá *(mo'i/t)* (figura 27)

Para uso das crianças, os homens preparam colares de anéis recortados a facão das cascas de coco da palmeira *inatai/p*, inajá (*Maximiliana regia*). Cada anel tem cerca de 0,5 cm de largura e é polido com areia úmida. Esses anéis são enfiados num cordel de algodão e um segundo cordel contínuo envolve individualmente cada anel em forma de trança.

Medidas de dois exemplares:

1 - comprimento 63 cm;

2 - comprimento 39 cm.

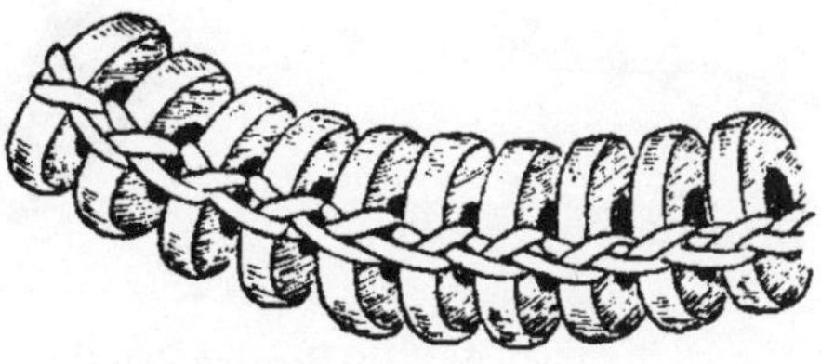

Figura 27: COLAR DE COCOS DE INAJÁ

Dados complementares: todos os anéis são circulares e apresentam a mesma medida, um diâmetro de 2 cm, e só nas extremidades do colar ficam um pouco menores.

e.b.) Colares de sementes

Também para as crianças, os homens fazem colares de sementes de leguminosas, com fios de algodão e linha de origem industrial.

Medidas: 63 cm de comprimento.

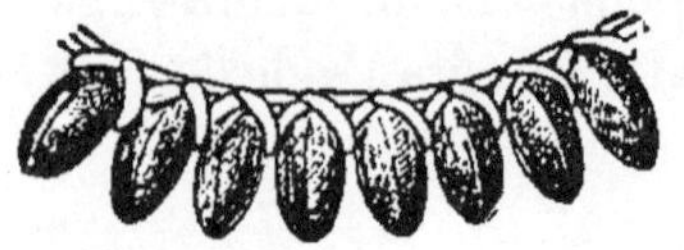

Figura 28a: Detalhe da amarração, vista de fora

Figura 28b: Detalhe da amarração, vista de dentro

Feitura: as sementes são perfuradas em sua extremidade mais estreita e enfiadas em um fino fio de algodão. Um segundo fio corre paralelamente ao primeiro, sendo envolvido por um terceiro em movimento espiral. Finalmente, um quarto fio enlaça em cruz cada semente individual junto com os três fios já trabalhados.

Documentação: Rondon (1953:55), na figura 582/83 constam dez colares de material vegetal não identificável. Schmidt (1929:96): "Como colares destacavam-se enfiadas de conchas que se prendiam individualmente ou em pencas num cordel que envolvia o pescoço". Schmidt (1942), lâmina IX, fig. 19, 20, 20 ilustra o mencionado colar.

Figura 29: Colar de dois tipos de sementes

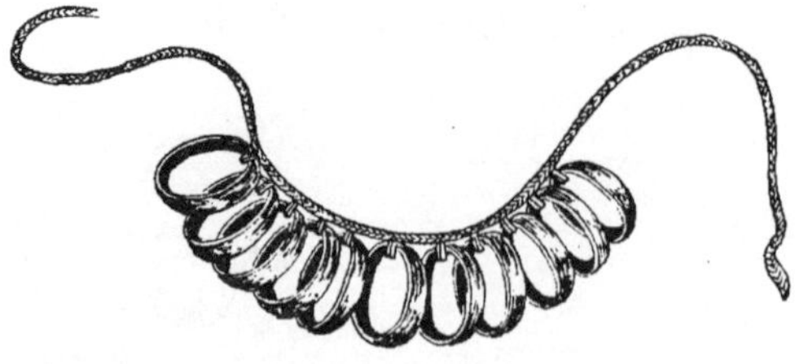

Figura 30: Colar de anéis de cocos de tucum

e.c.) Colares de dentes de animais (figura 31a)

Feitos pelos homens, são usados por eles em ocasiões festivas. O exemplar aqui descrito tem 77 cm de comprimento.

Feitura: as raízes de presas de *mirakaya*^{t}, jaguatirica (*Felis pardalis*) são perfuradas e enfiadas em um cordel de algodão. Um segundo cordel, muito grosso, é colocado ao longo do primeiro e um terceiro fio enrola-se nos precedentes, passando 2-3 vezes entre cada um dos dentes (figura 31b).

Dados complementares: os dentes são enfiados de acordo com seu tamanho, ficando os maiores ao centro e os menores nas extremidades do colar. Dentes de *takapeoo*, ariranha (*Pteronura brasiliensis*) e de macaco (figura 32) também são usados.

Figura 31a: Colar festivo de presas de jaguatirica

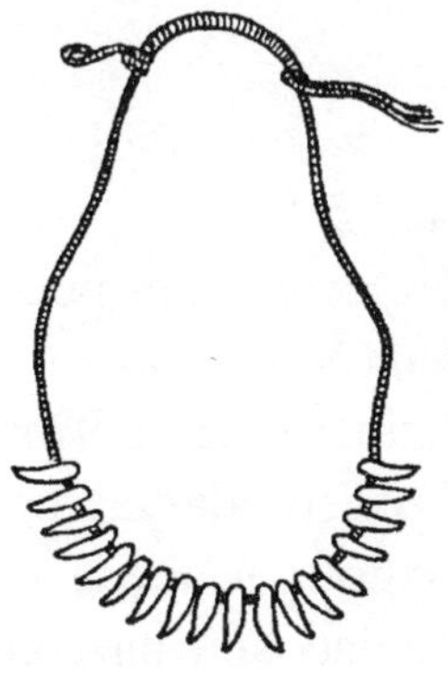

Figura 31b: Detalhe da amarração, vista do lado de dentro

Figura 32: Colar festivo de dentes de macaco

e.d.) Colares de dentes humanos

Esse único exemplar, pertencente ao chefe Temeoni, era cuidadosamente guardado e apenas usado em ocasiões especiais.

Medidas: 2,5 m de comprimento, aproximadamente.

Feitura: os dentes são perfurados na raiz e enfiados a cada 6-10 cm em um colar de contas de coco de tucum.

f) Adornos para os braços

Constam da coleção:

- um bracelete de cascas escuras e semilunares de frutos;

- um bracelete de quatro aros atados, dois dos quais são de carapaça de *tatu'i*, tatu-galinha (?) (*Dasypus novemcinctus*), e dois de cascas de frutas (figura 33). De acordo com informações de Tolksdorf, os aros de tatu foram objeto de trocas com os Erigpactsa;

- dois braceletes com dez e onze aros, respectivamente, de uma casca de fruta preto-pardacenta (siriva?), atados por um fio de algodão;

- um bracelete de dez aros (sete de siriva?) ligados entre si por um fio de algodão;

- um bracelete de 16 conchas de caramujos, perfuradas e enfiadas em um cordel de algodão.

Figura 33: Adorno dos braços

g) Adorno de cintura *(tukũmãpe'mo'i/t)*

Trata-se de um adorno usado por adultos e crianças, mas especialmente pelas meninas. É feito pelos homens, mas as mulheres às vezes participam da confecção.

Medidas: até 6 m de comprimento, as contas tendo um diâmetro de 6 a 8 mm.

Feitura: as cascas duras e escuras de cocos de tucum são quebradas em pedacinhos com uma pedra e perfuradas com um prego de ferro. Com o polegar, aperta-se cada pedacinho contra uma base dura e, com a faca, retiram-se as arestas. Enfiados em um cordel de algodão, são polidos sobre uma pedra até assumirem formato de contas redondas.

Documentação: Sousa (1916:79): "As mulheres amarram um cordão, dando muitas voltas apertadas e unidas, na perna, abaixo do joelho, e apertam a barriga com uma comprida cinta de contas de coco, dando inúmeras voltas, bem juntas". Rondon (1953:50, 53, 55), figs. 575, 579, 583. Schmidt (1929:96): "Homens e mulheres usavam na cintura longas enfiadas de pequenas sementes pretas, em diversas voltas. Não foi possível convencer as mulheres e as moças a tirar esses cordões de cintura, de modo que na minha coleção só se encontram os de homens". Schmidt (1942), lâmina IX, fig. 21 ilustra um desses cordões de cintura.

h) Adorno plumário *(ipepo)*

Uma fieira de penas de *mu^{i}tũma^{p}*, mutum carijó (*Crax fasciolata*) montada sobre um aro, é usada pelos homens, que também confeccionam a peça, na festa *Yawotsi*. Seguram-na então na mão. Mas ela também pode ser envergada como diadema ou como um adorno para pescoço ou cintura. Conforme sua função, o tamanho das penas utilizadas e sua diversidade variam, mas a partir desses critérios apenas, não se pode classificar as peças.

Medidas: comprimento de 95 cm; comprimento das penas, 28 cm.

Feitura: as grandes rêmiges do mutum carijó são dobradas ao pé do cálamo e colocadas rente umas às outras envolvidas por um fio de algodão (figura 34a, b). A uma altura de cerca de 5 cm, as penas são novamente envolvidas individualmente por uma fibra torcida da palmeira tucum.

Figura 34a: Detalhe interno da amarração

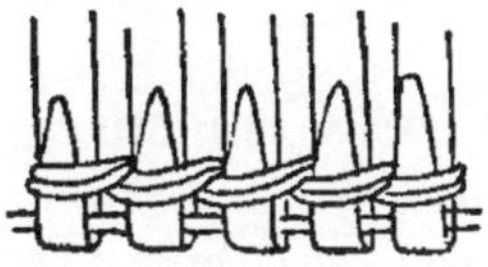

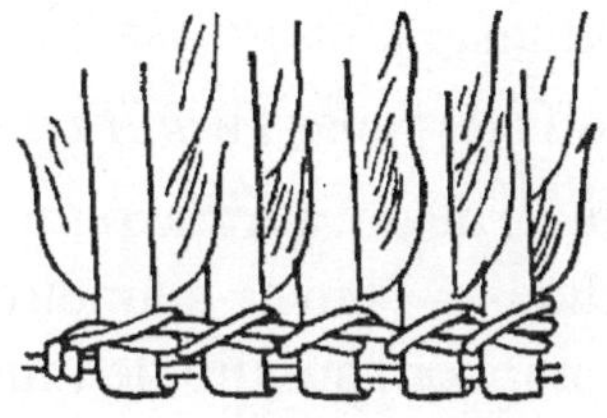

Figura 34b: Detalhe externo da amarração

Documentação: Sousa (1916:76-79): "... os indios... em numero superior a cem, entre homens e crianças, todos bizarramente enfeitados e com vistosos chapéos e diademas de penna de gavião, de garça branca, de arara, de mutum e de jacamin. (...) Os chapéos como os diademas, são feitos de um tecido grosso, aberto, de algodão, sobre o qual prendem as pennas ou pennachos, que ao vento... eram de grande belleza. Alguns indios traziam chapeos de pelles (?) de animaes (onça, macaco e coati). Parece-nos que estes enfeites são usados pelos homens em dia de festa". Rondon (1953:54), fig. 580/1, reproduz adornos plumários. Schmidt (1929:96): "Nesses diademas plumários que são atados em volta desses gorros (?) as penas são unidas entre si com o mesmo atilho usado para atar as penas nos conhecidos mantos plumários dos Tupi do Brasil oriental". Schmidt (1942:21): "La diadema (compare la figura 30) consta de plumas de papagayo y de una especie de ave de rapiña. La manera de que estas plumas están colocadas en hilera por medio de un enlazamiento especial, de hilo...". Schmidt (1942:26): "... yo he examinado exactamente la manera en que las plumas están armadas la una al lado de la otra. Como lo muestra el dibujo representado en la figura 36, los extremos inferiores de los cañones de plumas están doblados sobre un cordón y asegurados en esa posición por una ligazón com hilo la que está demostrada, de los dos lados, por el esquema". Lâmina XIII, fig. 36. Malcher (1964:111) publica uma foto de F. Tolksdorf em que um Kaiabi ostenta um enfeite de penas na cabeça, outro no pescoço e um duplo à cintura.

i) Aro para penas *(akanata^{i}rita)*

Nesse aro são montadas duas a três fileiras de penas. É usado pelos homens durante as danças, quando abanam o enfeite ritmicamente para cima e para baixo.

Medidas: 30 cm de diâmetro; 5,5 cm de altura e 4 cm de largura.

Feitura: com *uru'i/p*, taquarinha (*Arundinaria sp.*) os homens preparam um aro circular de secção transversal em forma de U, ampliando sua circunferência externa através de um trançado de fio de algodão de 5 cm de largura. Numa das superfícies esse trançado é interrompido a uns 15 cm e, através de um enrolamento de fios de algodão, forma-se uma grossa empunhadura.

j) Coifa de penas *(wanifuam)* (figura 35a)

Trata-se de um adorno para a guerra, feito e usado pelos homens.

Medidas: 21 cm de diâmetro e 16 cm de altura.

Feitura: com auxílio de um aro de cipó de uns 10 cm de diâmetro, prepara-se, através de enlace sem enodação de um fio de algodão, um tecido de malha redondo. Em seguida, e sem o auxílio do aro, o fio é conduzido pela mesma técnica em forma espiral até se formar uma touca (figura 35b). Dois terços dessa touca são recobertos com plumas diversas.

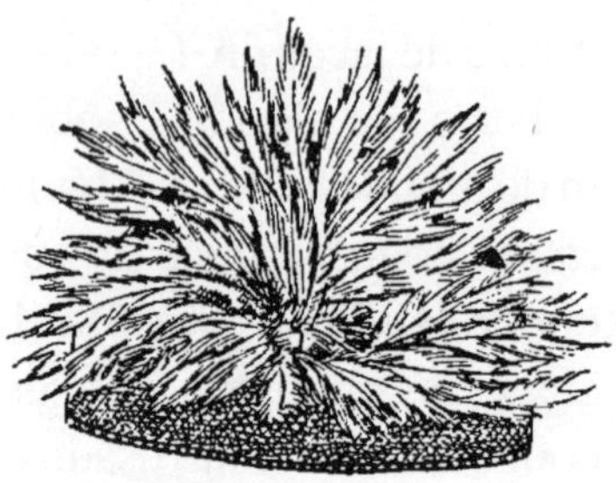

Figura 35a: Coifa de penas

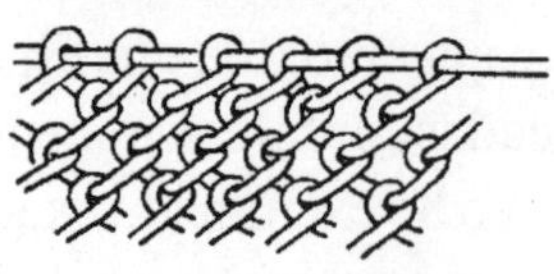

Figura 35b: Tecido de malha da touca

Documentação: Rondon (1953:54-56), lâminas 580, 582, 585. Schmidt (1929:96): "Dentre os adornos deve-se mencionar inicialmente as toucas de penas, onde as penas de diversas aves, como a garça branca, são presas pelas extremidades dos canhões num barrete trabalhado em rede". Schmidt (1942:21): "Aquellas tienen una base fabricada en la técnica especial de red que es llamada en alemán "Schlingtechnik" enlazándose el hilo por lazos y sin uso de nudos. Mientras de la gorra representada en la figura 24 está guarnecida de plumas de diferentes colores están elegidas para la gorra representada en la figura 23 solamente plumas blancas de la garza y algunas plumas negras". Lâmina X, figs. 23, 24. "Esquemas de la fabricación de las gorras", lâmina XIV, figs. 32, 33. Murphy-Quain (1955:37): "... another headdress, a feather topknot tied to a cotton headnet, was captured in warfare with the Cayabi" (pelos Trumai).

k) Troféu *(ya'warã[i])*

Trata-se de um troféu de caça usado pelos homens em torno do pescoço nas ocasiões festivas. Duas grandes presas de *ya'wapinim*, onça pintada (*Felis onca*), perfuradas com um prego fino nas raízes, são enfiadas em um cordel preto e ali atadas. O matador da onça tem o direito de envergá-lo e, no caso em pauta, fora o filho do chefe que abatera o animal em 1964.

12. Brinquedos

a) Arco infantil *(wi/rapai'i)*

O pai ou o irmão materno do menino prepara-lhe um arco para ele exercitar-se e para caçar pequenos mamíferos, aves e peixes.

Medidas: 143 cm de comprimento.

Feitura: em tudo semelhante aos arcos para adultos (vide 3b)

b) Flechas infantis *(oi/wi'i)*

Homens e meninos preparam essas flechas a título de brinquedo, mas também para caçar pequenas aves e peixes.

Medidas: variam entre 75 cm e 105,5 cm de comprimento.

Feitura: corta-se um pedaço de bambu em tiras de 0,5 cm de grossura – para flechas de fisga, com grossura de 1,5 cm – dando-lhes corte reto numa extremidade e aguçando-as na outra. Para a emplumação, as penas são atadas à extremidade distal da haste e depois viradas para o outro lado com uma torção de 90 graus e os canhões presos por um atilho. A emplumação espiralada leva a uma rotação da flecha o que contribui para a estabilidade do vôo.

c) Flecha silvadora

Os homens fabricam a flecha como no item anterior e enfiam, a uns 15 cm abaixo da ponta, um coquinho provido de dois orifícios. Ao ser disparada pelos meninos ela emite um assobio. Seu comprimento em geral é de uns 105 cm.

d) Pião silvador (figura 36)

Homens e rapazes divertem-se com esse pilão feito com uma *i/'aki/*^{t}, cabaça (*Lagenaria sp.*) que apresenta uma pequena abertura superior em que se enfia uma vareta de uns 13 cm de comprimento, prendendo-a com uma mistura de resina e cola. Dois orifícios são feitos em pontos opostos da parte dilatada da cabaça. Um cordel de algodão é enrolado em voltas densas em torno da vareta, passado por uma tabuinha em forma de lança e enodado na extremidade.

Medidas: 15 cm de altura, incluindo a vareta; diâmetro da cabaça, 9,5 cm.

Dados complementares: para rodar o pião, a tabuinha é segura com a mão esquerda, ficando o indicador e o polegar junto à vareta. Puxa-se com a mão direita o cordel, deixando-se cair o pião em rotação.

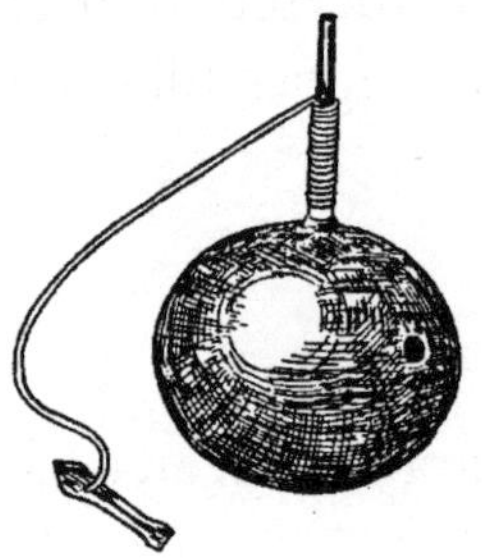

Figura 36: Pião silvador

e) Trompete transverso pequeno

Construído pelos homens com os mesmos materiais e a mesma técnica do trompete para adultos (vide 10d), este brinquedo para meninos tem um comprimento de 24 cm e um diâmetro de 1,7 cm.

f) Cítara de bambu *(ik*^{w}*a*^{t}*)* (figura 37)

Este brinquedo para meninos, construído pelos homens, consiste de um gomo de bambu provido de nós nas duas extremidades, com uma abertura circular no centro sobre a qual passam três a cinco fasquias do próprio internódio, levantadas e apoiadas sobre dois pedacinhos de madeira entalhados que servem de cavalete.

Medidas em dois exemplares:

1 - 59 cm de comprimento e 3,5 cm de diâmetro;

2 - 53 cm de comprimento e 3 cm de diâmetro.

Figura 37: Cítara de bambu

Dados complementares: os Kaiabi designam este objeto de "guitarra" em português, mas não o consideram um instrumento de música. A sua confecção, provavelmente, deriva do contato com os seringueiros.

g) Esculturas de madeira (figura 38a, b)

Os homens entalham pedaços de madeira com o facão, dando-lhes formato de tamanduá *(tamanao)* e coati *(kwatsi)*, para as crianças brincarem (só os meninos?).

Medidas em dois exemplares:

1 - tamanduá, 30 cm de comprimento por 7,5 cm de altura;

2 - coati, 34 cm de comprimento por 9 cm de altura.

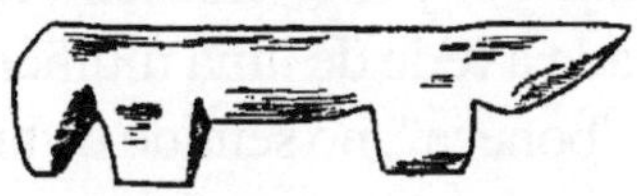

Figura 38a: COATI

Figura 38b: TAMANDUÁ

h) Brinquedo de madeira *(i/'waki/*^{t}*an)*

São peças de madeira de uns 10 cm de comprimento talhadas em diferentes formatos: um cilindro oco, fechado numa extremidade e com formato de cogumelo; um cone truncado maciço, arredondado em baixo e com formato de cogumelo em cima. São os homens que fazem essas peças e, de acordo com os Kaiabi, elas não representam seres humanos ou animais.

i) Atiradeira de bambu (figura 39)

Meninos e homens sabem preparar esse brinquedo de uns 20 a 30 cm de comprimento e 3 cm de diâmetro, com que os meninos se divertem. Perfuram um segmento de bambu em dois pontos opostos do seu primeiro terço, ampliando um dos orifícios para um formato retangular. No último terço, também abrem dois furos, mas de tal maneira que o orifício de cima fica um pouco mais para frente em relação ao de baixo. Por estas duas aberturas enfiam uma das pontas de uma vareta flexível de bambu, enquanto a outra ponta passa pelas perfurações da frente. Introduzem uma semente, uma pedrinha ou qualquer outro objeto duro na boca do tubo de bambu. No momento em que a vareta flexível é empurrada com o dedo para fora do orifício inferior, ela salta para frente até o limite de abertura retangular e impele o projétil para fora do tubo. Com nova "munição", pode-se repetir o processo indefinidamente.

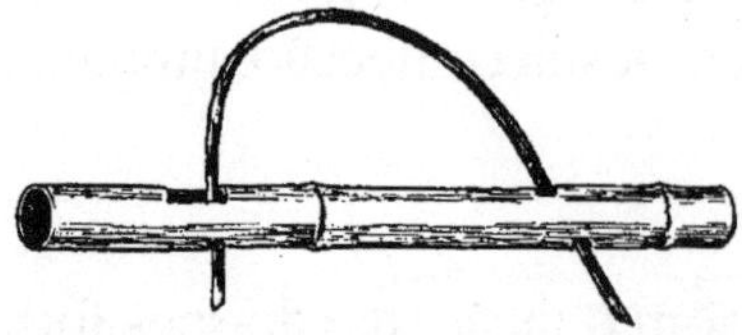

Figura 39: Atiradeira de bambu

Dados complementares: Nordenskiöld (1920, fig. 34) mostra uma atiradeira ("bean-shooter") dos Chané que parece idêntica a esta.

j) *Konomi*

É necessário mencionar ainda, embora sem certeza de trata-se de um brinquedo, uma boneca antropomorfa feita de um otólito de *arapɔoo*, peixe elétrico (*Gymnotus electricus*) enrolado com cordéis de algodão. Ela é atada à rede de uma mulher grávida, sendo feita por homens. Disseram-me tratar-se de uma "boneca", no sentido de brinquedo.

13. Pauzinhos de numeração

Quando Mairerũ visitou a localidade recém fundada de Porto dos Gaúchos, no Arinos, em 1957, recebeu do diretor daquela colônia o encargo de procurar o campo aberto mais próximo do lugarejo. Depois de várias semanas, ele voltou e descreveu sua viagem com o auxílio de um pauzinho entalhado, de 19 cm de comprimento, em que cada talho correspondia a um pouso noturno. Este recurso mnemônico encontra-se em mãos do sr. Guilherme Mayer, de quem obtive a informação.

Max Schmidt reproduz um pauzinho de numeração semelhante, obtido entre os Bakairi do Posto Simões Lopes (1947), lâmina XIV, figura 31a, "tablita entallada para acordar numeros", e diz a respeito:

> "Como tales tablitas, destinadas, verosimilmente, para acordar numeros, no se encuentram de los Bakairi de los afluentes del Alto Xingu, hemos de suponer que se trata en este caso del producto de una influencia ajena de tiempos posteriores".

Esta constatação poderia indicar que se trata de um objeto recebido dos Kaiabi.

capítulo VI

Organização social e política

Como já indiquei no Capítulo IV, a observação dos aspectos sociais e políticos de uma cultura exige acesso às categorias cognitivas correspondentes, que garantem aos respectivos portadores um acervo comum de valores, representações e comportamento. O pré-requisito para a participação nessa classificação culturalmente determinada de todos os fenômenos é o domínio do idioma. Ou seja, o processo de aprendizagem da língua inclui implicitamente a assimilação daquelas categorias de pensamento que permitem o uso correto da língua. Como eu não aprendi a língua dos Kaiabi nos oito meses de minha permanência entre eles, não pude testar as características êmicas da presente cultura, descrita neste e nos demais capítulos que, assim, serão apresentadas nos involuntários moldes etnocêntricos das etnografias tradicionais. Seria perigoso ignorar ou minimizar esta falha, pois descrição já é teoria por ser atividade interpretativa.

Da rica literatura sobre a problemática da descrição de estruturas sociais, apenas menciono uma única obra, que me esclareceu muitos aspectos, antes ininteligíveis, da organização social dos Kaiabi; fato tanto mais notável por tratar-se de uma reconstrução social dos Tupinambá baseada apenas em relatos dos séculos XVI e XVII (Fernandes 1963; complementar 1952 e 1964).

1. Economia, aquisição de alimentos e atividades artesanais como fatores sociais

a) Divisão do trabalho

Ela obedece ao esquema freqüentemente observado entre índios da floresta tropical: roçar e plantar, caçar, pescar e fabricar utensílios ligados a estas atividades, a construção de canoas, a arquitetura e os trabalhos de trançado, assim como a busca e o transporte de lenha, fazer fogo, a coleta do mel e, finalmente, a elaboração de enfeites e a lavagem de roupas adquiridas dos brasileiros – estas são as tarefas dos homens.

As mulheres colhem e transportam os produtos da roça, preparam o alimento, fiam algodão para a confecção de faixas para carregar crianças e redes de dormir, e são responsáveis por todas as técnicas cerâmicas.

O transporte de cargas, o plantio, a colheita e coleta de frutas, porém, são em geral executados por homens e mulheres em conjunto.

Embora a faixa de carregar criança seja um atributo fundamentalmente feminino, não se tornam ridículos os homens que a envergam ao cair da tarde, carregando seus filhos, por horas, a passear. De modo geral, ocupar-se de crianças pequenas e animais de estimação representa o passatempo predileto tanto de homens como de mulheres.

Que entre os Kaiabi não só as mulheres servissem como "animais de carga" também chamou a atenção de Sousa (1916:79):

> "Parece-nos que as mulheres caiabis são melhor tratadas, não servindo de 'cargueiro', como geralmente acontece entre outros índios. Vimos muitos homens carregando cestos de matula e os filhos que principiavam a caminhar, enquanto que as mulheres só carregavam os filhos ainda de peito, trazendo-os em largas faixas de algodão..."

"Trabalhar muito" é considerado virtude. Grande prestígio e idade avançada não constituem razões para trabalhar menos que os outros. Temeoni ia diariamente à roça buscar lenha, rachando-a em seguida, embora todos os membros masculinos da família estivessem em condições de lhe poupar esse trabalho pesado. Em princípio, não havia nenhuma especialização de indivíduos isolados em determinados trabalhos, mas dotes artísticos eram reconhecidos em sua individualidade, e muito apreciados. Só Temeoni e Kwasiari sabiam trançar desenhos complicados nos balaios, enquanto as redes de Yeupit e as flechas de Moanyan eram consideradas as "mais bonitas" etc. Nunca se verificou, entretanto, um intercâmbio regular destes produtos.

b) Propriedade e divisão de bens

Quando cheguei pela primeira vez ao Posto Tatuí, a 20 de janeiro de 1966, todos os Kaiabi ajudaram a descarregar minha bagagem, empilharam-na na maloca e dividiram entre si todos os gêneros alimentícios no correr do dia seguinte. Hesitaram, inicialmente, aguardando minha reação, mas como eu não protestei, aceitaram como certo meu comportamento e prosseguiram tranqüilamente na distribuição de um saco de arroz, um de feijão e outro de açúcar. Cada chefe de família pegava sua parte e todos os moradores da aldeia comeram comigo durante uma semana a minha provisão prevista para três meses. Com a mesma naturalidade, fui sustentado o resto do tempo dentro do grupo dos homens não casados, que não precisam preparar seu próprio alimento. Esse comportamento caracteriza o conceito de propriedade dos Kaiabi: não como propriedade ligada inseparavelmente a uma pessoa, mas como um bem que, de acordo com as necessidades respectivas do grupo, é administrado pessoalmente. Assim pode-se conceber a maloca como propriedade do chefe da família extensa, e cada uma das áreas de cultivo dentro da roça como posse de uma família nuclear, cujo nome também a distingue. Peças de mobiliário pertencem àquele que as usa, e à pergunta a quem "pertence" a gaiola do gavião, obtive como resposta "ao gavião", embora a maioria dos objetos "pertença" a pessoas. Mas não se expressa com isso um relacionamento essencialmente diferente daquele que citei acima sobre a ave.

Por ocasião de uma de suas numerosas visitas a parentes numa outra maloca (no Posto, em outra choça), os Kaiabi voltam carregados de presentes. Além de receber os obrigatórios alimentos, eles podem "adquirir", como presentes, certos objetos – cestos, animais de estimação ou armas – desde que elogiem veladamente estes itens. E até escolhem os de sua preferência, levando-os consigo na presença do verdadeiro dono sem suscitar nenhum comentário. Pressuposto evidente para esta transação é a consciência de que o indivíduo que leva um presente conhece o seu valor e que oportunamente mostrar-se-á reconhecido na medida correspondente.

Este comportamento é uma troca convencional de bens, socialmente motivada, mas não representa uma transação no sentido europeu. A total incompreensão deste comportamento por parte dos seringueiros teve conseqüências trágicas em algumas ocasiões. Um Kaiabi, por exemplo, que queria "levar" um facão na presença dos dois proprietários de uma feitoria, foi imediatamente tido por ladrão por ambos e morto a tiros.

No início eu também interpretei erroneamente semelhantes situações: de uma porção maior de contas de vidro que eu havia levado para fins de troca, distribuí apenas uma parte, relativamente pequena, para não esgotar antes do tempo todas as reservas de presentes. Diversos Kaiabi disseram-me que eram "muito poucas" as contas, ao que não dei maior atenção. No dia seguinte, faltava a maior parte das contas do saco, e sendo Moanyan o único que poderia tê-las tomado, perguntei-lhe por que havia feito isso. Ele ficou extraordinariamente excitado e indignado, desmentiu que tivesse feito tal coisa e acentuou diversas vezes que eu "não sabia" e que ele "não tinha medo". Convocou todos os homens e exigiu de mim, com voz ainda agitada, uma tomada de posição. Repeti minha pergunta, "por que haviam tomado as contas", acrescentando que as teria cedido com gosto se eles as tivessem pedido. A reunião se desfez silenciosamente, mas a situação continuou muito tensa, ameaçadora mesmo. Meses depois, as conversas com Moanyan tornaram claro o motivo da sua indignação comigo. Eles haviam corrigido discretamente um ato errado meu, e quando eu o percebi, inculpara Moanyan em vez de mostrar-me grato por sua ajuda.

O roubo dentro do grupo é, portanto, impossível; mas pode haver violação da obrigação de reciprocidade dos presentes dentro da ordem de valores vigente. O que, entretanto, também varia de acordo com a disponibilidade, num dado momento, da quantidade de objetos correspondentes. Um facão corresponde inteiramente a um belo cesto; mas se há 50 facões armazenados num barracão, então não se dará nenhum cesto por unidade, considerando-se errado e condenável este acúmulo de bens que não estão em uso.

Em alguns casos, esta perspectiva deu origem a fenômenos semelhantes ao "cargo-cult", como, por exemplo, o saque coletivo do barracão Santa Maria no dia 16 de agosto de 1966, em que apenas alguns Kaiabi tinham consciência de um procedimento incorreto. Quando os Kaiabi perdem objetos emprestados de outras pessoas, comunicam-no de forma jocosa e incidental, e não mais se referem ao fato até que encontrem um substituto que oferecem sem comentário.

Assim quando o pequeno filho de Kupe´ap jogou minha caneca da canoa na água todos riram gostosamente. Kupe´ap esforçou-se inutilmente para achá-la por meio de mergulhos, mas não disse uma palavra a respeito. Mais de uma semana depois, estendeu-me uma cafeteira trocada com os seringueiros e esperou que a recebesse em compensação. De modo bem parecido se comportou Moanyan ao perder uma linha de pesca de náilon que pertencia a Tapa. Rindo, comunicou o fato a ele, que prosseguiu na sua ocupação sem nenhuma reação perceptível, embora se tratasse, no caso, da perda de um objeto realmente valioso. Não pude observar junto aos Kaiabi comércio interno ou externo no verdadeiro sentido do termo, pois a recente troca regular de peles de animais por bens de civilização foi concebida pelos índios na ótica acima exposta e, só muito devagar, começaram a compreender o sistema de valor e contravalor de um produto dos seringueiros.

c) Intercâmbio e consumo de gêneros alimentícios

Pode-se observar que os Kaiabi trocam entre si a maior parte dos gêneros alimentícios disponíveis no momento, mas aparentemente de acordo com regras bastante rigorosas, de tal modo que até se poderia falar de uma cerimônia de troca entre as diferentes famílias nucleares que habitam a maloca. Por detrás desse comportamento, encontra-se a convicção de que todos os membros do grupo estão em dependência mútua e são responsáveis uns pelos outros, atitude que também vale em relação aos hóspedes. Depois que os Kaiabi decidiram receber-me entre eles – em sentido paradigmático evidentemente –, também assumiram responsabilidade por minha alimentação. Nunca fui prejudicado na distribuição de alimentos, embora eu fosse muito "improdutivo", sobretudo nos primeiros meses, no que se refere à caça e à pesca. Até que ponto chega essa tendência para a distribuição do alimento, pode ser ilustrado pelo seguinte caso: na época das chuvas, depois de um período de vários dias em que nada fora caçado, Kwaban abateu uma pomba silvestre. Ela foi depenada, cozida, socada e misturada com farinha de mandioca, e cada habitante da aldeia recebeu uma minúscula parte da pomba.

A maior parte da caça e da pesca é obtida pelo grupo de moços solteiros, a quem cabe, como uma das principais responsabilidades, prover as famílias com carne fresca. Quando voltavam à maloca, deitavam a presa ao lado da entrada, sem dizer uma palavra, e iam para a rede. A mulher, ou mulheres, a quem cabia o preparo, levava-a para junto de seu fogo onde um homem estripava e esquartejava a presa.

Quero ilustrar o processo diário de distribuição e consumo de alimentos com um exemplo: um dia, Moanyan e Nyũkato caçaram dois macacos e trouxeram-nos à maloca de Temeoni, onde sua mulher Moi e Kũyakato, com eles cozinharam um *mutap*. Pronto o prato, Moi encheu três grandes cabaças e Temeoni levou uma para Moanyan, uma para Nyũkato e outra para mim. Em seguida, foi com sua própria cabaça de homem em homem e deixou que cada um experimentasse uma ponta de dedo de *mutap*, inclusive aqueles a quem já tinha levado uma cabaça especial. Moanyan e Nyũkato repetiram pouco depois o mesmo processo.

Este distribuir e provar de alimentos repetia-se diariamente, com leves variações, mas apenas entre os homens e só com comida Kaiabi "pura", como o *mutap*, beiju de mandioca e todos os tipos de chicha. A atitude é sempre séria e são usadas as mesmas palavras. Os mesmos alimentos, porém, podem ser comidos pelas mesmas pessoas sem qualquer solenidade, como nas viagens.

Não pude obter, contudo, nenhuma informação sobre as regras desta cerimônia. Minhas tentativas de prever a forma da refeição a ser selecionada, apenas pela observação da situação, não tiveram êxito.

2. Sistema de parentesco

A família dos Kaiabi consiste geralmente de uma extensa família uxorilocal com patripotestas. As filhas ficam morando com os seus pais e os homens se transferem para junto de suas esposas, onde são incumbidos de tarefas econômicas pelo pai da esposa. Este domina, por toda a vida, interesses do convívio social. Após sua morte, oferece-se ao homem que entrou na família pelo casamento a possibilidade de formar uma nova família extensa com os próprios filhos e irmãos solteiros de sua esposa. Uma família extensa pode, pois, incluir tantas gerações quantas permite a duração da vida individual do "patriarca". Exceções à residência uxorilocal verificam-se nos casos em que os pais da mulher são falecidos e ela, por exemplo, foi criada pela família do irmão da mãe; então ela se transfere para a família do marido. Em outras exceções da norma descrita, verifica-se que, em questões de residência marital, o prestígio do marido ou de seu pai pode ser decisivo. Assim pode-se constituir uma família extensa bilocal com a duração de três gerações (cfr. F. Grünberg 1970).

A composição pessoal da parentela decorre do princípio do parentesco consangüíneo bilinear dentro de um grupo bilateral, isto é, a descendência é traçada a partir dos pais tanto para os filhos como para as filhas.

Para esclarecer melhor as conseqüências disso, apóio-me no que se segue em Schmitz (1964). Em princípio, o parentesco consangüíneo bilinear incluiria toda a humanidade, do que naturalmente não resultaria nenhuma função social. Impõe-se, pois, uma limitação desse cone imaginário de descendência, de extensão infinita. Esta limitação pode ser instituída por regras de casamento prescritas ou por determinadas regras de residência, dando origem a pelo menos três segmentos, que derivam todos do mesmo par original, do qual, entretanto, o segmento central se considera mais próximo e por isso apresenta o maior status. Sociedades com essa estrutura de parentesco carregam, pois, em si, desde o início, o germe da formação de status e, ao contrário dos sistemas unilineares, jamais se apresentam como série de linhas igualitárias. A supervalorização do status, entretanto, pode levar novamente a grupos unilineares: no caso dos Kaiabi, para a hereditariedade patrilinear da chefia. Esta estratificação de um grupo oferece pressupostos favoráveis para unidades grandes e diferenciadas, que poderiam ser chamadas de Estados, à semelhança dos grupos locais dos Tupinambá na segunda metade do século XVI (Fernandes 1963:68ss).

Figura 7: Parentes consangüíneos

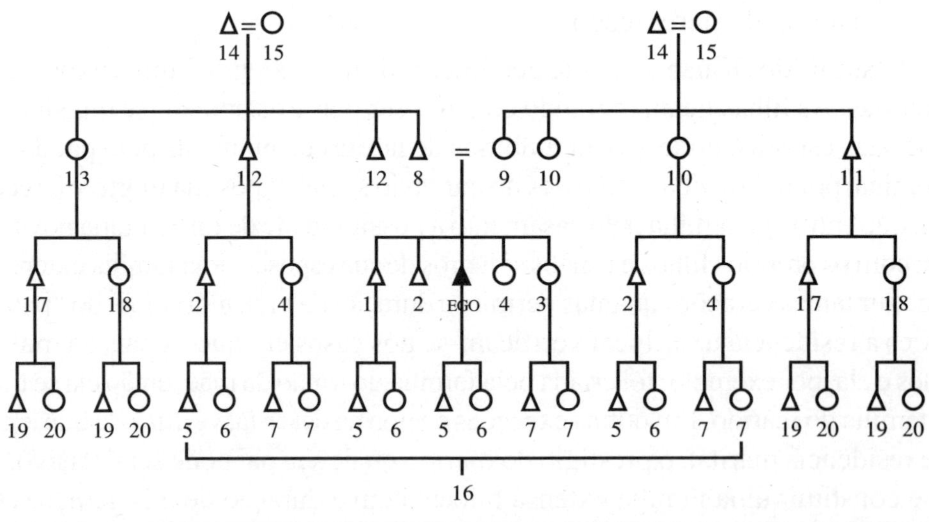

Como se disse, sistemas bilineares requerem uma limitação. Entre os Kaiabi ela se encontra predominantemente no casamento preferencial e simétrico de primos cruzados, cujo princípio estrutural pode ser estendido para a primeira geração ascendente ou des-

	Ego = ♂	Ego = ♀
1. irmão mais velho	*yireki'ɨt*	*yikɨwɨt*
2. irmão mais novo	*yireviɨrɨt*	*yikɨwɨt*
3. irmã mais velha	*yirekit*	*yikɨpɨ'ɨt*
4. irmã mais nova	*yiremɨt*	*iwu*[1]*yakinã*
5. filho	*yira'ɨt*	*yira'urakyã*
6. filha	*yirayet*	*yira'urakɨnã*
7. sobrinho/sobrinha	*yirekayat*	*yepen*
8. pai	*yirɨp*	como Ego = ♂
9. mãe	*ye'ɨ*	como Ego = ♂
10. irmã da mãe	*ye'ɨt*	como Ego = ♂
11. irmão da mãe	*yetɨtɨt*	como Ego = ♂
12. irmão do pai	*yeruwɨt*	como Ego = ♂
13. irmã do pai	*yeyaye*	como Ego = ♂
14. avô	*yiramã*[1]	como Ego = ♂
15. avó	*yiyarĩ*	como Ego = ♂
16. neto	*yiramemuminũ*	*yiramearirũ*
17. primo	*yirami'uramet*	*yeremi'urakyã*
18. prima	*yirami'urayet*	*yeremi'urakɨnã*
19. sobrinho neto	*yiremuramenŋara'ɨt*	*yeremi'uramenŋarakyã*
20. sobrinha neta	*yiremuramenŋarayet*	*yeremi'uramenŋarakɨnã*

cendente, para a FaSi, FaSiSoDa e FaSiDaDa, respectivamente MoBrSoDa e MoBrDaDa, sendo Ego masculino.[31]

Wagley e Galvão (1946) tentaram pela primeira vez construir um sistema de parentesco Tupi e para tanto se basearam em seus próprios dados, obtidos entre os Tenetehára e Tapirapé, e sobre notícias de V. Watson (1944) a respeito dos Kaiwá. A estreita concordância da terminologia destas tribos geograficamente tão distantes entre si e algu-

[31] Fa = father, pai; Si = sister, irmã; So = son, irmão; Da = daugther, filha; Mo = mother, mãe; Br = brother, irmão. (n. ed.)

mas fontes históricas sobre a população do litoral brasileiro do século XVI levaram os autores a supor que:

> "The Tupi-Guarani tribes share a common kinship system – a bilateral system of a type found widespread in North America and which is generally correlated in both South and North America with the bilateral family and a lack of unilateral exogamous divisions of the tribe" (Wagley e Galvão 1946:24).

Os autores referiam-se ao sistema Dakota, do qual o sistema Tupi se distingue apenas pela designação de primos e primas cruzados como irmãos e irmãs.

Ainda no mesmo ano, J. Philipson (1946) criticou esta noção de um sistema de parentesco comum através da interpretação de dados lingüísticos. Embora nos anos seguintes surgisse muito material novo, só F. MacDonald retomou este problema e demonstrou, com os dados de outras oito tribos Tupi, a inconsistência do sistema proposto por Wagley c Galvão. Deu, entretanto, diretrizes para um "... new revised Tupi-Guarani system which seems plausible in most instances" (1965:16). Como característico ele indica:

1. terminologia "bifucarte merging" na primeira geração ascendente, descendente e na de Ego;
2. casamento preferencial de primos cruzados, simétrico ou não, e avunculado;
3. descendência bilinear ou patrilinear;
4. residência patrilocal ou uxoripatrilocal;
5. ausência de grupos exógamos, unilineares.

Dispondo os dados dos Kaiabi, de acordo com este sistema, resulta o seguinte esquema:

1. terminologia na geração Ego: tipo Iroquois
   a) geração ascendente: "bifucarte collateral";
   b) geração descendente: "bifucarte merging";
2. casamento preferencial: casamento simétrico de primos cruzados (extensivo a tias cruzadas e MoBrSoDa / MoBrDaDa);
3. descendência: bilinear;
4. residência: uxorilocal ("matrilocal");
5. grupo de parentesco: família extensa.

Na terminologia da geração de Ego, os Kaiabi divergem, portanto, do sistema apresentado na mesma medida que as tribos xinguanas vizinhas, os Kamayurá e Aweti, e também dos Munduruku que vivem mais ao norte. Os termos para a primeira geração ascendente, de outro lado, revelam um paralelismo com os Kaiwá, e a residência "matrilocal" dos Kaiabi encontra correspondência entre os Sirionó e Tapirapé (MacDonald 1965:6).

Verifica-se que cada elemento isolado das regras de parentesco dos Kaiabi também ocorre em outra tribo Tupi, mas não combina em seu conjunto com nenhuma tribo descrita até o momento. Essa realidade parece dar razão à opinião de Philipson:

> "... de que não existe 'o' parentesco tupi-guarani, mas sistemas diversos em grupos diversos" (1946:17).

Figura 8: Parentes afins, Ego = ♂

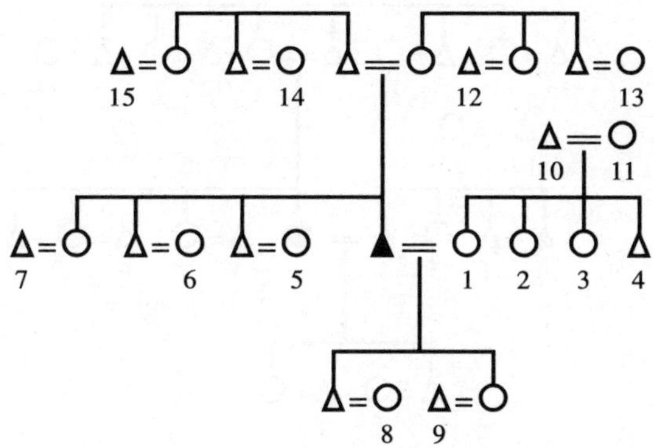

1. esposa	*yeremirik, kari*
2. irmã mais nova da esposa	*nekɨpi'ɨ*
3. irmã mais velha da esposa	*nerekivin*
4. irmão da esposa	*nekɨwɨt*
5. esposa do irmão mais novo	*yirevireyatɨ*
6. esposa do irmão mais velho	*yireki'ɨratɨ*
7. marido da irmã	*yira*^{i}*ya'ɨt*
8. esposa do filho	*yira'ɨtatɨ*
9. marido da filha	*yirayemen*
10. sogro	*nerɨp*
11. sogra	*ne'ɨ*
12. marido da irmã da mãe	*ye'ɨmen*
13. esposa do irmão da mãe	*yetɨtɨratɨ*
14. esposa do irmão do pai	*yiru'ɨratɨ*
15. marido da irmã do pai	*yeyayemen*

O problema da residência marital, principalmente, ainda merece um comentário crítico. É bem possível que, devido à pequena população Kaiabi no Tatuí, uma residência matripatrilocal original se apresentasse apenas matrilocalmente. Pois no caso concreto das duas aldeias, a única família extensa intacta coincide com a família do chefe que, através de seu grande prestígio, pode ligar a família do filho mais velho à sua maloca.

Figura 9: Parentes afins, Ego = ♀

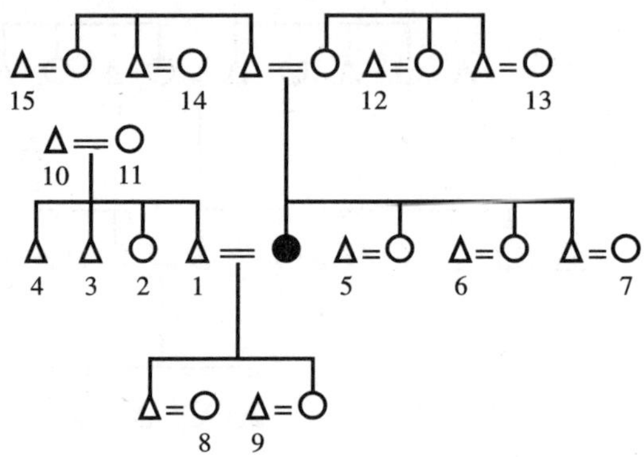

1. marido	*yemen, nyã*
2. irmã do marido	*ye'oki'i*
3. irmão mais novo do marido	*yemeneviret*
4. irmão mais velho do marido	*yemeneki'ɨt*
5. marido da irmã mais nova	*yekupɨ'ɨven*
6. marido da irmã mais velha	*yirekimen*
7. esposa do irmão	*ye'ɨki'i*
8. esposa do filho	como Ego = ♂
9. marido da filha	como Ego = ♂
10. sogro	*yemenɨp*
11. sogra	*yemenɨ*
12. marido da irmã da mãe	como Ego = ♂
13. esposa do irmão da mãe	como Ego = ♂
14. esposa do irmão do pai	como Ego = ♂
15. marido da irmã do pai	como Ego = ♂

Muito depende, portanto, da interpretação do testemunho dos Kaiabi, que certamente seria diversa para diferentes pesquisadores. E Galvão (1953: 33ss) deparou-se com um problema semelhante na área do Alto Xingu, onde cada tribo só é representada por uma única aldeia, o que levou a uma pronunciada dilatação do emprego de termos de parentesco restritos e a um acúmulo de cargos por parte dos chefes.

Dada a situação demográfica desfavorável e o tabu de mencionar nominalmente os mortos, minha tentativa de elaborar uma genealogia abrangente dos Kaiabi foi infrutífera.

Poliginia sororal e levirato são permitidos, segundo informações dos Kaiabi; contudo, não são praticados por causa da grande falta de mulheres. Dornstauder (MSa 1955) observou dois casos de poliginia: tratava-se de homens idosos de grande prestígio que estavam respectivamente casados com duas mulheres jovens, provavelmente irmãs.

Os Kaiabi designam o conjunto dos parentes e, portanto, toda a tribo, de *iputunoo* ou *iputanana*, o que se traduz em português por "muita gente" ou "pessoal nosso". Esta autodenominação dos Kaiabi baseia-se tão fortemente sobre o sistema de parentesco que eles aplicam o mesmo conceito também aos caitetus, quando querem caracterizá-los como conjunto, ou seja, como um "povo". Por outro lado, *yinané´iputunoo*, "eu não sou Kaiabi", nega a filiação à parentela.

O termo "Paruá" com que os Kaiabi se autodenominariam, segundo von den Steinen (1894:391) e seus informantes Bakairi, era desconhecido no Rio dos Peixes, tratando-se possivelmente de palavra Bakairi.

3. A família

Como indicado, a família extensa uxorilocal constitui a unidade básica dos sistemas social, econômico e, sob muitos aspectos, político dos Kaiabi. Isto vale, sem nenhuma restrição, para a situação que Dornstauder encontrou em 1955. Os moradores das diversas malocas só se encontravam por ocasiões de expedições de guerra ou da festa *Yawotsi*, abstraindo-se as numerosas visitas a parentes e as consultas aos xamãs em casos de doenças.

Dez anos mais tarde, ainda se mantinha ficticiamente essa regra, manifestando-se, contudo, uma forte tendência para a divisão da família extensa em famílias nucleares patrilocais muito autônomas economicamente, que seguiam o modelo dos seringueiros morando em choças independentes, bem próximas umas das outras, numa roça comum. Esta situação verificou-se em 1960 por própria iniciativa dos Kaiabi, nela influindo um motivo importante de natureza política. Não havia ninguém com autoridade suficientemente grande para funcionar como chefe da maloca, e essa circunstância levou, em anos seguintes, a mais uma cisão. Mairerũ desaviera-se com Xico/Yupari´up, que se apresentava como "pequeno capitão" ao missionário e aos seringueiros. Mairerũ mudou-se com sua família e a de Purikato alguns quilômetros rio abaixo onde abriu uma grande roça e construiu uma maloca para ambas as famílias. Yupari´up tentou dar-me a impressão de que se tratava de uma "filial" temporária do Posto, enquanto Mairerũ não deixava dúvidas de que era uma verdadeira maloca – e sua.

Essa crescente emancipação da família nuclear evidenciava-se também na mudança de comportamento de cada um dos membros da família que, graças à pequena coesão, tinham mais liberdade individual, mas menos apoio do grupo. Isto constituía um entrave a qualquer tipo de cooperação, atuando, portanto, sobre toda a produção de gêneros alimentícios e sobre as atividades religiosas.

Como homem solteiro, era-me quase impossível observar a vida de família. Parecia-me, contudo, que decisões importantes eram apenas tomadas depois de uma rápida troca de impressões entre os cônjuges e a atitude mansa, mas autoconsciente das mulheres nessas ocasiões, permitia entrever uma forte influência de sua opinião sobre os atos do marido. Viagens, em particular, pequenas expedições de caça e os preparativos para festas dependem muito de sua atitude. Dois exemplos de desavenças conjugais podem ilustrar essa situação. Num pouso, quando da viagem à maloca de Temeoni, Tapa abateu um macaco e, sem que eu compreendesse a razão, teve logo depois uma violenta discussão em voz baixa com sua mulher. Após algumas frases curtas, interrompeu-se a mímica de ambos, a mulher preparou como sempre a comida, sem entretanto dela participar, enquanto Tapa se distanciava ostensivamente do fogo e comia. Então Mariwa e nós outros carregamos a bagagem e fomos para a canoa pretendendo seguir adiante. Tapa veio por último, vagaroso e hesitante, e não falou uma só palavra com sua mulher no dia seguinte. Muito mais tarde, quando remávamos de novo por aqueles lugares, obtive de Moanyan a explicação da briga. Tapa não queria dar à sua mulher os intestinos torrados do macaco – considerados uma especialidade – e por causa disso, ela passou a rejeitar qualquer alimento. Ele ameaçou voltar, do que ela não tomou conhecimento, ela dirigindo-se à canoa para seguir viagem. Tapa teve de conformar-se. Com toda naturalidade, Moanyan tomou o partido de Mariwa, explicando que nesses casos sempre se deve fazer o que a mulher quer, e que Tapa era "ruim".

Durante uma excursão mais longa, Kupe´ap, sem dizer palavra, jogou repentinamente sua rede de dormir num riacho e continuou a andar. Os Kaiabi e eu, que seguíamos atrás, observamos o fato, mas ninguém fez qualquer comentário a respeito e nem recolheu a valiosa rede. Dois meses depois, quando voltamos a passar pelo mesmo riacho e vimos nele a rede meio apodrecida, alguns Kaiabi encetaram uma conversa animada a respeito, da qual pude participar. Kupe´ap protestava na ocasião contra sua mulher que, no seu parecer, o fazia transportar muita carga, inclusive a rede de dormir dela. Ele não atirou fora esta rede, mas a própria. A mulher teve que lhe fazer uma nova nos meses seguintes, mas infelizmente não conseguiu aprontá-la porque morreu de pneumonia.

Tais exemplos não devem despertar a impressão de que esses casamentos fossem orientados fortemente para o lado da mulher. Na realidade, sua forma ideal consiste numa relação equilibrada de parceiros entre marido e esposa, o que, dada a forte tendência generalizada entre os Kaiabi de abafar todas as manifestações emocionais, provoca uma impressão formal e reservada.

De modo semelhante, o pronunciado amor dos pais pelos filhos só se manifesta abertamente em relação aos bebês e infantes. Assim, por exemplo, quando após uma ausência de mais de um ano, um Kaiabi de aproximadamente 20 anos de idade voltou da região do Juruena para sua maloca e se deitou na rede sem dizer palavra, só se podia perceber no leve tremor da mão de sua mãe – que após alguns minutos lhe trouxe uma cabaça de chicha – o quanto ela estava alegre.

Crianças de seis a oito anos têm atitude de muito respeito para com seus pais, enquanto o tio materno era tratado, pelo menos num caso, mais como camarada. Só entre cunhados observei relações declaradamente jocosas.

4. Classes de idade

Tomei consciência da estratificação social segundo classes de idade logo após minha chegada, quando me esforçava para desempenhar o papel que correspondia à minha idade e, conseqüentemente, ao meu status. De fato, já no primeiro dia eu recebera o status de homem jovem não casado, ou seja, de um *konomi´oo.*

Segue-se um esquema para esclarecer a ordenação das seis classes de idade:

1. *konomi´akut* crianças de peito	*kũyata*^{1} *(kũyate´ii ?)* crianças de peito
2. *konomi´i* meninos pequenos, 2 a 6 anos	*kũyamuku´ii* meninas pequenas, até 4 anos pelo menos
3. *konomi* moços até 15 anos	*kũyamuku* moças até 14 anos aproximadamente
4. *konomi´oo* homens jovens até 25 anos	*kũyamuku´oo* mulheres jovens até 20 anos aprox.
5. *ku*^{1}*ma´e (a*^{1}*ku*^{1} *?)* homens de até pelo menos 45 anos	*kũya* mulheres de até pelo menos 40 anos
6. *sa*^{u}*a´é* homens velhos, acima de 45 anos	*õ*^{1}*wĩ* mulheres velhas, acima de 40 anos

Konomi´akut e *kũyata*^{1} são carregados na tipóia e preenchem passivamente uma função social. Um *konomi´ii* já é aceito como um verdadeiro e ativo membro do grupo, mas permanece ainda muito preso à mãe, tal como a *kũyamuku´ii.* Como *konomi* ele acompanha primeiramente o pai ou o irmão da mãe nas caçadas, aprende a remar, é extraordinariamente móvel e tem a máxima liberdade de movimento, não se lhe exigindo nenhum trabalho regular. Pode fazer quantas perguntas quiser e é muito espontâneo no trato com adultos.

Com a puberdade e os ritos a ela associados, ele alcança o status de um *konomi´oo* e seu comportamento muda radicalmente. Muito calado e retraído, nunca faz perguntas, mas escuta freqüentemente a conversa dos outros. Sobre ele recai o peso principal do provimento de alimentos: sem ser intimado, vai diariamente à caça e entrega a presa à sua família. Em todas as viagens, é ele quem rema e abastece a canoa, arca com as cargas mais pesadas nos transportes e atua como "capataz" nas roças e na construção da casa. Não pendura mais sua rede na repartição dos pais, mas em outra, que ele divide com todos os outros *konomi´oo* e também com os viúvos. A comida é trazida a esse grupo de homens jovens pela mulher do dono da maloca e é raro vê-los em companhia de sua própria família. Demonstra em relação a ela um comportamento quase acanhado e obedece ao pai sem dizer uma palavra. Masi, loquaz comigo durante as excursões, era tão calado dentro da maloca que comecei a contar os minutos que ele falava numa semana, e certamente foram menos de vinte. Ao mesmo tempo, era o ouvinte mais atento das narrações de Temeoni, que diversas vezes contava mitos e ministrava ensinamentos gerais ao nosso grupo durante horas, nunca sendo interrompido por qualquer aparte.

Quase não obtive informação sobre os grupos etários correspondentes às meninas, as *kũyamuku* e as *kũyamuku´oo*, pois como *konomi´oo* não tive possibilidade de conversar com elas, com exceção das educadas em Utiariti, que imitavam o comportamento das adolescentes brasileiras ou se refugiavam assustadas junto a sua parentela feminina. Elas já podem casar, estão constantemente na companhia de outras mulheres e são intimamente ligadas aos trabalhos de preparação dos alimentos. Durante o *Yawotsi*, elas constituem o grupo de cantoras. A passagem de *kũyamuku* para *kũyamuku´oo* dá-se também em conexão com os ritos de puberdade.

O homem adulto, *ku*^{1}*ma´é* é pai de família, sendo consultado pelo chefe para todas as decisões significativas de caráter político e econômico. Ele é um guerreiro, organiza expedições de caça e viagens e, no caso de possuir grande prestígio pessoal, pode fundar uma maloca própria e presidi-la.

Com idade mais avançada ele se torna *sa*^{u}*a´é*, o que corresponde a um status ainda mais elevado. Em 1966 só havia um no Tatuí: Temeoni, que não pode servir de exemplo por ser possuidor de direito hereditário à chefia.

Entre as mulheres é a *kũya* a responsável pela educação das crianças, constituindo o centro da família nuclear. Em posição consolidada, ela demonstra o comportamento essencialmente mais livre de uma matrona, algo como *kũya'été* e *yeupit*, que eram as únicas mulheres que podiam conversar por vezes e brevemente comigo, sem com isso ferir o decoro.

Não havia *o'wĩ* no Rio dos Peixes. Contudo, ela deve "falar muito" e "fazer tudo", ou seja, pôr em prática a organização da casa com base em sua experiência.

5. Vida sexual

Devido ao meu status de homem solteiro, não pude fazer nenhuma observação direta e devia contentar-me com as informações de alguns homens.

Mostrou-se claramente que os Kaiabi não dão nenhum valor à virgindade, e Tapa disse que todas as moças se deixam deflorar por homens adultos antes do casamento, preferencialmente no mato ou na festa *Yawotsi*. Um homem que casa "não precisa mais deflorar sua mulher", disse ele com ares de superioridade, quando lhe descrevi os "nossos" costumes de casamento (portugueses).

O homem só tem direitos sexuais sobre sua esposa e, enquanto solteiro, também sobre a esposa de seu irmão. Relações sexuais extramaritais, contudo, não parecem raras, conforme me esclareceu Mea^{u}'ap: se um homem quer dormir com uma outra mulher, vai a ela e a chama diante da choça. A mulher, então, pergunta: "O que é que há?". E ele diz: "Eu queria ter relações contigo". Ela vai embora ou então diz: "Pois bem", e vão juntos ao mato.

Para não ter mais filhos durante o longo período de amamentação, os Kaiabi, de acordo com Tapa, empregam um anticoncepcional preparado com raízes raladas de uma planta: *kaféréawi* (?). Abortos não são provocados.

Tão logo uma mulher engravida, ela não deve mais manter relações sexuais até a criança alcançar a idade de 2-3 anos (Mea^{u}'ap). Durante todos esses meses em que vivi com os Kaiabi não observei nenhuma brincadeira ou gesto de cunho sexual entre adultos, e nenhum ruído durante a noite indicava intercurso sexual. Suponho, pois, que ele se realize em total retraimento no mato, para onde a família se dirige diariamente à noitinha para fins de higiene.

As crianças não devem observar os pais no coito, senão elas ficam "muito bravas", segundo me contou Yupari'up.

Este comportamento quase recatado também se manifesta na educação, quando se proíbe às crianças brincar com os órgãos genitais. Só em relação a mamíferos mortos observei gestos alusivos e observações jocosas que se referiam aos órgãos genitais.

A ocorrência de homossexualidade foi negada e eu mesmo não pude observar nada que confirmasse sua existência.

6. Chefe e xamã

As posições mais elevadas dentro da hierarquia social da tribo são ocupadas pelo líder político e único possuidor da dignidade de chefe, o *uriat*, e pelos em princípio numerosos funcionários do culto, os *panyé*, legitimados por uma experiência vocacional particular.

Os Kaiabi vêem a sociedade ideal dirigida por um chefe velho e aguerrido, que só pode exercer com toda plenitude sua função puramente política e coordenadora quando muitos xamãs bons garantem a todos membros do grupo a assistência transcendental.[32] Assim, chefe e xamã correspondem à imagem ideal de uma personalidade, mas a força de um xamã atua independentemente do chefe, enquanto, ao contrário, o chefe não pode preencher sua função sem xamãs.

Chefes também podem ser xamãs e, inversamente, Ipepuri, um xamã "menor", por exemplo, possui hoje sobretudo funções políticas como líder do movimento de migração dos Kaiabi situados no Teles Pires para o Parque Nacional do Xingu.

Também aqui parece haver um sistema equilibrado de interdependências sociais que permite a alguns xamãs o mais elevado prestígio possível, sem tornar supérflua a instituição política da chefia. No caso específico dos Kaiabi do Rio dos Peixes, não era possível separar os diversos status que Temeoni detinha como o mais velho, como chefe e como avô. Era tratado com respeito especial e falava-se muito dele e de suas decisões no passado, mas faltava qualquer indício de submissão ou mesmo obediência declarada.

Antigamente, disse Mea^{u}'ap, havia *uriat* muito grandes, que eram severos e com freqüência falavam durante um dia e uma noite. Todos vinham e escutavam, não recebiam nenhuma comida, passavam fome, mas ouviam quietos. Quando duas pessoas brigavam, vinha o *uriat* e falava com elas que então não diziam mais uma palavra, o que já não acontece agora.

Depois da morte do pai de Tapa, que fora um "grande" xamã, houve ainda um "pequeno", ou seja, Tɨmaka'i, que realizava suas tarefas como qualquer outro chefe de família e que no trato diário não se distinguia em nada dos outros homens. Mas se ele atuava como *panyé* no tratamento de doentes, então a expressão fisionômica e os gestos dele e dos presentes se transformavam, tornando-se intensamente perceptível a função séria e cheia de significados que devia exercer nesse momento.

[32] Atualmente há muitos caciques de aldeias kaiabi bastante jovens que operam com mais desenvoltura a intermediação com o mundo dos brancos. (n. ed.)

Resumindo, confirma-se entre os Kaiabi a observação de Schaden (1959:119) de que entre as tribos Tupi a imagem ideal de uma personalidade corresponde mais à do poderoso xamã do que à do grande guerreiro.

7. A guerra

Esta instituição é importante para diversas esferas da vida social e religiosa dos Kaiabi, já que ela:

1) dá oportunidade aos homens de conquistar prestígio, o que é pré-requisito para a fundação de uma nova maloca e encontra sua expressão num novo nome;

2) porque os crânios-troféus apreendidos na guerra possibilitam em sua verdadeira forma o *Yawotsi*, complexa festa religiosa em que religião e sociedade se interpenetram.

Parece que motivos econômicos ou pessoais são fatores secundários para provocar uma guerra, embora Temeoni desse como razão para a última expedição guerreira contra os Apiaká o fato destes terem raptado um Kaiabi.

No início de uma expedição de guerra escolhe-se um líder especial, o *amuyukawuyao*, pois o chefe e seus filhos permanecem em sua maloca (segundo Tapa). Geralmente à noite, os homens adultos partem sob a direção do líder, armados com bordunas e arcos, até a proximidade da maloca inimiga.

O mencionado ataque aos Apiaká ocorreu de dia. Aos gritos, os Kaiabi invadiram a casa, mataram todos os homens e mulheres, cortaram-lhes as cabeças e levaram-nas, assim como as crianças, para sua maloca (de acordo com Tapa e Moanyan). Segundo Moerupã, braços e pernas também são levados. Nenhum dos informantes estivera presente naquela ocasião.

Datam de 1964 notícias de pessoas diretamente implicadas em atividades bélicas. Nesse ano chegaram dois seringueiros fugidos do Teles Pires – um deles um negro grande, o outro um mulato pequeno, bastante claro – à maloca de Temeoni e exigiram mulheres. Depois de mantidas relações sexuais ao menos com uma, continuaram a descer o rio dos Peixes. Na noite seguinte, enquanto dormiam em suas redes, foram mortos por Kaiabi. Os cadáveres foram despidos e abandonados, "para que os urubus os comessem". Após alguns dias, os crânios foram trazidos para Temeoni que convocou todos os Kaiabi para o último grande *Yawotsi*.

De acordo com Yupari´up, o homem que matou o inimigo deve retirar pele e carne da cabeça, pois só o crânio é levado para a maloca. No decorrer do *Yawotsi*, os crânios são enfeitados com fios de algodão e carregados nos ombros pelos homens (Tapa). Segundo o testemunho de todos os informantes, quando partem o crânio em pedaços pequenos, estes são distribuídos primeiro aos homens e depois às mulheres. Mais tarde, são jogados fora, e apenas com os dentes se fabricam colares. Quem matou um inimigo recebe um novo nome (Yupari´up). Todos os Kaiabi negam a antropofagia, mas esta assertiva é compreensível em vistas das acusações estereotipadas dos seringueiros de que "todos os índios são comedores de gente", e certamente corresponde apenas à situação atual (cfr. von den Steinen 1894:392).

As expedições de guerra dos Kaiabi têm grande extensão. Ainda em 1965 supunha-se que os agressivos índios Txikão,[33] entre Jatobá e Batovi, na região do Alto Xingu, fossem realmente "Kaiabi bravos", já que estes tinham penetrado mais vezes nessa área (Galvão/Simões 1965:5, 17). Murphy/Quain (1955:37) mencionam um cocar de penas que os Trumai apreenderam numa expedição guerreira dos Kaiabi. O que combina bem com a seguinte notícia de Tolksdorf a respeito dos Kaiabi do Rio dos Peixes (MS 1957):

> "Suas viagens são às vezes muito extensas, já tendo eles estado até na região dos formadores do Xingu, quando, segundo suas histórias, um deles foi devorado pelos Meinacos (= Mehinaku)".

Sousa fornece algumas observações muito interessantes a respeito de uma "declaração de guerra" formal dos Kaiabi aos participantes da expedição, em que uma dança e gestos ameaçadores constituíam a parte principal (1916:86s).

Especulações interessantes poderiam ser associadas a esses dados sobre a caça às cabeças entre os Kaiabi; a meu ver, entretanto, elas seriam prematuras e só poderão justificar-se depois de uma nova investigação.

8. Conflitos interétnicos[34]

Os Kaiabi tiveram problemas sobretudo para classificar os representantes das tribos com que entraram em contato dentro de seu sistema de preconceitos étnicos. Trata-se, segundo Ianni (1966:62) de um processo social formado por determinados componentes ideológicos de relações sociais entre grupos, que se consideram pertencentes a etnias diferentes.

---

[33] Os Txikão (autodenominados como Ikpeng) também acabaram sendo transferidos para o interior do PIX e hoje são vizinhos dos Kaiabi. (n. ed.)

[34] Sob este título procurei chamar a atenção, numa comunicação ao 38º Congresso de Americanistas, para problemas advindos do contato intensivo dos Kaiabi com etnias que até o momento lhes eram desconhecidas. Eu a reproduzo aqui, com modificações (Grünberg 1969). (nota do autor)

Essa formulação não diz respeito, entretanto, aos Apiaká, pois embora os Kaiabi os atacassem a intervalos quase regulares, eles classificam os *tapi'itsin* como "parentes", que "são como nós", falam a mesma língua, usam a mesma tatuagem e "são dos nossos". Na consciência dos Kaiabi, os Apiaká não constituem uma etnia estranha, mas um grupo local, com o qual entram temporariamente em conflito. Isso não exclui a possibilidade de visitas pacíficas, pois, fora do próprio grupo, as mulheres Apiaká são consideradas cônjuges preferenciais. No verão de 1966, Tɨmaka'i, Nyũkato, Masi, Moanyan e eu tentamos inutilmente estabelecer um contato pacífico com eles, após uma interrupção das relações por aproximadamente dez anos. Durante nossa marcha de vários dias, os quatro homens se comportavam alternadamente como por ocasião de uma visita a parentes ou como numa expedição de guerra, dependendo dos comentários induzidos pelas pegadas no território dos Apiaká.[35] Estavam convencidos de que podiam interpretar o comportamento daqueles índios a partir de suas próprias normas.

Isso não ocorria em relação às duas outras tribos com as quais se relacionavam nas últimas décadas. O território de caça dos Aripaktsá (Erigpactsá ou "Canoeiros") – *yimamɨk* ou *kava'ip* – se estende do Juruena e Rio do Sangue até o Baixo Arinos e Baixo Rio dos Peixes. De 1958 a 1960 alguns Kaiabi conviveram com Aripaktsá no Posto Santa Rosa, tendo assim oportunidade para rever seus preconceitos étnicos elaborados antes de 1955 em expedições de guerra contra esses índios. Contudo, parece que sua atitude permaneceu a mesma. Os Kaiabi se julgam mais adiantados espiritual e socialmente que os Aripaktsá, como também em termos tecnológicos. Eles fazem troça de seus discos auriculares de madeira e dos penachos de plumas que eles prendem aos lóbulos. Sabendo que os "civilizados" abominam a antropofagia, não perdem ocasião para apregoar em tom irônico que "os Canoeiro gostam de comer gente". Não observei nenhum Kaiabi adulto que tivesse mostrado o mínimo sinal de insegurança perante os Aripaktsá. Mas, por outro lado, eles também não esperavam nenhum comportamento "racional" ou mesmo "normal" em empreendimentos conjuntos. Os Kaiabi sabem que os Aripaktsá "não são como nós" e dizem "boas são suas cabeças para nossa festa, e também suas mulheres".

Os assim chamados Beiços-de-Pau da margem esquerda do Alto Arinos constituem uma tribo ainda não pacificada, cujos homens se caracterizam pelo uso de discos de madeira no lábio inferior, sendo chamado pelo Kaiabi de *ipé'oo* (lábios grandes). Talvez

[35] Atualmente os Kaiabi e os Apiaká ocupam conjuntamente, junto com alguns Munduruku, a Terra Indígena Apiaká-Kaiabi no município de Juara-MT. (n. ed.)

devam ser classificados como Kayapó[36] (César 1969). Seus territórios estendem-se pela margem direita do Arinos ao norte, até o curso superior do rio dos Peixes, o que levou os Kaiabi a algumas rixas armadas com eles. Sempre falavam deles com muita seriedade e medo perceptível, e a imagem do inimigo perigoso condicionava suas descrições. Acentuavam que os Beiços-de-Pau sequer possuíam redes e dormiam no chão, e que eram muito grandes e feios, inclusive as mulheres. Os curtos encontros hostis com os Beiços-de-Pau não exigiram nenhuma configuração racional da representação desses índios, pois a situação definia o comportamento mutuamente inamistoso sem permitir uma alternativa.

Em maio de 1955, os Kaiabi encontraram em Dornstauder o primeiro civilizado junto ao rio dos Peixes. Seria errôneo supor que através desse primeiro contato direto, o preconceito étnico já existente contra os "civilizados" se tivesse modificado. Os Kaiabi acreditam que os "civilizados", *tapi'ɨ'ipyat*, desceram à terra do lugar onde vivem os xamãs falecidos, o *ɨwap*, e que eles "também são como os xamãs". Por isso possuem tantos gêneros alimentícios que os Kaiabi não conhecem (mandioca doce, feijão pequeno, batatinha, sal), e de lá também trouxeram suas facas, machados e armas. Eles teriam descido para viver aqui. "E porque eles vieram, morrem tantos de nós e não ficam velhos. Eles são maus conosco e quando chegaram pela primeira vez ao Teles Pires mataram um Kaiabi, comeram-no e espetaram sua cabeça num poste". Como quase todos os seringueiros desta região são mulatos, os Kaiabi atribuem uma pigmentação escura aos "civilizado". Por não contarem com muitas mulheres, cobiçavam as dos Kaiabi, sem assumir as responsabilidades advindas de tais uniões. Também não sabiam como viver no mato, procurando apenas a seiva da seringueira, que os próprios Kaiabi empregam em pequena quantidade, e somente para impregnar cabaças.

O pe. Dornstauder, contudo, não correspondia a essa imagem, embora falasse "civilizado"; mas tinha uma cor de pele bem clara, usava óculos e tinha barba, não se interessava por mulheres, não procurava seringueiras e acentuava sua ligação com os xamãs do Além. Não era, portanto, um verdadeiro "civilizado", e sim um autêntico xamã, um "padre" ou *ma'ɨt*.

Quando os Kaiabi, logo após, se encontraram com seringueiros, viram todos os seus preconceitos confirmados, percebendo cada vez mais claramente a oposição entre

---

[36] Os Beiços-de-Pau ou Tapayuna foram posteriormente identificados como um grupo Suyá que se separou daqueles que migraram para a região do Xingu há cerca de 2 séculos. Após serem praticamente dizimados pelos brancos, um pequeno grupo também foi levado para o Xingu onde foi absorvido pelos Suyá. (n. ed.)

seringueiros e "padres" e, com a ajuda destes, esperavam manter os seringueiros sob controle. Depois que alguns visitaram também o centro da Missão em Utiariti, encontraram explicação para todas as questões relacionadas com o habitat e a estrutura social dessa "tribo": os "padres" moram em Utiariti, onde também se encontram suas mulheres (referência às religiosas que lá trabalhavam) e seu chefe. São mais poderosos e possuem mais bens que os "civilizados", e ali também falam sua própria língua (ou seja, alemão, pois a maioria dos padres são teuto-brasileiros que muitas vezes falam alemão entre si).

Por razões semelhantes, os Kaiabi consideravam-me inicialmente um "padre". Depois de alguns meses, reformularam parcialmente esta opinião, passando a atribuir-me a uma etnia muito próxima da dos padres, que mora mais longe e é muito menos poderosa.

Sempre que os Kaiabi se encontravam com "civilizados" em minha companhia, procuravam usar o padre e também a mim contra eles; quando um seringueiro se gabava de seu rádio transistorizado, explicavam que os padres possuíam uns bem maiores e mais potentes, e se os Kaiabi os quisessem, o padre traria um para cada índio. Também em relação a armas de fogo procuravam sempre simular um conhecimento superior da mecânica e da utilização e me apresentavam como autoridade no assunto.

A idéia dos Kaiabi de que os "padres" e "civilizados" constituíam duas etnias diferentes, das quais a primeira os ajudava a defender-se dos segundos, e a prudente atitude de Dornstauder, endossando na prática essa opinião, levaram a um precário equilíbrio na situação de fricção interétnica no Rio dos Peixes. Tudo o que dissesse respeito aos Kaiabi, os seringueiros consideravam "coisa dos padres" e raramente estendiam seus estereótipos depreciativos sobre os índios aos Kaiabi. No Rio dos Peixes, assim, ao contrário do que ocorria no noroeste mato-grossense, verificaram-se poucos conflitos entre as duas etnias, dadas a predisposição cultural dos Kaiabi para o contato e a postura pessoal de Dornstauder. Graças à sua intervenção, nenhum Kaiabi foi empregado, a partir de 1960, nos seringais do Rio dos Peixes, embora persistisse a sua tendência de entrar em contato freqüente com os seringueiros. Mas, a partir do momento em que faltar a função de Dornstauder de representar os interesses dos índios e de protegê-los, garantia do status quo étnico, só restará aos Kaiabi uma solução: a integração na camada mais baixa do proletariado rural brasileiro. Os problemas interétnicos depressa se transformariam em problemas de classe. Os Kaiabi, contudo, não se submeteriam espontaneamente a esse processo, já que não há para eles nenhum estímulo para se adaptar social e religiosamente aos "civilizados": neste particular, os Kaiabi os consideram "muito piores". "Melhores" os "civilizados" só são propriamente no campo da tecnologia; pois o êxito visivelmente maior na cura de determinadas doenças não é atribuído aos "civilizados" mas aos "padres". Toda a tragédia da situação poder-se-ia caracterizar da seguinte maneira: os Kaiabi gostariam de ser como os "padres", mas podem vir a ser apenas "civilizados".

Com a transferência de dois terços dos índios do Rio dos Peixes para o Parque Nacional do Xingu, em outubro de 1966, este equilíbrio precário foi certamente destruído, e suponho que assim chegou ao fim a existência do último grupo Kaiabi residente em seu habitat.

capítulo VII

Ciclo de vida

1. Gravidez e nascimento

Durante a gravidez, os pais submetem-se a determinadas restrições alimentares, assim como em todas as outras situações consideradas perigosas. Além da alimentação vegetariana – com exceção da castanha-do-pará – só podem comer aves, macaco-prego, peixe pintado e girinos. Os homens não caçam nenhum animal de presa ou, pelo menos, não os podem tocar. Quando sua mulher estava em estado de gravidez adiantada, Maró abateu uma jaguatirica. Ele a largou no chão, voltou à aldeia e mandou um outro buscar a presa. Mairerũ explicou esse comportamento dizendo que, do contrário, a criança choraria e apareceria o *a*^{1}*mama*, que os "civilizados" chamam de "espírito santo"; à guisa de ilustração, começou a tremer em todo corpo. Negou-se a responder outras perguntas.

Maró fabricou para sua mulher uma pequena figura antropomorfa de fios de algodão e de otólito de peixe, chamada *konomi*, ou seja, menino ou homem jovem, que foi presa na rede da gestante (Grünberg 1967:86).

A relação sexual é rigorosamente proibida durante esse tempo. A mulher cuida do serviço da casa até o fim e só no transporte de cargas mais pesadas o marido a auxilia mais do que de ordinário.

Já que não pude observar pessoalmente um nascimento, transcrevo, sem acréscimos, os dados de meus informantes.

De acordo com Tapa, no dia do nascimento e alguns dias depois só é permitido aos pais comer *mutap* de cogumelos e girinos. A mulher dá à luz numa choça (provavelmente na *yeway-móók*, ver pág. 122) auxiliada pelas mulheres idosas que "entendem"; o homem se deita um dia na rede (Tapa) ou se afasta (Yupari´up). Os pais devem ficar deitados na rede após o nascimento.

O nascituro é cuidadosamente lavado com água e uma mulher lhe corta o cordão umbilical com um pedaço de taquarinha. Ele é seco e pendurado no pescoço da criança como um colar, pois "isso é bom, o pai não perderá o filho" (Yupari´up). Mais tarde o cordão é enterrado.

No caso de gêmeos, só o que nasceu primeiro sobrevive, segundo Yupari´up: o que vem em seguida é "jogado fora" por ter sido gerado por "outro homem durante a gravidez". Mairerũ, entretanto, afirmava que os gêmeos e trigêmeos são criados, mas o ideal é ter só uma criança; "a gente também não sabe por que são gêmeos!". Apenas crianças deformadas seriam mortas. Pouco após o nascimento, a "mulher mais velha" perfura os lóbulos da orelha da criança com um espinho da palmeira tucum. Pelos orifícios passam fios de algodão. O pai, o irmão do pai ou a mãe, a irmã da mãe (Mairerũ) ou então o chefe (Yupari´up) dá um nome à criança, mas o nome dos pais não muda.

Enquanto o pai ainda se encontra na rede, os parentes vêm visitá-lo. Ele apenas diz: "dói". Depois faz um pequeno arco de aproximadamente 10 cm de comprimento para seu filho, colocando-o na rede do bebê, "pois assim vai matar bem os animais e ficar forte". Se nasce uma menina, o pai confecciona um enfeite para ela e um pequeno cesto. Às vezes o pai também faz profecias (cerimônias pressagiantes) para seu filho (Yupari´up).

Tolksdorf (MS 1958) relata em seu diário:

> "Hoje nasceu aqui uma criança de uma índia que veio com um grupo de Kayabi para a festa. Foi tudo muito simples e indolor. A mulher recolheu-se a um velho barracão das proximidades e pouco depois, passando por perto, eu a vi sentada ali, segurando o recém-nascido e limpando-o. O pai estava ao lado, sorridente. Provavelmente muitas índias estiveram presentes também" (...).
>
> "Para dar à luz, a mulher vai para o mato ou para uma choça próxima e pouco tempo depois do parto ela retoma suas atividades. Se, por negligência ou outra causa qualquer, o umbigo sangrar, ele é untado com sumo de seringueira. O umbigo é atado com uma embira".

2. Infância

As mencionadas regras alimentares para os pais são mantidas, de forma amenizada, até que a criança possa ficar em pé ou andar. A criança é amamentada até o quinto ou sexto ano de vida e o desmamar não é abrupto.Quando o filho de Tapa, de dois a três anos de idade, queria mamar, a mãe expressava seu desagrado, mas não o impedia; Tapa explicou-me que as mães nunca impedem os filhos de mamar, mas lhes dizem tantas vezes que não devem fazê-lo, que eles param por si. Este modo de educar é habitual até pelo menos os cinco anos. Nunca vi um adulto bater em criança, nem mesmo quando causavam grande prejuízo, jogando fora, por exemplo, o arroz que na ocasião era nosso único alimento ou matando com requintes de crueldade o papagaio preferido de Temeoni.

De outro lado, as crianças podem ser muito agressivas em relação aos pais. Peró, de quatro anos de idade, por exemplo, bateu com toda a força de seus pequenos punhos em sua mãe e ela não se incomodou. Seu pai, Tapa, observou o garoto por algum tempo e finalmente grunhiu de leve, com o que seu filho sossegou. Certa vez, observei algumas crianças começarem a comer areia diante da casa, enquanto Mariro observava rindo. Os adultos só interferiam em casos de perigo real e iminente, quando as crianças, por exemplo, caíam na água ou queriam destruir um ninho de marimbondos.

Dessa atitude deduz-se que os Kaiabi reconhecem uma vontade própria também em crianças pequenas, que geralmente respeitam. Ao pedir a Kupe´ap para fazer-me um brinquedo de criança, ele quis dar-me o de seu filho de dois anos de idade. Começou a conversar seriamente com ele a respeito. Pouco depois o garoto veio ter comigo, dando-me o animal entalhado em madeira feito pelo pai. O mesmo procedimento observei também em Tapa e seu filho.

Expressão dessa grande independência também é o agrupamento de meninos e meninas em grupos lúdicos muito autônomos, nos quais não pude observar líderes destacados.

Além do mencionado brinquedo, muitos objetos são usados para imitar a vida dos adultos, "canoas" de folha de palmeira, arrastadas pelo chão de um lado para outro, com as quais se empreendem viagens. O mais tardar com cinco anos, os grupos dividem-se de acordo com o sexo: para o menino, a "caçada" se torna o principal tema de brincadeiras e, para as meninas, o preparo da comida.

Na idade de seis a oito anos se processa uma mudança no comportamento da criança, que pode ser considerada radical. A excessiva mobilidade e as atitudes "atrevidas" características da fase anterior transformam-se em comportamento circunspecto, calmo e obediente, que corresponde inteiramente, ao que parece, ao do adulto. Não se tem a impressão, entretanto, de que essa mudança tenha sido induzida por medidas educativas diretas, parecendo totalmente espontânea. Os pais a consideram natural.

3. Puberdade e casamento

Na idade de doze a treze anos, meninos e meninas são submetidos coletivamente a ritos de iniciação, que encontram sua expressão visível na tatuagem. Antes de 1964 esta cerimônia, o *ayupara´ikutukap* (?), foi realizada pela última vez e meus conhecimentos baseiam-se apenas em informações de diversos participantes, que em parte se contradizem.

De acordo com Mairerũ, essa cerimônia só se realiza para meninos de tempos em tempos, quando "há número suficiente". De manhã bem cedo os rapazes são "trancados" na maloca, não podem falar uma palavra nem comer nada além de uma variedade preta de milho *(awatsi´un)* ou mesmo beber. O *panyé* e Temeoni falam então com eles e o primeiro executa a tatuagem. À noite, Temeoni toca a flauta de pã e canta para eles; cada rapaz recebe outro nome de seu pai, podendo casar-se mais tarde.

Tapa falou da própria tatuagem: ela fora feita por seu pai, o grande *panyé*, de madrugada, e só os homens podiam assistir; mas não se cantou nem se tocou. Em seguida recebera uma chicha de *awatsi´un* para beber, não pode mais falar e permaneceu dois dias deitado na rede. No terceiro dia já estava "seco", só não podia comer amendoim porque senão a cor "sairia". Yupari´up, um pouco mais velho, contou mais ou menos a mesma coisa, e Yavaré´i/Paulistano completou: depois que o "velho" falou com o rapaz e este fora tatuado, só bebeu água através de uma flauta de taquara, "de tanto que a boca doía". Por diversos dias não pode mexer com fogo, "caso contrário não fica preto no rosto". Todos os moços se chamam *mea^u^oo* depois.

Após a primeira menstruação (*ayemonyat*), as meninas devem subir totalmente nuas sobre uma pedra erguida na maloca, ali permanecendo por um dia inteiro, sem falar. Elas só podem comer peixes pequenos (Yupari´up) e tomar chicha de *awatsi´été* (Tapa). Banham-se depois no rio e permanecem na rede por três dias como mortas. "Depois está bom", e elas são tatuadas pelo *panyé*, tal como os rapazes. As meninas também trocam de nome e podem ter relações sexuais após passarem pelos ritos. Em todas as menstruações subseqüentes, quc são associadas com a lua (ver pág. 233), elas não precisam mais se recolher à maloca.

Conforme comunicação pessoal de Dornstauder, também ele viu, em 1955, uma menina nua e muda, parada em cima de uma pedra.

Embora todos os informantes assegurassem que tanto rapazes quanto moças podiam casar a qualquer momento depois do *ayupot*, isto não parece ser comum. Quando o Tapirapé de aproximadamente 16 anos de idade quis casar com uma Kaiabi do Teles Pires, de pelo menos 35 anos, Tekwara^i^/Paulina (com a qual já vivia), esta união não foi aceita pelos demais Kaiabi. O casal não agüentou a forte pressão social e teve de migrar para o Juruena. Alguns Kaiabi justificaram estas sanções pela pouca idade do homem, enquanto outros apontavam a circunstância de que a mulher já era "casada" com um outro Kaiabi. A diferença de idade não regula, pois entre os parceiros preferidos para casamento contam-se tias cruzadas e os sobrinhos cruzados.

Querendo casar, o homem dirige-se à mãe da futura esposa, expressa sua intenção e esta a transmite à filha. Ele presenteia a mãe com objetos por ele fabricados, como cestos e cordéis enfiados de contas de tucum, mudando-se para junto da esposa, onde recebe uma repartição própria e um local para o fogo. Marido e esposa recebem um novo nome.

Depois deste terceiro nome, um homem ainda pode adquirir diversos outros: sempre que matar um inimigo e quando tem uma vivência em sonho que o leva a pedir ao *panyé* que lhe faça uma tatuagem individual. Tɨmaka´i ("macaco na perna"), por exemplo, chama-se assim porque viu um macaco-prego em sonhos – provavelmente um espírito protetor com essa aparência – e um outro xamã lhe tatuou a imagem nos lados externos das pernas (Fig. 23-3, pág. 145). Temeoni enumerou pelo menos sete nomes diferentes que ele possuía, e do seu relato era possível perceber que esse número era extraordinário, estando ado a grande prestígio, e que ele dispensava a mim uma honra especial ao comunicar todos os seus nomes. Nomes de pessoas falecidas não se pronunciam mais.

4. Morte

Durante a minha permanência no Rio dos Peixes houve apenas um falecimento na aldeia de Temeoni; eu me encontrava no Posto Tatuí e meus dados baseiam-se, portanto, no que me contaram.

Conforme Moanyan e Tapa, o homem que morreu é pintado com urucu por sua esposa, enfeitado com todos os seus ornamentos e amarrado de cócoras, com os braços cruzados sobre o peito. É deitado assim na sua rede e enterrado perpendicularmente numa cova redonda dentro da maloca. Suas armas são queimadas. A viúva também se pinta de urucu e corta bem curtos seus cabelos. Yupari´up descreveu de modo bem semelhante o enterro de uma mulher, tendo sido queimados seus cestos e suas cabaças. Seu marido não precisou cortar os cabelos. No caso de gestante, deixa-se a criança no ventre da morta. Segundo comunicação pessoal de Dornstauder, quando se acumulam os casos de morte, os Kaiabi não enterram os corpos na maloca, mas no *oni'i* (ver pág. 121), lamentando-os ali. Tolksdorf dá a seguinte descrição (MS 1958):

> "Morrendo um Kayabi, amarram-se-lhe as mãos e os pés, deixando-o mais ou menos de cócoras. Colocam-no em sua rede e ele é enterrado na maloca onde viveu. Faz-se uma cova de 1-1,5m de profundidade e ele é sepultado ali. Depois o chão é batido com os pés e a vida continua na superfície".

Por diversos dias pude observar os lamentos pela morte de Riũ´été na maloca de Temeoni. Logo que escurecia, três mulheres, que se sentavam juntas numa rede, entoavam um choro esganiçado e comprido, que era ritmicamente repetido. Depois de uns cinco minutos, o choro terminava num *diminuendo.*

capítulo VIII

Normas de comportamento e fundamentos psicomentais

Neste capítulo pretendo apresentar diversas observações que visam a análise das relações internas no sistema de comportamento dos Kaiabi. Pré-requisito para esta análise é categorizar seu objetivo não a priori, mas à base de critérios indutivamente encontrados. Indubitavelmente, isso só foi possível em casos excepcionais, pois em geral só chamaram-me a atenção os comportamentos diferentes dos meus. Dessa maneira, as subseqüentes normas de comportamento, formuladas nomoteticamente, apenas podem ser consideradas como "existentes" para os Kaiabi; correspondem antes ao meu desejo de encontrar regras que tornassem menos incômodo o meu próprio comportamento.

A ordem dessas observações não reflete nenhum sistema, orientando-se apenas por aspectos subjetivos e práticos.

A extraordinária importância de uma etnografia comparada da comunicação já foi destacada (Hymes 1964); faltam, entretanto, praticamente todos os trabalhos preliminares para as tribos das terras baixas sul-americanas. A exceção é um artigo sobre gestos de diversas tribos do Oriente boliviano, que propõe uma subdivisão dos gestos em lexicais, não-lexicais e emocionais (Key 1964b), mostrando algumas semelhanças surpreendentes com os comportamentos que observei entre os Kaiabi.

1. Formas de comunicação

Os Kaiabi falam em voz baixa, levemente nasal e monótona, fazendo poucos gestos. Ao falar, viram a cabeça ligeiramente para o lado a fim de não olhar o interlocutor de frente: não se deve dar a impressão de estar com pressa ou de que a notícia que transmite seja importante. Por isso mesmo, ridiculariza-se a gesticulação dos brasileiros, que são comparados aos bugios. Mesmo quando o interlocutor não está presente – porque passa, por exemplo, do lado de fora da casa, enquanto o falante está no interior – não se levanta a voz. Assim, todos os moradores da "aldeia" podem manter conversas à noite, deitados em suas redes. As mães falam com crianças pequenas e animais de estimação em voz baixa e gutural, mas quando estão irritadas, especialmente em relação aos cachorros, então resmungam. Com fins educativos elas deixam transparecer seu mau humor com leves resmungos ou emitem um ruído semelhante ao ganir do cachorro.

Ao narrar mitos ou dar ensinamentos de caráter geral, o estilo usado por Temeoni era diferente de sua maneira habitual de conversa. O tom era mais cantado, fazia muitos acréscimos onomatopéicos e imitava as vozes das pessoas mencionadas.

Os homens Kaiabi riem freqüente e demoradamente em falsete; quando, em conversa, concordam com alguma coisa ou convidam ao assentimento, erguem bem as sobrancelhas e esboçam largos sorrisos. Expressam desagrado com um forte *"ö"*. Na floresta, a comunicação é mantida através de gritos curtos – *´üh* – fortes e de alto registro.

Indicando um objeto nas proximidades, eles erguem levemente o queixo e encrespam os lábios, às vezes falando ao mesmo tempo. Quando o objeto está distante, estendem o braço direito e apontam o dedo indicador, mantendo a mão ao lado olho, enquanto ajustam cuidadosamente a cabeça para fixar a direção.

Momentaneamente assustados ou perplexos, os Kaiabi exclamam *´oyé*, acentuando apenas a primeira sílaba. Depois de despender um esforço maior, soltam um *´uh* explosivo, alto e forte.

Os homens têm destreza especial na imitação de sons de animais, particularmente dos de macaco-prego e mutum. Também atraem um peixe, o tucunaré, com um assobio estridente e trinado. Quando escutam, abaixam às vezes a cabeça e colocam a mão em concha junto à orelha.

Os Kaiabi têm um pronunciado senso de humor, que corresponde às nossas representações: riem demorada e abundantemente em situações cômicas e do comportamento errado dos outros. No começo, riam praticamente de qualquer coisa que eu fizesse, e mesmo após cinco meses ainda se repetiam, todos os dias, situações semelhantes. Às vezes ainda acentuam o cômico fazendo perguntas e constatações irônicas: diante de um peixe particularmente pequeno, perguntam: "É muito grande?". Diante de uma comida muito quente, exclamam: "Isto está muito frio!". Esses gracejos são saudados com grandes risadas. Nunca vi adultos ou jovens pós-pubertários chorarem. Deixam as crianças chorarem por algum tempo; quando elas correm para junto dos pais, estes as levantam para consolálas. Nunca observei que cantassem ou tocassem um instrumento com fins de comunicação.

Locais de ocupação humana são farejados, provavelmente devido à presença de fumaça.

Merece ainda atenção o comportamento por ocasião de saudações e despedidas, nas quais se reprimem expressões emotivas, como se os Kaiabi procurassem diminuir, através de acentuada formalidade, o elemento perturbador destes acontecimentos.

Quando subimos o rio até Temeoni pela primeira vez, um tiro numa jacutinga traiu nossa chegada. Foi imediatamente respondido, embora estivéssemos a uma distância de vários quilômetros da maloca. Após uma hora, mais ou menos, aportamos, descarregamos a canoa e fomos devagar, em fila indiana, para a maloca. Ninguém nos esperava no porto e mesmo na casa. Temeoni apenas nos deu um breve sorriso, enquanto pendurávamos nossas redes ao lado direito da entrada e nelas deitamos sem palavras. Depois de uns vinte minutos, Moanyan iniciou uma conversa baixinha e formal com Nyũkato e, então, fui até Temeoni, acocorei-me diante dele e disse meu nome. "Vieste?", perguntou ele. E respondi: "Eu vim". Deitei-me novamente na rede e pouco depois puseram à nossa frente chicha e beijus de mandioca. Moanyan explicara-me as regras de saudação para forasteiros e meu comportamento correspondeu visivelmente à expectativa de todos os presentes que, dadas as suas relações de parentesco com Temeoni, não tinham necessidade de nenhuma apresentação pessoal.

Quando se quer dar uma informação específica, espera-se até o final da visita, transmitindo-a então em voz baixa e sem grande gesticulação. No início, indicam a rede mais próxima em que, balançando suavemente, se aceita chicha e comidas, para depois iniciar a conversa com temas bem convencionais como o tempo e o resultado de caçadas.

Durante as viagens, os Kaiabi também procuram acentuar o caráter fortuito de eventuais encontros. Quando Moanyan, Tɨmaka´i e eu, após vários dias de viagem nos encontramos com a canoa de Nyũkato, continuamos a remar junto às diferentes margens sem tomar conhecimento uns dos outros. Dez minutos depois, Nyũkato, sem pressa, parou de pescar, Moanyan lhe disse algo através do rio e ele respondeu brevemente. Um quarto de hora mais tarde, remamos para a outra margem, sem aumentar nossa velocidade e quando Nyũkato diminuiu a sua, nós o alcançamos depois de vinte minutos. Só então começamos a conversar minuciosamente.

Por ocasião de despedidas, o Kaiabi apenas comunica que se vai. Recebe os alimentos enrolados em folhas de pacova e, eventualmente, chicha dentro de cabaças e panelas. Pega sua espingarda e toma seu caminho sem olhar para trás. Em viagens maiores, este procedimento se repete em cada família nuclear e uma parte dos moradores da maloca ajuda a transportar os presentes até o porto. Lá permanecem sorrindo e esperam até que os viajantes tenham se afastado. Reconhece-se a cordialidade dos sentimentos na despedida pelos presentes espontâneos feitos no último minuto, particularmente animais de estimação e peças ornamentais, entregues sem palavras aos que partem.

2. Movimentos

Ao caminhar e ao correr pelo mato, o Kaiabi abre as pernas a partir dos joelhos e vira as pontas dos pés para dentro, para não tropeçar em cipós. Só depois que aprendi este jeito de caminhar consegui acompanhar as corridas dos Kaiabi sem cair continuamente no chão.

A ordem na marcha, que sempre se realiza em fila indiana, é rigorosamente estabelecida: primeiro o líder, que abre a picada, seguido dos outros homens; depois as mulheres, seguidas das crianças. E, por fim, eventualmente, um homem. Descansam com freqüência, em geral ao fim de meia ou uma hora de marcha, mas sempre por pouco tempo. A posição normal de descanso é agachar-se sobre os calcanhares, abrindo os joelhos. A orientação se faz basicamente pelos cursos d´água e raras vezes de acordo com o sol, quando se marcha, por exemplo, em extensões maiores de campo. Em paradas maiores, o Kaiabi arma a rede de modo a ficar bem baixa, para que se possa deitar nela ou sentar-se a cavaleiro com as pernas abertas, imprimindo-lhe às vezes um pequeno movimento.

Também na maloca, o Kaiabi muitas vezes se senta ou deita na rede para trabalhar, curvando a cabeça e o tronco, usando o chão como base de trabalho. Sempre se come de cócoras que, por assim dizer, é a posição básica para toda atividade social. Os Kaiabi também gostam de apoiar-se com o peito em uma viga horizontal, com os braços cruzados e as mãos descansando nos ombros. As mulheres, em especial, apanham pequenos objetos do chão com o pé direito, prendendo-os com o dedão e o segundo dedo do pé, ou então com todos os dedos e a sola do pé. Assim os Kaiabi levantam até cabaças cheias de chicha, sem derramar nada, o que Tolksdorf também observou, cheio de admiração.

Meninos e meninas nadam e mergulham com grande perícia: as pernas levemente dobradas, ficam fechadas e são movimentadas rapidamente para cima e para baixo; as mãos abertas estendem-se para frente e pressionam a água para baixo. Meu nado de peito e também o "crawl" provocaram muito riso, mas demonstraram serem mais rápidos.

Uma característica digna de nota, relacionada com todos os tipos de movimento, é a divisão em demorados períodos de atividades alternados com longos períodos de descanso. Muitas vezes um homem caçava por 12 horas seguidas, sem interrupção para descansar ou comer. Certa vez Moanyan passou a noite pescando e, em seguida, foi caçar por algumas horas. Só então ele comeu, deitou-se, dormiu um pouco, alimentou-se de novo e continuou o sono. A idéia de repetir todos os dias os movimentos durante o mesmo período de tempo, tal como os seringueiros o fazem na sua profissão, parece ridícula e acabrunhante aos Kaiabi.

3. Funções fisiológicas e higiene

Ao anoitecer, a família vai em conjunto defecar no mato, e o homem leva arco e flecha. Em viagem, o Kaiabi se afasta do fogo, fora do alcance da vista, esclarecendo antes o seu propósito. Ao voltar, alguém às vezes lhe pergunta: "Defecaste bem?". Para a limpeza, utilizam-se de determinadas folhas e para as crianças também chumaços de algodão. Urinar desperta igualmente amável interesse. Nas viagens de canoa, os homens urinam de pé, por cima da amurada e, no mato, em posição acocorada. Flatulências não são reprimidas nas rodas, sendo alvo de risadas, comentários e imitações feitas com a boca. Arrotos durante a refeição não contrariam a etiqueta: não recebem atenção nem são considerados cômicos.

Os Kaiabi transpiram no rosto, principalmente sobre o nariz e no lábio superior, mas muito menos que os brasileiros; eu mal percebia seu cheiro de corpo. Medidas gerais de higiene são o banho diário, o espiolhamento recíproco subseqüente e o exame cuidadoso do corpo à procura de carrapatos e espinhos. Para extrair espinhos da sola do pé, fazem com a faca uma incisão diagonal na pele grossa, entreabrem o corte por meio de distensão, removendo então o corpo estranho. Certos carrapatos minúsculos só a muito custo são catados com os dedos, sendo porém muito sensíveis ao calor. Para afastá-los de peças de roupa, estas são passadas rapidamente pelo fogo; eles podem ser mortos em parte menos sensíveis do corpo aproximando-se um tição aceso à pele. Se eles já penetraram na pele, passa-se seiva de tabaco por cima. As crianças de peito não são banhadas no rio, mas na maloca. Tomando um pouco de água amornada na boca, a mãe a borrifa sobre o corpo da criança, esfregando e enxugando com chumaços de algodão. A mãe chupa a secreção nasal da criança e a cospe fora. Em caso de tosse mais forte, os homens batem-se reciprocamente nas costas e os espirros são atentamente observados, pois nesse caso "sua esposa está chamando", como me explicavam a cada ocasião. Quando sentem um cheiro ruim, os Kaiabi apertam o nariz com os dedos e cospem diversas vezes.

4. Expressões emocionais

Quando os Kaiabi sentem frio, acocoram-se ou ficam em pé bem juntos, imóveis e, tiritando, mantêm os punhos cerrados contra o peito ou a boca. Evitam fazer qualquer movimento, esperando até que passe a chuva fria ou, à noite, até o fogo se tornar mais forte e despender calor. Tolksdorf (MS 1958) descreve de modo muito vivo um comportamento que eu também observei em homens e mulheres:

> "Quando voltei ao nosso acampamento, 4 ou 5 mulheres que haviam arrumado vestidos, estavam reunidas em volta do fogo. Viradas de costas para o fogo, haviam levantado as saias, aparentemente para esquentar o traseiro. Não se deixaram perturbar pela minha chegada".

Nas mãos, a sensibilidade ao calor é extremamente pequena, bem ao contrário da boca, muito sensível para alimentos ou bebidas quentes. O café brasileiro normal quase sempre era quente demais para os Kaiabi, que o sopravam muito tempo antes de tomá-lo.

Uma outra característica do comportamento Kaiabi que dá na vista é a forte reserva quanto a contatos físicos. Não observei castigos corporais nem carícias, exceção feitas aos bebês, e mesmo os rapazes evitam dar-se as mãos, bater no ombro uns dos outros ou lutas corporais amistosas. Muitas vezes a dor física é tão reprimida que um diagnóstico de doenças se torna quase impossível.

Todas as manifestações emocionais de cunho psíquico pareceram-me muito reduzidas entre os Kaiabi, particularmente quando comparadas às dos brasileiros ou também às dos índios do Alto Xingu. Podia-se avaliar isso, por exemplo, quando do luto por algum falecido, em que se restringem drasticamente todas as atividades; apenas pude perceber a cólera por fisionomias rígidas semelhantes a máscaras e pela respiração rápida. Segundo relato de diversos Kaiabi e de Dornstauder, ocorrem por vezes explosões emocionais que, de maneira típica, reúnem diversas características: gritos furiosos e revirar de olhos, movimentos espasmódicos e espuma nos lábios, associados a atos intencionais e agressivos, como o desvario ou a destruição de objetos do mobiliário. Estas explosões são muito temidas, mas também aceitas excepcionalmente como soluções de conflitos sociais. Nunca cheguei a observar um tal estado e, inicialmente, considerei-o uma lenda dos seringueiros, que contavam particularidades horripilantes de Kaiabi "que se tornaram selvagens" no Teles Pires. Nesses casos, a agressão dirigia-se contra inimigos, mas é certo quc cla pode ocorrer no interior do grupo e que não se trata de ataques epiléticos. É questão a investigar, se trata-se realmente de uma institucionalização individual do relacionamento agressivo, tal como Moreira (1965:393ss) interpretou fenômenos semelhantes entre os Tupinambá e Urubu.

Tapa contou-me de um suicídio, cujo motivo era ciúme ou amor contrariado. Um homem brigou com sua esposa e ameaçou lançar-se pela cachoeira. Pegou seu filho, subiu na canoa e deixou-se levar pelas águas; ele mesmo morreu, e o menino foi encontrado dois dias depois a salvo sobre uma rocha. Tapa contou o caso em tom irônico, procurando ridicularizá-lo, provavelmente para acentuar diante de mim seu status de marido e advertir-me, brincando, de seus "perigos".

Os Kaiabi não me apresentaram nenhuma razão para os incêndios que eles provocam no campo, excetuando a observação jocosa de Moanyan de que se alegrava "porque o fogo atingiria à noite a aldeia dos Apiaká, queimando tudo". Talvez uma vantagem fosse a sensível diminuição dos mosquitos devido à fumaça, sendo maior, porém, o inconveniente dos braseiros, perigosos para pés descalços. Contudo, incendiaram repetidas vezes o campo, contrariando meu pedido para que não traíssem, pela fumaça, nossa posição aos Apiaká. Alegraram-se muito com o resultado de uma queimada que se espalhou por mais de 90 km e cujas colunas de fumaça ainda eram visíveis à distância após oito dias.

5. Hábitos alimentares

Diariamente é feita uma refeição principal, preparada nas primeiras ou últimas horas da tarde. De manhã os Kaiabi comem os restos da comida do dia anterior e, durante o dia, pode-se "beliscar" a toda hora pequenos bocados de farinha de mandioca, eventualmente com castanha-do-pará, e tomar chicha, sem exigência de uma etiqueta especial. Para tanto, toma-se uma porção entre o polegar, o dedo médio e o indicador, jogando-a de baixo para cima na boca aberta. Os Kaiabi bebem depois da refeição: apanha-se água ou chicha com uma pequena cabaça, segurando-a pela borda com três dedos, levando a borda oposta à boca, alçando vagarosamente o recipiente. Evita-se cuidadosamente derramar o líquido, bebe-se tudo ou passa-se adiante a cabaça.

Apenas os dedos são utilizados para comer e há preocupação em limpá-los regularmente. Com raras exceções, partes da comida são dadas ao mesmo tempo aos animais de estimação e, mais raramente, aos cachorros. As mães mastigam o alimento, dando-o em seguida às crianças pequenas.

Gesto de amizade é meter comida, principalmente petiscos, na boca de adultos, experiência que também Pyrineus de Sousa e Max Schmidt tiveram:

> "Enquanto os índios nos auxiliavam neste serviço, duas índias moças, de corpo bem feito e bonitas feições, muito alegres, preparavam comida (amendoim e polvilho) para nós, para o pae dellas e para três irmãos. Descascavam o amendoim e ellas mesmas queriam bota-lo em nossa bocca, acompanhado de um punhado de polvilho, como faziam ao pae e aos irmãos. Quando se recusava a comida offerecida pelas moças, vinha o velho insistir para que se acceitasse, comendo elle primeiro, como prova de que estava bom e não fazia mal" (Sousa 1916:80).
>
> "Deixaram convencer-se a acompanhar-me para dentro do meu rancho, onde tive de submeter-me inicialmente a uma cerimônia de recepção muito desagradável, pois a mulher índia lambusava de mel a boca de cada um dos estranhos com os mesmos dedos com que o tirava do recipiente de cabaça. Felizmente tive a vantagem de ser o primeiro da fila" (Schmidt 1929:91).

6. Fundamentos psicomentais

a) Modos de pensar

Na convivência com os Kaiabi, chamou-me a atenção a sua capacidade de percepção particularmente rápida que, combinada com associações complexas, tornava difícil seguir seu raciocínio. É provável que prefiram em muitos domínios as representações figurativas às abstratas e procuravam aplicar certas generalizações minhas a coisas e situações concretas. Assim Moanyan recusava-se a repetir "orelha grande" em Kaiabi, "pois só civilizado tem orelha grande, Kaiabi só tem pequena". Nem podiam entender meus motivos para aprender sua língua, já que eu evidentemente não era Kaiabi e não queria estabelecer um relacionamento de parentesco. Explicaram-me sem rodeios que minhas tentativas eram vãs, pois "só Kaiabi podem falar Kaiabi". Vendo minhas anotações escritas, expressaram também a suspeita de que eu pudesse "tirar" a língua deles, concepção formulada com muito mais ênfase face aos trabalhos lingüísticos de Helga Weiss e Rose Dobson (SIL) no Parque Nacional.

Os Kaiabi consideram-se intelectualmente superiores aos "civilizados" e muitas vezes criticaram minha "perplexidade" com observações irônicas e, em certos casos mais crassos, eles afirmavam categoricamente: "Tu não sabes nada!". Se fosse dita para um Kaiabi, esta constatação seria uma ofensa grave e acarretaria sanções.

Como em todas as outras esferas da vida, também no domínio religioso transparece uma característica fundamental da cultura dos Kaiabi, ou seja, um marcante "understatement" de todas as emoções e atividades, associado a uma pretensão ao absoluto de suas normas morais e religiosas. Talvez por isso seja tão difícil demarcar entre os Kaiabi, e provavelmente em todas as tribos Tupi, como campo específico o universo das crenças que é o pressuposto evidente para todos os outros comportamentos próprios daquelas criaturas denominadas "homens".

b) Número e tempo

Os Kaiabi conhecem os numerais: 1 = *aypiyté*; 2 = *muku*$^{\tilde{I}}$; 3 = *moạpit*; 4 = *irũpavé*; e, para 5, escutei *irũa´em* e, por vezes, também o termo para mão: *a*^{I}*pó*. Para indicar números superiores podem valer-se adicionalmente da outra mão e de ambos os pés, o que não pude observar na prática. Números se mostram com os dedos, a começar pelo indicador e, em seguida, pelo médio, o anular, o minguinho e, por fim, o polegar. Em cada um dos casos, todos os outros dedos ficam dobrados.

A maior unidade de tempo e também a mais usada é a estação da seca *(kwaripé)* e a época da chuva *(amanipé)*. A unidade menor seguinte é a lua *(yai)*, calculando-se o período de uma para outra lua nova; finalmente, a posição do sol, indicada com a mão esticada, é usada para distinções mais sutis.

c) Representações figurativas

Sem a menor dificuldade, os Kaiabi identificavam pessoas em fotografias que viam pela primeira vez comigo, e figuras de animais, mesmo quando eram tão fortemente estilizadas quanto, por exemplo, o veado Bambi de Walt Disney. Eles mesmos riscam figuras na casca de cabaças, pintam-nas na pele ou as tatuam, tal como também Schmidt descreve (1942:28) e ilustra (1942: Lâmina XIV, figura 34; lâminas XV-XVIII, figuras 38-42). Elas são, em parte, idênticas aos desenhos das figuras 10-12 que pedi que fizessem no Rio dos Peixes.

A seqüência de dados é número, instrumento, autor, representação Com exceção das tatuagens, os desenhos foram feitos em papel.

Figura 10: Representações figurativas

10.1 10.2 10.3 10.4 10.5 10.6 10.7 10.8 10.9 10.10 10.11 10.12 10.13 10.14 10.15

1. Esferográfica, ?, homem
2. Lápis, Tɨmaka'i, mulher
3. Lápis, Tɨmaka'i, criança
4. Lápis-cera, Tɨmaka'i, coatá
5. Lápis-cera, Moanyan, coatá
6. Tatuagem, pai de Tapa, macaco-prego
7-8. Lápis-cópia, Moanyan, macaco-prego
9. Lápis-cera, Moanyan, macaco-prego
10-12. Lápis-cópia, Moanyan, onça
13. Lápis-cera, Moanyan, onça
14. Lápis, Tɨmaka'i, onça
15. Lápis-cópia, Moanyan, onça

Figura 11: Representações figurativas

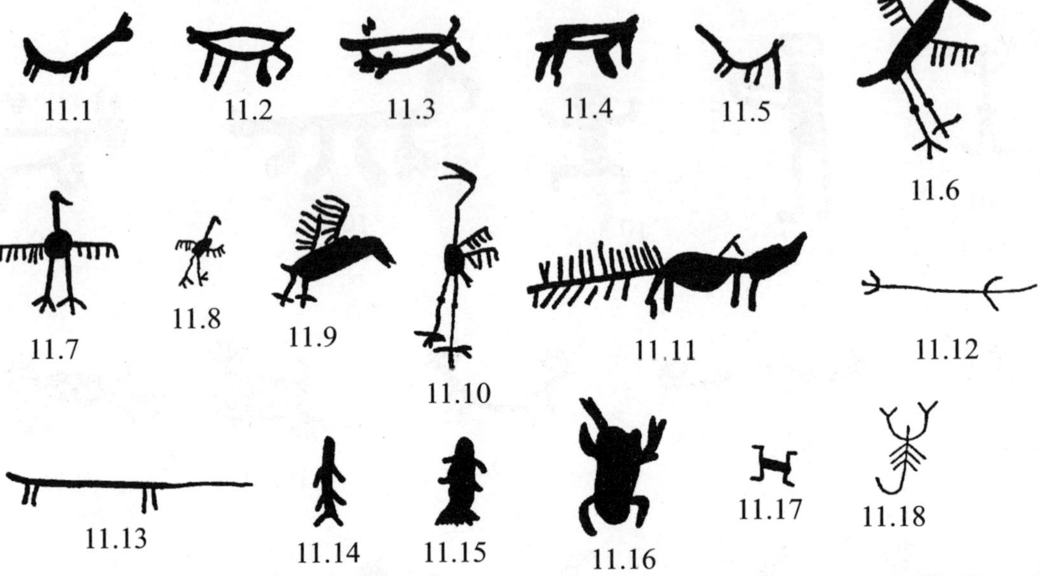

1. Lápis-cópia, Moanyan, veado
2. Lápis-cera, Kwaban, anta
3. Lápis-cera, Kwaban, porco-do-mato
4. Lápis-cera, Kwaban, caitetu
5. Lápis-cópia, Moanyan, tamanduá
6. Lápis, Tɨmaka'i, jacu
7. Lápis-cópia, Moanyan, cabeça-seca (ave)
8. Esferográfica, ?, macuco
9. Lápis, Tɨmaka'i, arara
10. Lápis, Tɨmaka'i, garça
11. Lápis-cópia, Moanyan, lagarto
12. Lápis-cera, Kwaban, jacaré
13. Lápis-cópia, Moanyan, lagarto
14. Lápis-cópia, Moanyan, rubafo
15. Lápis-cópia, Moanyan, peixe-agulha
16. Lápis-cera, Kwaban, sapo
17. Lápis, Tɨmaka'i, sapo
18. Tatuagem, Ipepuri, escorpião

Figura 12: Representações figurativas

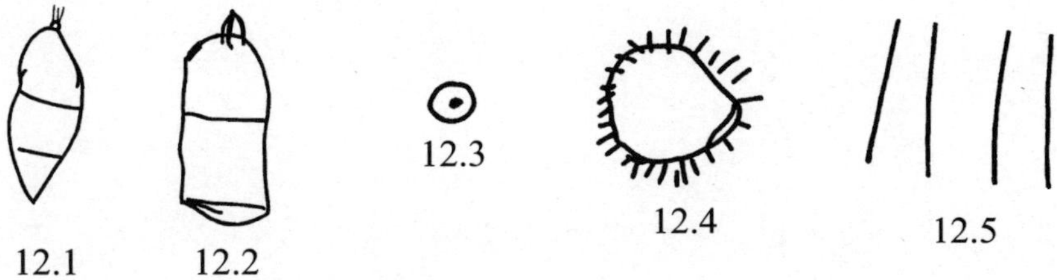

1. Lápis-cera, Kwaban, barco do pe. Dornstauder
2. Lápis-cera, Kwaban, barco do seringalista Marcelo
3. Lápis-cera, Kwaban, pilão
4. Lápis-cera, Kwaban, sol
5. Lápis-cera, Moanyan, maloca (reduzida)

capítulo IX

Crença e religião

Todas as restrições feitas nos capítulos IV e VII ao valor da descrição ética de características culturais cujo conhecimento foi obtido em condições difíceis de comunicação valem muito mais ainda para aquele setor de cultura que designo pelo nome de religião em sentido amplo, seguindo a praxe etnográfica.

Baseio-me em Haekel (1958) na organização do presente capítulo e na terminologia empregada, mas evitarei propositalmente observações comparativas, para não correr o perigo de preencher as lacunas do meu conhecimento com dados provenientes da descrição de outras culturas.

1. Esferas de representações

a) Alma, morte, Além

As informações subseqüentes foram fornecidas por Yupari´up, Nawé, Moanyan, Tapa e Temeoni. Eu as condenso aqui.

Todo homem, assim como todo "animal grande", possui um *a^{i}'aŋ*. Ele não o recebe ao nascer, mas junto com o nome. Aqueles que não recebem o *a^{i}'aŋ* não se tornam seres humanos e morrerão em breve. Ele é o propriamente humano e, sem ele, o homem é como um tucano empalhado, um invólucro: *aepirɨ´t*. Uma vez dentro do homem, a gente não vê o *a^{i}'aŋ* nem sabe onde ele está. Quando o ser humano fala, ele está em sua boca (Yupari´up). Nawé achava que ele se localiza no coração.

Quando alguém sonha, o *a^{i}'aŋ* sai do corpo e olha tudo em volta. Mas é perigoso sonhar, porque um *panyé* ou outro *a^{i}'aŋ* podem vê-lo no mato. Ele se parece exatamente com uma sombra: *a^{i}'aŋit*. A pessoa morre quando teve um sonho "muito forte": *ai'fayop*. Quando alguém adoece, isto se refere apenas ao corpo – *aérété* (?) – e ele sara outra vez. Mas, se o corpo é muito "mau", se não há nada mais para comer e a pessoa cada vez fica mais fraca, então o *a^{i}'aŋ* não agüenta mais e vai embora – aí a pessoa morre. Também pode acontecer que um *panyé* o leve e, se outro *panyé* não for ao mato com a cesta para procurar o *a^{i}'aŋ*, não o encontrar e o trouxer, o indivíduo morre. O invólucro fica no chão e apodrece, mas o *a^{i}'aŋ* caminha em direção ao levante para o *ɨwak*. Lá só existem Kaiabi que vivem juntos em famílias como aqui, têm roça, caçam e pescam. Isto é o *ɨ´waŋpewak*. Antigamente, os Kaiabi não tinham medo de morrer, mas agora são poucos e têm medo.

b) Espíritos e personificações

Definimos espírito como "... um ser incorpóreo, autoconsciente, dotado de forças e habilidades sobrehumanas, embora limitadas" (Haekel 1958:49).

Os Kaiabi conhecem muitos seres desta categoria. De importância especial e muito perigoso é o *anyaŋ*. Ele é o chefe dos *mama'é* (ver pág. 204), vive na mata densa e quem for caçar sozinho pode encontrá-lo. Nestas ocasiões, ele se parece com um homem e fala com o caçador (Yupari´up). Ele também tem esposa – *kũyamutat*, e rouba crianças, mulheres e até mesmo homens adultos. Estes então ficam doentes e morrem; só o *panyé* pode trazê-los de volta (Nawé).

Em todos os rios vivem os *karuat*. Não se sabe se são homens ou mulheres, mas são chefes de todos os animais da água e muito perigosos para os humanos. Eles puxam o homem pelo pé para o fundo da água (Nawé). Um dos *karuat* é o *tacapé* ^{ɨ}, a onça d´água. Ele se parece com a onça, mas os *a*^{i}*'aŋ* e o *panyé* podem vê-lo na forma humana porque ele é exatamente como um homem (Mairerũ). Na água também vive uma harpia – *kwanõaip* (?) que o comum dos homens não pode ver. Tem a aparência de um homem e é chefe de todas as harpias (Mea^{u}´ap).

Todos os animais juntos têm um chefe, ou então uma senhora, dona, que é uma velha, a *o*^{ɨ}*wĩ*. Ela mora no fundo da mata e cuida dos animais, também das onças (Tapa). As onças têm um chefe próprio (Mairerũ), que são as onças pretas: *yavarun* (Nawé).

Outros animais também têm seus protetores específicos, como os mutuns *(urakwayup)* e os macucos *(urakwavi)*. Antigamente eles guardavam seus animais em gaiolas para que os Kaiabi não pudessem matá-los. Foi lá um *panyé*, abriu primeiro a porta de uma gaiola e disse: "Cuidado! Suas aves vão fugir!". Os protetores correram para prendê-las novamente, enquanto o *panyé* foi para outra gaiola, abrindo-a. Então, todas as aves voaram para a mata e desde então os Kaiabi podem caçá-las. O atual *panyé* sempre precisa visitar de novo esses "espíritos protetores" e acalmá-los. Ele diz: "Fica tranqüilo, não fica bravo, nós não mataremos muitos". Então eles mandam os animais e os Kaiabi têm sorte nas caçadas (Tapa).

c) Seres-dema e heróis culturais

Outra crença dos Kaiabi é a da "gente velha" *(é'ĩ*^{ɨ}*)*, que vivia no fim dos primeiros tempos e "já morreram há muito tempo", mas eram "como os Kaiabi". Eles ensinaram aos Kaiabi a viver "direito" e, matando em conjunto um deles que se apresentou voluntariamente, deram origem aos principais gêneros alimentícios. Estes seres correspondem essencialmente às "divindades-dema" descritas por Jensen (1951:116-122). Deles se ocupam quase todos os mitos que foram contados e que são reproduzidos no item 8 deste capítulo.

2. Xamanismo

"O xamanismo constitui um complexo de idéias e práticas diversas que são correlacionadas pela pessoa do xamã e se configuram numa estrutura característica. Trata-se de uma atitude religiosa que se expressa através da comunicação extática específica de pessoas especialmente qualificadas com seres sobrenaturais a serviço da comunidade e que se fundamenta numa determinada ideologia relativa à alma".

Esta definição de Haekel (1958:62) permite enquadrar as idéias religiosas dos Kaiabi relativas ao no complexo sistema do xamanismo. Para investigá-lo, Baldus forneceu, em estudo abrangente (1966), diretrizes precisas que se adaptam particularmente bem às condições vigentes entre os índios brasileiros.

a) Possessão e viagem ao Além

Só os homens podem tornar-se *panyé*, pois é coisa muito perigosa. Antigamente havia muitos e o último "grande" foi o pai de Tapa. Não se pode aprender a ser *panyé*; deve-se "saber mesmo" – alguns ficam sabendo em sonho, outros na mata. Também há os que morrem com isso (Meau´ap).

O *panyé* pode viajar em sonho a qualquer parte, também para junto dos *ma´it*, os grandes *panyé* do *ɨwak*, já falecidos; estes lhe explicam tudo e deles recebe todo o poder para ajudar os Kaiabi aqui embaixo. O *ma´it* faz descer uma corda, pela qual o *panyé* sobe a oeste, *kwararesap* – e fala com ele, e pela qual desce novamente à terra quando o dia raia a leste, *kwarapoap*. Enquanto isso, seu corpo está deitado, como morto, na rede (Tapa).

Se há muitos doentes ou quando o *panyé* não sabe mais o que fazer, ele constrói um *ma*^{i}*rók* (ver pág. 121) com folhas, fica um tempo ali dentro e chama o *ma´it*. Este vem e fala com as pessoas, enquanto o *panyé* parece morto. Nesta ocasião, a choça se agita e pode-se ouvir bem alto a voz do *ma´it*. Os parentes dos doentes ficam em fila diante do *ma*^{i}*rók* e perguntam, um após o outro, o que vai acontecer e o *ma´it* responde. Antes de uma viagem, o *panyé* também consulta o *ma´it*. Este sobrevoa a região e o *panyé* o acompanha. Então o *ma´it* diz, de dentro da choça: "Tudo está bom. Lá tem muita caça etc" (Mea^{u}´ap).

Alguns *panyé* são capazes de viajar pelos ares e ver tudo "como avião". Eles dizem depois para onde se deve viajar, onde há brejo etc (Moanyan).

O *panyé* pode tirar o *a*^{i}*'aŋ* dos homens e eles morrem. Os outros (?) *panyé* é que fazem isto, pois os dos Kaiabi procuram os *a*^{i}*'aŋ* e os trazem de volta (ver pág. 201). Nesta ocasião, eles podem transformar-se em animais, também em onças (Nawé).

b) Cura de doentes

A tarefa mais importante do xamã é curar os doentes, pois a maioria das moléstias é causada por seres imateriais – embora representadas em termos de pessoas – que se manifestam nos corpos dos doentes como objetos intrusivos, e só o *panyé* é capaz de retirá-los. Esses espíritos, bem como os objetos intrusivos – dentes de onça, de macaco e espinhos – têm o nome de *mama'é*. *Anyaŋ* os manda ou, então, eles mesmos procuram uma pessoa, nela penetram e produzem a doença (Nawé, Temeoni).

Cada *panyé* possui diversos espíritos auxiliares – *ŋarupiwat*, que procuram os *mama'é* e o avisam. Os *ŋarupiwat* matam o *mama'é* e, em seguida, o *panyé* o retira. Às vezes não se pode ver o *mama'é*, apenas o *panyé* o vê. Ele é um bicho ou um homem (Nawé).

O *mama'é* é muito quente e quando o *panyé* o tira do corpo, ele grita: "Ai! Como esse é quente, esse é duro de pegar". Mostra-o depois e joga-o fora da casa, enquanto coloca numa peneira o *ipirewat* – o espírito auxiliar do *anyaŋ* – e, saindo pela porta, diz: "Volta ao *ɨwak*!". Se o *panyé* não retira o *mama'é* corretamente, ele fica na mão e penetra no corpo. Então o *panyé* começa a sangrar pelo nariz c deve deitar-se até que melhore; os *panyé* mais jovens podem prestar ajuda. Quando o doente fica bom outra vez, deve presentear o *panyé* com alguma coisa: flecha e arco, uma borduna, uma cesta pintada ou penas para que os *ŋarupiwat* o vejam. Então dizem: "Nosso *panyé* é grande e bom, ele tem muitas coisas", e o ajudam. Mas, se ele não tem nada, dizem: "O *panyé* não tem nada", e passam a ajudar um outro. "Mas hoje as pessoas não dão mais nada, não valem mais nada" (Mea^{u}'ap).

Observei pessoalmente três tratamentos de doentes. No dia 26 de fevereiro de 1966, Mairerũ aproximou-se de Tɨmaka'i e lhe disse que Purikato estava "muito doente". Timaka'i estava cansado e ficou em casa. No dia seguinte, sua mulher preparou chicha e por isso ele novamente ficou em casa. Finalmente, no dia 28, pelas dez horas da manhã, ele foi ver Purikato. Eu o segui dez minutos depois porque, apesar de ter pedido que me avisasse, não fui convidado para ir junto.

O tratamento durou pouco mais de uma hora e decorreu numa atmosfera objetiva e impessoal, sendo eu o único a observar o procedimento de perto, o que divertiu os outros. Tɨmaka'i caminhou vagarosamente, de braços cruzados e às vezes de olhos fechados, em torno da rede do paciente imóvel, fumando um charuto que ele mesmo preparara e parando de tempo em tempo. Gemia, murmurava baixinho, soprava a flauta de osso de onça e expelia fumaça de maneira audível. Depois de uns 15 minutos ele se curvou, gemendo alto, sobre a cabeça do doente, passou lentamente ambas as mãos que vibraram ao longo do corpo até os pés, sorvendo e expelindo fumaça sem pausas. Aos pés da rede, a mulher de Purikato segurava uma grande peneira em que, finalmente, caiu um objeto invisível. Devagar, cambaleando, Tɨmaka'i carregou até a porta a peneira agora visivelmente pesada, esvaziando-a em diversas direções e gritando alto. Tudo isso durou cerca de 20 minutos.

Em seguida, ele sentou-se na rede com o doente e colocou a mão sobre a área do fígado, que estava inchada e muito sensível à pressão. Inicialmente gritava *"hókó'ké"*, devagar e entre pausas longas, depois cada vez mais rápido e alto, até ficar "fora de si"; enquanto isso, agarrava um objeto invisível com uma das mãos e o deixava cair imediatamente na outra, porque parecia ser muito quente. Ele apertava as mãos uma contra a outra, levantou-se de um pulo e correu, tremendo e aos gritos, até a porta. Mairerũ e Kupe´ap correram atrás dele para ajudá-lo a manter longe do corpo o braço esquerdo: na mão crispada encontrava-se o perigoso objeto. Tɨmaka´i virava os olhos, estava com o rosto vermelho, transpirava muito e tinha um pouco de espuma nos lábios. Ele gritava continuamente, contorcendo-se, e parecia não poder abrir a mão. Essa cãibra durou uns cinco minutos. Depois, ele deixou cair o objeto, que permaneceu invisível. Acalmou-se em alguns segundos, cambaleou esgotado até a rede, onde virou o paciente de bruços. Para as costas do paciente ele repetiu todo o processo anterior, embora com menor intensidade. Purikato continuou na rede, sem dizer nada, embora agitado, adormecendo em seguida. Tɨmaka´i, amparado por Mairerũ, sentou-se exausto numa rede, sendo-lhe servidos chicha e grandes feijões com farinha de mandioca. Uma hora depois ele voltou comigo e com Kupe´ap para o Posto, deitando-se em sua rede. Sua aparência era a de um doente. Na noite seguinte ele recomeçou a gritar alto *"hókó'ké"* e a cantar em voz abafada em sua casa. Depois foi até a porta, com ânsias, e finalmente vomitou. De manhã cedo apresentava todos os sintomas de doença: pulso fortemente acelerado, febre, leves tremores no corpo e expressão de sofrimento.

Tapirapé explicou-me que, em sonhos, Tɨmaka´i tinha estado com Purikato, cantando lá. No mesmo dia o estado geral de Purikato melhorou nitidamente, diminuindo um pouco o intumescimento do fígado. (É claro que todos atribuíram esta melhora ao tratamento de Tɨmaka´i, embora soubessem que eu havia aplicado uma injeção em Purikato).

Mais tarde obtive alguns esclarecimentos sobre o que se passara. Antigamente, o *panyé* curava apenas com sopros sonoros sobre a parte doente do corpo; agora, utiliza-se de charutos (Moanyan). Toca-se a flauta para impedir que o *mama´é* volte outra vez ao corpo (Nawé).

Observei um outro tratamento realizado por Tɨmaka´i, no dia 12 de agosto de 1966, na maloca de Temeoni. Mariwa, filha de Temeoni, já na véspera sentira dores no abdômen que se tornaram cada vez mais fortes. Tɨmaka´i foi chamado ao cair da noite, apareceu depois de algum tempo, sentou-se fumando na rede com a doente e passou a expelir a fumaça de forma sonora intercaladamente sobre a parte dolorida. Falava baixinho com Mariwa, espremendo em seguida, com as mãos, um objeto invisível de seu corpo e o soprou para longe da rede. Repetiu diversas vezes o processo, curvando a cabeça sobre o ventre da paciente, sugando-o rapidamente. Depois de seis minutos recomeçou a falar com ela e, sem ter-se agitado, bebeu chicha e foi embora.

No dia 9 de setembro, Pɨaka voltou da caçada com febre alta e deitou-se. Nessa ocasião, Tɨmaka'i já havia viajado para o Xingu e chamou-se Mairerũ. Ele começou a caminhar em torno da rede, fumando muito e soprando a fumaça, de todas as direções, sobre o doente; gemia alto, passava ambas as mãos no rosto, arregalava os olhos e apresentava uma expressão fisionômica rígida e alterada. Passou as mãos trêmulas sobre o corpo de Pɨaka, da cabeça aos pés, e colocou o *mama'é* numa peneira já à disposição, levando-a, tremendo em todo o corpo, para fora da casa. Com isso terminou o tratamento que durara um quarto de hora. A mulher de Mairerũ ainda friccionou o corpo do paciente com as folhas aromáticas de uma árvore, soprando continuamente sobre ele.

Os três tratamentos descritos mostram muitos traços comuns e basciam-se na mesma ideologia. No entanto, no último faltaram todos os aspectos extáticos que, segundo Haekel (1958:62s), constituem as características distintivas essenciais entre o xamã e o médico-feiticeiro.

No primeiro caso, entretanto, reconhecem-se os quatro pontos do verdadeiro êxtase xamânico: preparativos e invocação do espírito auxiliar, depois o transe, o tratamento propriamente dito em conjunto com o espírito auxiliar e, por fim, a transição para o estado normal.

As narrações dos meus informantes e os fenômenos de adivinhação do interior do *mai'rók*, confirmados por brasileiros no Parque Nacional, justificam a conclusão de que entre os Kaiabi se encontra unido, numa só pessoa, o tipo do xamã itinerante e o de possessão. É difícil discernir, entretanto, até que ponto se trata de uma possessão genuína. Em seu último trabalho sobre este problema, Métraux constata:

> "A possessão xamânica, ainda que raramente assinalada, está longe de ser desconhecida na América do Sul... a bem dizer, a maior parte das descrições e sessões xamanísticas sugerem mais a idéia de colóquios entre hospedeiros e visitantes que de crises de possessão, mas não se saberia traçar exatamente o limite entre estas duas formas de comunicação sobrenatural" (1967:92).

Esta opinião adapta-se inteiramente ao que existe entre os Kaiabi. É supérfluo expor quantas questões ainda permanecem em aberto. Os dados apresentados não podem informar satisfatoriamente sobre o xamanismo entre os Kaiabi; são apenas pontos de partida para novas pesquisas, de acordo com o que foi exposto no trabalho já mencionado de Baldus (1966), podendo ser considerados particularmente frutíferos e essenciais.

3. Magia, feitiçaria, presságios

> "Magia no sentido mais estrito seria influenciar e guiar acontecimentos, processos da natureza e seres superiores por meio de ritos de eficiência infalível, em benefício da comunidade... A feitiçaria consistiria mais em práticas individuais, em parte executadas secretamente, para fins pessoais ou outros estritamente limitados..." (Haekel 1958:57).

É difícil distinguir, na prática, entre magia e feitiçaria. Entre os Kaiabi é necessário explicar, inicialmente, o conceito de *moaŋ*. Trata-se de matéria mágica invisível ou um remédio concreto – também um medicamento dos civilizados – ou veneno, como o DDT.

O panyé pode preparar um *moaŋ* feito de unhas cozidas, alguns cabelos e da sujeira raspada da pele de um homem, a fim da matá-lo (Nawé). Se um Kaiabi quer ter relações sexuais com uma mulher e ela o recusa, ele toma uma certa folha pequena – *ka'a'ip*, esfarela-a na mão e a coloca no ombro da mulher, passando a mão por cima. Depois espera até a noite. Enquanto isso, *moaŋ* atua e o "coração da mulher amolece". Então fala novamente com ela. Com outro *moaŋ*, o *ipira*[1], pode-se esfregar a rede de dormir da mulher. Então ela vomita e sai sangue de sua vagina; no outro dia ela morre. Isto um homem faz por ciúme (Tapiokap).

O hálito humano também é "como um *moaŋ*". Ameaçava chuva e, para afastá-la, Nyũkato e Moanyan sopraram intensivamente na direção do temporal, falando baixinho: "Vai embora chuva..., etc", ameaçando com o facão. Os primeiros socorros prestados a dois pássaros feridos consistiram em soprar-lhes intensivamente sobre a cabeça. O mesmo se faz com pequenos ferimentos das pessoas. Urucu e jenipapo também são designados por *moaŋ* (ver pág. 144). Certo lagarto, *menem'ɨ*, que vive nas margens da água, não pode ser tocado, "senão chove". Um dia toquei um de propósito, e os Kaiabi presentes se aterrorizaram, olhando o bicho, cheios de medo. Só depois de algum tempo é que a situação passou a ser novamente considerada inócua.

> "Quanto aos agouros, trata-se... simplesmente de observação passiva de diferentes sinais na natureza e no ambiente, que anunciam benefícios ou males" (Haekel 1958:62).

Vários Kaiabi fizeram uma viagem mais longa comigo, procurando entrar em contato pacífico com os Apiaká. Toda empresa fracassou após alguns dias por causa de um mau agouro: o aparecimento de incríveis quantidades de abelhas bravias. Moanyan explicou: "Os Kaiabi não gostam de tantas abelhas, e se aparecerem numa viagem eles voltam. Porque são sinal de guerra e sempre que os Kaiabi fazem guerra com outros, vêm as abelhas e cobrem inteiramente os mortos" (o sangue as atrai). Também Tapa confirmou esta opinião.

4. Medicina

Como todos os remédios, sem exceção, são considerados *moaŋ*, a distinção entre magia, feitiçaria e medicina só pode ser feita através da perspectiva européia. No caso de fraturas, os Kaiabi preparam talas de madeira e lianas que, aplicadas de modo anatômico correto, mostram bons resultados.

Todo Kaiabi conhece grande número de plantas medicinais, usadas com freqüência, mas somente um grande *panyé* conhece "todas". Como não pude realizar a classificação botânica nem testar sistematicamente os remédios, meus conhecimentos se limitam a algumas informações que eu reproduzo sob a forma de uma lista assim organizada: nome, preparo, uso e, quando conhecida, a indicação:

– *yamuoo*: o caule é esmagado, misturado com água e aplicado externamente em crianças;

– *uwakatsɨ*: raiz que, raspada com faca e diluída com um pouco d´água, é passada dentro dos olhos contra inflamações da vista;

– *utsiŋ´ip*: a raiz é raspada, misturada com água e usada pelos homens externamente em caso de febre;

– *moaŋaputaŋɨ*: bebe-se as raspas da raiz diluídas em água, em casos de câimbra e fratura do braço;

– *ɨkɨ´anyapepirop*: a raiz (?) é raspada e misturada com água fria; bebe-se manhã cedo quando a comida não apetece (tem um agradável saber amargo e é ligeiramente tônico);

– *yukɨtɨkriem*: toma-se a raspa da raiz (?) misturada com água fria por ocasião da primeira menstruação e quando as mulheres perdem muito sangue;

– *moaŋa´ip (moaŋa´iwawiraŋa´i)*: raspar a raiz e aplicá-la, misturada com um pouco de água, em cima de feridas;

– *tuka´yip*: partes do tronco da árvore são piladas e misturadas com água, sendo de uso tópico apenas em crianças contra *aipirakwaré* (?);

– *kafereavɨ*: as raspas da raiz em água são bebidas como anticoncepcional depois do coito;

– *mõapipɨ*: a raiz é raspada, misturada com água, formando-se duas bolinhas que são enfiadas nos ouvidos contra dor de cabeça. A pessoa deita-se na rede, transpira durante a noite e na manhã seguinte "está boa";

– *yawarem´o*: as folhas frescas desta liana são espremidas e passadas no corpo da criança, (?);

– *ɨ´ip*: corta-se a liana, recolhendo o sumo numa cabaça da qual se bebe o líquido (?).

Tolksdorf menciona o leite da seringueira com que se unta a extremidade do umbigo, depois de cortado. Eu mesmo experimentei a resina de certa árvore que, misturada com tabaco e fumada, demonstrou ter uma ação analgésica para dor de dente. Seu uso repetido não registrou efeitos colaterais.

Muito espalhada entre os Kaiabi é uma doença de pele, *aʼɨpira´ip*, talvez uma micose específica da tribo. Já Sousa a observou no Teles Pires, em 1915, com o mesmo nome:

> "Em alguns índios notámos esquisitas feridas no dorso e na nuca, a que chamavam pirahiba. Desconfiado que as feridas fossem provenientes de mordeduras de peixe pirahyba, mostramo-lhes a pelle que trazíamos de um destes peixes, cuja boca aproximamos da ferida; comprehenderam a nossa pergunta e continuaram a dizer pirahíba mostrando a ferida e exprimindo que era dolorosa. O dr. Moore examinou as feridas e achou-as profundas, irregulares, de bordos salientes; não purgavam e tinham um odor característico. As feridas pareciam ser produzidas por um talho de faca e davam a idéia de uma queimadura profunda" (1916:82ss).

De fato, o nome nada tem a ver com o peixe chamado piraíba (*Bagrus reticulatus*) pelos brasileiros. Essa doença não é atribuída à penetração de um *mama´é*, e os Kaiabi a consideram e tratam como uma ferida; associam-na, portanto, a alguma ação mecânica sobre a pele. Quando localizada nas articulações, produz chagas abertas que sangram, criam pus freqüentemente e são muito dolorosas.

5. Representações do cosmo

De acordo com os Kaiabi, a Terra é um disco, acima e abaixo do qual existem zonas em que os índios podem existir de alguma forma (Tapa). Os Kaiabi provêm do nascente e para lá voltam ao morrer. Lá, no *ɨwak*, eles estão todos reunidos, caçando e pescando (Moanyan) (ver pág. 201).

O firmamento não é utilizado como conceito geográfico. A lua, *ya´ɨ*, é uma pessoa, um *panyé* que vai passear "em cima" e volta à noite. O sol, *kwat*, também: ele é "como fogo". O céu estrelado, *ya´ɨtata*, é uma grande lagarta e todas as luzes são seus pêlos luminosos. Estrelas cadentes, *ya´ɨtatanyan*, são lagartas que não querem ficar lá em cima e voltam para a Terra (Mairerũ). Com o mesmo nome os Kaiabi designavam os satélites artificiais que víamos praticamente todas as noites e eles sabiam que tinham sido atirados para lá por "russos" e "americanos". O arco-íris, *yé´up*, é feito de água e por ele os peixes tucunaré nadam de um rio para outro (Mairerũ). Tapa contou-me que a Via Láctea é um caminho que pode ser palmilhado pelo *panyé*, mas ele precisa precaver-se contra a onça (Orion e algumas outras estrelas) e o puma (estrelas próximas ao sul de Orion), para não ser devorado; então o *panyé* morre aqui na Terra. A chuva, *aman*, cai em gotas porque é água que cai da peneira da lua (ver pág. 233). O trovão, Tupã, está associado a um personagem mítico homônimo (ver pág. 233).

Infelizmente, esses dados não são suficientes para dar uma idéia da imagem do mundo dos Kaiabi. Mais do que em numerosos outros assuntos, eles eram muito reservados em suas informações sobre o cosmos.

6. *Marakã*

Este é o nome que os Kaiabi dão a um canto festivo de conteúdo religioso, entoado por iniciativa e sob a orientação do xamã com outros homens. Sentam-se em torno do fogo, fora da casa, e bebem muita chicha. O *panyé* entoa e canta uma estrofe, enquanto os outros repetem o refrão *"a-ha, é'hé"*. Depois de vinte a trinta estrofes, fazem uma pausa de alguns minutos. Antigamente, os *panyé* cantavam *Marakã* com freqüência, contou-me Moanyan, hoje é muito raro. Eu mesmo só observei Tɨmaka'i cantando o *Marakã* uma única vez, na noite de 28-29 de agosto de 1966. Permitiram que eu participasse e fizesse a gravação do canto, que utilizei no dia seguinte para traduzir o texto.

Os cantos dos xamãs referem-se, sobretudo, às suas experiências com espíritos auxiliares, próprios ou alheios. Como exemplo, apresento dois cantos que registrei pouco antes da meia-noite, traduzidos e comentados por Nawé no dia seguinte. Cada estrofe é provida de um número e entre parênteses encontram-se esclarecimentos meus.

1º Canto
1. assim está melhor
2. eu o encontrei
3. eu falei com ele
4. eu fiquei de ouvidos fechados
5. eu fui ao seu lugar
6. ao lugar da "boca tatuada" – *téméyu'i*
7. vou cantar do "sapo" – *yu'i*
8. eu quero mesmo conhecê-lo
9. ele se deita para morrer
10. de manhã cedo acordei alegre
11. primeiro eu fico aqui
12. eu faço uma sopa de sapos (o espírito auxiliar deve levá-la ao *mama'é*, ele não gosta dela, porém, e foge)
13. eu não a ponho na chicha (pois ela não tem bom sabor)

14. eu dou um nome a ele (ao espírito auxiliar)
15. "canela fina" – *ɨma yu´iyu´i*
16. ele já está próximo
17. existem muitos
18. eu não dou atenção (ao *mama´é*)
19. eles estão aqui comigo (os espíritos auxiliares de Tɨmaka´i)

2º Canto
1. o "lábio da lagarta", *temeɨŋi*, está aqui
2. eu vou dá-la a vocês (a chicha?)
3. embaixo da margem pendente do rio
4. ali eles cantam (os espíritos auxiliares)
5. eu lhes digo meu nome
6. eu lhes digo para irem junto de vocês
7. eles vão tirá-lo (os espíritos auxiliares ao *mama´é*)
8. eu mesmo o disse
9. este aqui (o espírito auxiliar)
10. este é *panyé*
11. este tem muita experiência
12. um *panyé*
13. eu vou com ele
14. ele é alguém especial
15. ele fica aqui
16. estes não são bons (os outros espíritos auxiliares)
17. "canela mole", *ɨma*^{u}*rua*, está aqui
18. no lugar de "boca pequena", *yuru´i*
19. no lugar de "boca da mosca", *yurumero*
20. ele é como uma mosca
21. eu o procuro
22. eu não o descobri
23. ei-lo
24. vem depressa aqui
25. todos eles estão aqui (os espíritos auxiliares)
26. quando eles morrem, eu dou um nome (?)
27. "boca morta", *yurumamumamu*
28. eu o pego pelo tornozelo

29. afaste-se! (de mim, diz o “boca morta”)
30. “boca raspada”, *yurupanũ*, está aqui
31. daqui eu vou embora
32. se eu não o descobrir ele não irá comigo

Seguiram-se mais de vinte cantos diferentes, todos narrando em seqüência coerente as aventuras de Tɨmaka'i, dando a impressão de que o conteúdo já era conhecido da maioria dos participantes e de que simples alusões ao texto bastavam para completar a compreensão. Por isso mesmo as minhas tentativas de tradução não deram nenhum resultado.

7. A festa *Yawotsi*

A festa *Yawotsi* constitui um cerimonial complexo que, em sua forma original, se relaciona com a caça a cabeças e parece que, no passado, era organizada uma vez na estação chuvosa e outra durante a seca (ver pág. 177). Todos os dias, à tardinha, os homens e mulheres moças exercitavam os cantos e o passo de dança típico no corredor central da maloca; durante muitos dias preparava-se a farinha e a chicha para todos festejarem juntos (Moanyan).

No Posto Tatuí, ou seja, desde 1960, não se realizara mais nenhum *Yawotsi*; no Rio dos Peixes, a última festa foi organizada em 1964 na maloca de Temeoni, ocasião a que já me referi. Entretanto, quando Temeoni visitou a aldeia do Posto Tatuí em agosto de 1966, vários moços entoaram, uma noite, os cantos, que foram interrompidos às duas horas da madrugada e reiniciados na manhã do dia seguinte. Finalmente, todos acabaram por participar desse *Yawotsi* improvisado sem grande entusiasmo e foi-me possível realizar algumas gravações. Todos os Kaiabi me asseguraram tratar-se de um *Yawotsi* “muito pequeno”: poucas moças Kaiabi e nenhuma “casa grande”.

Já em março, o bem humorado Temeoni colocou uma noite o braço direito em volta de meu ombro e dançou comigo o passo característico do *Yawotsi*, “para eu aprender”. Quatro a cinco passos batidos são dados rapidamente para a frente, seguindo-se seis ou sete para trás ou no mesmo lugar. Na mão esquerda ele segurava um maço de flechas emplumadas, particularmente bonitas, reservadas para fins cerimoniais (Grünberg 1967:38ss).

Observei pela segunda vez um *Yawotsi* em Diauarum, no Parque Nacional do Xingu, quando se festejava, entre 19 e 21 de outubro de 1966, a chegada do grupo Kaiabi do Rio dos Peixes com o chefe Temeoni. Ele compareceu com um enfeite de cabeça de penas verdes de papagaio e com um adorno de cintura de penas de harpia, segurando na mão o aro de penas. Sem aviso prévio, um grupo de moças e mulheres dirigiu-se, por volta das dez horas, para um poste no interior da casa em que um Kaiabi havia amarrado sua rede. Ali elas iniciaram um canto alternado com prolongados *"é:yi"*, a que o homem respondia baixinho, enrolando-se de tal forma na rede que ficou quase invisível. Depois da primeira estrofe, o coro das moças repetia as últimas palavras do canto e com o refrão *"aéyéyupé"*, que significa tanto como "isto ele diz a vocês". Depois de três a quatro estrofes de extensão variável, o cantor anunciou o final com uma determinada mudança de melodia e o coro respondeu com um canto que pode ser traduzido por "nós agora vamos parar um pouco". Em seguida, as moças dirigiam-se ao Kaiabi adulto seguinte, repetindo a cena.

No Rio dos Peixes observei a mesma forma, com a diferença de que as moças de idade adequada do coro foram substituídas por três rapazes – o que foi vivamente lamentado.

Em Diauarum, depois de algumas horas desse tipo de "preparativos" em que se servia e bebia continuamente chicha, o *Yawotsi* entrou em sua segunda fase. Durante os cantos alternados, um homem ergueu-se de um pulo, agarrou o arco e dois maços de flechas – um deles com seis flechas com emplumação de arara e garça, o segundo com outras tantas emplumadas com penas de harpia e garça – e começou a dançar, enquanto continuava a cantar bem alto e animadamente. Com os passos já descritos, ele se movimentava de um lado do corredor central para outro, dando meia volta ao chegar lá. Uma moça, festivamente ornamentada, acompanhava-o a um passo atrás, à sua direita, segurando o quadril direito do dançarino com a mão esquerda. Dois passos atrás, cinco a sete moças do coro apoiavam ambos os braços nos ombros das vizinhas, formando uma fileira. Imitavam todos os movimentos do dançarino e mantinham sempre a mesma distância do par da frente. Quanto mais durava a festa, mais rápido e mais alto se tornava o canto, os dançarinos batiam com toda a força os pés no chão, alguns deles segurando, além das flechas ou no lugar delas, as clavas e o aro de penas.

Temeoni usava o colar de dentes humanos, emprestando-o às vezes aos outros dançarinos. O ambiente ficou muito animado: homens, mulheres e crianças, sentados em suas redes, conversavam ou faziam comentários engraçados sobre os dançarinos. Com intensidade alternada, a festa durou toda noite e, depois de uma rápida interrupção, continuou pela manhã adentro. Parece que uma terceira fase do *Yawotsi* começa com o canto "divertido" de mulheres velhas, *pu^{i}té*. Não a observei no Tatuí nem no Xingu, mas Tolksdorf (MS 1958) parece ter visto este canto na velha maloca de Temeoni:

> "Algumas mulheres mais velhas andavam pela maloca, paravam junto ao espaço de cada parentela e o mais velho do grupo entoava o canto e as mulheres faziam o coro... Com sua voz grossa parece até que são homens cantando. Para dar uma tonalidade mais baixa à voz, elas colocam a mão sobre a boca, mesmo quando estão cantando".

O relatório de Tolksdorf sobre aquele *Yawotsi* coincide amplamente com minhas próprias observações e inclui passagens muito vivas que reproduzem com perfeição o ambiente festivo.

Acabadas a comida e a bebida, a festa termina e cada família extensa volta para sua maloca.

Alguns trechos de cantos que ouvi a 31 de agosto de 1966 no Posto Tatuí, e que Nawé traduziu simultaneamente, dão uma idéia de sua temática. Indicam-se o nome do cantor e a hora em que o canto foi executado.

<u>Kwasiari – 19h30:</u>

1. Há algum tempo quebrou a madeira – o mutum bravo – ele quebrou a flecha – mutum valente – o mutum claro – ele quebrou o meu arco – eu encontrei o mutum bravo – quando eu fui, encontrei um mutum colorido.

2. Eu alcancei a flecha – eu estava longe do ninho da japuíra, a um dia de viagem – eu quero uma vara comprida para pegar a japuíra no seu ninho – eu alcancei o ninho da japuíra – mas eu quero uma vara comprida para o seu ninho – eu fui lá para ver o ninho da japuíra – mas eu quero uma vara comprida.

3. Quando eu vi um peixe na baía, ele fugiu de mim – o peixe nadou para dentro da nassa, ele a quebrou – eu queria atrair o peixe ali para dentro – eu dei lugar para ele nadar até lá – ele nadou entrando no riacho, aí o peixe mordeu minha canela – eu fui bater timbó no riacho, mas o peixe não morreu – aí eu fui fechar o grande riacho, mas o peixe saltou para o alto.

<u>Masi´a – 19h40:</u>

1. Eu encontrei uma onça no mato – eu esperava a onça, mas ela não veio – eu não pensei que a onça estava andando no mato – eu escutei seu esturro – a onça esturrava no mato, eu fiquei com medo – a onça entrou na armadilha e saiu outra vez – a onça pintada esturrava e foi para o rio – atirei na onça e a flecha quebrou – eu encontrei a terrível onça – eu atirei minha flecha na onça quando ela se deitou – eu escutei o esturro da onça que é muito feio.

2. Eu preparei um maço de timbó – mas eu não coloquei o maço na água – na ilha dentro do rio largo – eu joguei o maço de timbó lá dentro – de uma grande ilha eu espiei um peixe grande – eu joguei o maço de timbó no rio a partir de uma pequena ilha – a amarração do maço de timbó se rompeu – eu joguei o timbó nos peixes – numa ilha no rio verde – numa ilha no grande rio.

3. Eu vi um *a*^{i}*’aŋ* embaixo de uma árvore – eu fiquei espantado – na lagoa eu cortei os peixes com o facão – eu fui lá para derrubar a árvore grande e ela não caiu – o machado

quebrou na árvore grande, tinha muita fumaça – no riacho grande eu derrubei uma grande árvore que ficou presa num galho – a árvore não cai – eu derrubo um *ɨwu'yupé'ip* – sua seiva penetrante queimou o meu pé.

Tɨmaka'i – 20h10:

1. Encontrei um ninho de japuíra – a japuíra estava brava no seu ninho – a vara comprida não alcançava o ninho da japuíra – eu arranco o ninho da japuíra – não posso alcançá-lo com a vara comprida – num tronco vermelho está sentada a japuíra – a valente japuíra – não pude alcançar com uma vara comprida – na cabeceira do riacho estava a japuíra – eu tinha medo da árvore alta – num tronco amarelo está sentada a japuíra – eu quero arrancar o ninho da japuíra.

2. Eu coloquei a cabaça de volta na chicha – eu peguei um maço de flechas de taquara – eu matei a onça com as flechas de taquara – numa grande clareira estava a onça – estou contente, pois a onça vai entrar na armadilha – eu fiquei numa grande clareira com medo da onça – eu joguei o maço de taquaras no mato – estou contente por matá-la – na clareira da onça eu deixei um maço de taquaras – estou contente de deixá-lo na clareira da onça – de uma árvore oca eu vi a onça – na grande clareira onde a onça gosta de ficar – eu tinha a grande coragem de aproximar-me tanto da onça – sou mais forte que a onça – estou contente de matar a onça a partir da árvore oca.

3. Eu esperava para ver o lugar da árvore para onde ele voaria – o mutum cantou, voou lá para cima e parou de cantar – ele canta no mato embaixo de um grande ramo – eu pensei que o mutum não voaria para cima do ramo – embaixo do ramo o mutum estava sentado – eu esperava poder matar o mutum – ele voou em cima de um galho fino – eu segui atrás dele, até onde o mutum cantava – o mutum comia – eu pensei que ele estava no seu lugar – eu fui embaixo do galho em que o mutum estava sentado.

4. Eu queria derrubar uma grossa árvore – eu chamei para um outro vir na minha direção – eu fiquei com a faca na mão junto à raiz da árvore – eu bato com o machado na árvore – uma grande raiz eu golpeei com o machado – perto do riacho do grande rio – eu tenho um machado sobre o ombro e na mão uma faca – eu tenho uma faca leve na mão e um machado – pois eu tenho uma faca na mão, perto da raiz da árvore – eu quero fazer um cabo para a faca, junto ao riacho do grande rio.

Temeoni – 20h35:

1. O mutum voa para cima do galho, eu quero matá-lo com a flecha – o mutum voa para cima, onde eu já matei um outro – o mutum está sentado sobre um galho e canta – ali para onde um outro já voou e correu – eu pensei que ele não ia voar para o lugar do outro – o "braço ferido" matou o outro – onde eu matei um, o outro ficou no seu lugar – por

isso eu ouvia o canto do mutum – eu matei a arara com a flecha – onde ele matou o outro e desapareceu – "Queixa-se de tudo" matou o outro mutum – onde a arara estava sentada na árvore oca – o mutum levantou vôo e sentou-se sobre um galho – eu escutava o canto do mutum – eu esperei pelo mutum atrás da árvore – "Queixa-se de tudo" matou o belo mutum – onde a arara está sentada está agora o mutum – por isso o mutum canta perto do rio – onde estava o primeiro e agora o outro ficou no seu lugar.

2. Trepei na árvore larga – eu queria trepar na árvore – eu trepei na árvore até o buraco do ninho da arara – eu trepei com uma vara até o buraco do ninho do papagaio – eu achava que ela ia alcançar o buraco do ninho da arara – eu enfiei a vara no ninho do papagaio – eu queria enfiar a vara no buraco do ninho da arara – eu enfiei a vara no buraco do seu ninho – eu queria fechar o buraco do ninho da arara.

3. Eu vejo a flecha estragada – eu achava que a flecha sempre permaneceria boa – o gavião pegou minha flecha, mas eu não pude matá-lo quem pegará o gavião com minha flecha? – eles foram ver o pé do gavião – quem pega o gavião com minha flecha? – eles foram ver o ninho do gavião – quem viu minha flecha por aí? – eu vi a pena do gavião – como vou pegar o gavião com a minha flecha? – eles foram ver o ninho do gavião – eu gostava da flecha branca – eu acho que eles cuidam do gavião com minha flecha – eu fiz uma flecha para matar o gavião – quem vai pegar o gavião com minha flecha? – eu estava desnorteado sobre o ninho do gavião – eu acho que eles vão pegar o gavião para trazê-lo.

Moanyan – 21h12:

1. Quando eu fiz uma flecha de taquara, eu a joguei fora – a onça esturrava e saiu – quando eu peguei o maço de flechas, a onça desapareceu – a onça esturrava fora da clareira – eu corri no mato e atirei na onça – a onça esturrou na margem do córrego – eu armei o arco e tremia muito – na grande clareira a onça correu fugindo – fiquei muito admirado da onça – a onça saiu da grande clareira – a onça esturrou em outro lugar – a onça não ficou na clareira grande – a onça esturrou fora da clareira – do lugar em que a onça estava, ela desapareceu.

2. Eu pensei estar à altura da onça – eu estava muito confuso – eu tinha medo da onça – eu segurava a flecha na mão para matar a onça – eu alcancei a onça na minha direção – eu tinha força para armar o arco e apontar em direção à onça – nós temos força para armar o arco – nossa flecha acertará? – nossa flecha acertará? – eu atirei a flecha no pescoço da onça – o urubu veio para junto da onça em decomposição.

3. Eu fiz um maço de timbó para batê-lo na água – eu joguei o maço de timbó na água para matar os peixes – morreram muitos peixes dentro da água – eu joguei o timbó no

grande rio – eu perdi o maço de timbó – eu não tenho medo do grande rio – eu matei uma grande quantidade de peixes na água – eu perdi o timbó na água – eu tenho coragem de entrar no grande rio – eu perdi o maço de timbó – eu tenho muita coragem de entrar no grande rio – morreram muitos peixes na água.

Masí – 21h30:

1. Eu quero beber chicha – eu quero deixar a chicha ficar azeda – eu gosto de beber desta chicha – eu quero deixar a chicha azedar por uma noite – a chicha morna está muito azeda – não tenho uma cabaça para pegar a chicha – eu quero deixar a chicha tornar-se azeda.

2. Nós matamos um macaco sem mão – aqui matamos um macaco sem língua – nós olhamos a boca do macaco – aqui matamos um macaco sem língua – estou contando onde matei um macaco – no caminho dos pássaros matamos um macaco – eu mostro onde matei um macaco – aqui nós matamos um macaco.

3. Quero bloquear o córrego onde saltam os peixes – eu vi os peixes saltando – eu quero bloquear o córrego onde saltam os peixes – eu vi os peixes saltarem – eu vi os peixes saltarem.

Nyũkato – 21h55:

1. Eu vi (sic!) as rãs coaxarem na baía – eu tomei minha flecha na mão – eu fiquei no meio das rãs – eu tinha a flecha na mão – eu fui no meio das rãs, eu enchi minha flecha – eu enchi minha flecha de rãs – eu fui no meio das rãs – quando as rãs cantavam rio acima – eu fui ao *Yawotsi* das rãs – eu enchi minha flecha de rãs – eu fui ao *Yawotsi* das rãs.

2. Ali onde eu estava, na clareira da onça, permaneci muito forte – eu trouxe o couro da onça no braço para mostrá-lo – eu queria ver como eles tiravam o couro da onça – nós fomos ao lugar da onça e eu fui com eles – eu quero assistir como eles matam a onça – nós vamos ao lugar da onça e eu vou com eles – eu quero ver como eles matam a onça – nós vamos ao lugar da onça – por isso eu vou junto com eles.

Os últimos seis cantos foram registrados na mesma noite em fitas gravadas; infelizmente, com muita interferência. Mas eles só foram traduzidos, de modo muito sumário, a 16 de setembro, por Mairerũ.

Kwaban:

1. Eu abati uma grande árvore – eu sempre derrubo uma grande árvore – eu gosto de abater uma árvore grande.

2. Vejo muitos caniços de taquara – existe muita taquara – sempre existe muita taquara – eu gostaria de cortá-la, mas eu não posso – de ambos os lados do rio – sempre existe muita taquara, mas eu não posso cortá-la.

Temeoni:

1. As pessoas não fazem covos – elas nunca fazem um covo para pegar peixes – elas nunca fazem um covo – nunca mais pegam peixes – eu verifico o covo – havia muitos peixes, mas elas nunca mais fazem um covo – porque todos têm medo do rio – mas eu não tenho medo.

2. Na margem do rio eu derrubei uma árvore – eu sempre derrubo uma árvore junto ao grande rio – sempre há duas árvores grandes na margem do rio – eu sempre gosto de derrubar uma árvore grande – eu quero jogar uma árvore grande no rio para ela fazer uma corredeira.

Kwasiarí:

1. O jacaré não permite bater timbó na água para matar os peixes.

2. Eu queria matar um pássaro pequeno, mas ele nunca se sentava numa árvore, e assim não pude fazê-lo.

Temeoni:

1. Eu queria matar rãs, mas eu não posso fazê-lo, as rãs não se deixam matar, as flechas pequenas não acertavam.

2. Eu chamei o *anyaŋ* para dançar com ele, mas o *anyaŋ* não veio, ele não veio.

3. O gavião faz um ninho para botar seus ovos, depois sai um filhote que fica grande.

4. Eu matei um macaco e olhei a sua boca, ele tinha comido jenipapo, o macaco estava dormindo.

5. Eu sou o dono do caminho, pois eu fiz o caminho. Sempre sou eu quem faz o caminho, eu construí o caminho na margem do rio.

8. Mitos e narrações

Mitos e narrações sempre são escutados com a máxima atenção pelos homens presentes. Quando eram recitados por Temeoni, apresentavam caráter nitidamente didático. O estilo de recitação característico já foi mencionado à página 189, outra particularidade era evitar a menção explícita dos nomes das pessoas míticas, através de diferentes perífrases. Daí a dificuldade de descobrir, na tradução, os ciclos interdependentes. Como o narrador nunca podia ser interrompido, eu dependia das narrações de segunda mão ou de traduções de gravações, para preencher as lacunas. E meus informantes não tomavam em consideração o tempo gramatical usado, nem faziam distinção, por exemplo, entre singular e plural, ou entre homem e ser humano. Estas eram apenas algumas das dificuldades. Esforcei-me por apresentar todas as variantes indistintamente e dar atenção também às narrativas de Ipepuri que, na minha opinião, sofreram influências dos mitos dos Kamayurá e de diversas representações dos brasileiros da região de Cuiabá.

A primeira das variantes dos mitos e narrativas (a-d, ka, kd-kh, h) foi contada por Temeoni, gravada e traduzida para o português por Piaka. Todas as outras versões são narrações repetidas por outros em português ou então contadas em diversas ocasiões. A terceira versão do mito c e fd foi contada por Ipepuri na sua maloca do Xingu, e as restantes nas três aldeias do Rio dos Peixes.

Se nas narrativas de Temeoni algumas vezes aparecem expressões como "teu" ou "a vocês", elas se referem aos civilizados ou, então, a mim mesmo.

a) Ma^{i}ma^{i}ri rouba o fogo

(narrado por Temeoni em 26 de agosto de 1966, gravação traduzida por Piaka em 28/08/1966)

Antigamente não havia fogo. A gente comia os peixes colocando-os sobre pedras ao sol, e também mandioca torrava-se assim. Naquele tempo um homem, cujo nome era Ma^{i}ma^{i}ri, lembrou-se que o urubu possuía o fogo. Ele foi no mato, deitou-se e untou todo o seu corpo com cupins. Primeiro vieram moscas e depois (veio) um urubu, que espiou aquele corpo e voltou para buscar companheiros. Um urubu branco (urubutinga?) veio em seguida e pensou que era uma baía ressecada. Aí o homem correu para dar notícia aos companheiros, voltou e deitou-se novamente. Bem ao meio-dia, voltou o urubu, fazendo *"pa:a:x"*. Quando o homem ouviu isso, virou-se com o nariz para baixo e as costas para cima e não se mexeu mais. Os urubus chegaram e trouxeram lenha seca e sempre iam buscar mais, até que terminaram. Depois fizeram fogo. O homem pegou o fogo com a mão. O urubu foi interrompido ao querer comer a costela e disse à sua mulher: *"a:x"*. O homem correu e correu com o fogo e se foi. Mas os urubus todos voaram e foram embora. Então o homem se banhou e encostou o fogo no pé do urucu, juntou lenha, arrumou-a e houve uma grande fogueira. Ele foi buscar o tronco do pé do urucu para secá-lo ao sol, mexeu os dois paus (ignígenos), saltou uma faísca que acendeu o fogo. Ele deu notícia aos vizinhos, e eles vieram buscar o fogo. Ele lhes mostrou o pé de urucu e disse: "Isso é fogo". Depois foram para muito longe para buscar outras pessoas, pois agora havia fogo.Se o urubu não tivesse o fogo, os seres humanos teriam de comer tudo cru, mas agora se pode comer tudo com fogo. O urubu passou a procurar o fogo dele por toda parte e encontrou-se com o homem no mato. Este transformou-se num pica-pau. Então ele disse: "Que pena, por que não trouxe as minhas flechas para te matar?". O homem, porém, juntou toda a gente e distribuiu o fogo. As pessoas perguntaram: "Onde você encontrou o fogo?". Ele respondeu: “Era o fogo do urubu”. Distribuíram o fogo, depois o soltaram. O urubu ficou sem nada e teve de comer tudo cru, e o faz até o dia de hoje. Mas este fogo já acabou. Agora tem teu fogo: fósforos.

(Moanyan narra em 7 de fevereiro de 1966)

Antigamente não havia fogo. A gente só punha carne e peixe e mandioca ao sol para secar, depois comia. Mas o urubu tinha fogo e só comia sua presa assada. Um Kaiabi deitou-se no chão, colocou a mão na cara e ficou quietinho. Vieram as térmitas, cobriram-no inteirinho e depois chamaram o urubu. Ele veio, juntou lenha e acendeu fogo à volta. Na hora em que queria assar o homem, ele rapidamente apanhou o fogo e fugiu. Desde então o urubu come tudo cru, mas os Kaiabi têm o fogo.

b) Origem das plantas cultivadas

(narrado por Temeoni em 26 de agosto de 1966, traduzido por Pia'ka em 28 de agosto de 1966)

Primeiro não havia nada. Mais tarde vieram mandioca, amendoim, inhame, feijão. Então os *é'ɨ*^{i} (seres-dema) que morreram faz muito tempo, nos mostraram o caroço do coco inajá. Plantaram palmeira inajá e tucum, para ver se chegavam a carregar frutos. Então um homem se lembrou de fazer um roçado. Abriu uma roça grande, grande. A moça falou: “Que pena, que vamos plantar? Não há nada”. Então pegaram uma mulher e levaram-na para a roça. Lá a queimaram e ela ficou estirada no chão. Os dentes viraram milho; os pés, mandioca; o coração, inhame. Eles mandaram recado aos filhos dela para que ficassem no mato e lhes disseram: “Se vier o papagaio, não vão atrás dele. Mas quando ele vier pela segunda vez, o milho já terá grãos para se comer, então vocês podem vir”. Mais tarde eles, os filhos, voltaram à roça. Aí havia milho, mandioca, amendoim, inhame e feijão. Por isto agora comemos estas coisas. Naquele tempo as coisas de vocês não existiam. Depois vieram machado de pedra e facas de pedra. Agora há facas de ferro e as nossas facas de pedra eles deixaram inteiramente.

(Tapa narra em 14 de fevereiro de 1966)

Antes não havia milho, nem mandioca, nem roça. Somente da mãe queimada se originou tudo isso. Milhos são os dentes, as outras coisas de outras partes, mas eu não sei.

(Mairerũ narra em 16 de setembro de 1966)

Panyéavi mandou seus dois filhos fazerem uma grande roça. Então, a mãe deles foi até o meio da roça e disse: “Agora me queimem!”. E eles a queimaram. Aí todo o seu corpo transformou-se em gêneros alimentícios. O *a*^{i}*'aŋ* dela foi para o *ɨwak*.

(Timaka´i narra em 28 de julho de 1966)

Da mãe morta se originaram: mandioca brava, dos dentes; amendoim, dos miolos; cará preto, dos cotovelos; pé da mandioca, das mãos; mandioca doce, do antebraço; cará branco, do queixo; taiá, dos cabelos; feijão, do sexo; e mangarito, dos dedos do pé.

c) Tuyararé

(narrado por Temeoni em 26 de agosto de 1966, gravação traduzida por Pia´ka em 29 de agosto de 1966)

c.a.) Tuyararé entre os Munduruku

O homem começou a casar. Primeiro ele não tinha mulher, mas depois apareceu uma mulher parecida com uma lagarta e ela se deitou na rede dele durante a noite. A lagarta deitou-se no peito dele durante a noite e, apenas começou a clarear, ela saiu da rede e ficou deitada no chão num montinho de cisco. Quando o homem foi ao mato para caçar, disse para a mãe: "Não toque no montinho de cisco debaixo da minha rede, não o jogue fora, deixe como está". Mas a mãe não percebeu nada.

Um dia o homem foi caçar. A mãe falou: "Por que será que o meu filho não me deixa jogar fora esse montinho de cisco debaixo de sua rede? É muito feio". Então, a mãe agarrou com a mão a lagarta, puxou-a para fora e exclamou: "Mas que lagarta grande! Então é por isso que ele não me deixou mexer com esse cisco". (E jogou-a fora.). Tuyararé voltou (percebeu o que acontecera), ficou bravo e disse: "Minha mãe jogou fora o cisco". Agora ele só tinha a mãe em casa, estava triste e falou: "Eu vou embora daqui e já". Ele pegou sua grande mala feita de entrecasca em que guardava os dentes de macaco e todas as coisas que lhe pertenciam. Foi longe, mato adentro, encontrou-se com muita gente, até chegou no *panyé* dos *u*^{i}*ra´ɨp* (Munduruku) e a esse ele contou tudo. Estava muito triste e pensativo.

Então veio o irmão do pai, um homem muito velho, atravessando a terra dos *u*^{i}*ra´ɨp*, pegou as coisas de Tuyararé e as levou mais para a frente, voltou e levou também o resto. Ele não se demorou no meio deles e disse a Tuyararé: "Não pare no meio deles". Tuyararé foi-se e encontrou uma mulher que estava na entrada de um rancho preparando farinha de mandioca. Ao lado estava armada uma pequena rede. Ela falou para ele: "Pode chegar". Tuyararé respondeu: "Não! Eu não vou aí!". E ficou parado ao lado da rede. Depois disse para a mulher: "Agora vou contar uma coisa para você". Muita gente dos *u*^{i}*ra´ɨp* o rodeava, escutando o que ele contava; como se cria o passarinho, o papagaio e a arara. Depois ele cantou e perguntou: "Quem é que canta assim?". E ele disse: "O tucano". E depois: "Isso é um macaco". Então a mulher pegou uma pena de gavião e com ela experimentou um pouco de farinha de mandioca. Em seguida o chefe de família disse: "Agora podemos matá-lo para comê-lo, pois a farinha já está pronta”. Ao ouvir isto, ele olhou para trás e de repente desatou a correr e toda a gente atrás dele, mas ele escapou e se escondeu mais em frente. O chefe dos *u*^{i}*ra´ɨp* disse: “Pena, ele escapou! Já vamos dar um jeito”. E disse a toda a sua gente: “Vamos procurá-lo no mato”. Queriam levar todos os filhos e filhas, mas ele falou: “Só os meninos vão, as filhas ficam, pois ele está procurando mulher. As mulheres fiquem deitadas na rede, sem fazer barulho”.

Tuyararé realmente voltou, carregando a sua mala de embira nas costas. Na abertura da porta parou e tirou a mala. Disse: “Toma, mãe”, deu-lhe uma pena e se acocorou. A mãe disse: “De qual menina você gosta mais?”. Tuyararé respondeu: “Quero essa”. Ele casou e deitou-se com ela na rede. Ele era muito pobre, sua rede arrebentou em pedaços, mas ele trouxe uma coruja e mais outros animais, porque estava casando.

Bem cedo eles acordaram e Tuyararé levou a mulher consigo ao rio para buscar água. Então ela disse: “Isto é uma coruja”. Ela voltou e mostrou a Tuyararé uma pena de gavião. Mas Tuyararé explicou: “Esta só come grilos, ela não é perigosa para as pessoas”. Ele lhe mostrou a pena do gavião e da coruja, que não tem penas grandes. A mulher foi falar com sua mãe e lhe contou tudo: “Meu marido diz que esta aqui é uma pena de coruja e esta grande é uma de gavião”.

Tuyararé levou sua mulher ao mato, à caçada. A mulher tinha muito medo, assustava-se com os macacos e a arara, porque ela não conhecia o mato e nunca tinha penetrado nele. Quando chegaram à floresta, o macaco gritou e ela ficou com medo e voltou correndo para casa, onde contou tudo. Então os seus parentes queriam matar Tuyararé e comê-lo. Então Tuyararé disse: “Ora, minha mulher foi embora!” Então ele matou um macaco para mostrar que se podia comê-lo, porque os *u*^{i}*ra´ɨp* não conheciam nada disto. Ele levou um filhote e a cabeça de um macaco. Quando chegou, disse que era a cabeça de um inimigo, mostrou-a e também um colar de dentes e contou tudo.

De outra vez, Tuyararé levou a mulher para caçar e mostrou-lhe tudo, também o ´inimigo´, dizendo que era igual a seres humanos. “Isto são dentes de macaco”, disse, abrindo a mala de entrecasca. Depois disse: “Isto é um jacu, só os velhos o comem, gente nova não”.

Outra vez, todo mundo saiu a caçar. Ele lhes mostrou tudo, tudo mesmo. Então eles disseram: “Agora queremos comer carne de ´inimigos´”. E Tuyararé mostrou-lhes o jacu, explicando: “A gente precisa preparar o jacu e a jacutinga e o macaco separadamente”. E ele mostrou sua mala de entrecasca a toda gente e à irmã de sua mulher. Então sua mulher cozinhou tudo, preparou uma sopa de carne do macaco e farinha de mandioca. E Tuyararé explicou a todas as mulheres como fazer, até que entenderam. Depois de esfriar, os velhos comeram a sopa de jacutinga e os mais novos a sopa de carne de macaco. Falou para eles: "Por que vocês misturam jacutinga e macaco?".

Mais tarde tiveram um filho, Awatat. Eles abriram uma roça e plantaram muito milho. A mulher pegou o cesto e foi à roça para buscar milho. Awatat ficou em casa, mas depois foi à roça, onde viu o cesto. Awatat viu seu pai com sua mãe deitados no chão e ficou muito bravo, decepou um braço da mãe, levou-o para casa, colocou em cima da mala de entrecasca e o sangue corria e gotejava no chão. Quando a avó estava fazendo limpeza no rancho, viu o sangue gotejando e disse: "Sangue está gotejando no chão". Aí Awatat contou como tinha matado a filha dela: "Eu vi como ela estava deitada com meu pai no chão e por isso a matei". Em seguida, Awatat quebrou todos os ossos de sua mãe e Tuyararé pensou em mudar-se novamente e disse para as pessoas que ia embora.

Tuyararé ainda tinha uma menina e queria levá-la e disse para ela: "Você caminha atrás de mim". (E foram). A mãe de Tuyararé já estava com saudades de seu filho. O filho fazia gente. A gente aumentou e aumentou. Os parentes de Tuyararé queriam vê-lo. Eles vieram, viram a grande roça e pensaram tratar-se de muita gente, mas era apenas Tuyararé com seus filhos. Tuyararé disse: "Está bem".

"Você ainda está vivo", disseram eles e Tuyararé lhes contou uma história. Eles voltaram e juntaram toda a gente. A outra família queria que Tuyararé casasse com uma mulher, mas ele disse: "Não quero". Então eles queriam fazer guerra, juntou-se muita gente e logo foram ter com ele.

A gente de Tuyararé perguntou-lhe se por ali havia um bicho que andava de noite. Ele disse: "Aqui não há bicho que faça barulho com o bico, só o tucano". Ao clarear, o tucano fez "parara". Ele foi procurá-lo e o trouxe. As pessoas perguntaram: "Há (ainda) um bicho aqui que faça barulho durante a noite?". E Tuyararé disse: "Não há". Assim, foram buscar cipó, trouxeram, voltaram e foram buscar mais outros e fizeram barulho com isto. Então Tuyararé perguntou: "Há algum bicho por aqui que anda durante a noite fora de casa?" As pessoas falaram: "Sim, na roça, lá ele estragou o nosso amendoim". Então Tuyararé perguntou: "Há algum bicho lá fora que sujou o rio?" As pessoas disseram que sim. Aí Tuyararé foi com sua mulher ao rio para olhá-lo. Então ele lhes fez a pergunta mais uma vez e disse: "Certo, há, mas é o sapo". Depois procurou o sapo para mostrá-lo e disse: "Esse aí não é de carne". Tuyararé continuou a perguntar: "Por aqui há muita fumaça?" As pessoas disseram: "Sim, muita fumaça". (Assim ele ficou sabendo que havia inimigos ali). Em seguida procuraram madeira para construir uma casa. Reuniram as pessoas, levantaram os esteios e fizeram uma casa, bastante perto do rio, ficaram juntos e não mais se esparramaram pela mata. Os outros fizeram guerra e assim observaram o rio, ele levava muita espuma. Então eles (os inimigos) atracaram e pensaram que Tuyararé estivesse sozinho. Era muita gente. Tuyararé foi ter com eles e os saudou. Mas seu pessoal estava com medo. Só a sua mulher foi banhar-se no rio. Os inimigos pensaram que Tuyararé estivesse sozinho, mas seus homens estavam escondidos e agora vieram trazer-lhe ajuda, espalhando (os inimigos) pelo mundo todo. Estes foram recebidos por seus amigos e deste modo ficaram espalhados (Munduruku).

(Tapa narra a 7 de agosto de 1966)

Primeiro nós não existíamos, só Tuyararé e sua mãe. A mãe dele fez a primeira peneira. Tuyararé tinha uma mulher, *uwu[ɨ]wara 'ik*; durante o dia ela ficava escondida embaixo de um feixe de taquarinha e parecia uma lagarta. Durante a noite, porém, ela deitava-se na rede de Tuyararé como mulher. Quando Tuyararé foi caçar no mato, sua mãe pegou o feixe de taquarinha com a lagarta e o jogou no mato. Quando Tuyararé voltou, já não tinha mais mulher. Então foi procurar outra mulher. Ele foi muito longe, até os *yimamɨk* (Aripaktsá), ali encontrou uma e casou com ela. Ela gerou duas crianças, primeiro uma menina, depois um menino. Um dia, a mulher foi à roça para buscar milho e aí vieram os parentes dela. Tuyararé foi atrás dela e a encontrou deitada com outro homem. Tuyararé matou a mulher, cortou-lhe um braço, colocou-o sobre uma folha de pacova e em cima de sua mala de entrecasca. Ele foi para casa. Quando o sangue gotejava no chão, ele disse: "Limpe isto!" A velha perguntou: "Que é isto?" Tuyararé respondeu: "Matei a tua filha". Então o irmão da mulher e a mãe dela foram embora muito bravos. Ele reuniu todas as pessoas, todos os animais e construiu uma grande casa. Quando o pai da mulher chegou, ele quis matar Tuyararé. Mas não foi capaz, porque eles eram muitos. Então Tuyararé o matou.

c.b.) Tuyararé e os seres vivos

(narrado por Tapa a 7 de agosto de 1966)

Tuyararé tinha uma grande panela com água borbulhando, mas ela não fervia. Tuyararé falou para todos: "Entrem na água, vão ficar com um corpo bom". Mas as pessoas não queriam. Somente a cobra, a aranha e a barata entraram na água. Elas saem de dentro de si, não morrem. Só nós morremos.

c.c.) Tuyararé cria os seres humanos

(narrado por Ipepuri a 20 de outubro de 1966)

(Logo depois de sua peregrinação, Tuyararé se vê obrigado a criar seres humanos para defender-se dos parentes da mulher que o perseguem).

Primeiro ele cria os Kaiabi de caroços de tucum; por isso eles usam cintos deste material. E o primeiro deles é o cacique Tɨva[u]pan e outros poucos, explicando-lhes como poderiam construir rapidamente uma casa; ele e seu filho lhes mostram tudo.

Antes o seu nome era Mea^{u}'oo, e só após haver criado os Kaiabi e ter-se casado passou a chamar-se Tuyararé. Mais tarde, quando foi para o *íwak*, ele se chamava Ma^{u}votsini, tal como os Kamayurá ainda o chamam hoje. (Mavutsiné, segundo Oberg 1953:49). Depois Tuyararé criou do carvão os Apiaká; de cacos de cerâmica, os Bakairi e os Waurá; da cambaúva; os Kamayurá; de rãs, os Juruna; da tocandira, os Kayapó; depois os Trumai, Txikão e Karajá. Isso aconteceu no Alto Xingu, lá onde eles foram criados. Então Tuyararé convidou as tribos para defendê-lo dos inimigos. Os mais bravos são os Kayapó, mas os Kaiabi não acompanham, porque não querem lutar. Os Apiaká sim, estes têm vontade, eles gostam de luta. Depois de tudo isso, Tuyararé estava cansado e disse que estava com vontade de ir embora e deixá-los sozinhos. Aí todos ficaram tristes. Ainda queria casar o seu filho e deixá-lo aqui, mas ninguém queria casar com ele e, assim, o pai o levou consigo. Tivaupan pediu-lhe, antes, mais Kaiabi, e sob a orientação de Tuyararé, ele criou novos, até serem bastante. Antes de ir-se, ele repartiu suas festas.

O Yavari ele deu primeiro aos Kaiabi, mas estes não queriam e o passaram aos Trumai. E aos Trumai deu o *Yawotsi* que o deram em troca aos Kaiabi. O propulsor de lanças era inicialmente dos Kaiabi, mas ele não vale nada, e deram-no aos Kamayurá e também aos outros (cfr. Galvão 1956:335). Primeiro todos tinham a arara de várias cores, mais tarde muitas araras vieram junto dos Kaiabi e agora os outros não têm mais nenhuma.

Em seguida, Tuyararé prometeu-lhes uma flauta particularmente bonita, mas proibida para as mulheres. Como as mulheres das diversas tribos fossem lá para olhar, mataram-nas. Aí todos ficaram muito tristes e disseram: "Nós não queremos a flauta, se nossas mulheres com isso morrem. Ela é perigosa demais". E assim os Trumai foram os primeiros a ter a flauta *(yakui).*

Disse então Tuyararé: "Vocês não podem ficar todos juntos aqui, pois certamente todos vão brigar e todos morrerão. Espalhem-se". Mandou os Kaiabi e os Apiaká para o Paranatinga, os Juruna para o rio Xingu abaixo, os Karajá para outro rio. Somente os Kamayurá ficaram lá mesmo onde foram criados.

Então eles moravam todos juntos na cabeceira do rio Novo (Paranatinga) e ali existia uma grande lagoa, que não era funda. Lá as crianças Kaiabi costumavam brincar com a água e a sujavam. Os moradores do rio abaixo tinham que beber água suja. Por isso os Beiço-de-Pau ficaram bravos e mataram o pequeno filho de Mã^{i}pi. O pai foi ter com o cacique dos Beiços e explicou-lhe que ninguém gosta de beber água suja, mas que as crianças são assim mesmo. Por que matara o menino? Que fossem embora para outro lugar. O cacique mandou matar o homem, a mulher dele e o tio. Depois, os Beiços mataram uma velha Kaiabi que ia à roça. Assim começou a briga e os Beiços mudaram-se e, no caminho, os Kaiabi ainda mataram alguns Beiços para aborrecê-los.

Também com os Apiaká tiveram briga. Os Kaiabi descobriram um periquito no campo, a alguns dias de viagem da maloca. O Kaiabi disse ao Apiaká: "Vá lá buscá-lo e dê para mim". O Apiaká disse: "Não, vai você, porque eu sou mais velho". Assim começaram a brigar e depois disso os Apiaká foram-se embora e, mais tarde, os Kaiabi mataram quase todos eles. Os Kaiabi só não brigam com os Bakairi.

Tuyararé foi embora e os Kaiabi tinham saudades dele. Fizeram uma escada de galhos e subiram até onde ele estava. Ele ficou muito alegre e disse: "Vocês pensam sempre em mim e se lembram de mim". E para enganá-los disse: "Venham outra vez". Mas ele mudou-se para muito mais alto. De outra vez queriam subir novamente, viram que já não era possível e ficaram muito tristes. Tuyararé derrubou a escada e a transformou em floresta. Assim os Kaiabi ficaram na sua aldeia e já eram muito numerosos. Então Tuyararé disse a Tɨva^{u}pan: "Logo vai chover, tanto tempo, até tudo afundar na água. Muda-te mais para cima, para o campo". Mas os outros não queriam e só poucos se mudaram. Aí choveu, choveu e tudo se encheu de água e não havia mais fogo. Quando a chuva parou e a água baixou, mandaram um passarinho para ver se a aldeia ainda estava lá. Ele cantava e cantava até que a água baixou, voltando em seguida. Então mandaram Moravó para ver se os homens ainda viviam. Moravó foi e encontrou todos mortos, já podres. Ele pegou uma perna e a comeu, voltou e narrou tudo. Tuyararé disse: "Eu não te mandei para comer carne podre. Pois bem, agora só vais comer isto". Tuyararé tirou-lhe os braços e a boca e assim Moravó transformou-se no urubu. Depois mandaram Tamewa para procurar fogo. Ele foi, cavou, cavou, mas só encontrou cinza. Passou-a por todo o corpo e voltou. Por isso ele agora é um *kuyara* (jacarezinho) e as pessoas tinham de comer só carne crua. Mais tarde Ma^{i}ma^{i}ri roubou o fogo e a velha foi morta.

Capitão Sabino (Yawat) contou a Dornstauder em 1954 (segundo Dornstauder MSb): "Dizem que aqui (no Paranatinga) não havia gente, só o rio. Os Apiaká e Bakairi estavam junto conosco. Vieram conosco do Coluene. Eles vieram do litoral, mas encontraram só o rio, não havia outros índios aqui".

d) Yurupanye *(Yurun)*

(narrado por Temeoni em 26 de agosto de 1966; gravação traduzida por Piaká em 30 de agosto de 1966)

Yurupanye era um homem com cabelos compridos na cabeça, que chegavam até o chão. Então seus cabelos queimaram e também a barriga pegou fogo e queimava. Quando escutou o barulho do fogo – *u´:x* – pensou que o Paranatinga tivesse pegado fogo. Então sua cabeça pegou fogo e ele percebeu que eram os seus cabelos que estavam queimando e saiu correndo ligeiro.

Também seu filho tinha cabelos compridos como ele e também seus três netos, que se chamavam Yurupanye, Manoém e Tariakato. Um deles era muito bravo e meio sem juízo, ele sempre estava correndo diante do rancho. O outro sempre estava deitado na rede e o terceiro devia ser tatuado. Assim, os três meninos foram ter com outros três, para irem juntos aos ritos de iniciação e encontrar-se com as pessoas. Mas um de seus netos matou um dos três meninos. Eles o deitaram na rede, para escondê-lo. Mas o espírito auxiliar de Piriravi estava deitado embaixo da rede e escutou tudo. O pai do menino esperou, esperou, e como o filho não vinha, foi atrás dele, encontrou os três irmãos e perguntou: "Que estão fazendo aqui?" Eles responderam: "Estamos doentes, mas teu filho foi buscar lenha para fazer fogo e assar uma cotia e nisto encontrou *anyaŋ*?". Mas Piriravi já tinha contado ao pai que os três meninos tinham matado o filho dele e ele olhou na rede e viu seu filho ali deitado, cheio de urucum e jenipapo. Então o pai foi embora dizendo a Piriravi que ia à casa dos três filhos para mostrar-lhes com a borduna o que pretendia fazer com eles.

Piriravi tomou o menino morto e o amarrou firmemente com uma corda, cortou-lhe os cabelos e os moeu bem fino no pilão. Tudo pronto, saiu remando na canoa e logo encontrou Yurun com o pessoal dele. Estes se puseram diante de Yurun, para que Piriravi não o pudesse ver, porque ele queria matar Yurun e comê-lo. Mas Piriravi matou muitos e Yurun, vendo que sua gente diminuía cada vez mais, chorou muito. Por fim, sobrou só ele, e também foi morto por Piriravi, que o queimou com a sua gente, sua casa e todo o resto. E é por isso que os Apiaká se fazem de pretos, exatamente como Yurun, e os netos também se tatuavam; pois Piriravi matou Yurun, e agora deve-se fazer o mesmo que ele.

Yurunoo é aquele que fez os Apiaká, como Tuyararé fez os Kaiabi. Ele matou muita gente.

e) Õ^{i} wĩ, a senhora dos animais

(Tapa narra, de acordo com Temeoni, em 6 de agosto de 1966)

Õ^{i} wĩ (mulher velha) era a dona de todos os animais, também da onça. Um dia a onça lhe trouxe na boca um menino morto. Ela ficou muito brava e matou a onça, porque ela não devia fazer isso. Õ^{i} wĩ disse ao papagaio: "Vai ter com meu irmão, vai buscar meu filho e diz que matei a onça". O papagaio voou para lá, sentou na rede dele e disse: "*Yawarawé, yawarawé*, a Õ^{i} wĩ matou a onça". Todos os animais, todos mesmo, vieram e tingiram-se de vermelho com o sangue e de branco com os miolos da onça. Somente o filho pequeno da onça ficou com a velha. Quando cresceu, tornou-se muito bravo, procurava crianças e as comia.

f) Panyeavi

f.a.) Panyeavi criou os macacos

(narrado por Tapa, de acordo com Temeoni, em 6 de agosto de 1966)

Primeiro *aémunyanat (aémunyaŋaraŋa)* foi à roça e viu que os homens, iguais aos macacos, comiam milho verde. Ele veio e todos treparam nas árvores. Ele atirou em muitos, matou dois, mas eles não estavam bem mortos. Um dos macacos pegou a flecha com a boca e a trincou com os dentes. Panyeavi disse: "Você quebrou a flecha, está feito". Todos os outros fugiram. Agora são somente macacos.

(Mairerũ narra, segundo Temeoni, em 16 de setembro de 1966)

Antigamente não havia macacos. Assim Panyeavi transformou seres humanos em macacos.

Panyeavi foi à roça buscar milho para fazer chicha. Então viu que nossos velhos antepassados estavam acendendo o fogo para torrar milho, e estavam descascando as espigas. Ele ficou com muita vontade. Ele também quis comer milho e disse: "Agora vou transformá-los em macacos e comer milho". E assim mudou nossos velhos antepassados em macacos. Pegou arco e flecha e matou muitos macacos. Mas um macaco pegou a flecha com os dentes e a trincou. Panyeavi disse: "Você quebrou a minha flecha, assim há de ser". E, assim, todos os macacos mordem a flecha quando a gente atira neles.

f.b.) Panyeavi criou o jaú

(Mairerũ narra, segundo Temeoni, em 16 de setembro de 1966)

Panyeavi deitou sobre o rio um tronco liso, para servir de pinguela. Depois foi andando e encontrou a mulher *anyaŋ*. Lá ele ficou até de tarde, e a mulher lhe disse que se deitasse na rede com ela. E ele se deitou com ela e poeira caiu sobre a rede. A mulher estava sentada. Quando veio o marido dela, a mulher mentiu para ele, dizendo que Panyeavi estava doente. E o *anyaŋ* foi lá e começou a tratá-lo, gritando muito. Então Panyeavi disse: "Eu comi e dormi bem na sua casa, eu não estava doente e menti para você". Então *anyaŋ* quis dar cabo dele. Mas Panyeavi fugiu e o *anyaŋ* correu atrás dele, por cima do tronco da pinguela, e o *anyaŋ* caiu na água. Então disse Panyeavi: "Agora você fica sendo um peixe, o jaú". O *anyaŋ* transformou-se num jaú e um pedaço da sua borduna num peixe agulha.

f.c.) Panyeavi criou os veados

(Mairerũ conta, segundo Temeoni, em 16 de setembro de 1966)

No começo, o veado era como gente e trabalhava na roça. Estava roçando o mato quando veio Panyeavi e disse: "Está roçando aqui?". O veado disse: "Estou roçando".

Então Panyeavi jogou-lhe uma coisa miúda no olho. O veado disse: "Caiu-me alguma coisa no olho". Panyeavi abriu-lhe o olho bem largo e o transformou num veado. Agora é um veado.

f.d.) Panyeavi criou o jacaré

(Ipepuri conta em 19 de outubro de 1966)

O filho de Panyeavi chamava-se antigamente Puri´un, porque era todo preto. A sua noiva não quis casar com ele, porque não era bonito. Então ele foi ter com o pai e pediu-lhe que o fizesse branco. O pai falou: "Isto é com a minha mulher. Fique você aqui, eu vou pescar". E foi pescar. A mulher dele sentou-se diante de Puri´un com as pernas abertas e ele agüentou. Quando voltou o pai, ele trouxe peixe, deu-os a Puri´un para comer e ele ficou um pouco mais claro.

No dia seguinte foi pescar outra vez. Puri´un agüentou e clareou mais. E no terceiro dia, outra vez; aí ficou claro. E agora seu nome é Piri´u´i.

O jacaré queria ficar claro e disse: "Eu também quero ser claro!" Então Panyeavi fez o mesmo, mas o jacaré não agüentou e tomou a mulher. Panyeavi pegou outros peixes, sabendo, assim, que ele não tinha agüentado. Voltou, esticou o pênis do jacaré e depois também a boca. E assim ele virou jacaré.

g) Como se originou a coruja

(Mairerũ narra, segundo Temeoni, em 16 de setembro de 1966)

Havia antigamente uma mulher, cujo marido foi morto. O *a*^{i}*'aŋ* dele voltou e sua mulher o esperava. O homem queria deitar com ela, mas a mulher ficou com medo e disse não. Então ele disse: "Agora vou virar coruja". A mulher não o queria e por isso ele virou coruja.

h) Por que os homens morrem

(Mairerũ narra, segundo Temeoni, em 16 de setembro de 1966)

Antigamente morreu um homem, deixando sua mulher com uma pequena criança. Ela o enterrou. O homem voltou e deitou-se com sua mulher. O filho dele mandou-o ao mato buscar coquinho de tucum. Aí o pai subiu na palmeira, caiu e morreu, nunca mais voltou. Assim, os homens não podem mais viver, uma vez que morreram.

i) Por que os ombros são pretos

(Mairerũ narra, segundo Temeoni, em 16 de setembro de 1966)

Antigamente o sol queimava muito. Naquele tempo colhiam cará, amendoim e plantavam tanto milho, que os ombros ficaram todos pretos.

j) Árvore cósmica

(Mairerũ narra, segundo Temeoni, em 16 de setembro de 1966)

Antigamente existia uma árvore muito grande, *ka´asirɨp*, que agora está no *ɨwak*. Todas as pessoas que morrem vão morar lá e descansar sobre seus galhos.

l) Panyeavi e os gêmeos

(narrado por Temeoni em 29 de agosto de 1966; gravação traduzida por Pia´ká em 11 de setembro de 1966)

A lua é um xamã, ela não é como nós. E seu pai é Panyeavi. Panyeavi tinha uma mulher e ela teve filhos ao mesmo tempo. O primeiro era Muitawɨt e o segundo Yaɨ (Lua). Mas ele era louco e matou a mãe quando saiu de sua barriga, e então o pai o jogou fora. Depois ele enterrou a sua mulher. A lua tem o nome de Mé, porque ela mente.

(Tapa narra em 14 de novembro de 1966)

Panyeavi fez tudo. Ele juntou os Kaiabi, que eram como bichos no mato. Os primeiros seres humanos eram um irmão e uma irmã que casaram por ordem do pai. Panyeavi juntou carvão e com ele fez gente. Por isso os primeiros Kaiabi eram todos pretos, como "civilizados" (negros!).

m) Mé, a Lua

m.a) Mé como peixe

(Tapa narra, segundo Temeoni, em 6 de agosto de 1966)

No rio havia uma grande nassa. O pai se transformou e quando a mulher do homem veio ao rio buscar água, viu um peixe enorme dentro da nassa. Aí ela chamou os homens e eles atiraram no peixe até ele ficar eriçado de flechas. Mas ele havia se enrolado em casca de árvore e logo que obteve flechas suficientes, nadou para longe, levando todas as flechas.

Em casa, Muitawit lhe perguntou: "Onde arrumou tantas flechas?". E o pai explicou: "Toma bastante casca macia de árvore e entrecasca, embrulha-te com elas e quando alguém quiser pegar-te pelo rabo, sai nadando". Quando um ser humano chegou ao rio, havia outra vez um peixe na nassa. Ele atirou no peixe, e quando este virou de barriga para cima, queria pegá-lo pelo rabo, mas aí o peixe de repente fugiu nadando. Muitawit chegou em casa com muitas flechas. Seu irmão Mé também queria flechas, mas não tinha prestado atenção e perguntou ao irmão. Este disse: "Você não sabe". E Mé foi só com duas cascas de árvore. Quando chegou à nassa, os homens estavam esperando. Atiraram nele, pegaram-no e o levaram para casa, onde o comeram. Panyeavi esperou, esperou. Mé não veio. Então o irmão disse: "Os homens comeram Mé". O pai disse: "Eu vou olhar". Foi, encontrou uma criança e perguntou: "Meu filho mais novo veio para cá. Você o viu?". "Eu só comi carne de peixe", falou a criança. O pai: "Sim, essa era carne dele". Aí veio a barata, ela tinha comido uma pequena espinha. O pai tomou-a e, com o *moan*, fez dela outra vez Mé. Depois disse-lhe: "Não vá mais embora, meu filho".

m.b.) Mé e o porco-do-mato

(Tapa conta, segundo Temeoni, em 6 de agosto de 1966)

O pai foi caçar porco. Ele procurou galhos e fez com eles uma armação, depois soprou no trompete transversal e assim chamou o porco. Este era muito bravo e já tinha matado muitos. No chão não se podia matá-lo: só de cima. Ele veio e o pai matou-o. Em casa, Muⁱtawɨt perguntou ao pai (recebeu instruções), foi ao mato e matou muitos porcos. Mé queria fazer o mesmo. Ele foi ao mato, fez uma armação de folhas de pacova, que os porcos gostam de comer, e quando eles vieram, caíram em cima dele e o devoraram. O pai esperou e Mé não veio. E assim o pai foi no mato e viu que o porco havia comido Mé. Só numa folha de pacova ainda havia traços de sangue. Ele tomou um *moan*, deitou nele o sangue e Mé surgiu novamente. Então o pai falou a Mé: "Você foi comido outra vez. Não saia mais daqui".

m.c.) Mé e a nassa

(narrada por Temeoni em 29 de agosto de 1966; gravação traduzida por Pia'ká em 11 de setembro de 1966)

O pai foi ao rio e fez uma grande nassa. Pois lá havia muitíssimos peixes e ele trouxe muitos para casa.

Muⁱtawɨt também queria muitos peixes e disse ao pai: "Pai, onde está sua nassa?" Ele disse: "Vá ao rio, remexa a água e traga a sujeira. Em casa ela vai transformar-se em peixes". Muⁱtawɨt foi ao rio e trouxe muitos peixes para casa. Mé também queria pegar peixes e perguntou ao pai: "Pai, onde está sua nassa?" "Ela está no rio. Faça uma cesta de carga, vá lá e você poderá trazer os peixes". Mas Mé disse: "Eu não farei uma cesta de carga, eu trarei os peixes na mão". Quando voltou, o pai perguntou: "Você trouxe peixes?". Mé disse: "Não há peixes". E o pai: "Mas os peixes são as folhas, traga-as".

m.d.) Mé e os macacos

(narrado por Temeoni em 29 de agosto de 1966; gravação traduzida por Pia'ká em 11 de setembro de 1966)

O pai foi caçar macacos. Ele tomou arco e flecha, foi no mato e assobiou para os macacos. Aí vieram os macacos. Ele tomou uma flecha e atirou no meio deles e todos os macacos caíram mortos. Então assobiou para flecha e esta transformou-se em cobra, voltou, e virou novamente flecha. Ele tomou cipó, amarrou os macacos uns aos outros e foi para a casa. Mu^{i}tawɨt perguntou ao pai como conseguir matar tantos macacos. E fez em seguida assim como o pai. Mé também queria caçar macacos e Mu^{i}tawɨt disse: "Você não deve ter medo de cobra!". Mé assobiou para a flecha e a cobra veio. Aí ele ficou com medo e matou-a. Agora é a cascavel e não se pode mais transformá-la em flecha.

m.e.) Mé e as favas

(narrada por Temeoni em 29 de agosto de 1966; gravação traduzida por Pia'ká em 11 de setembro de 1966)

Os dois meninos, Mé e Mu^{i}tawɨt, foram caçar e levaram as suas flechinhas de criança. As pessoas disseram: "Como querem caçar com essas flechinhas?". Mas quando chegaram à floresta, elas se transformaram em grandes flechas de camaiúva. Andaram muito tempo na mata e, de repente, escutaram um mutum que fazia "mmm"; mas era o pai que se transformara em mutum. Eles queriam matá-lo, pegaram um tronco e nadaram para a outra margem. Pisaram na terra e o mutum falou: "Não me matem, mmm, sou o pai de vocês". Ele desceu voando da árvore. Os meninos correram atrás dele e, quando chegaram, ele virou gente outra vez. Aí voltaram, encontraram uma mulher e disseram: "Nós encontramos um mutum, mas ele fugiu. Cozinhe favas para nós". A mulher falou: "Vou cozinhar somente cinco favas". Então Mé disse: "Que pena, tão poucas favas, então não vamos comer". Quando as favas ficaram quentes, elas começaram a crescer na panela e a grande panela ficou cheia de favas. A mulher falou: "Sirvam-se das favas". E Mé: "Mas nós dissemos que não comeríamos nenhuma fava, e agora há tantas!". Só Mu^{i}tawɨt não tinha dito nada. Ele ficou quieto, e assim podia comer. Só Mé não comeu nada.

m.f.) Mé e o machado

(narrado por Temeoni em 29 de agosto de 1966; gravação traduzida por Pia'ká em 11 de setembro de 1966)

Eles estavam abrindo uma roça. Panyeavi deixou lá o machado e ele derrubava sozinho. Ninguém precisava trabalhar. No outro dia Mu^{i}tawɨt queria derrubar. Ele perguntou ao pai (recebeu instruções), deixou o machado lá mesmo e ele derrubava por si mesmo. No dia seguinte, Mé queria derrubar. Ele perguntou novamente (e recebeu a mesma informação), mas Mu^{i}tawɨt disse: "Mé, deixe disto, você não compreende o que seu pai diz". Mas Mé respondeu: "Eu mesmo vou derrubar". E assim ele trabalhou e derrubou sozinho. E desde então os homens devem trabalhar mesmo. Antes o machado fazia o trabalho sozinho.

m.g.) Mé como peneira

(narrado por Temeoni em 29 de agosto de 1966; gravação traduzida por Piaká em 11 de setembro de 1966)

Yurupanye fez uma cesta para proteger-se do sol. Mé chegou e perguntou: "Que está fazendo aqui?". Ele respondeu: "Uma cesta contra o sol". Então Mé disse: "Eu queria pendurá-la". E o pai: "Mas pendure-a baixo". Mas ele foi muito longe e pendurou-a bem alto, tal como a gente a vê agora (como lua).

(Tapa narra em 12 de junho de 1966)

O pai de Lua mandou-o pendurar uma grande peneira. Ele disse: "Vou pendurá-la mais alto, mais alto ainda". E então ele ficou em cima de vez. Todo o céu é uma grande peneira. E é por isto que chove tão pouco.

n) Tupã

(Yupari´up narra em 4 de setembro de 1966)

Antes era um homem como nós. Ele tocava uma grande flauta, mas a sua mulher não queria saber disso. Então ele quis ir embora. Primeiro desceu para olhar, mas lá havia muita água suja. Então foi para cima. Ali havia uma roça grande e bonita, e floresta com passarinhos. Ali ele ficou. E agora toca na sua flauta. Só a mulher ficou aqui.

o) Origem da menstruação

(Tapa narra em 5 de agosto de 1966)

Antes era do pênis que saía sangue. Então passou perto dele uma menina e ele falou: "Eu vou colocar o sangue aqui entre as suas pernas. Assim está bom". E ele passou-lhe o sangue ali, e agora sangra apenas a mulher e o homem não.

(Yupari´up conta em 11 de setembro de 1966)

Antigamente só os homens tinham fluxo de sangue. A mulher se deitou com Lua. Ele o trocou com a mulher. Agora ela tem sangue todo mês.

p) Os Kaiabi e os civilizados

(narrado por Temeoni em 30 de agosto de 1966; gravação traduzida por Pia´ká em 9 de setembro de 1966)

Assim vivíamos. Antigamente todos estavam juntos. Aí faziam taquara, os velhos ensinavam e o capitão mandava sempre. Havia um homem, Pionõõ, que reunia gente à sua volta. Depois pegou os ossos das rãs para fazer colares e ensinou aos homens como deviam viver e fazer tudo. Eles trouxeram então bicos de tucano, que são os narizes dos homens, para mostrar que existem muitos e muitos seres humanos. Trouxeram tucanos, para mostrar que existem tantos seres humanos quanto tucanos.

Havia um homem, chamado Iwá´oo, que explicou aos homens como se vive. E um outro chamava-se Koa´ip. Um conta ao outro, até que morre, e assim continua sempre, um conta ao outro e nunca acaba. Então já fora morto um civilizado e eles levaram sua cabeça para fazer *Yawotsi.* Só procuravam civilizados durante a noite, para matá-los. No mato houve um barulho como de vento e as rãs fizeram muito barulho. Eu e Témé´at (Cueca) sabemos tudo sobre os bichos, tanto ele como eu. Vocês vieram do *ɨwak*, um *panyé* trouxe vocês. Um gavião trouxe vocês aqui para baixo, para a terra. Um homem jovem foi ter com o irmão de sua mãe, quando o gavião já tinha trazido vocês. Já havia gente na terra, quando vieram mandioca, feijão e mandioca doce. Aí ele perguntou o que estavam fazendo e ficou muito admirado sobre todos os gêneros alimentícios. Então ele disse: "Vou buscar toda a gente para olhar". Ele reuniu todos e mostrou-lhes batatas, feijão miúdo, mandioca mansa e sal. As pessoas pensavam que ele queria matá-las com veneno. Mas o velho falou: "Não tenham medo, é bom".

Depois veio um outro *panyé*, ele desceu muito longe daqui. Todas as moças tiveram medo, elas escutaram um tiro e pensaram que se tratava de fogo, que iria queimá-las. Mas o velho disse: "Não tenham medo. Ele não vai matar vocês". Elas lhe trouxeram comida. Três pessoas o acompanhavam, Ma^{i}rayop, Tapayup e Ma^{i}rupet. Eles tinham a mesma cara, um igual ao outro e não tinham mulher. Eles fizeram uma canoa do tronco de uma castanheira, o toco dela ainda existe, mas não sei mais aonde. A canoa (monóxila) estava pronta, ele subiu o Arinos até as cabeceiras, muito longe.

Antes as pessoas viajavam para muito longe, não havia civilizados e os homens estavam muito espalhados. Antigamente em todo o Arinos havia gente, dizia-se vovô para eles e eles tinham a mesma língua que nós. Naquele tempo, quando se viajava com a canoa de casca por toda parte, a gente passava por todas as casas, olhava tudo e parava sempre. A gente chegava e perguntava: *"Tsi´a?"*, e eles diziam na mesma língua: *"Tsi´a"* para nassa *(itsi´a).* A gente de lá fugiu toda, só ficou um velho. Os civilizados eram muito bravos e casaram lá, era a sua primeira mulher.

Depois foram mais para cima e roubaram Pi´up. Ele se chamava assim porque eles lhe tiraram a pele. Eles pegaram uma vara de ferro, para fazer uma faca. Nós só fazemos as facas durante a noite. E vocês? Fazem-nas de dia ou de noite? Pi´up queria ver como se faz uma faca, um machado, uma foice. Eles o trouxeram depois novamente ao chefe, mas mais tarde. Ele disse que os civilizados o retiveram durante muito tempo.

Uma mulher, que tinha tido uma briga, fugiu. Ela foi ao rio para lavar cabaças, depois voltou e disse que queria fugir. Passaram civilizados e atracaram no porto. Mas o marido dela não foi com ela ao rio. Então o pessoal a levou consigo na canoa, seguindo viagem. O homem foi ao rio, mas a sua mulher tinha ido embora. O pai da mulher disse a ele: "Por que você não toma conta de sua mulher?". Então o homem foi atrás dela. Também o pai da mulher foi à procura dela. Os civilizados deram ao pai uma rede, faca, machado, mas ele não encontrou a mulher. Eles atracaram mais embaixo e disseram que o marido dela estava zangado. Então trouxeram a mulher e deixaram seus vestidos e outras coisas na beira do rio. Aí veio a mãe dela e não reconheceu a filha, porque tinha aparência estranha. A filha então foi embora e começou a chorar. Então a mãe disse: "Agora não posso falar duro com ela, porque está chorando". Ela foi à outra margem, até o covo para lá buscar as coisas dela. Então a mãe disse ao homem: "Agora não brigue outra vez com sua mulher, se não ela vai embora outra vez". Os que roubaram a jovem eram gente do *iwak*, eles foram embora outra vez. Os civilizados vieram de lá, por isso têm faca, machado, tudo. Não havia faca, só machado de pedra. Depois vieram do céu e trouxeram a faca. Para cá vieram os civilizados para viver aqui. Você compreendeu?

Referências bibliográficas

A – Obras de referência

Baldus, Hebert

1954 *Bibliografia crítica da Etnologia Brasileira*; São Paulo.

1968 *Bibliografia crítica da Etnologia Brasileira*; São Paulo, In: Völkerkundliche Abhandlungen, Band 4; Hannover.

Brasil, Instituto Brasileiro de Bibliografia e Documentação

1963 *Amazônia. Bibliografia 1614 – 1962*; Rio de Janeiro.

O'Leary, Timothy

1963 *Ethnographic Bibliography of South America*; New Haven.

B – Mapas

Brasil. Conselho Nacional de Geografia

1960 *Carta do Brasil 1:1.000.000.* Folha SD-21 Cuiabá e Folha SC-21 Juruena.

1963 *Carta do Estado de Mato Grosso 1:2.000.000.*

Estado de Mato Grosso

1961 *Planta cadastral de parte do Município de Diamantino 1:400.000.*

- *Planta organizada pela Seção de Cadastro do Departamento de Terras e Colonização*, Cuiabá.

C – Obras citadas

Abreviaturas:

BICUAER – Bulletin of the International Committee on Urgent Anthropological and Ethnological Research; Wien.

BMN – Boletim do Museu Nacional. Nova Série. Antropologia; Rio de Janeiro.

BMP – Boletim do Museu Paraense Emílio Goeldi. Nova Série. Antropologia; Belém – Pará.

CA – Current Anthropology; Chicago.

CLTE – Comissão de Linhas Telegraphicas Estrategicas de Mato-Grosso ao Amazonas; Rio de Janeiro.

CNPI – Conselho Nacional de Proteção aos Índios; Rio de Janeiro.

HSAI – Handbook of South American Indians. Bureau of American Ethnology, Bulletin 143, 1946-1959; Washington.

ICA – Proceedings of the International Congress of Americanists; Paris etc.

RBG – Revista Brasileira de Geografia; Rio de Janeiro.

RdA – Revista de Antropologia; São Paulo.

RIHG – Revista do Instituto Historico e Geographico Brazileiro bzw. Revista Trimensal de História e Geographia etc; Rio de Janeiro.

RMP – Revista do Museu Paulista. Nova Série; São Paulo.

ZfE – Zeitschrift für Ethnologie; Berlin, Braunschweig.

Anônimo

1856 *Memória da nova navegação do Rio Arinos até a villa de Santarem*, Estado de Grão-Pará. In: RIHG 19: 99-118.

1916 *Missão Rondon. Apontamentos sôbre os trabalhos realizados pela CLTE sob a direcção do Coronel de Engenharia Candido Mariano da Silva Rondon de 1907 a 1915*; Rio de Janeiro.

1954 *Convenção sobre a Grafia dos Nomes Tribais.* In: RdA 2: 150-152.

1960 *Anuário Católico do Brasil 1960.* 2ª Ed.; Petrópolis.

1964 *Noticiário.* In: RdA 12: 133.

1965 *O Setor Lingüístico do Museu Nacional (Organização e Objetivos).* Publicações avulsas do Museu Nacional N.49; Rio de Janeiro.

1966 *Catalogus Provinciae Brasiliae Meridionalis Societas Jesu.* Anno 1966; Pôrto Alegre.

Azevedo, Antonio Peixoto de

1885 *Memoria sobre a descoberta de uma nova viagem da cidade de Cuiabá para a do Pará etc.* In: Boletim da Sociedade de Geographia do Rio de Janeiro 1: 25-42; Rio de Janeiro.

Azevedo, Carlos

1966a *Diamante*, calibre 38. In: Realidade 4: 84-90; São Paulo.

1966b *Resgate de uma tribo.* Amazônia: Um povo está salvo. In: Realidade 9: 37- 54.

Azevedo, João de Souza de

1943 *Parecer de...* In: RIHG 179: 183-207.

MS Informação: Ao Ilmo. e Exmo. Snr. Gnad. do Estado do Maranham Cide. do Gram Pará que da... das Novas Minas de Sancta Izabel em o Rio dos Arinos. 1747; Évora.

Baldus, Herbert

1948 *Tribos da Bacia do Araguaia e o Serviço de Proteção aos Índios.* In: RMP 2: 137-168.

1958 *Cândido Mariano da Silva Rondon.* 1865 – 1958. In: RMP 10: 283-293.

1962 *Métodos e Resultados da ação indigenista no Brasil.* In: RdA 10: 27-42.

1966 *O Xamanismo. Sugestões para pesquisas etnográficas.* In: RMP 16: 187-253.

Bates, Henry Walter

1910 *The naturalist on the Amazons*; London.

Blanco, Ricardo Román

1966 *Las "Bandeiras"*; Brasília.

Bodstein,

1903 *Relatório na Gazeta Official do Estado de Matto-Grosso,* 5-22. dezembro; Cuiabá.

Boglár, Lajos

1962 *Besuch bei den Nambikuara.* In: ICA Wien 1960: 621-628; Wien.

Bossi, Bartolomé

1863 *Viaje pintoresco por los rios Paraná, Paraguay, S. Lorenzo, Cuyabá y el Arinos tributario del grande Amazonas etc*; Paris.

Brasil. Serviço de Proteção aos Índios

1953 *S.P.I.*-1953; Rio de Janeiro.

1955 *S.P.I.*-1954; Rio de Janeiro.

1960 (Ministério das Relações Exteriores) *Brasil 1960. Situação, Recursos, Possibilidades*; Rio de Janeiro.

Bueno, José Antonio Pimenta

1840 *Extracto do presidente...* em 1837. In: RIHG 2: 170-174.

Campos, Antonio Pires de

1862 *Breve notícia que dá o capitão... do gentio barbaro que há na derrota da viagem das minas de Cyuabá e seu reconcavo tec.* In: RIHG 25: 437-449.

Campos, Fausto Vieira de

1960 *Retrato de Mato Grosso.* 2ª Ed.; São Paulo.

Campos, Murillo de

1936 *Interior do Brasil. Notas médicas e ethnográphicas.* Rio de Janeiro.

Carneiro, Robert

1960 *Slash-and-Burn Agriculture: A closer Look at its Implications for Settlement Patterns.* In: Men and Cultures, Selected Papers of the Fifth Int. Cong. of. Anthr. and Ethn. Sciences, 1956: 229-234; Philadelphia.

1961 *Slash-and-Burn Cultivation among the Kuikuro and its Implications for Cultural Development in the Amazon Basin.* In: Antropológica, suplemento nº 2: 47-67; Caracas.

Carvalho, José Cândido M.

1951 *Relações entre os Índios do Alto Xingu e a Fauna Regional.* Publicações avulsas do Museu Nacional N.7; Rio de Janeiro.

Casal, Pe. Manuel Aires de

1943 *Corografia Brazilica, ou Relação Historico-Geografica do Reino do Brazil etc*; Rio de Janeiro 1817.

Castelnau, Francis de

1850 *Expédition dans les parties centrales de l´Amérique du Sud, de Rio de Janeiro à Lima, et de Lima au Para.* Histoire du voyage. Paris. Vol.II.

1851 Vol.III.

Castro, Miguel João de e Antonio Thomé de França

1868 *Diario da viagem que... fizeram os capitães... pelo rio Arinos no anno de 1812.* In: RIHG 31(1): 107-160.

César, Pe. José Vicente

1969 *Os Beiços-de-Pau (Kayapó) dos Rios Sangue e Arinos no Mato Grosso, Brasil.* In: ICA Stugart-München 1968.

Chandless, W.

1862 *Notes on the Rivers Arinos, Juruena, and Tapajós.* In: Journal of the Royal Geographic Society, London 32: 268-180; London.

Cojazzi, D. Antonio

1932 *Don Bálzola tra gli indi del Brasile, Matto Grosso.* Note autobiografiche e testimonianze raccolte da D. A. Cojazzi; Torino.

Coudreau, Henri

1897 *Voyage au Tapajóz (1895/96)*; Paris.

D´Alincourt, Luiz

1880 *Rezultado dos trabalhos e indagações statisticas da Provincia de Mato Grosso por... Sargento-Môr Engenheiro encarregado da Commissão statistica e topographica acérca da mesma Provincia.* Cuyaba 1828. Parte segunda. In: Annaes da Bibliotheca Nacional do Rio de Janeiro 8: 39-142; Rio de Janeiro.

Dobyns, Henry F.

1966 *Estimating Aboriginal American Population 1: An Appraisal of Techniques with a New Hemispheric Estimate.* In: CA7: 395-416.

Dornstauder, Pe. João Ev. (Johann) S.J.

1960 *Befriedung eines wilden Indianerstammes am Juruena, Mato Grosso.* In: Anthopos 55: 576-578; Posieux (Freiburg).

1965 *Mapa da Catequese na Prelazia de Diamantino.* s.l.

1975 *Como pacifiquei os Rikbáktsa.* In: Pesquisas, História n.17: 1-192; São Leopoldo.

MSa Diário da Expedição aos Cajabis, 1955; Diamantino.

MSb Diários 1954 a 1965; Diamantino.

MSc Como eu pacifiquei os Canoeiros; Diamantino.

Dréneuf, João Batista du

1940 *Missão de Diamantino* 1930-1940; São Paulo.

Farabee, William Curtis

1917 *The Amazon Expedition.* In: University of Pennsylvania. The Museum Journal 8: 126-144; Philadelphia.

Fernandes, Florestan

1952 *A função social da guerra na sociedade tupinambá.* In: RMP 6: 7-425.

1963 *Organização social dos Tupinambá.* 2a. Ed.; São Paulo.

1964 *Aspectos da Educação na Sociedade Tupinambá.* In: Völkerkundliche Abhandlungen 1: 79-96; Hannover.

Ferreira, Joaquim Alves

1905 *Notícia sobre os Índios de Matto-Grosso dada em oficio de 2 de Dezembro de 1848 ao Ministro e Secretario d´Estado dos Negocios do Imperio, pelo Director Geral dos Índios da então Provincia.* In: O Archivo 1(2): 79-96; Cuiabá.

Ferreyra, Manoel

MS Breve Notícia do Rio Topajós, cujas cabeceyras ultimo se descobrirão no anno de 1742 por hus sertanejos ou min.ros do Mato Grosso, dos quais era cabo Leonardo de Oliv.ra, home bem conhecido, e dos mais experimentados nos sertões das Minas etc. a. 1751; Évora.

Fischer, John L.

1965 *Review of Jensen: Myth and Cult Among Primitive Peoples.* In: CA 6: 201.

Florence, Hercules

1948 *Viagem fluvial do Tietê ao Amazonas.* De 1825 a 1829. 2a Ed.; São Paulo.

Fonseca, João Severiano da

1880 *Viagem ao redor do Brasil.* 1875-1878. Vol.1; Rio de Janeiro.

Fonseca, José Gonçalves da

1868 *Notícia da Situação de Matto-Grosso e Cyuabá: Estado de umas e outras minas e novos descobrimentos de ouro e diamantes por...* In: RIHG 31(1): 352-390.

Fochler-Kauke, Gustav

1967 *Der Fischer Weltalmanach 1968*; Frankfurt am Main.

Frikel, Protásio

1959 *Agricultura dos Índios Mundurukú.* In: BMP 4.

Galvão, Eduardo

1950 *O Uso do Propulsor entre as Tribos do Alto Xingú.* In: RMP 4: 353-368.

1953 *Cultura e Sistema de Parentesco das Tribos do Alto Xingú.* In: BMN 14.

1960 *Áreas culturais indígenas do Brasil: 1900-1959.* In: BMP 8.

1963 *Elementos básicos da horticultura de subsistência indígena.* In: RMP 14: 120-144.

Galvão, Eduardo e Simões, Mário F.

1964 *Kulturwandel und Stammesüberleben am oberen Xingú, Zentralbrasilien.* In: Völkerkundliche Abhandlungen 1: 131-151; Hannover.

1965 *Notícia sobre os índios Txikão – Alto Xingú.* In: BMP 24.

1966 *Mudança e sobrevivência no Alto Xingu, Brasil Central.* In: RdA XIV: 37-52.

Grünberg, Friedl

1970 *Tentativas de análisis del sistema de parentesco de los Kayabí (Brasil Central).* In: Suplemento Antropológico de la Universidad Católica 5(1-2): 277-287; Asunción.

Grünberg, Friedl und Georg

1967 *Die materielle Kultur der Kayabí-Indianer.* In: Archiv für Völkerkunde 21: 27-89; Wien.

Haekel, Josef

1958 *Religion. In: Adam und Trimborn: Lehrbuch der Völkerkunde, 3 Aufl.*: 40-72; Stutgart.

Hartmann, Günther

1960 *Alkoholische Getränke bei den Naturvölkern Südamerikas.* In: Baessler Archiv N.F. 8: 31-61; Berlin.

Hirschberg, Walter und Alfred Janata

1966 *Technologie un Ergologie in der Völkerkunde*; Mannheim.

Ianni, Octavio

1966 *Raças e Classes Sociais no Brasil*; Rio de Janeiro.

Iasi, Pe. Antônio SJ

1967 *Meu encontro com os Beiço-de-Pau.* In: Seleção Missionária 10(61): 16-23; São Paulo.

Jackson, Evangelyn

1964 *Native Toys of the Guarayu Indians.* In: American Anthropologist 66: 1153-1155; Menasha.

Jardim, Ricardo José Gomes

1847 *Creação da Directoria dos Índios na Provincia de Mato Grosso.* In: RIHG 9: 548-554.

Jensen, Ad. E.

1951 *Mythos und Kult bei Naturvölkem*; Wiesbaden.

Key, Mary

1964a *Resin-Glazed Pottery in Bolivia.* In: American Anthropologist 66: 422; Menasha.

1964b *Gestures and Responses in Some Indian Tribes.* In: Pratical Anthropology 11: 71-76; Tarytown.

Kietzman, Dale

1967 *Indians and Culture Areas of Twentieth Century Brazil.* In: Indians of Brazil in the Twentieth Century. In: ICR Studies 2; Washington.

Koch (-Grünberg), Theodor

1902 *Die Apiaká-Indianer (Rio Tapajós, Mato Grosso).* In: ZfE 34: 350-379.

Kuhlmann, Edgar

1954 *A vegetação de Mato Grosso – seus reflexos na economia do estado.* In: RBG 16: 77-122.

Las-Casas, Roberto Décio

1964 *Índios e Brasileiros no vale do rio Tapajós.* In: BMP 23.

Leverger, Augusto (= Barão de Melgaço)

1862 *Observações sobre a carta geographica da provincia de Mato Grosso.* In: RIHG 25: 346-352.

Lévi-Strauss, Claude

1960 *Traurige Tropen; Köln.* (Tristes Tropiques, 1955; Paris).

1964 *Mythologiques: Le cru et le cuit*; Paris.

1966 *Mythologiques: Du miel aux cendres*; Paris.

1967 *Strukturale Anthropologie; Frankfurt.* (Anthropologie Structurale 1958; Paris).

Linné, S.

1925 *The Technique of South American Ceramics*. In: Göteborgs Kungl. Vetenskaps och Vitterhets-Samhälles Handlingar. Fjärde Följden 29N. 5; Göteborg.

Loukotka, Cestmír

1944 *Klassifikation der südamerikanischen Sprachen*. In: ZfE 74: 1-69.

1963 *Documents et Vocabulaires inédits de Langues et de Dialectes Sud-Américains*. In: Journal de La Société des Américanistes. N.S. 52: 7-60; Paris.

1964 *Alguns suplementos ao trabalho "Cultura e línguas indígenas do Brasil"*. In: Völkerkundliche Abhandlungen 1: 177-184; Hannover.

MacDonald, Frederick

1965 *Some Considerations about Tupi-Guarani Kinship Structures*. In: BMP 26.

Malcher, José Maria Gama

1964 *Índios. Grau de integração na comunidade nacional – grupo lingüístico – localização*. In: CNPI N.S. 1.

Manizer, G. G.

1967 *A Expedição do Acadêmico G.I. Langsdorff ao Brasil (1821-1828)*. Ed. póstuma organizada por B. G. Xprintsin; São Paulo. (Manizer und Shprintsin: Ekspeditsiia Akademika G. I. Langsdorfa v Brasiliiu 1948; Moskwa).

Mansfeld, Rudolf

1962 *Vorläufiges Verzeichnis landwirtschaftlich oder gärtnerisch kultivierter Pflanzenarten*. In: Die Kulturpflanze, Beiheft 2; Berlin.

Markham, Clements Robert

1910 *A list of the tribes of the valley of the Amazons, including those of the banks of the main stream and of all the tributaires*. In: The Journal of the Royal Anthropol. Institute of Great Britain and Ireland 40: 73-140; London.

Mason, J. Alden

1950 *The languages of South American Indians*. In: HSAI 6: 157-317.

Mc Quown, Norman A.

1955 *The indigenous Languages of Latin America*. In: American Anthropologist 57: 501-570; Menasha.

Melgaço, Barão de (= Augusto Leverger)

1884 *Apontamentos para o dicionário chorographico da Provincia de Mato-Grosso*. In: RIHG 47(2): 307-504.

1949 *Apontamentos cronológicos da Provincia de Mato-Grosso*. In: RIHG 205: 208-385.

Mendonça, Estevão de

1919 *Datas Mato-grossenses.* Vol.I e II; Niterói.

Métraux, Alfred

1928 *La civilisation matérielle des tribus Tupí-Guarani*; Paris.

1967 *Religions et magies indiennes d´Amérique du Sud*; Paris.

Meyer, Hermann

1900 *Bericht über seine zweite Xingú-Expedition.* In: Verhandlungen der Gesellschaft für Erdkunde zu Berlin 27: 112-128; Berlin.

Miranda, Oscar de

1890 *Resumo da conferencia feita pelo Sr. Capitão... sôbre o rio Paranatinga ou S. Manoel.* In: Revista da Sociedade de Geographia do Rio de Janeiro 6: 135-151; Rio de Janeiro.

Moreira Neto, Carlos de Araújo

1965 *O estado de rop_krorekam aibán entre os índios Kayapó.* In: América Indígena 25: 393-408; México.

Murdock, George Peter

1951 *Outline of South American Cultures*; New Haven.

Murphy, Robert und Buell Quain

1955 *The Trumai Indians of Central Brazil.* Monographs of the American Ethnological Society, V. 24; New York.

Neef, Ernst

1966 *Südamerika.* In: Taschenbuch der physischen Geographie. Das Gesicht der Erde, 2. Aufl.; Leipzig.

Nimuendajú, Curt

1948 *The Cayabí, Tapanyuna, and Apiacá.* In: HSAI 3: 307-320.

Nordenskiöld, Erland

1912 *Indianerleben*. El gran Chaco; Leipzig.

1920 *The changes in the material culture of two Indian tribes under the influence of new surroundings.* In: Comparative Ethnographical Studies 2; Göteborg.

Oberg, Kalervo

1953 *Indians Tribes of Nothern Mato Grosso, Brazil.* In: Institute of Social Anthropology N.15; Washington.

Oliveira, João Baptista de

1905 *Relatório do estado da catechese e civilisação dos índios de Matto-Grosso, apresentado ao presidente da Provincia em data de 31 de Dezembro de 1858.* In: O Archivo 1(3): 131-138; Cuyabá.

Pereira, Pe. Adalberto Holanda

1964 *Vocabulário da língua dos Irántxe.* In: RdA 12: 105-115.

1968 *A pacificação dos Tapayúna (Beiço-de-Pau).* In: RdA 15/16: 216-227.

Philipson, Jürn

1946 *Nota sobre a Interpretação Sociológica de alguns Designativos de Parentesco do Tupí-Guarani.* In: Boletim da Faculdade de Filosofia, Ciências e Letras da USP 56: 1-35; São Paulo.

Prudencio, João Baptista

1904 *Informações ministradas ao Presidente da Provincia de Matto-Grosso.* Augusto Leverger... sobre o município do Alto Paraguay Diamantino. In: O Archivo 1(1): 3-11; Cuyabá.

Rego, Maria do Carmo de Mello

1897-1899 *Artefactos indigenas de Matto Grosso.* In: Archivos do Museu Nacional 10: 175-184; Rio de Janeiro.

Ribeiro, Adalberto Mário

1943 *O Serviço de Proteção aos Índios em 1943.* In: Revista do Serviço Público 6 (3/3): 1-53; Rio de Janeiro.

Ribeiro, Darcy

1957 *Línguas e Culturas Indígenas do Brasil.* In: Educação e Ciências Sociais 2(6): 5-102; Rio de Janeiro.

1962 *A política indigenista brasileira*; Rio de Janeiro.

Ribeiro, Darcy e Berta G. Ribeiro

1957 *Arte plumária dos Índios Kaapor*; Rio de Janeiro.

Rivet, Paul

1924 *Langues américaines.* In: Meillet und Cohen: Les Langues du Monde pp. 597-712; Paris.

Rodrigues, Aryon Dall'Igna

1964 *A classificação do tronco lingüístico tupí.* In: RdA 12: 99-104.

Rodrigues, João Barbosa

1875 *Exploração e estudo do valle do Amazonas.* Rio Tapajós; Rio de Janeiro.

Rondon, Cândido Mariano da Silva

1915 *Relatório apresentado à Diretoria Geral dos Telegraphos e à Divisão de Enge-nharia do Departamento de Guerra.* CLTE. V. III: Comprehendendo o segundo relatório parcial correspondente aos annos de 1911 e 1912; Rio de Janeiro.

1916 *Conferências realizadas pelo Sr. Coronel... nos dias 5, 7 e 9 de Outubro de 1915 no Theatro Phenix do Rio de Janeiro e referentes a trabalhos executados sob sua chefia pela expedição Scientifica Roosevelt-Rondon e pela Commissão Telegraphica.* CLTE N.42.

Roquette-Pinto, E.

1935 *Rondonia.* 3a Ed.; São Paulo.

Rydén, Stig

1950 *A study of South American Indian huting traps.* In: RMP 4: 247-352.

Sá, Joseph Barbosa de

1901 *Relação das povoaçoens do Cuyabá e Mato groso de seos principios thé os prezentes tempos.* In: Annaes da Bibliotheca Nacional do Rio de Janeiro 23: 5-58; Rio de Janeiro.

Saake, P. Wilhelm S.V.D.

1962 *Dringende Forschungsaufgaben im Nordwesten Mato Grosso.* In: BICUAER 5: 132-139.

1967 *Erste Kontakte der Canoeiro Nordwest-Mato Grosso mit der Kultur der Weissen.* In: Staden Jahrbuch 15:31-50; São Paulo.

Savage-Landor, Henry A.

1913 *Across unknown South America.* V. 2; London.

Schaden, Egon

1959 *A Mitologia Heróica de Tribos Indígenas do Brasil*; Rio de Janeiro.

Schmidt, Max

1904 *Nachrichten über die Kayabi-Indianer.* In: ZfE 36: 466-468.

1929 *Ergebnisse meiner zweijährigen Forschungsreise in Matto Grosso.* September 1926 bis August 1928. In: ZfE 60: 85-124.

1942 *Los Kayabís en Matto-Grosso (Brasil).* In: Revista de la Sociedad Científica del Paraguay 5(6): 1-34; Asunción.

1947 *Los Bakairí.* In: RMP 1: 11-58.

Schmitz, Carl A.

1964 *Grundformen der Verwandtschaft.* In: Beiträge zur Geographic und Ethnologie. Ethnologische Reihe Heft 1; Basel.

Schultz, Harald

1964 *Informações etnográficas sobre os Erigpactsá (Canoeiros) do alto Juruena.* In: RMP 15: 213-282.

Sequeira, Joaquim da Costa

1850 *Compendio historico chronologico das notícias do Cuyabá, repartição da capita-nia de Mato-Grosso, desde o principio do anno 1778 até o fim do anno de 1817, por...* In: RIHG 12: 5-124.

Serra, Ricardo Franco de Almeida

1844 *Extracto da Descrição Geographica da Provincia de Mato Grosso feita em 1797.* In RIHG 6: 156-196.

1847 *Navegação do Rio Tapajós para o Pará pelo Tenente Coronel... escripta em 1799, sendo governador Caetano Pinto de Miranda Montenegro.* In: RIHG 9: 1-16.

Sick, Helmut

1957a *Tukani. Unter Tieren und Indianern Zentralbrasiliens bei der ersten Durchquerung von SO nach NW*; Hamburg.

1957b *Von der Arbeit der "Fundação Brasil Central".* In: Staden Jahrbuch 5: 71-78.

Siemiradzki, Josef von

1898 *Beiträge zur Ethnographie der südamerikanischen Indianer.* In: Mittheilungen der Anthropologischen Gesellschaft in Wien 28: 127-170; Wien.

Simões, Mário E.

1963 *Os "Txikão" e outras Tribos Marginais do Alto Xingú.* In: RMP 14: 76-104.

1957 *Vonder Gummingewinnung in Brasilien.* In: Staden Jahrbuch 5: 61-70; São Paulo.

Steffan, Elvia Roque

1960 *Indústria Extrativista.* In: Brasil – CNG: Geografia do Brasil; Grande Região Centro-Oeste: 249-281; Rio de Janeiro.

Steinen, Karl von den

1886 *Durch Central-Brasilien*; Leipzig.

1894 *Unter den Naturvölkern Zentral-Brasiliens*; Berlin.

1899 *Indianerskizzen von Hercules Florence.* In: Globus 75: 5-9 e 30-35; Braunschweig.

1940 *Entre os aborígines do Brasil Central*; São Paulo.

Steward, Julian

1948 *Culture Areas of the Tropical Forests.* In: HSAI 3: 883-899.

Soares, Lúcio de Castro

1953 *Limites meridionais e orientais da área de ocorrência da floresta amazônica em território brasileiro.* In: RBG 15: 3-122.

Sousa, Antonio Pyrineus de

1916 *Exploração do rio Paranatinga.* In: CLTE N.34.

Tax, Sol

1960 *Aboriginal Languages, of Latin America.* In: CA 1: 430-436.

Tenan, C. Luiz

MS Relatório da segunda expedição à Tapajônia, 1943; Belém.

Tocantins, Antonio Manoel Gonçalves

1877 *Estudos sobre a tribu "Mundurucú".* In: RIHG 40(2): 73-161.

Tolksdorf, Fritz

MS Tagebuch der Reise zu den Kajabi-Indianern, 11. Okt.-10. Nov.1957 (1958); Göttingen.

Veloso, Marília Gosling

1952 *A exploração da borracha na região dos formadores dos rios Arinos e Teles Pires (Norte de Mato Grosso).* In: RBG 14: 377-406.

Voegelin, C. F. e F. M.

1965 *Languages of the world.* Native America Fasc. 2. In: Anthropological Linguistics 7(67): 1-50; Bloomington.

Wagley, Charles e Eduardo Galvão

1946 *O Parentesco Tupi-Guarani.* In: BMN 6.

Watson, Virginia Drew

1944 *Notas sobre o sistema de parentesco dos Índios Cayuá.* In: Sociologia 6: 31-48; São Paulo.

posfácio

Os Kaiabi hoje: aspectos culturais e ambientais

Introdução

Quase quatro décadas já se passaram desde que Georg Grünberg realizou suas pesquisas de campo junto aos Kaiabi e que resultaram na tese aqui publicada.

O objetivo deste capítulo é agregar informações ao trabalho de Grünberg, apresentando um breve panorama da situação atual dos Kaiabi. Nestes últimos tempos, enquanto certos aspectos da vida desse povo foram também estudados por outros pesquisadores, resultando em novas informações que vêm se acumulando sobre eles, algumas coisas mudaram, outras nem tanto. A gama de possibilidades de temas para esta atualização é enorme e não é objetivo deste pequeno complemento esgotá-la. Na impossibilidade de incluir a totalidade desses outros estudos, esta edição privilegiou alguns enfoques em função do próprio conteúdo da tese original, dos trabalhos desenvolvidos pelos pesquisadores que assinam os textos e, também, dos legítimos interesses e atividades dos próprios Kaiabi atualmente.

Povo desterrado de seu território tradicional, hoje os Kaiabi lutam pela recuperação de suas terras ancestrais e pela reparação de pelo menos parte desta perda. Além de comentar sobre a localização atual deste povo, o texto vem também expor suas reivindicações territoriais. São também abordadas as diferenças ambientais entre o Parque Indígena do Xingu (PIX),[(1)] no Mato Grosso, para onde a maior parte da população Kaiabi foi transferida a partir dos anos 50, e suas terras tradicionais, a oeste do Parque, uma vez que Grünberg não teve oportunidade de conhecer mais profundamente a área que passaram a ocupar após a transferência. Por fim, duas seções abordam o sistema agrícola Kaiabi, a cultura material, o processo de revitalização cultural em que se encontram imersos e a apropriação do conceito ocidental de cultura que se torna mais presente.

As terras kaiabi hoje e suas reivindicações

O processo de transferência dos Kaiabi para o Xingu nunca foi consensual entre o grupo. Quando da última grande transferência em 1966, o grupo dividiu-se e uma

[1] À época da transferência, o PIX era designado Parque Nacional do Xingu. O Decreto nº 82.263, de 13/09/1978, altera seu nome para Parque Indígena do Xingu.

parte recusou-se terminantemente a abandonar sua terra. Mesmo entre aqueles que acabaram sendo levados a viver no Xingu, o desejo de retornar sempre permaneceu vivo, principalmente entre os mais velhos, manifestando-se desde pouco tempo após a transferência, conforme confissões feitas por alguns Kaiabi ao antropólogo Eduardo Galvão ainda em 1967 (Galvão 1996: 338-9).

A maioria da população Kaiabi reside atualmente no médio curso do Rio Xingu no estado do Mato Grosso, em seu trecho que corta o Parque Indígena do Xingu. As diversas aldeias localizam-se à montante e à jusante do Posto Indígena Diauarum, na porção norte do Parque, em território habitado anteriormente pelas etnias Yudjá, Suyá e Trumai, entre outras.

Uma pequena parcela dos Kaiabi vive atualmente no baixo Teles Pires, em uma área indígena localizada já no estado do Pará, para onde foram sendo empurrados ao longo dos séculos XIX e XX pela progressiva ocupação de suas terras tradicionais mais ao sul.[2] A pequena parcela da população do Rio dos Peixes, que se recusou a ir para o PIX em 1966, permanece até hoje em uma reduzida área que divide com alguns remanescentes Apiaká e Munduruku, localizada abaixo do grande salto deste rio no Mato Grosso.[3] Diversos eventos culminaram no deslocamento da maior parte da população Kaiabi de seus territórios tradicionais e, por conseguinte, as duas áreas atualmente habitadas por eles fora do PIX representam apenas uma diminuta parcela do território ancestral do grupo.

Paralelamente a um movimento de recuperação demográfica e revitalização cultural, os Kaiabi estão empenhados também em um processo de recuperação de suas áreas de ocupação tradicional nos Rios Teles Pires e Tatu'y (ou Rio dos Peixes). Neste sentido, vêm há vários anos solicitando à Funai a constituição de Grupos de Trabalho para identificar oficialmente essas áreas.

Há vários anos também os Kaiabi do Xingu, com o apoio de outras lideranças indígenas do PIX, estão sistematicamente pleiteando junto à Funai a criação de Grupos de Trabalho para identificação e posterior delimitação das áreas por eles reivindicadas. Transcrevemos a seguir um trecho de um documento entregue em

[2] Área Indígena Cayabi: demarcação homologada em 1982; área: 117.246 ha; município: Itaituba-PA. Área Indígena Cayabi Gleba Sul, atualmente denominada Terra Indígena Kaiabi, aguardando ser declarada pelo Ministério da Justiça: área: 1.408.000 ha; municípios: Jacareacanga-PA e Apiacás-MT.

[3] Terra Indígena Apiaká-Kaiabi: demarcação homologada em 1991; área: 109.245 ha; município: Juara-MT.

Terras kaiabi

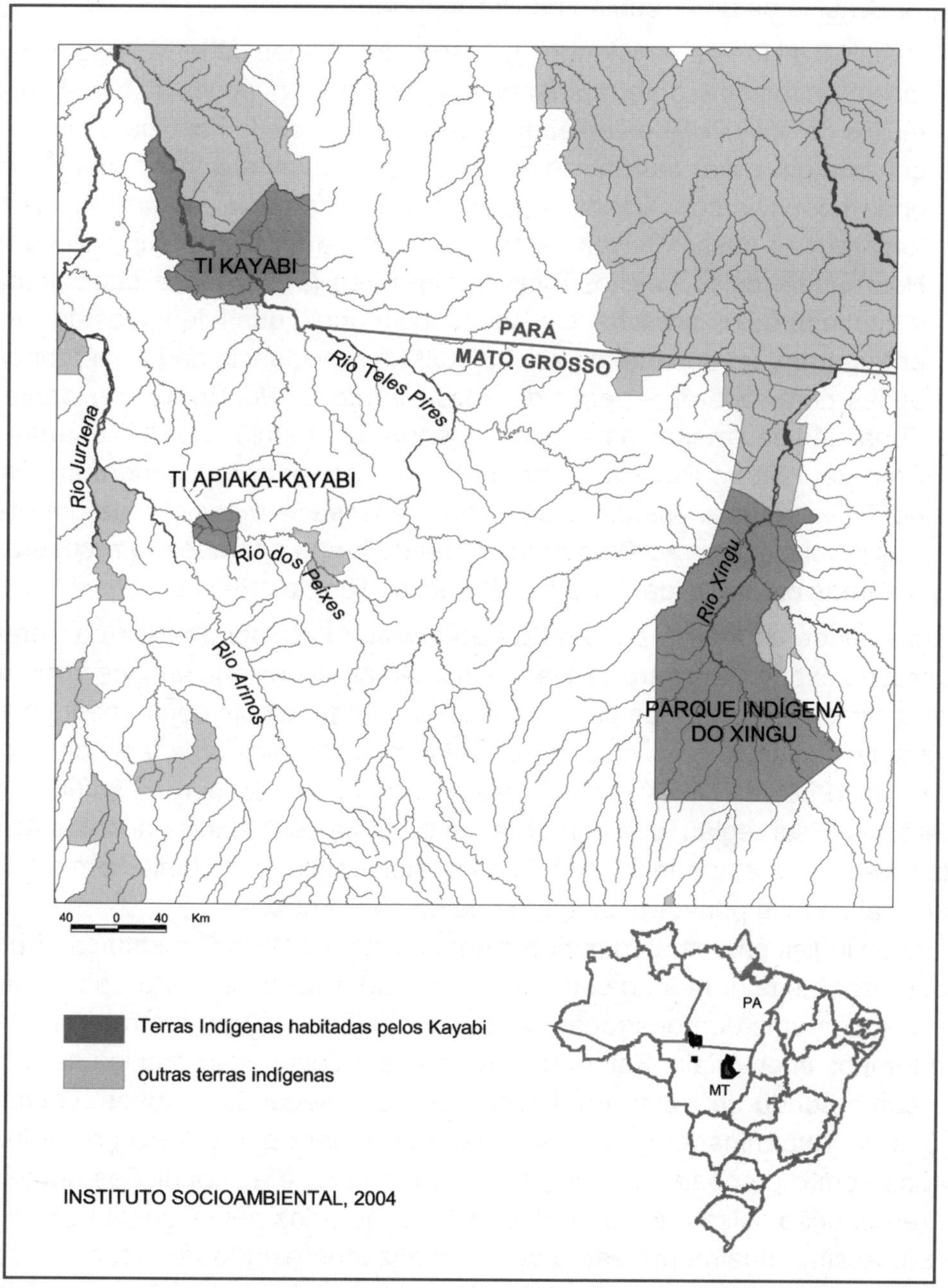

mãos ao então presidente da Funai, sr. Sullivan Silvestre, em 13 de novembro de 1998, por ocasião de uma reunião no PI Diauarum:

> "Nós Kaiabi fomos transferidos há cerca de 40 anos da terra onde morávamos e onde estão enterrados nossos parentes. Na época da transferência, muitos de nós não queriam abandonar a terra e, ainda hoje, os mais velhos pensam em voltar para a região do Teles Pires e Tatu'y (Rio dos Peixes), onde nós vivíamos. Desde a época da transferência, os não índios que tomaram as nossas terras estão destruindo a floresta e sujando os rios. Hoje aquela região, nos rios Tatu'y e Teles Pires, já está quase toda estragada e ocupada pelos brancos. Os Kaiabi, com apoio das lideranças do Xingu, entregaram um documento em 03/10/97 à presidência da Funai propondo ações para reparar a perda de nosso território. Porém, o Presidente da Funai não deu resposta nenhuma. Depois, em reunião no PI Diauarum em julho de 1998, o Presidente prometeu assinar portaria criando um Grupo de Trabalho para estudar a situação e analisar a reposição de uma terra aos Kaiabi vizinha ao Parque Indígena do Xingu e também a recuperação de áreas próximas da TI Apiaká-Kaiabi do Rio dos Peixes."

Cansados de esperar a ação do órgão oficial, os Kaiabi do PIX realizaram por conta própria expedições para avaliar a situação atual de seus antigos territórios no Rio Teles Pires. Como grande parte da área encontra-se hoje densamente ocupada e devastada, decidiram reivindicar à Funai a demarcação de uma faixa de terra contígua ao limite oeste do PIX como reparação das imensas perdas sofridas com a transferência. Esta região, que compreende parte das sub-bacias dos rios Arraias e Manitsawá-Miçu, é a que tem as maiores semelhanças ambientais com a terra ancestral kaiabi e foi o ponto de chegada destes ao Parque.

À luz da legislação atual (principalmente o artigo 231 da Constituição Federal), a caracterização de uma área como de ocupação tradicional por grupos indígenas não pressupõe uma demonstração desta ocupação ao longo de uma linha temporal até tempos imemoriais. Estabelece-se que esta ocupação precisa ser caracterizada como sendo de modo tradicional, ou seja, segundo os usos, costumes e tradições de determinado(s) povo(s) indígena(s), para que a terra possa lhes ser destinada com o propósito de garantir seu bem estar e as condições necessárias à sua reprodução física e cultural, direitos assegurados pela Constituição Federal de 1988. Assim, atualmente estão sendo realizados estudos de identificação antropológica nesta região com o intuito de atender à reivindicação expressa pelo grupo.

Paralelamente, os Kaiabi que permaneceram no Rio dos Peixes vêm, principalmente desde a década de 80,[4] reivindicando sistematicamente a realização de estudos de identificação antropológica de seu território tradicional ao longo deste rio. O objetivo dos índios é que lhes seja restituída pelo menos parte de seu território ancestral. A principal reivindicação visa principalmente a recuperação das terras próximas ao Rio Batelão, região onde estavam localizadas as principais aldeias kaiabi desde tempos mais remotos até a década de 60 do século passado. Em 2001, a Funai finalmente determinou a realização de estudos de identificação antropológica nesta área que resultaram na proposta de criação da Terra Indígena Batelão, atualmente em tramitação legal.[5] Esta região engloba, conforme os relatos míticos, o centro de origem dos Kaiabi. Ainda preserva elementos do ambiente tradicional, concentra vários pontos de coleta, além das antigas aldeias, cemitérios e locais considerados sagrados.

Os Kaiabi do Rio dos Peixes, concentrados, então, em uma pequena área que lamentavelmente não incorporou a parte central de seu antigo território, vivem uma realidade distinta da de seus parentes no Xingu. Recebendo pouca assistência e colaboração tanto de entidades governamentais quanto não-governamentais, e na falta de melhores perspectivas, eles têm sido seduzidos a permitir que os ocupantes do entorno retirem madeira de suas terras sem nenhum tipo de controle.

Os Kaiabi localizados mais ao norte, em terras que dividem com os Munduruku e Apiaká às margens do Rio Teles Pires em território paraense, conseguiram que fossem realizados estudos de identificação na área por eles ali reivindicada naquela região. O Relatório de Identificação aprovado pelo órgão indigenista destina uma área de 1.408.000 hectares para o grupo. O resumo deste Relatório foi publicado no Diário Oficial em 1999 e desde então o processo encontra-se emperrado, não tendo a área sido oficialmente declarada até o momento.

Como os demais procedimentos que visam a demarcação de Terras Indígenas, a resistência está nos ocupantes não-índios e de governos locais e estaduais empenhados em implementar um processo de ocupação baseado em grandes propriedades, conforme um modelo econômico calcado na exploração madeireira, pecuária e atualmente na agricultura de larga escala, principalmente de soja e outros

[4] Diante da problemática envolvendo a construção de uma barragem no Salto do Rio dos Peixes, considerado sagrado por eles.

[5] Publicada no Diário Oficial da União em julho de 2003, aguardando a assinatura da Portaria que declara a terra, com extensão de 117.050 hectares, de posse permanente dos Kaiabi.

grãos. Neste ínterim, as Terras Indígenas estão se tornando ilhas de verde em meio a rápida e crescente degradação ambiental que se justificaria sob o rótulo desenvolvimentista. A devastação do entorno das áreas indígenas tem provocado a ameaça de grandes incêndios, a poluição dos rios dos quais as populações indígenas se abastecem, além de vários novos problemas e desafios. Hoje, as comunidades indígenas, dentre estas os Kaiabi, estão cientes de que a organização política dos povos que habitam as Terras Indígenas e sua valorização étnica é a única possibilidade de que dispõem para lutar pela preservação de sua diversidade sócio-cultural e ambiental.

Atualmente, além da resolução das muitas pendências com relação a identificações e demarcações reivindicadas por vários povos indígenas, a grande questão diz respeito à gestão das terras indígenas. Este quadro torna-se complexo em razão do constante enfraquecimento institucional e político do órgão indigenista oficial do qual os índios muito se ressentem. Neste contexto, os Kaiabi têm se movimentado no sentido de trabalhar em conjunto com órgãos ambientais e entidades não-governamentais para impedir que a destruição de seus ambientes tradicionais se acelere ainda mais. É fundamental ressaltar que, caso as demarcações se concretizem, será importante que os povos indígenas construam parcerias para a criação de alternativas à exploração irracional dos recursos naturais, promovendo seu manejo continuado, medidas fundamentais para a sua adequada sobrevivência física e cultural.

A população kaiabi hoje

A violência na ocupação das terras kaiabi, a partir das primeiras décadas do século XX, a falta de assistência e a disseminação desenfreada de doenças representaram uma tragédia demográfica para o grupo. Apenas na década que vai de 1955 a 1965, pelas informações de Grünberg, a população kaiabi foi reduzida em um terço. Não há dados para a década anterior, mas pelos relatos dos índios e pelo fato do modelo de ocupação ter sido o mesmo, é possível supor que tenham perdido outro terço de sua população naquele período. Desta forma, em 30 ou 40 anos o grupo deve ter perdido aproximadamente de 60 a 70% de sua população.

A *débâcle* demográfica dos Kaiabi começou a se reverter de forma mais contundente a partir dos anos 70. Entre 1970 e 1999 a população do grupo dentro do PIX, por exemplo, saltou de 204 para 758 habitantes, o que demonstra um crescimento populacional médio da ordem de 4,5% ao ano. O mesmo se verifica para as outras duas áreas atualmente habitadas pelos Kaiabi. A população do grupo no Rio

População kaiabi (1955 a 2000)

Rio dos Peixes	Teles Pires	PIX	Outros	Total	Fontes
108	148	40	45	341	Dornstauder, 1955
32	54	179	43	308	Meliá, 1966
-	-	204	-	-	EPM*, 1970
265	70	758	-	1093	EPM/FNS**, 2000

* Escola Paulista de Medicina/Universidade Federal de São Paulo

** Fundação Nacional de Saúde

dos Peixes e no sul do Pará (Teles Pires) também encontra-se em franca recuperação populacional. Estas altas taxas de crescimento também são encontradas em muitos outros grupos indígenas atualmente após conseguirem superar o nadir de sua curva demográfica. A conjugação de uma melhor assistência médica curativa e preventiva, a maior resistência a agentes infecciosos, a garantia de territórios e um explícito desejo de aumentar a sua população em um novo contexto de fortalecimento político e sócio-cultural são os fatores principais que explicam essa forte retomada demográfica dos Kaiabi (Pagliaro 2002). [Klinton V. Senra]

O contraste entre ambientes[6]

O ambiente físico e biológico da região do Parque do Xingu é bastante diferenciado daquele da região ancestral dos Kaiabi, que abrangia parte das sub-bacias do Rio dos Peixes, também chamado de São Francisco, Itaupiami ou Tatu´y e do Rio Teles Pires, São Manoel ou Wyrasing'y. A região ancestral localiza-se na bacia hidrográfica do Rio Tapajós, enquanto o Parque do Xingu está na bacia do Rio Xingu.

O Rio do Peixes tem a totalidade de seu curso dentro do estado do Mato Grosso. Sua foz localiza-se no Rio Arinos, afluente do Juruena, tributário da margem direita do Rio Tapajós, que por sua vez segue para o Rio Amazonas. Segundo Köppen, o clima nesta região é do tipo Am, ou seja, tropical chuvoso, quente e úmido, com chuvas de monção e um pequeno período seco no inverno (RadamBrasil, 1980). A precipitação pluviométrica é elevada, próxima dos 2500-2750 mm anuais, com me-

[6] Este texto baseia-se em um relatório técnico referente à expedição realizada para o Rio dos Peixes em 1999, da qual participaram técnicos e colaboradores do Programa Xingu do ISA e um grupo de homens e mulheres kaiabi residentes no Parque do Xingu. Veja Silva *et al*, 2000.

nor intensidade entre maio e agosto. A umidade relativa do ar é de cerca de 85 % e a temperatura média anual é de 24º C. A região onde está inserida a sub-bacia do Rio dos Peixes apresenta a maior complexidade geológica e geomorfológica do estado do Mato Grosso, com três unidades geomórficas identificadas pelo posicionamento altimétrico relativo (entre 250 e 500 m) e pela semelhança de formas do relevo (RadamBrasil, 1980).

Este panorama ambiental exibe um contraste marcante com a paisagem do Parque do Xingu onde o clima regional é tropical chuvoso, abrangendo dois tipos: Am, com chuvas de monção e Aw, com verão úmido e inverno seco. Caracteriza-se, pois, pelo caráter transicional entre os domínios tropicais da Amazônia úmida e florestada e o Planalto Central do Brasil, coberto por savanas, com duas estações bem marcadas (RadamBrasil, 1981). A precipitação total anual oscila entre 2.000 e 2.750 mm (crescente de sudeste para noroeste); as temperaturas médias anuais variam entre 24° e 26°C, com amplitude térmica no geral pouco significativa. Porém, nos meses de inverno a influência da continentalidade se faz sentir, com a amplitude térmica alcançando mais de 20°C, em julho. Apesar da umidade relativa do ar ser alta, da ordem de 80 a 85%, na região existem dois períodos com índices de precipitação pluviométrica distintos: o período chuvoso, na primavera/verão, que concentra mais de 80% dos totais anuais, com cerca de 250 mm ao mês, entre setembro/outubro e abril; e o período seco, de abril a setembro, com baixos índices pluviométricos, chegando a registrar-se até dois meses contínuos sem nenhuma precipitação.

A vegetação das duas regiões é significativamente diferenciada em decorrência de características climáticas, geológicas e fitogeográficas. O Parque do Xingu encontra-se em uma região de transição ecológica entre o cerrado (ou savana), a Floresta Estacional Semidecidual (floresta mais seca que ocorre nas regiões centro-oeste, sudeste e sul do país) e a Floresta Ombrófila Tropical (floresta amazônica chuvosa). O clima é mais seco, a floresta é mais decídua (boa parte das árvores perdem suas folhas durante a estação seca) e mais pobre em elementos de importância econômica, tanto para o extrativismo como para a exploração comercial de madeira (RadamBrasil, 1980;1981). Na região ancestral dos Kaiabi, a Floresta Estacional Semidecidual e os cerrados ocorrem na forma de contato com outras formações florestais, principalmente com a Floresta Ombrófila Amazônica. Georg Grünberg menciona a importância da vegetação de cerrado para os Kaiabi, sugerindo tratar-se de uma formação de origem antrópica ou humana. Pode-se afirmar que o cerrado da região ancestral Kaiabi é de origem natural, apresentando-se sob a forma de mosaicos na área montanhosa que recebe o nome de "Serra dos Caiabis" (RadamBrasil, 1980).

No Parque, estão ausentes espécies vegetais tipicamente amazônicas, como a seringueira (*Hevea brasiliensis*), o mogno (*Swietenia macrophylla*) e a castanha-do-pará (*Bertholletia excelsa*). Em sua área ancestral, os Kaiabi exploravam uma grande área de floresta com castanheiras, as quais podem estar associadas com sítios que receberam influência humana pretérita. A castanha-do-pará era um recurso de grande importância econômica para os Kaiabi antes de sua transferência. Denominada por eles de "fruto verdadeiro" (*y'wa ete*), representava uma importante fonte de proteínas com alto valor nutritivo. Antigamente, os Kaiabi empreendiam expedições para a coleta de castanha, acampando próximo aos castanhais (*ywatyp*).

Dentre outros recursos florestais utilizados pelos Kaiabi que não ocorrem na área do Parque do Xingu destacam-se o patauá (*Oenocarpus bataua*), palmeira frutífera; o marajá (*Bactris* sp), cujos frutos eram usados para artesanato; o cacau (*Theobroma cacao*), alimento; o açaí (*Euterpe precatoria*) alimento; a siriva (*Bactris macana*), palmeira cuja madeira era usada com várias finalidades; o taquari ou camaiúva (*Guadua* sp), usada para flechas de caça; e o arumã de tala lisa (*Ischnosiphon* sp), usado para trançar peneiras, além de outras espécies de frutíferas nativas não identificadas.

A diferenciação ambiental da área ancestral dos Kaiabi e do Parque Xingu reflete-se também na composição faunística. Segundo os Kaiabi, na área ancestral existia maior diversidade e quantidade de mamíferos e aves do que no Xingu, havendo conseqüentemente, maior abundância de caça. Algumas espécies animais que não ocorrem no Parque são a arara-canga ou ararinha-vermelha (*Ara macao*), cujas penas eram usadas para a confecção de cocares e flechas e outras espécies de psitacídeos (papagaios e araras). Os moluscos bivalves e gasterópodos utilizados pelos Kaiabi no passado para a confecção de colares e adornos não existem no PIX. Em relação à pesca, o quadro se inverte, pois o Rio dos Peixes tem uma diversidade e abundância de peixes bem menor do que o Rio Xingu.

Uma vez no Xingu, a tarefa que se impôs aos Kaiabi foi a de continuar construindo-se como grupo em uma nova realidade ambiental e sócio-cultural aplicando seus conhecimentos a um novo espaço. Os Kaiabi realizam a manipulação atual da paisagem no Parque do Xingu, segundo a sua percepção e acesso às zonas ambientais e aos recursos naturais associados: flora, fauna, solos e minerais (Silva & Athayde, 1999; Silva *et al*, 2000; Schmidt, 2001). O seu ordenamento da paisagem expressa conceitos de tempo e espaço. Através do ciclo anual das águas, o ritmo das estações é traduzido pela freqüência, duração e intensidade dos períodos de inundação. Isto é evidenciado pelo discernimento dos macroambientes *yapopep* (floresta inundável na época chuvosa) e *ka'a rete* (floresta de terra firme que nunca inunda). A dimensão espacial também considera de modo relevante a influência da água expressa através do grau de hidromorfismo presente em setores de ambientes mais gerais. Por exemplo, a localização dos meso-ambientes *ka'a papawet* (mato da beira da lagoa) e *yatarãn* (pantanalzinho na cabeceira de córregos dentro da floresta de terra firme). Cada nominação identifica um conjunto de variações microambientais que condicionam a existência e/ou exuberância de recursos particulares, como por exemplo, as interpenetrações de campos *(jũsing)* na floresta de várzea *(yapopep)*.

A denominação indígena mostra também a história de uso de sítios particulares, agregando informações sobre a sucessão vegetal e aspectos da evolução antropogênica ou geomórfica de certos locais (Silva, 1999). A antigüidade da interferência antrópica é enfatizada pela composição da vegetação e por evidências arqueológicas (fragmentos de cerâmica), relacionados com a origem das terras pretas ou solos antrópicos. Nestes locais a floresta recebe o nome de *kofet rarete* (capoeira verdadeira).

A combinação de ambas dimensões temporal e espacial permite também a identificação e nominação de feições transicionais dentro e entre ambientes. Por exemplo, há variações significativas entre o uso dado a porções de terra quando se parte do centro do *kofet rarete* para a sua borda *(kofet rarete remejep)*, passando para a borda do mato circundante *(ka'a rete remejep)* até que se alcance uma porção do *ka'a rete* legítimo. Cada nominação identifica um conjunto de variações microambientais que podem apontar a existência ou densidade de recursos particulares, utilizados como indicadores da aptidão das terras para receber roçados (*ko* = roça; *kofet* = local onde a roça já foi feita).

As áreas usadas para plantio de roças são incluídas em uma categoria geral para a sucessão secundária, denominada comumente de "capoeira" em português. As áreas de terra preta são consideradas capoeiras legítimas (qualificação designada pelo sufixo *ete* = verdadeiro), as melhores para o desenvolvimento de policultivos alimentares dos Kaiabi, em geral com bom acesso por água.[7]

[7] O acesso às capoeiras é desigual. Há locais com fácil acesso por terra firme, em distâncias variáveis. Em outros, o acesso é exclusivamente por água, sendo que nos casos em que a terra preta está localizada atrás de lagoas temporárias, o transporte é dificultado durante a estação seca, prejudicando o escoamento da produção.

Do ponto de vista agrícola, é importante separar as terras pretas de outros tipos de terras ocorrentes nas áreas ocupadas pelos Kaiabi. Terras pretas são distinguidas por critérios fisionômicos, florísticos e estruturais da vegetação, pela presença de materiais arqueológicos (fragmentos de cerâmica, machados), pela cor do solo e pela sua elevada fertilidade natural (embora desigual, internamente), pelo cheiro da terra e pela concentração de algumas espécies da fauna (macacos, anta, pássaros, etc). Em caso de dúvida quanto à qualidade da terra, esta pode ser examinada com o auxílio do facão, pelo tato e pelo cheiro. As terras pretas têm elevada capacidade de retenção de água, o que conjugado com a topografia do terreno (plano a suave ondulado) e com as diferenças no estoque e disponibilidade biológica de elementos nutricionais, faz com que estes sítios arqueológicos constituam as melhores terras para cultivo em toda a Amazônia.[8] A probabilidade de se encontrar solos, em áreas de floresta de terra firme, com este conjunto de características favoráveis é muito baixa. No Rio Tatu'y, há terras vermelhas naturalmente férteis que podem receber culturas exigentes com desempenho similar ao das terras pretas, que também ocorrem lá (Silva *et al*, 2000). Apesar de apresentar dimensões reduzidas (poucos hectares) e distribuição esparsa na paisagem de terra firme, no Xingu as áreas de terras pretas assumem um papel similar ao dos solos férteis de outras regiões (Moran, 1995).

No Xingu, os Kaiabi mantiveram a prática de usar florestas antrópicas para agricultura, dando continuidade à manipulação da vegetação e de solos realizada por outros povos, há séculos. Hoje, a paisagem regional mostra que as capoeiras de terra preta formam unidades espaciais abrigando diversas manchas de sucessão vegetal com histórico, composição e idades diferentes, com ou sem roças atuais. Muitas destas áreas abrigam casas de roça, nas quais há quintais domésticos. Há também mosaicos de sucessão em terra vermelha, que podem estar nas cercanias das terras pretas ou afastadas destas. [Geraldo Mosimann da Silva e Simone Ferreira de Athayde]

Territorialidade

A grande maioria da população Kaiabi atual é xinguana, ou seja, nascida após a transferência para o Parque Indígena do Xingu, e é com esta terra que mais se

[8] A distribuição de terras pretas se dá em praticamente toda a Bacia Amazônica e também na Bacia do Rio Orinoco (Balée, 1989; Moran, 1995; Posey, 1984; Smith, 1980).

identificam. Uma vez nas terras do Parque, os Kaiabi fizeram uma leitura do novo ambiente natural e sócio-cultural segundo características próprias do grupo. Assim como outros grupos, principalmente da família lingüística Tupi-guarani (Viveiros de Castro 1992), os Kaiabi têm uma propensão a orientarem-se para pontos para além de sua sociedade, característica esta que é constitutiva de seu modelo de socialidade e sociabilidade (Oakdale 1996). Apesar de o episódio da transferência ter acarretado um grande impacto social, talvez impossível de se avaliar em sua plenitude, é inegável que uma certa plasticidade adaptativa permitiu ao grupo se encaixar no novo ambiente e procurar reconstruir as condições de possibilidade de sua sobrevivência física e cultural sobre novas bases materiais e sociopolíticas. Este processo, obviamente, está sempre em curso e sujeito a inúmeras variáveis em diversos níveis de complexidade. Há um processo contínuo de recriação da identidade kaiabi o qual caminha necessariamente "pari passu" com a crescente relação com a nova terra, com os outros povos do Parque e com o mundo dos brancos.

Quando a Expedição Roncador-Xingu, capitaneada pelos irmãos Villas Bôas, encontrou os Kaiabi, estes viviam uma situação conflituosa, sendo vilipendiados exatamente por aqueles que deveriam estar garantindo-lhes o direito sobre suas terras ancestralmente ocupadas. Aos índios não se apresentavam muitas alternativas, uma vez que o próprio poder público os estava retirando de suas terras. Ao que parece não se cogitou a possibilidade de tentar a criação de uma área para os Kaiabi dentro de seu próprio território e, desde os primeiros contatos, ou mesmo antes, a intenção parece ter sido transferir os Kaiabi para o PIX liberando os vales do Teles Pires e Arinos para a colonização. A alternativa da mudança prevaleceu entre os Kaiabi do Rio Teles Pires e tomou corpo em parte devido à atuação de Prepori, um dos principais líderes do grupo na época. Em 1990, Prepori deu um depoimento sobre a vinda de seu povo para o Xingu:

> "Ladrão, ladrão, que acaba minha terra. Eles entraram todos sem pedir favor, sem pedir pro dono, sem pedir pra nada, roubando toda minha terra. Então Orlando pediu pra mim: 'Vamos pro Xingu'. Então eu puxei um grupinho pra cá. Eu mesmo vim por aqui com meu filho, procurar terra daqui. Procurei o pessoal daqui (...). Isto foi naquele tempo de 49." (apud Fausto 1990: 127).

A transferência foi justificada como única alternativa ao processo de destribalização e marginalização vivido pelos Kaiabi. O processo deixou marcas profundas e dividiu o grupo tanto física quanto emocionalmente. Durante muito tempo os Kaiabi que permaneceram no Rio dos Peixes, os do Baixo Teles Pires e os do Xingu ficaram praticamente sem contato uns com os outros. Em fins dos anos 70, os contatos foram retomados através de visitas recíprocas, transmissões por rádio e troca de fitas cassete gravadas. Nessas fitas os índios mandavam recados, perguntavam sobre parentes e pediam presentes, principalmente recursos tradicionais que não são encontrados no Xingu e dos quais sentem falta. Em uma dessas fitas os velhos manifestavam sua vontade de retornar à terra natal dizendo que no Xingu "o mato é ruim", que não tem as coisas que eles gostam (Travassos 1984: 25).

A integração com os líderes da Expedição Roncador-Xingu continuaria após a transferência com os Kaiabi se envolvendo cada vez mais na administração e consolidação do Parque, no desempenho de novas atividades como mecânicos e barqueiros e também em expedições de "pacificação" de outros povos. Ainda na década de 50, os Kaiabi já participavam da pacificação de grupos Kayapó. Posteriormente ainda participariam da pacificação e realocação dos Ikpeng (Txikão) e dos Panará. Até mesmo das expedições que contactaram os Arara do Pará alguns Kaiabi participaram ativamente.

Quanto à ocupação propriamente dita das novas terras no Xingu, com a transferência para o PIX, os Kaiabi inicialmente mantiveram um padrão de assentamento caracterizado pela dispersão em pequenas unidades familiares. Num segundo momento, alguns aldeamentos Kaiabi passaram a se organizar em unidades maiores e multifamiliares, destoando assim do padrão de isolamento observado em suas regiões tradicionais de ocupação à época da transferência. Induzidos pela administração da Funai no Parque, os Kaiabi foram aos poucos se deslocando mais para perto do Posto Diauarum, às margens do rio Xingu, e a se agregarem em aldeias maiores. Foram os Kaiabi que ajudaram a construir este posto e a ele deram o nome Diauarum, a 'onça preta'. É provável, conforme também salienta Oakdale (1996: 11), que grandes aglomerados como as aldeias Capivara ou Tuiararé (as maiores aldeias kaiabi no PIX) não sejam um padrão inteiramente novo para o grupo. Relatos antigos como o de Antonio Pyrineus de Souza, oficial da Comissão Rondon que percorreu a região do Rio Teles Pires em 1915, sugerem a existência desde pequenos agrupamentos unifamiliares, até grandes grupos residenciais englobando centenas de pessoas, informação corroborada ainda hoje pelos Kaiabi (Souza 1916: 76). Acreditamos, então, a partir das fontes documentais e das pesquisas etnográficas, que os Kaiabi sempre tiveram aldeias grandes e pequenas concomitantemente, e que é preciso desfocar um pouco a atenção dada às aldeias enquanto unidades sociais. Há uma tendência, por parte dos não-índios, sejam pesquisadores ou outros agentes, a se cristalizar a figura da aldeia como unidade social discreta, fato que não é necessariamente enfatizado pelos índios, pelo menos não de forma absoluta.

O próprio modelo de relação entre as instituições que atuam no Parque e os índios, de certa forma criou novas condições para o fortalecimento da tendência de reunião em agrupamentos maiores. Muitos Kaiabi afirmam que a reunião em grandes aldeias foi encorajada pela administração do Parque, principalmente com o intuito de facilitar os tratamentos de saúde. De fato, o maior acesso aos medicamentos e aos médicos é pensado como uma das grandes vantagens da moradia em grandes aldeias e argumento utilizado pelos líderes em seus discursos ao estimularem a reunião das famílias em unidades maiores. Assim, pelo menos em certa medida, a reunião das famílias extensas em aldeias maiores pode ser creditada à necessidade de manter uma relação eficiente e constante com os órgãos administrativos, ONGs e também com os outros índios.

No entanto, após algum tempo mais concentrados na região próxima ao Diauarum, os Kaiabi, em consonância com uma marcada característica sócio-cultural do grupo, acabaram se espalhando pela área do Parque ao longo do Rio Xingu, do Manitsawá-Miçu e do Arraias. Ao contrário dos grupos Alto Xinguanos, que constróem grandes aldeias circulares mais permanentes, os Kaiabi preferem se agregar em unidades residenciais mais isoladas, abrigando uma ou mais famílias proximamente relacionadas. Estas aldeias apresentam uma grande mobilidade espacial, se comparadas com as do Alto Xingu.

Apesar de o modelo de relação com os órgãos que atuam no PIX, das novas necessidades materiais do grupo, e mesmo de uma escassez relativa de terras, induzirem a princípio a formação e a estabilização de aldeias maiores, a dinâmica sociológica do grupo continua a impelir a cisão das mesmas e a ocupação de novas áreas. As aldeias kaiabi são organizadas em torno de parentelas egocentradas muito independentes e esta independência é um traço cultural marcante e conscientemente defendido pelos índios. O padrão tradicional de assentamento dos Kaiabi pode ser visto a partir de dois níveis analíticos: o assentamento independente, e a configuração de assentamentos vizinhos. A distinção é importante por tornar possível notar as diferenças na dinâmica interativa das propriedades de dispersão e mobilidade de acordo com o nível considerado. Ao nível dos assentamentos independentes, a relação entre mobilidade e dispersão seria complementar e condicionada por questões de defesa tanto quanto de subsistência diária. Além de ser uma estratégia militar (pelo menos no passado), o padrão de assentamentos dispersos na paisagem seria uma eficiente resposta a recursos também dispersos. Ao nível dos agrupamentos de assentamentos independentes o papel da subsistência diminui e outros fatores precisam ser levados em conta, tais como a reprodução biológica, saúde, comércio e política. É no contexto destes outros fatores que vemos a significância das estruturas socioespaciais supralocais. Os Kaiabi não concebem os dois modos de assentamento como um movimento cíclico entre períodos de maior adensamento e períodos de maior atomismo ao longo de uma linha temporal. Os dois modos são antes complementares que opostos, tanto sincrônica quanto diacronicamente, e esta divisão perde um pouco o sentido quando olhada de um ponto de vista regional que concebe o espaço como uma totalidade, uma rede que interconecta social e culturalmente as diversas aldeias e os diversos sub-ambientes em variados estágios sucessionais. A paisagem social é analogamente concebida, com os diversos sítios-habitação sendo concebidos concomitantemente a partir das unidades de assentamento, enquanto unidades discretas, e a partir das relações entre as unidades que a compõe.

A razão de sempre morarem em parte agregados em aldeias maiores e em parte espalhados em unidades menores pode ser entendida ao mesmo tempo por motivos ecológicos e sócio-políticos. O crescimento populacional dentro do Parque e a crescente conscientização da finitude dos recursos e das limitações territoriais agora impostas têm feito com que fatores como a disponibilidade de terras pretas, e.g., sejam cada vez mais considerados e decisivamente influenciem na localização das aldeias. Hoje os Kaiabi do Xingu estão espalhados por 18 aldeias, entendidas aqui como sítios-habitação, duas delas com mais de uma centena de pessoas enquanto outras podem não chegar a dez habitantes. [Klinton V. Senra]

O sistema agrícola kaiabi

A análise de sistemas agrícolas indígenas deve ser feita em seu contexto histórico, cultural e econômico. A economia indígena, originalmente de subsistência e de trocas intra e intertribais passou a relacionar-se com a sociedade que ocupou e vem ocupando a região amazônica pós-colombiana. Hoje observa-se uma descaracterização da agricultura kaiabi nas aldeias do Rio dos Peixes, reflexo da drástica alteração nos hábitos alimentares do grupo. Na aldeia Kururuzinho, no Pará, relatos dos índios informam que também vem ocorrendo uma simplificação do sistema agrícola, embora com intensidade bem menor do que no Rio dos Peixes.

No Xingu, após a transferência, a estratégia adaptativa do grupo foi manter, a par da coleta, pesca e caça, sua prática agrícola diversificada, baseada no sistema hortícola da mandioca (Nimuendaju, 1948), com destaque também para o milho, amendoim e culturas como tubérculos (cará, taioba, batata doce), favas, abóboras, pimentas e outras. A agricultura kaiabi destaca-se pela sua diversidade e complexidade, principalmente se comparada com outros povos xinguanos. A tabela 1 apresenta as plantas cultivadas, tentativamente identificadas pela taxonomia botânica, e uma apreciação da disponibilidade de suas variedades.

No Parque, as roças foram viabilizadas porque no início da década de 1950 foram trazidas pequenas amostras de cada variedade das plantas agrícolas, a pé e em canoas, em um percurso de cerca de 500 km, a pedido de Prepori (Jepepyri), o líder carismático que havia aceitado apoio dos irmãos Villas Bôas para efetivar a transferência para o Xingu. Quando as plantas chegaram, Prepori plantou sucessivas roças, multiplicou e distribuiu mudas e sementes para permitir um condição de vida mais favorável aos Kaiabi que haviam mudado. Em 1966, também foram trazidas sementes e mudas do Rio Tatu'y.

Este patrimônio genético continua, no entanto, em risco de se perder. No Xingu tem sido observada uma diminuição da diversidade genética em roças, relacionada com a perda de variedades consideradas tradicionais pelos Kaiabi . As causas prováveis são alterações em hábitos culturais e alimentares, associados com a relativa falta de terras aptas para receber culturas mais exigentes em água e nutrientes. Reagindo a esta situação, em algumas aldeias foi deflagrado um processo para multiplicação e distribuição de sementes e mudas destas plantas. O ponto focal deste trabalho encontra-se na aldeia Kwaruja, que reúne os descendentes de Prepori, onde há disponibilidade de terras boas para roças. Nesta aldeia vêm sendo plantadas roças com este fim específico, configurando jardins genéticos que propiciam a conservação "in situ" da agrobiodiversidade kaiabi.

Em antigas aldeias no rio Tatu'y observamos, em 1999, sítios agrícolas em terras pretas, e em terras vermelhas, com ou sem cascalho. Na época, Tewit Kaiabi informou que naquela área em ambos os tipos de terra é possível obter boa produção agrícola (Silva *et al*, 2000). Desde sua chegada ao Parque, os Kaiabi procuraram terras aptas para o cultivo de alimentos mais exigentes em fertilidade e disponibilidade hídrica. Os Kaiabi identificam a aptidão agrícola de terras associando, nos extremos, o desempenho do milho na terra preta e da mandioca em qualquer terra, produzindo bem inclusive na vermelha. Reconhecem, também, gradações de respostas do conjunto de seus cultivos a transições ambientais, como as terras meio preta meio vermelhas, cuja aptidão para culturas exigentes é relativamente menor e onde é reduzida a possibilidade de boas colheitas em um horizonte de tempo similar ao do uso de terras pretas.

Tabela 1. Plantas da roça kaiabi e situação de sua diversidade genética

nome kaiabi	nome português	espécie e família	nº variedades cultivadas	nº variedades perdidas	nº variedades ameaçadas*
amyneju	algodão	*Gossypium barbadense* Malvaceae	3	0	0
awasi	milho	*Zea mayz* Poaceae	8	1 (?)	0
jetyk	batata doce	*Ipomea batatas* Convolvulaceae	10	1	0
ka'ra	cará	*Dioscorea* spp Dioscoreaceae	16	0	8
kumanai'i	feijão	*Phaseolus vulgaris* e *Vigna unguiculata* Papilionaceae	16	1 (?)	4
kumanauu	fava	*Phaseolus lunatus* Papilionaceae			
kumarataia	curcuma, açafrão	*Curcuma domestica* Zingiberaceae	1	0	0
mukajyp	carauá	*Neoglaziovia* spp Bromeliaceae	1	0	0
maniyp	mandiocas	*Manihot esculenta* Euphorbiaceae	14	0	2
monowi	amendoim	*Arachis hypogaea* Papilionaceae	26	1	8
muãtai'i	gengibre	*Zingiber officinale* Zingiberaceae	1	0	0
namu'a**	mangaritos	*Colocasia* spp e *Xanthosoma* spp Araceae	6	1	2
pytem	tabaco	*Nicotiniana tabacum* Solanaceae	1	0	1
tamituaran	calatea	*Calathea* sp Marantaceae	1	0	0
urucu	urucum	*Bixa orellana* Bixaceae	2	0	0

nome kaiabi	nome português	espécie e família	nº variedades cultivadas	nº variedades perdidas	nº variedades ameaçadas*
uruewypy	araruta	*Maranta arundinaria* Marantaceae	1	0	0
wuy'wa	cana brava	*Gynerium sagittatum* Poaceae	1	0	0
y'a	cuias e cabaças	*Lagenaria siceraria* Cucurbitaceae	12	0	3
ykyj	pimenta	*Capsicum* spp Solanaceae	7	0	0
arusi	arroz	*Oryza sativa* Poaceae	2	0	0
juparapa-rauu	abacaxi	*Ananas comosus* Bromeliaceae	2	0	0
kana	cana de açucar	*Sacharum* spp Poaceae	4	0	0
kuirua'uu	abóbora	*Cucurbita* spp Cucurbitaceae	2	0	0
maniatata	macaxeira	*Manihot esculenta* Euphorbiaceae	3	0	0
menãsi	melancia	*Citrullus lanatus* Cucurbitaceae	4	0	0
mõmõ	mamão	*Carica papaya* Caricaceae	3	0	0
pakua	banana	*Musa* spp Musaceae	7	0	0
Totais			154	5	28

* Variedade ameaçada é aquela que muito poucas famílias cultivavam na época do censo, refletindo um critério quantitativo. Um zero, ou seja, uma planta sem variedades ameaçadas, quer dizer que, de fato, muitas pessoas estão plantando todas as variedades identificadas.

** Georg Grünberg cita dois nomes para estas plantas, mangarito e taja. No Xingu, contudo, só observamos o emprego de mangarito, sendo *towa* o prefixo da palavra que designa dois tipos de mangarito: *towauu* e *towanaja*, o último ao que parece já extinto.

Fonte: levantamento nas aldeias do Parque do Xingu e Kururuzinho, PA, safra 1999-2000.

Assim, as terras pretas foram os locais escolhidos para o estabelecimento das primeiras aldeias no Xingu, mantendo-se a prática de usar florestas antrópicas para agricultura, continuando a manipulação da vegetação e dos solos realizada por outros povos há séculos. O estabelecimento de uma infra-estrutura criada pelos brancos e outros fatores externos ao grupo contribuíram para acentuar um fato aparentemente novo para os Kaiabi, a maior sedentarização das aldeias, levando a uma demanda crescente por recursos naturais finitos, como as terras pretas. Este novo arranjo social e a pressão sobre recursos estratégicos vêm desencadeando uma crise para o abastecimento de produtos oriundos da coleta, caça e agricultura, principalmente em aldeias maiores, como Tuiarare e Capivara. Esta última reúne as famílias que vieram transferidas do Rio Tatu'y.

Povos Tupi-Guarani, em geral, não realizam o cultivo de árvores ou o transplante de mudas nas capoeiras em regeneração ou trilhas (Baleé, 1994). Além dos quintais domésticos, não é comum se ver veredas plantadas pelos Kaiabi, apesar de haver em algumas aldeias trilhas com frutíferas cultivadas nas suas margens (o que sugere para a técnica um empréstimo cultural recente). Todavia, práticas de proteção de espécies florestais incluem a tolerância de algumas espécies em meio às roças (inajá, tucum, jatobá, sumaúma). Também o fogo das queimadas de roças pode realizar a escarificação de materiais propagativos formando, por exemplo, inajazais – agrupamentos da palmeira *Maximiliana maripa*, fortemente vinculados com o ciclo das roças. O grande conhecimento kaiabi de etologia parece promover, ainda, o favorecimento de condições ambientais propícias para a fauna, a qual faria a dispersão de material propagativo de muitas espécies de interesse. Coerentemente, os Kaiabi selecionam criteriosamente o local adequado ao sistema de cultivo desejado.

A dinâmica do sistema de cultivos dos Kaiabi inclui o calendário de trabalhos preparatórios (escolha do terreno; determinação do tamanho e forma da roça; roçada e derrubada; queimada inicial; coivara) e de plantio, desinçamento e tratos culturais, colheita e armazenagem. Há uma complementaridade nas funções agrícolas, pelo casal e filhos. Em geral o homem escolhe o terreno, roça e derruba o mato e realiza os tratos culturais, enquanto a mulher planta e colhe a produção, sendo auxiliada pelo marido e filhos.

O ritmo das estações é evidenciado pelo calendário agrícola kaiabi. Há diversos tipos de avisos da natureza para sinalizar a época de realizar os trabalhos com as roças, dentre os quais: o canto do pássaro *junyra*, que praticamente não pia durante a estação chuvosa; o aparecimento do gavião *towotauu*, que só surge durante a estação seca; a observação visual do abaixamento do Rio Xingu, chamado de *ytyryk*; o amarelecimento e queda das folhas da árvore *yagyp*, na capoeira. O aparecimento em grande quantidade das borboletas panã-panã nas margens dos rios é sinal de que o rio não subirá mais; a partir deste momento o nível do rio fica estável por uns 20 a 30 dias e, depois, começa a descer rapidamente; a floração de um tipo de ipê de flor escura, *tameju'yp*, indica que em breve começarão as chuvas, devendo-se queimar logo as roças; por fim, a época de maturação da fruta *api* (cerca de 15 de outubro) indica o momento do plantio do amendoim.

Quanto à forma das roças, sabe-se que estas eram antigamente circulares ou ovaladas, assumindo a forma retangular predominante hoje por assimilação cultural. Segundo Arupajup, filho mais velho do finado Prepori, na antiga aldeia Krukisa, no Xingu, eles ainda plantaram uma roça redonda. O tamanho das roças é variável segundo a composição planejada, o macroambiente de localização e o tipo de solo escolhido. Observa-se no Parque um padrão próximo dos seis mil metros quadrados para roças de mandioca e para policultivos. Roças maiores podem ter o dobro ou o triplo desta dimensão, porém os Kaiabi declaram que nunca fizeram roças muito grandes no Xingu.

A roçada é feita normalmente em três dias de trabalho, podendo contar com trabalho apenas familiar ou também com convidados. O mesmo tempo é requerido, em média, para a derrubada da mata com machados. Abre-se a roça por setores, com posterior acerto de eventuais sobras. Aqui situa-se a primeira revolução tecnológica do pós-contato: Galvão (1963, p. 124) afirma que na virada do século apenas os grupos que viviam muito isolados ainda não conheciam e usavam o machado de aço. Atualmente, os Kaiabi do Xingu estão paulatinamente adotando outra ferramenta, a motosserra, que está tornando-se a cada ano mais comum, transformando visivelmente a produtividade do trabalho masculino. Contudo, isto pouco interfere com a dinâmica do trabalho feminino.

A queimada é realizada por grupos de homens, ateando fogos em diversos pontos, das bordas para o centro, em dias com brisa suave e com a roça geralmente guarnecida por aceiros. Se bem executado o trabalho, as roças queimam bem, podendo fumegar por dois ou três dias. A coivara nem sempre é praticada. Merece destaque, no entanto, a área central da roça destinada ao cultivo do amendoim, que é totalmente limpa, tendo galhos e resíduos amontoados e queimados. A dimensão destas áreas em geral varia entre 600 e 900 m^2.

O povo kaiabi não aplica estratégias de fertilização direta em seus campos. Todavia, plantam seus cultivos mais exigentes próximos a troncos queimados, possivelmente devido ao acúmulo de nutrientes trazidos à superfície, disponibilizados através das cinzas. O plantio, embora ainda realizado com pau de plantar, em algumas aldeias já vem sendo substituído pela enxada. A figura do 'especialista em plantio', aquela pessoa que quando planta proporciona grandes colheitas, também já está desaparecendo em algumas aldeias. Replantios ocorrem conforme a necessidade. O cuidado com as roças envolve uma ou duas limpeza de ervas, com facão. Empregam, também, práticas agronômicas e xamânicas para controle de pragas e doenças.

Após a colheita ainda são empregados jiraus para armazenar a produção. Aqueles construídos para guardar cará são descobertos, já os destinados para o milho (*y'pe ok awasiryrũ*) são cobertos com um telhado rústico de folhas de inajá. Ambos podem ficar próximos da roça, mas o milho colhido pode ser levado para a aldeia. Jiraus para estufar banana também são usados, bem como a técnica de enterrio.

A composição e seqüência de cultivos varia com o tipo de terreno, segundo as necessidades imediatas da família e objetivos da roça. No Parque, áreas que recebem mandioca em terra vermelha são praticamente monocultivos, abrigando eventualmente culturas subsidiárias. Roças em terra preta podem apresentar grandes variações. As mais completas exibem policultivos alimentares com dezenas de espécies e cultivares, mas em geral concentram milho na maior parte de sua superfície, no primeiro ano. Dependendo da disponibilidade de terras pretas na aldeia, a mandioca pode ser plantada em consórcio ou em sucessão a outras culturas, no policultivo. Também, as roças em terra preta podem servir como base para a implantação de pomares, em geral com banana, abacaxi, mamão, caju, citrus e manga, os quais durarão até que a vegetação secundária abafe-os.

O zoneamento interno das roças exibe agrupamentos de plantas, consorciadas ou não, geralmente em linhas. Cada cultivo ocupa uma posição horizontal e vertical, em função das particularidades de sinais arqueológicos, do solo, microclima, do histórico conhecido da área ou interpretado em função da estrutura e composição da vegetação na época da derrubada. Diferentes culturas ou variedades destas podem ser separadas através de linhas plantadas com mandioca, milho, algodão ou banana, por troncos queimados ou mesmo um sutil aumento no espaçamento entre linhas de plantas.

O arranjo das roças afeta a estrutura e composição da sucessão secundária. Há uma seqüência identificável desde a roça de ciclo curto, passando pelo pomar, estágios mais avançados da sucessão até a floresta secundária, englobando espécies cultivadas, semidomesticadas e silvestres de interesse para os índios. Não há limite nítido entre roça e campo abandonado (sucessão secundária), mas sim uma transição, com variações na intensidade de manejo. O manejo mais intenso dura geralmente entre dois a três anos.

Embora possa ser maior, idealmente o pousio pode durar cerca de 15 anos. Contudo, em muitos casos o esgotamento de terras pretas próximas das aldeias tem levado a uma severa redução no tempo de pousio, que em alguns casos não passa de três a cinco anos. A estratégia que é manifestada pelos habitantes destas aldeias é de acessar capoeiras de terras pretas mais interiores, para permitir o descanso e regeneração destes sítios comprometidos. Porém, dada a existência de um número limitado de terras pretas e seu tamanho reduzido, mantendo-se as atuais taxas de crescimento populacional e a organização das aldeias, pode-se antever que em médio prazo a pressão por terras agrícolas para cultivos exigentes vai exigir outra estratégia mais duradoura.

Observando-se a paisagem norte do Parque como uma unidade regional, percebe-se padrões de distribuição de sub-unidades com roças e capoeiras, em meio à matriz de floresta. Estas áreas, em constante alteração, são ligadas por caminhos por terra e/ou por água (lagoas) que podem ser considerados corredores naturais para o refúgio da flora e fauna. Em diversos setores, há trilhas preferenciais para caçar e locais favoritos para pescar. Adicionalmente, estes sistemas agroflorestais de longo prazo podem abrigar importantes recursos genéticos.

Assim, as roças não se constituem em técnicas isoladas de subsistência, embora individualmente cada família tenha plena liberdade para escolher a composição e arranjo de componentes. Também, cada família detém a posse da parcela de solo usada para agricultura apenas enquanto a roça está ativa. É notório um sistema de manejo da floresta em diferentes zonas ambientais que resulta na formação de mosaicos de áreas de ecótono, com transições temporais e espaciais, o que favorece também a caça. A integração da agricultura, coleta, caça e pesca, apesar das mudanças que vêm ocorrendo com o grupo, continua sendo um dos pilares da economia kaiabi. [Geraldo Mosimann da Silva]

A cultura material: mudanças, comércio e resgate cultural

Para a ciência ocidental, o conjunto de objetos produzidos por uma determinada sociedade, com diversas finalidades, é uma forma de materialização de seus sistemas culturais. Portanto, este conjunto de objetos tem sido denominado de "cultura material". Após o contato com a sociedade não-índia, muitos povos indígenas começaram a produzir artefatos não só para o seu próprio uso, mas com finalidade comercial. O conjunto de objetos produzidos pelos povos indígenas para o comércio externo passou a ser comumente designado de "artesanato indígena" (Ribeiro, 1983).

Artefatos são instrumentos importantes na manutenção de instituições sociais e padrões culturais de uma sociedade. Etnógrafos têm demonstrado como estes objetos, aos quais se associam valores sociais, espirituais e econômicos, podem ser dados como dotes em casamentos, pagamentos de serviços prestados por pajés, trocados dentro ou fora do grupo que os produz e também vendidos.

Após a nossa viagem com um grupo de homens e mulheres kaiabi à região do Tatu'y em 1999, constatamos que fortes laços de parentesco e intercâmbio de pessoas ainda ocorrem entre os Kaiabi que permaneceram ou retornaram ao Rio dos Peixes (hoje Terra Indígena Apiaká-Kaiabi) e os Kaiabi do PIX. Porém, os Kaiabi do Tatu'y parecem ter perdido (ou mantêm dormente) a habilidade de confeccionar grande parte dos artefatos tradicionais do grupo. No Tatu'y, quase não existem mais artefatos indígenas: muitas técnicas foram esquecidas e a maior parte dos objetos foi substituída por produtos industrializados. Por outro lado, os Kaiabi do Xingu ainda mantêm uma parte significativa de seus artefatos tradicionais registrados por Grünberg em 1966, mesmo com perdas e mudanças em função do comércio e do contato com os não-índios e com outros grupos indígenas que habitam o PIX. O comércio de artesanato com a sociedade não-indígena brasileira pode levar tanto a mudanças como, às vezes, à manutenção de determinadas técnicas de confecção de artefatos produzidos com finalidade comercial em novos contextos.

No Parque, existe um trabalho de facilitação do comércio de artesanato das comunidades Kaiabi, Suyá e Yudja através da Associação Terra Indígena Xingu (Atix) iniciado em 1997. A Associação tem mantido um capital de giro que possibilita comprar das comunidades e vender para algumas lojas especializadas em São Paulo com as quais mantém relações comerciais. Além disso, existe um fluxo de pessoas que vão para Brasília e São Paulo, a fim de realizarem tratamento médico ou com outras finalidades, e aproveitam para levar artesanato das famílias ou das comunidades para vender diretamente em lojas especializadas ou na sede do Programa Artíndia da Funai, em Brasília.[9]

[9] O Programa Artíndia foi criado no início da década de 1970, em decorrência do acúmulo de artefatos indígenas adquiridos pelas equipes da Funai e encaminhados ao Museu do Índio. Além da matriz, em Brasília, conta hoje com mais seis lojas distribuídas em capitais brasileiras.

Muitos homens e mulheres kaiabi do Xingu estão preocupados com a perda, atualmente, dos conhecimentos relacionados aos seus artefatos. As mudanças sócio-culturais e ambientais causadas pela transferência do grupo para o Parque do Xingu, além da aparente falta de interesse dos jovens, como eles mesmo afirmam, têm causado preocupações quanto à continuidade futura das tradições e dos itens que compõem a cultura material e, conseqüentemente, a identidade étnica dos Kaiabi. A palavra-chave agora é o "resgate" ou a "revitalização" da cultura. Muitos Kaiabi acreditam que devem tomar providências para a perpetuação do seu sistema de conhecimentos, concretizada a seus olhos em seus objetos materiais, em novos contextos que vão além dos mecanismos tradicionais de transmissão deste conjunto de conhecimentos.

Algumas comunidades e pessoas vêm desenvolvendo projetos e atividades com esta finalidade. Em 1997, a Atix iniciou, juntamente com a atividade de comercialização de artesanato, o Projeto Kumana de resgate cultural, que envolvia os povos Kaiabi, Yuda e Suyá. Foram construídas "Escolas da Cultura" nas aldeias maiores, com a finalidade de criar um espaço para propiciar o ensino de artesanato e de outros aspectos da cultura, como contar histórias. O artesanato produzido nestas escolas seria comercializado via Associação e a verba reverteria para a manutenção do projeto. Este projeto teve duração de dois anos e atingiu resultados diferentes, dependendo da aldeia. A falta de entendimento e de envolvimento das comunidades por um lado, e de acompanhamento da equipe da Atix por outro, foram os principais fatores que contribuíram para seu fim. No entanto, alguns jovens chegaram a aprender a fazer bordunas e trançados de peneiras nestas escolas, principalmente nas aldeias Capivara e Kururu Kaiabi.

Existem outras iniciativas de resgate ligados à cultura material kaiabi, com destaque para o trabalho de rrevitalização da cestaria e da tecelagem e para as atividades desenvolvidas pelos professores indígenas nas escolas. Mesmo tendo em mente que a escola não substitui a socialização e as formas tradicionais de transmissão do conhecimento, nem tampouco o contato íntimo com a natureza e com os recursos naturais, acredita-se que ela possa ser uma aliada neste processo de resgate e reprodução cultural, construído com base em uma imagem objetivada de cultura tradicional, em que vários grupos indígenas brasileiros encontram-se envolvidos atualmente.

Se hoje fizéssemos uma descrição dos objetos confeccionados e usados pelos Kaiabi, nos moldes do trabalho que Georg Grünberg realizou, o panorama iria ser bem diferente. Primeiro, porque muitos itens são hoje confeccionados com finalidade quase totalmente comercial. Segundo, porque vários itens já não são mais confeccionados e, finalmente, as técnicas, a transmissão destas, o significado social dos objetos em si e mesmo as relações de gênero ligadas à confecção de certos artefatos também mudaram.

A disponibilidade dos recursos naturais necessários à elaboração dos objetos da cultura material dos Kaiabi é outro fator que influencia a produção atual, uma vez que muitos recursos ou não são encontrados ou têm ocorrência limitada na área do Parque do Xingu. Além disso, o processo de sedentarização das aldeias no PIX, aliado à destinação de itens para o comércio têm causado uma maior pressão sobre alguns recursos, e conseqüentemente, a diminuição de suas populações naturais. Este é o caso do arumã (*Ischnosiphon gracilis*, Marantaceae), principal fibra usada para os trançados das peneiras kaiabi e do tucumã (*Astrocaryum aculeatum*, Arecaceae), cuja madeira é usada como substituta da siriva (*Bactris macana*, Arecaceae) que não ocorre no PIX, para as bordunas e arcos e os frutos para os enfeites (colares, anéis e pulseiras). O taquari ou camaiúva (*Guadua* sp), espécie mais importante para a confecção de flechas de caça, também não ocorre naturalmente na área do PIX.

Um dos trabalhos em desenvolvimento junto aos Kaiabi é a pesquisa e o manejo de recursos naturais estratégicos para a reprodução sócio-cultural do grupo. Desde 2000, jovens vêm sendo formados para atuarem como agentes indígenas para o manejo de recursos naturais no PIX, envolvendo os povos Kaiabi, Suyá, Yudja e Ikpeng. Atividades de pesquisa e manejo do arumã foram implementadas na aldeia Sobradinho, com a participação de jovens kaiabi que atuam como agentes de manejo e da comunidade.

O tucumã é um recurso mais utilizado no PIX do que na área ancestral dos Kaiabi, pela não disponibilidade da siriva no Xingu. Assim, arcos e bordunas são agora preferencialmente confeccionados com a madeira escura e resistente desta palmeira. As bordunas passaram a ter um uso político, além de cerimonial, em festas esporádicas. Os Kaiabi usam as bordunas com empunhadura trançada de arumã, com padrões gráficos similares aos da sua cestaria, como símbolo de força, poder e identidade étnica em reuniões e eventos políticos. Além disso, estes objetos também são muito comercializados. Bordunas pequenas, para crianças, são confeccionadas em algumas aldeias para a venda, um tipo de "souvenir" kaiabi.

Os arcos e flechas passaram a ser usados mais para a pesca do que para a caça. Alguns Kaiabi ainda caçam macacos com flechas, mas muito raramente e mais para demonstração de sua destreza como caçador do que para prover a família. A caça passou a ser feita quase que exclusivamente com o uso de armas de fogo. Arcos e flechas são usados ainda por ocasião de festas esporádicas, como o *Jawotsi*.

A arquitetura kaiabi mudou completamente, não só no Parque do Xingu como também na aldeia do Rio dos Peixes. Eles praticamente abandonaram as grandes casas com telhado de duas águas indo até o chão. Adotaram o estilo arquitetônico que se disseminou na parte norte do Parque, talvez por influência dos Villas Bôas: casas menores com paredes de pau-roliço, telhado de palha de inajá amarrado com envira e algumas divisões interiores para os quartos. Em algumas aldeias do PIX ainda existiam casas de duas águas segundo o modelo tradicional Kaiabi. Porém, a relativa escassez de inajá na região, a pouca durabilidade deste tipo de telhado, e o fato das famílias hoje morarem com seus núcleos familiares, ao invés de constituírem famílias extensas morando na mesma “maloca”, como cita Grünberg, contribuíram para o desuso do tipo tradicional de habitação.

Os bancos de madeira, antigamente confeccionados segundo um tamanho convencional e usados somente pelos homens, também passaram por uma mudança significativa. Hoje os Kaiabi estão fazendo bancos de todos os tamanhos possíveis e começaram a pintá-los com o objetivo de torná-los mais atraentes para o comércio. Esta pintura nos bancos começou a ser feita em 1997, na aldeia Kururu, e logo foi adotada por pessoas em outras aldeias também. Os Kaiabi inspiraram-se nos Yudja, que tradicionalmente confeccionam bancos de madeira pintados com desenhos da sua pintura corporal. Os Kaiabi passaram então a usar a mesma tinta empregada pelos Yudja, aplicando nos bancos padrões gráficos oriundos de sua cestaria (Athayde, 1998). Em algumas aldeias, os jovens também se envolveram na pintura dos bancos, que passaram a ser vendidos mais facilmente.

Também as cuias e cabaças, a exemplo das registradas por Max Schmidt (1942), voltaram a ser decoradas com incisões, por alguns homens, com finalidade comercial. Os Kaiabi de algumas aldeias inspiraram-se em um documento elaborado por Klinton Senra (1997), contendo fotografias de objetos kaiabi da coleção do Museu Nacional e do Museu do Índio, no Rio de Janeiro. Além dos desenhos que eles costumavam representar nas cabaças, agora vários outros padrões, principalmente originários da pintura das peneiras, estão sendo empregados nas cuias e cabaças.

Os recipientes de entrecasca de árvore ainda podem ser observados em algumas casas. Também são confeccionados para a venda, mas o valor pago pelos compradores é irrisório em função do trabalho despendido para confeccionar esta “mala do índio”, denominação em português dada pelos Kaiabi. Alguns homens mais

Posto Indígena Diauarum, (1997)

Aldeia Capivara (2002)

Fotos: Simone Ferreira de Athayde

Preparação de polvilho, aldeia Maraká (1999)

Atividades na Casa de Cultura, aldeia Capivara (1997)

Tuiarajup, cacique da aldeia Kwaruja, usando a técnica de pintura posterior das peneiras (1999)

Fotos: Simone Ferreira de Athayde

Kawĩta'i, cacique da aldeia Kururu, fazendo peneira (1998)

Tecelagem, aldeia Tuiarare (1998)

Jeruá, aldeia Maraká, preparando cuias (1999)

Tymaka'i, falecido em 2002, o último Kaiabi do Rio dos Peixes que sabia fazer panakũ (1999)

Fotos: Simone Ferreira de Athayde

Mairawê Kaiabi, que presidiu a Atix por dez anos, empunhando a borduna tradicional

Simone Ferreira de Athayde

Aracy Kaiabi, professora da aldeia Maraká, com brincos e tatuagem tradicional (1999)

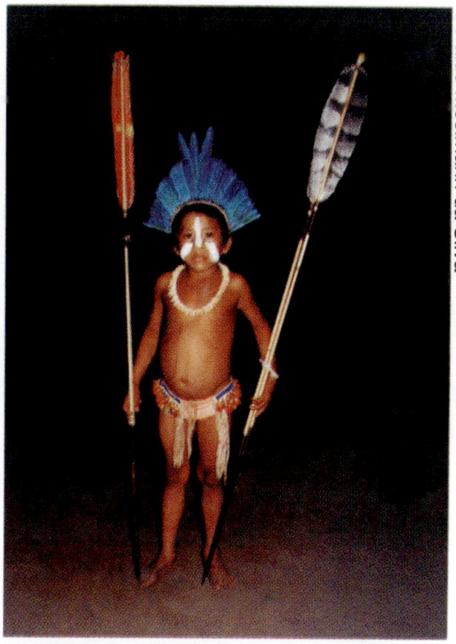

Geraldo Mosimann da Silva

Kamiran enfeitado para a festa Jawotsi, aldeia Maraká (1999)

Simone Ferreira de Athayde

Banco (kanawá) pintado com padrão da cestaria (1998)

Camila Gauditano

Escola da aldeia Três Irmãos (2003)

Simone Ferreira de Athayde

Prepori (Jepepyri) exibe sementes de variedades tradicionais (1999)

Na página ao lado, o desenho de Sirawan Kaiabi e dos alunos da escola da aldeia Kwaruja mostra o caminho percorrido para trazer as sementes da área ancestral do Rio dos Peixes até o Parque do Xingu.

Geraldo Mosimann da Silva

Colheita de amendoim na aldeia Kwaruja (2003)

SERRA FORMOSA
LEONARDO
RIO ARRAIA
RIO TARTARUGA

Festa Jawotsi, celebrada na aldeia Maraká (1999)

Festa para Kupeirup comemora a multiplicação das variedades de amendoim. Ao lado, Tuiarajup Kaiabi, filho de Prepori (2003)

fotos: Geraldo Mosimann da Silva

velhos ainda usam o *u'yp wirũ* (recipiente para flechas) para guardar penas, flechas e outros utensílios. As propriedades mágicas deste objeto foram enfatizadas por um mito contado por Tarumani Kaiabi, da aldeia Kururu. Segundo ele, antigamente os colares e cintos de tucumã não precisavam ser feitos pelos homens com as mãos, conta a conta, individualmente. Bastava colocar os caroços de tucumã dentro da mala, que depois de alguns dias as contas apareciam prontas e já enfiadas em cordão: saía um cordão bem comprido de contas de tucumã pronto de dentro da mala de entrecasca. Na mitologia kaiabi, o Lua era um irmão teimoso de Tuiarare, o herói mítico que criou o povo Kaiabi . Ele sempre queria fazer as coisas sozinho, mesmo quando seu pai dizia para não fazer. Então, ele quis fazer sozinho as contas de tucumã para os cintos. Por isso os Kaiabi têm de fazer todo o trabalho com o tucum até hoje.

Grünberg já havia mencionado a habilidade dos homens kaiabi em trabalhar com os frutos de tucumã e inajá para fazer adornos como cintos e colares. Segundo ele afirma, esta habilidade teria, na visão Kaiabi, suas origens em um tempo mítico, onde eles eram animais como a paca e a cutia, que se alimentavam dos frutos destas palmeiras. Também, antes do surgimento das plantas cultivadas, os próprios Kaiabi, já na forma humana, se alimentavam com os frutos destas plantas. Antigamente, antes da transferência dos Kaiabi, este era um trabalho exclusivamente masculino. Atualmente, a arte de confeccionar colares, pulseiras e cintos passou a ser um trabalho quase que exclusivo das mulheres. Elas contam que aprenderam a fazer colares de tucum e inajá com figuras zoomorfas com os Munduruku. A venda de colares é uma das principais fontes de renda das mulheres kaiabi, além de serem objetos de troca constante entre elas mesmas e com os não-índios que trabalham no PIX. Já os colares de sementes e de conchas quase não são mais confeccionados pelos Kaiabi do Xingu. Várias conchas existentes na região do Rio dos Peixes não existem no Xingu, bem como sementes especiais, substituídas em grande parte por miçangas industrializadas.

As peneiras desenhadas de arumã, confeccionadas pelos homens para as mulheres fiarem algodão, representam os objetos mais elaborados da cultura material kaiabi. Berta Ribeiro (1987), com base no trabalho de Grünberg e em um levantamento de campo que efetuou entre os Kaiabi entre 1977 e 1981, escreveu um artigo sobre o significado simbólico dos padrões gráficos representados nas peneiras dos Kaiabi . Em um trabalho anterior, Berta Ribeiro (1980) afirmou que os Kaiabi, os Paresi e os Tapirapé são os únicos grupos indígenas brasileiros que empregam a técnica de pintura posterior de peneiras em sua cestaria. Ao invés de pintarem as talas de arumã antes de começar o trançado, os Kaiabi usam a face lisa (ventral) e a rugosa (dorsal) das talas para demarcar os padrões de desenho. A peneira é totalmente pintada com a tinta avermelhada da casca de jequitibá (*Cariniana* sp). Depois de seca ao sol, esta tinta é raspada, revelando o desenho que fica aderido à parte interna da tala.

Conta o mito de criação do povo Kaiabi, também registrado por Grünberg em 1966, que Tuiararé, o herói demiurgo, era um grande pajé. Ele ficava horas em sua rede trançando peneiras de arumã, cujos restos acumulavam-se embaixo da rede. À noite, aparecia uma lagarta que morava nos ciscos de arumã e que se transformava em sua mulher. Até que sua mãe varreu aquela "sujeira" de arumã e a primeira mulher lagarta de Tuiararé foi embora.

Em 1966, Grünberg registrou 12 padrões gráficos representados nas peneiras pintadas pelos Kaiabi do Rio dos Peixes. Em nossa visita à aldeia do Rio dos Peixes em 1999, apesar da disponibilidade de arumã na região, registramos o desaparecimento quase completo das peneiras desenhadas. Somente um homem mais velho, Tymaka'i, ainda dominava a técnica por lá. No PIX, a falta de arumã é um fator preocupante, mas o repertório de desenhos ainda está sendo mantido, principalmente entre os homens de meia idade e mais velhos. Está atualmente em andamento um trabalho de resgate cultural das peneiras kaiabi, coordenado pelo professor Aturi, da aldeia Tuiararé. Fizemos nas aldeias, em publicações e em museus etnográficos do Brasil e do exterior, um levantamento fotográfico detalhado sobre os padrões de peneira, reunidos em um livro[10] a ser completado e publicado. Registramos até o momento a existência de 22 padrões gráficos para as peneiras kaiabi. Segundo Grünberg, um dos padrões considerados mais complexos (*ta'agap* = figura, desenho de gente) foi aprendido com os Apiaká. Kupeap, filho do falecido Temeoni e hoje um dos Kaiabi mais velhos, morador da aldeia Capivara, afirmou que alguns padrões foram aprendidos com os Apiaká, mas os Kaiabi já trançavam peneira antes.

O aprendizado das peneiras se dá sobretudo por observação e contagem. Alguns homens mais habilidosos conseguem reproduzir qualquer padrão gráfico a partir de fotografias e desenhos. Em algumas aldeias, como no Kururu, desenhos que já estavam sendo esquecidos voltaram a ser confeccionados a partir do livro que está sendo organizado. Esta forma de aprendizado reflete um dos mitos Kaiabi,

[10] O livro reúne fotografias tiradas por Grünberg em 1966, tiradas em museus de São Paulo (Museu de Arqueologia e Etnologia da USP) e Rio de Janeiro (Museu Nacional e Museu do Índio) e nas várias aldeias do PIX (Athayde, 1999).

em que um herói mítico viaja para o Rio Xingu para buscar cana-brava[11] e passa por várias aventuras até encontrar a casa onde viviam as serpentes, onde fica aprisionado. Ele começa a dizer vários nomes de animais e a serpente afirma não ter medo de nenhum, até que ele chama o nome do gavião Acauã. A serpente fica com medo e o herói pega um pedaço de peneira trançada que estava na parede e sai correndo pela porta, levando o pedaço de peneira desenhada para sua aldeia. Dizem que foi a partir desta peneira que ele aprendeu o trançado e ensinou para o povo Kaiabi (Athayde, 1999).

O *panakũ* ou *jamaxim*, um cesto grande de arumã desenhado usado para guardar redes, já estava em processo de desaparecimento em 1966, conforme Grünberg registrou. Hoje, somente um homem mais velho (Tarumani Kaiabi, aldeia Kururu) ainda tem a habilidade para elaborar este cesto. No Xingu, além de não existir arumã suficiente, nas poucas populações existentes as talas são curtas, não se prestando à confecção deste cesto.

***

A tecelagem kaiabi também passou por uma mudança significativa depois da transferência do grupo para o PIX. Grünberg registrou a técnica do trançado "torcido" *(twined)* das redes e tipóias kaiabi, empregada por vários outros grupos Tupi (Ribeiro, 1984/85). No Parque do Xingu, as mulheres kaiabi aprenderam com as mulheres yudja a técnica do entretecimento sarjado *(twilled)*, que permite o desenvolvimento de desenhos geométricos. As mulheres e homens confirmam esta mudança tecnológica em relação à tecelagem aprendida com os Yudja na década de 1970, porém eles afirmam que os desenhos geométricos empregados nas redes e tipóias são retirados dos padrões gráficos da cestaria kaiabi. Assim, os homens "iniciaram" para algumas mulheres os padrões geométricos nas redes e tipóias, que depois aprenderam sozinhas e passaram elas mesmas a criar ou copiar outros padrões. Hoje, quase todas as casas possuem uma rede tecida à mão, que é sinal de status e de destreza para as mulheres. Mas a maioria das redes utilizadas pelos Kaiabi atualmente são industrializadas, tendo em vista o trabalho para fiar e tecer uma rede, o qual leva de um a dois meses.

A cerâmica kaiabi pode ser considerada um item extinto de sua cultura material. Isto se deve por um lado à transferência do grupo para o Xingu, onde não existe o

[11] O Rio Xingu é denominado *Wywa'y* na língua kaiabi, e quer dizer "rio da cana-brava".

barro especial que os Kaiabi buscavam na região do Tatu'y (em excursões que duravam até três dias de canoa); e por outro à crescente disponibilidade de panelas de alumínio industrializadas no PIX. Há alguns anos atrás, houve um movimento de resgate da cerâmica por algumas mulheres kaiabi, mas a falta de barro apropriado e a necessidade de empregar outras matérias-primas (como o cauixi, espongiário usado pelas ceramistas do Alto Xingu, como as Waurá), além da fragilidade de algumas panelas confeccionadas, contribuíram para o arrefecimento desta iniciativa.

Um outro grupo de artefatos que merece destaque aqui é o dos instrumentos musicais. Grünberg menciona a existência de quatro tipos de flautas entre os Kaiabi do Tatu'y. Atualmente, no Parque do Xingu, a única flauta ainda usada esporadicamente é a de osso de onça ou, segundo Grünberg, "flauta com bocal lateral e defletor interno" (*ja'wakang*, ou apito de osso de onça), tocada pelos pajés para rezar os doentes. As flautas do tipo reta *(awawa)*, a flauta de pã *(jumia'uu)* e o trompete transverso (cf *irerujumi'a*) não são mais confeccionadas e nem tocadas pelos homens kaiabi.

As mudanças que ocorreram em relação à produção material dos Kaiabi nos últimos 37 anos refletem a dinâmica que caracteriza toda forma de expressão artística, constantemente em transformação. Algumas técnicas são perdidas, outras são aprendidas, enquanto outras são modificadas. A possibilidade de destinar os artefatos ao comércio externo é um fator que tem tido grande influência na produção de objetos e na distribuição do trabalho artesanal entre homens e mulheres.

Por outro lado, o isolamento relativo dos Kaiabi das cidades e dos não-índios após sua transferência para o Parque do Xingu parece ter contribuído, de forma relativa, para a manutenção de seu repertório de artefatos tradicionais, mesmo com os intercâmbios culturais que ocorreram e continuam ocorrendo entre os Kaiabi e outros povos indígenas que habitam o Parque. Além disso, há que se considerar que a área do Parque é pelo menos duas mil vezes maior do que a atual área dividida entre os Kaiabi, os Apiaká e os Munduruku no Rio dos Peixes. No Rio dos Peixes, a proximidade da cidade e dos não-índios, além do número pequeno de representantes Kaiabi que lá permaneceram ou que voltaram após a transferência, parecem ter causado a perda de muitos aspectos da cultura do grupo: entre eles, a perda da habilidade de produzir seus objetos de uso rotineiro e/ou ritual.

O movimento de alguns Kaiabi do Xingu que buscam um resgate da sua cultura e das suas artes reflete uma preocupação geral de que hoje, as mudanças estão acontecendo muito rapidamente. Também estão presentes reflexões entre as comunidades sobre a relação entre artesanato e cultura e o que significa produzir apenas para o comércio. Um jovem pode saber fazer um banco, mas pode não saber o significado e a história deste objeto para seu povo. De quê adianta perpetuar as técnicas se o conhecimento associado a elas está sendo perdido? Assim, os Kaiabi têm buscado novos mecanismos para a transmissão do conhecimento associado à cultura material por meio das escolas indígenas e/ou de projetos comunitários. Como disse Mairawê Kaiabi, líder político e presidente da Atix, durante uma reunião: "Sem isso (a cultura, o conhecimento tradicional) a gente não é nada. Não adianta a luta política, a gente estar aqui lutando, porque (...) sem a nossa cultura, se os nossos filhos não sabem trançar uma peneira, se a gente perder a língua, a gente não é nada (...)". [Simone Ferreira de Athayde]

A cultura como instrumento

Quando Georg Grünberg colocou os pés pela primeira vez em uma aldeia kaiabi, em novembro de 1965, o grupo que habitava o Rio dos Peixes passava por uma dramática experiência de conflito permanente com seringueiros o que, em 1966, acabou resultando na transferência de grande parte do povo Kaiabi para o Parque Indígena do Xingu. No início de seu trabalho, Grünberg anotou de forma enfática: "Neste nosso decênio certamente não se pode exigir de nenhum etnólogo que escreva monografias tribais com a consciência tranqüila. Se ele se propõe tarefa dessa ordem, o faz sabendo aspirar a algo impossível". Grünberg acabaria por se tornar testemunha ocular da última operação de transferência, iniciada um pouco mais de uma década antes, com o deslocamento dos Kaiabi do Rio Teles Pires para o Xingu, tornando-se inclusive passageiro no vôo organizado pelos Villas Bôas que levou parte dos Kaiabi do Rio dos Peixes para o Parque do Xingu. A sensação, inescapável naquele momento, era de que a história estava se fazendo à revelia dos povos indígenas, a reboque do que acontecia a sua volta. Um sentimento de perda, de *débâcle* cultural quase podia ser tocado em tudo transparecendo uma idéia de que estavam inevitavelmente perdendo algo para sempre. Ou então tinha-se uma imagem confusa, misturada, onde a presença de elementos brancos e índios, modernos e tradicionais, indicava mais um estado de degeneração social e cultural do que um processo vivo, dinâmico, de transformações e apropriações, embora sob um contexto novo e imprevisível. O próprio texto de Grünberg reflete bem esta situação ao colocar lado a lado esta imagem e uma etnografia propriamente dita da cultura material e da organização social do grupo em seus aspectos tradicionais. Grünberg viu os Kaiabi com os olhos treinados do pesquisador e também com a sensibilidade que ao longo dos anos sempre exibiria pela causa indígena.

Esta característica perpassou grande parte das etnografias produzidas sobre grupos indígenas no Brasil nas décadas de 60 e 70. Falando especificamente sobre a etnologia Tupi-Guarani deste período, Viveiros de Castro observa que esta "parecia esgotada e seu objeto voltado à desaparição concreta" (1986: 95-96). Os Kaiabi, assim como os Gorotire,[12] para citar um exemplo não Tupi-Guarani, visitados pela primeira vez por Terence Turner poucos anos antes, em 1962, "pareciam viver uma vida dupla, uma verdadeira esquizofrenia entre o indígena e o moderno" (Sahlins 1997: 123). Duplicidade esta que parecia se cristalizar, no caso Kaiabi, nos comentários de Grünberg sobre alguns de seus informantes. Falando de Temeoni, o último grande líder tradicional do grupo, reconhecido assim por índios e brancos, transparece uma sensação de ocaso pela qual o grupo parecia estar passando, sentimento este que parecia emanar dos próprios índios, pelo menos de alguns: "Talvez fosse o único (Temeoni) a ter plena consciência da amplitude da catástrofe sofrida pelos Kaiabi desde seu contato com os brasileiros. Ele se negava até a pronunciar uma única palavra em português". Já Yuparyup "tratava-me como a um colega e procurava despertar a impressão de que tinha mais em comum com os 'padres' e comigo do que com os demais Kaiabi". Prepori, por sua vez, parecia concentrar em si toda a aparente contradição vivida pelo grupo. Ele, de alguma forma, sintetizava e mimetizava todo o processo: "Provável mestiço de um mulato e uma Kaiabi do alto Teles Pires, ele desde cedo aprendeu a conhecer e a odiar a exploração de seus companheiros de tribo pelos seringueiros. (...) Percorreu nos anos seguintes todo o vale do Tele Pires habitado pelos Kaiabi, convencendo-os a fugir de seus donos e a transferirem-se para o Parque Nacional, onde lhes era oferecida segurança. (...) Falava bem o português, apresentava-se cônscio de si mesmo e manifestava em relação a mim o comportamento típico de um brasileiro. Respondia prontamente todas as minhas perguntas, mas parecia adotar elementos dos brasileiros e dos Kamayurá, principalmente na narração de mitos, designando-os de maneira sincrética como 'realmente Kaiabi'".

As perspicazes observações de Grünberg sobre seus informantes, principalmente sobre o também perspicaz Prepori, que viria a se tornar o mais importante xamã dos Kaiabi, o clássico interlocutor de dois mundos, já na época mostrava a germinação de um processo de conscientização e objetivação da cultura que tomaria corpo ao longo do tempo entre seu grupo e em grande parte dos grupos indígenas pelo mundo afora.

[12] Trata-se dos Kayapó Gorotire, do tronco lingüístico Macro-Jê.

Com a maior parte de sua população exilada de seus territórios tradicionais, vivendo no Xingu uma nova realidade ambiental e sócio-cultural em um processo de integração crescente com a sociedade envolvente que já remontava há algumas décadas, não se podia prever na época que os Kaiabi iriam fazer de um discurso consciente sobre sua cultura um instrumento de sua própria diferenciação cultural. Hoje, se a publicação da tese de Grünberg é de interesse de antropólogos e afins, ela o é muito mais para os próprios Kaiabi que olham para sua cultura, ou para uma construção específica desta, de uma maneira muito diferente do que faziam em 1966. O que parecia já germinar em Prepori era este processo que levaria os Kaiabi a ver também a sua cultura como produto social deles próprios, de usá-la reflexivamente e instrumentalmente na construção de sua identidade étnica, dela ser não apenas uma herança mas também um projeto, como bem observa Marshal Sahlins a respeito de outros povos (1997: 131).

Desde as pesquisas de Grünberg, os Kaiabi vêm se apropriando de um certo discurso sobre sua cultura encontrando-se engajados em um processo dinâmico de construção de sua etnicidade, como sempre estiveram, só que agora sob um novo contexto. Em uma série de artigos, Jean Jackson elabora uma forte crítica a uma visão essencialista de cultura, inadequada para a compreensão da dinâmica de absorções e reinvenções característica dos movimentos étnicos atuais. Grande parte da dificuldade que temos em compreender esta dinâmica derivaria de "uma visão convencional do conceito de cultura baseado em uma analogia quase biológica na qual um grupo de pessoas é visto como 'tendo' ou 'possuindo' uma cultura no sentido em que uma espécie animal tem peles ou garras" (1994: 383). Trata-se, basicamente, de uma crítica à visão de cultura como um conjunto que as pessoas simplesmente herdam. Falando a partir do exemplo Tukano, Jackson considera que os vê atualmente como pessoas que estão "adquirindo" uma cultura. Paradoxalmente, embora sejam índios, os Tukano estão adquirindo "uma cultura indígena" como resultado de um processo político de conscientização e objetivação. Os Kaiabi, através de sua Associação, de sua atuação política no contexto regional e de seus projetos e discursos de 'revitalização cultural' estão no mesmo processo. Ambos, em verdade, estão fazendo o que sempre fizeram, utilizando valores culturais para se diferenciarem enquanto grupo com a relação a outros grupos.

A questão de fundo passa então a ser uma discussão sobre a autenticidade ou não autenticidade dos discursos de revitalização cultural levados a cabo pelos movimentos indígenas. Tal discussão, em torno da autenticidade ou não desse movimento no qual os índios parecem estar 'tornando-se índios', não tem sentido "se vemos cultura como algo dinâmico, algo que as pessoas utilizam para se adaptar a condições sociais e ambientais em transformação e como algo que é por sua vez adaptado" (1994: 385). Jackson sugere que vejamos a cultura, menos como um conjunto de características herdadas de uma maneira estática e mais como uma improvisação de um grupo de jazz, na qual muitas variáveis entram em jogo (1994: 385).

O interessante é que a noção de cultura que subjaz a esses projetos é exatamente a de um conjunto de traços, ou seja, o mesmo enfoque que Jackson critica como responsável pelas nossas dificuldades na interpretação dos movimentos indígenas. O discurso Kaiabi sobre a 'cultura' não começou agora. Há vinte anos atrás, Prepori, um importante xamã e líder Kaiabi, lamentava que seu filho, criado por civilizados tirando látex, não soubesse caçar com arco nem fazer *yrupem*, as famosas peneiras do grupo. Acostumado a conversar com antropólogos e tendo passado muito tempo com os Villas Bôas em suas expedições, Prepori já fazia uso nessa época de um vocabulário próprio dessas pessoas. Em uma conversa com Berta Ribeiro afirmava: "índio novo precisa fazer cesta, dançar, senão cultura acaba" (Ribeiro 1979: 100). Atualmente a palavra cultura está na boca de todos. Em 1992, um jovem Kaiabi comentava em tom triunfante com uma pesquisadora americana: "Aqui no Xingu nós estamos criando cultura" (Oakdale 1996: 21). Os Kaiabi seguem seu caminho apesar dos grandes revezes do passado e também do presente.

No caso Tukano, analisado por Jackson em seus artigos, a apropriação e a objetivação da 'cultura' parece estar muito ligada com a organização política dos índios em suas associações. Naquela área é forte a atuação da igreja e de organizações não-governamentais que também contribuíram para essa autoconscientização. Para o caso do Parque do Xingu a situação é um pouco diferente. A formação e proliferação de associações indígenas no PIX é bem mais recente se comparada a outras regiões.

As lutas dos Kaiabi de hoje são outras e requerem novas armas. Em 1995 os índios da parte norte do Parque Indígena do Xingu, região habitada majoritariamente pelos Kaiabi, resolveram criar uma associação para defender seus direitos e tentar implementar alguns projetos na área. Nascia, então, a Associação Terra Indígena Xingu (Atix) incorporando mais uma entidade ao crescente movimento indigenista brasileiro. A Associação conta em sua diretoria com membros das etnias Juruna (Yudja), Suyá, Trumai, Txikão e Kaiabi, além de um conselho que reúne representantes de quase todas as 14 etnias presentes no PIX. A iniciativa para a criação da Atix partiu principalmente dos Kaiabi, que, através dela, estão envolvidos em vários projetos relacionados com a sustentabilidade ambiental, econômica e sócio-cultural dos grupos que habitam o Parque. Diferente das outras associações indígenas do Parque, estreitamente vinculadas a etnias específicas, a Atix – que sintomaticamente não carrega em seu nome uma denominação indígena particular – tem uma perspectiva de propor ações para o Parque como um todo, representando, em algumas instâncias e projetos, todos os grupos. É interessante que uma iniciativa com este caráter tenha partido exatamente de um povo transferido para a área e não dos próprios xinguanos. Isto, pelo menos em parte, explica-se precisamente pela não inserção dos Kaiabi no complexo sistema de relações historicamente construído entre os grupos xinguanos.

Dentre os projetos desenvolvidos pela Atix destaca-se, pelo seu significado para o tema aqui exposto, o das "Escolas de Cultura", que prevê a construção de casas nas aldeias destinadas a servir, principalmente, como local de ensino e aprendizado de técnicas artesanais em desuso ou dominadas por poucas pessoas atualmente. Assim, procura-se utilizar um espaço institucional típico da sociedade envolvente criando uma nova alternativa ao processo tradicional de transmissão do conhecimento. A Atix também apoia a realização de excursões para coleta de materiais e incentiva a realização das festas tradicionais.

Embora a criação através da Atix de um projeto como o das "Escolas de Cultura" sedimente e evidencie o processo de objetivação da cultura, nos termos aqui expostos, não é possível afirmar que seja o responsável por essa conscientização. Como a igreja nunca atuou dentro do Parque podemos afirmar que a idéia de cultura, retida pelos índios, como um conjunto de traços advém de seus contatos com a sociedade brasileira fora do Parque e com pesquisadores, eventuais viajantes e administradores do Parque.

Berta Ribeiro escreveria em seu diário de 1977 que Prepori era "um exemplo vivo de índio aculturado e biologicamente mestiçado que procura conciliar uma vivência da cultura tribal, por sua condição de pajé e líder Kaiabi, com uma participação no modo de ser dos caboclos da região" (1979:100). Um pouco mais adiante colocava a necessidade de se mostrar aos índios que "tão importante quanto aprender a ler e escrever é ensinar às novas gerações a fazer seus artefatos, porque isso é que, entre outras coisas, faz o índio Kaiabi identificar-se como Kaiabi, o Juruna como Juruna..." (1979: 140).

Os grupos que habitam o Alto Xingu têm sido considerados, no senso comum, por uma série de fatores e por diversos atores, como exemplos, por excelência, da cultura indígena tradicional. Grande parte dessa reputação deve-se aos irmãos Villas Bôas que contribuíram decisivamente para a construção de uma imagem do Alto

Xingu como um paraíso natural, cultural e supostamente isolado, como acreditavam que sempre esteve, já que acreditavam que em 1940 os índios estavam vivendo exatamente como em 1884, época da viagem do famoso etnólogo alemão Karl von den Steinen (Villas Bôas 1973: 13).

Como resultado da reputação que se formou e do incentivo dos Villas Bôas, os povos do Alto Xingu têm historicamente recebido o maior número das visitas que chegam ao Parque sejam de antropólogos, cineastas, autoridades do governo ou simplesmente celebridades atrás de algum exotismo. Já se tornou corriqueiro o convite a pessoas importantes para acompanharem a celebração do ritual intertribal mais famoso da área, o *Kwarup*. Curiosamente, devido ao maior afluxo de bens e pessoas para o Alto Xingu, os povos dessa área, supostamente mais isolados e identificados como guardiões da autêntica tradição indígena, acabaram por se tornar uma fonte de produtos não-indígenas para os outros grupos do Parque. Não é incomum, por exemplo, que os Kaiabi troquem penas de aves, colares de tucum ou inajá e outros itens artesanais por roupas, lanternas, armas etc., com os alto xinguanos.

Em contraste com os alto xinguanos, os Kaiabi historicamente têm sido considerados mais como caboclos que índios. Berta Ribeiro, em viagem pelo Parque em 1977, encontrou-se com dois cineastas poloneses que lá estavam decididos a fazer um filme com os verdadeiros índios do Xingu. Para eles os Kaiabi eram como camponeses porque "usavam roupas, não faziam rituais e moravam em casas distantes umas das outras e não em aldeias" (1979: 11). Vinte anos depois tive a oportunidade de ver a cena se repetir quando encontrei-me com duas pessoas enviadas pelo Discovery Channel ao Parque com o objetivo de agendar com os índios a realização de uma série de filmes. Embora tenham descido no Posto Diauarum, área de maior influência dos Kaiabi, não manifestaram interesse pelo grupo indo no dia seguinte para o Alto Xingu. Diferentemente dos poloneses encontrados por Berta, os ingleses do Discovery se mostraram bastante conscientes de que estavam atrás de estereótipos. Pessoalmente, consideravam igualmente importante e interessante fazer um filme com os Kaiabi, porém, segundo argumentaram, o mesmo não poderia ser dito dos executivos do canal ou dos telespectadores.

Independente de sua opinião pessoal, o fato é que a presença dessas pessoas, e os filmes que irão fazer, reforçarão os estereótipos e a entrada de bens ocidentais que circularão dentro do Parque a partir do Alto Xingu. O fato novo é que, neste momento, a atitude de indiferença dos cinegrafistas para com os Kaiabi está tendo o efeito de incentivá-los em seus projetos de revitalização cultural dentro de um contexto onde a indianidade possui novos valores.

Esses são apenas pequenos exemplos e poderíamos citar outros que sugerem como a atuação de antropólogos e outros pesquisadores na área contribuem, direta ou indiretamente, para a sedimentação de uma peculiar noção de cultura por parte dos índios. Independente do que se faça, a simples presença de antropólogos ou outras pessoas com algum discurso sobre cultura na área, serve para reforçar e fazer com que cada vez mais os Kaiabi, como a maioria dos outros grupos, se utilizem objetivamente da cultura 'que os brancos querem ver', enquanto vivem uma cultura que é muito mais do que isso.

Em sintonia com Sahlins, acreditamos que "não há sentido em lamentar por 'inautênticas' as formas de adaptação dos povos locais ao Sistema Mundial, sequer quando eles se apropriam das imagens ocidentais do 'nativo' como signos de sua própria alteridade – seja com propósitos aparentemente benignos (como quando os 'nativos' utilizam, em benefício próprio, toda a sabedoria ecológica que o movimento ambientalista lhes imputa), seja com propósitos explicitamente comerciais (como na exploração do mercado turístico ávido por danças 'nativas', artefatos ou coisa que o valha). É assim que se faz a história cultural, em um intercâmbio dialético do global com o local. Pois ficou bem claro agora que o imperialismo não está lidando com amadores nesse negócio de construção de alteridades ou de produção de identidades" (Sahlins 1997: 133). Neste cenário, impõe-se agora aos Kaiabi, e a todos nós, o desafio de construir a sustentabilidade das bases ambientais e sócio-culturais que permitam a reprodução de um modo de ser diferenciado, onde a transformação e a mudança, inerente a qualquer grupo humano, opere não no sentido da homogeinização, mas sim da manutenção da diversidade. [Klinton V. Senra]

Referências bibliográficas do posfácio

BALÉE, William. The culture of Amazonian forests. In: POSEY, Darrel A.; BALÉE, William (Eds.). *Resource Management in Amazonia* : indigenous and folk strategies. New York : New York Botanical Garden, 1989. p. 1-21. (Advances in Economic Botany, 7).

GALVÃO, Eduardo. Elementos básicos da horticultura de subsistência indígena. *Rev. do Museu Paulista*, São Paulo : Museu Paulista, n.s., n.14, 1963.

GRÜNBERG, Friedl Von; GRÜNBERG, G. Die materielle Kultur der Kayabí-Indianer. *Archiv für Völkerkunde*, Viena, v. 21, p. 27-90, 1967.

JACKSON, Jean E. Becoming indians : the politics of Tukanoan ethnicity. In: ROOSEVELT, Anna (Ed.). *Amazonian indians from prehistory to the present* : anthropological perspectives. Tucson : Univers. of Arizona Press, 1994.

———. Culture, genuine and spurious : the politics of indianess in the Vaupés, Colombia. *American Ethnologist,* Washington : American Anthropological Assocition, v.22, n.1, p. 3-27, 1995.

MORAN, E. Rich and poor ecosystems of Amazonia : as approach to management. In: NIHIZAWA, T.; UITTO, J. I. (Eds.). *The fragile tropics of Latin America* : sustainable management of changing environments. Tokyo : United Nations Univ. Press, 1995.

NIMUENDAJÚ, Curt. Tribes of the lower and middle Xingu river. In: STEWARD, Julian (org.). *Handbook of South American Indians*. v.3: The Tropical Forest Tribes. Washington : Smithsonian Institution, 1948. p. 213-43.

POSEY, Darrel A. 1984. A preliminary report on diversified management of tropical forest by the Kayapó indians of the Brazilian Amazon. In: PRANCE, G. T.; KALLUNKI, J. A. (Eds.). *Ethnobotany in the neotropics*. New York : New York Botanical Garden, 1984. p. 112-26. (Advances in Economic Botany, 1)

RADAM BRASIL. *Levantamento de recursos naturais*. v. 20, Folha SC 21, Juruena. Rio de Janeiro : Ministério das Minas e Energia, 1980.

———. *Levantamento de recursos naturais*. v. 22. Folha SC 22, Tocantins. Rio de Janeiro : Ministério das Minas e Energia, 1981.

RIBEIRO, Berta G. Artesanato indígena : para que, para quem? In: RIBEIRO, Berta G. et al. *O artesão tradicional e seu papel na sociedade contemporânea*. Rio de Janeiro : Funarte, 1983. p.11-49.

SAHLINS, Marshall. O "pessimismo sentimental" e a experiência etnográfica : por que a cultura não é um objeto em via de extinção (Parte II). *Mana*, Rio de Janeiro : UFRJ, v. 3, n. 2, 1997.

SCHMIDT, Max. Los Kayabís en Matto-Grosso (Brasil). *Rev. de la Sociedad Científica del Paraguay*, Assunção, v. 5, n.6, p. 1-34, 1942.

SMITH, Nigel. Anthrosols and humam carryng capacity in Amazonia. *Annals of the Association of American Geographers*, s.l., v.70, n.4, p. 553-66, 1980.

SOUZA, Antonio Pyrineus. Exploração do rio Paranatinga. *CLTE*, Rio de Janeiro : Comissão de Linhas Telegraphicas Estratégicas de Mato Grosso ao Amazonas, n. 34, 1916.

VIVEIROS DE CASTRO, Eduardo. *Araweté* : os deuses canibais. Rio de Janeiro : Jorge Zahar Ed., 1986

———. *From the enemy's point of view* : humanity and divinity in an amazonian society. Chicago : University of Chicago Press, 1992.

Referências bibliográficas sobre os Kaiabi

ATHAYDE, Simone Ferreira de (Org.). Arte indígena Parque do Xingu : Kaiabi, Yudja, Suya. São Paulo : ISA ; Atix, 2001. (Catálogo de divulgação cultural e comercial. Inclui três cadernos e um poster).

———. Knowledge transmission and change in Kaiabi (Tupi-Guarani) basketwork, southern Amazonian region, Brazil. Canterbury : Univers. of Kent/Depatment of Anthropology, 2003. (Dissertação de Mestrado)

———. *O livro das peneiras Kaiabi* : Yrupema re je mu'e. São Paulo : ISA ; Atix, 1999. 108 p.

———. Novos rumos para a arte indígena do Parque do Xingu. In: RICARDO, Carlos Alberto (Ed.). *Povos indígenas no Brasil* : 1996/2000. São Paulo : ISA, 2001. p. 649-50.

——— (Org.). *Organização social, aspectos econômicos e sustentabilidade ambiental* : perspectivas para a potencialização do comércio de artesanato no Parque Indígena do Xingu. Relatório técnico. São Paulo : ISA ; Atix, 1998. 160 p.

———. Sustentabilidade ambiental de recursos naturais utilizados na cultura material Kaiabi no Parque Indígena do Xingu, região Amazônica, Brasil. *Etnoecológica*, México : Etnoecologia, v. 4, n. 6, p. 84-100, 2000.

BARUZZI, R. G. et al. História natural da doença de Jorge Lobo : ocorrência entre os índios Caiabi. *Rev. do Instituto de Medicina Tropical de São Paulo*, São Paulo, v.21, 1979.

COSTA, M. F.; MONTEIRO, M. D. Dois estilos plumários : "barroco" e "clássico" no Xingu. *Rev. do Museu Paulista*, São Paulo : Museu Paulista, n.s., n. 18, sep., p. 127-43, 1968.

DOBSON, Rose. *Gramática prática com exercícios da língua Kayabi.* Cuiabá : SIL, 1988.

DAL POZ, João. *Informações históricas sobre o território Kaiabi* : relatório apresentado à Funai. Brasília : Funai, 1996.

FAUSTO, Carlos. *A ocupação indígena na região dos formadores e alto curso do rio Xingu* : laudo antropológico. Rio de Janeiro : Museu Nacional/ PPGAS, 1990.

FERREIRA, Mariana Kwall Leal. *Da origem dos homens à conquista da escrita* : um estudo sobre povos indígenas e educação escolar no Brasil. São Paulo : USP, 1992. (Dissertação de Mestrado).

GALVÃO, Eduardo. Diários do Xingu (1947-1967). In: GONÇALVES, Marco Antônio Teixeira (Org.). *Diários de campo de Eduardo Galvão* : Tenetehara, Kaioa e índios do Xingu. Rio de Janeiro : UFRJ, 1996. p. 249-381.

LEA, Vanessa Rosemary. *Jawaci* : an interpretative case study of a Kayabi ceremony and social drama in Baixo Xingu. 1977. (Trabalho apresentado no curso de pós-graduação do Museu Nacional - Mimeografado).

————. *Parque Indígena do Xingu* : laudo antropológico. Campinas : Unicamp, 1997. 220 p. (AI: Parque Indígena do Xingu)

OAKDALE, Suzanne Robyn. *The power of experience :* agency and identity in Kayabi healing and political process in the Xingu Indigenous Park. Chicago : Univ. of Chicago, 1996. (Tese de Doutorado)

PAGLIARO, Heloisa. *A revolução demográfica dos povos indígenas do Brasil* : a experiência dos Kaiabi do Parque Indígena do Xingu, MT - 1970-1999. São Paulo : USP, 2002. 199 p. (Tese de Doutorado)

RIBEIRO, Berta G.. Tecelãs tupi do Xingu. *Rev. de Antropologia*, São Paulo : USP, v. 27/28, p. 355-402, 1984/1985.

————. Desenhos semânticos e identidade étnica : o caso Kayabí. In: ———— (Coord.). *Arte índia*. Petrópolis : Vozes, 1986. p. 265-86. (Suma Etnológica Brasileira, 3)

SCHMIDT, Marcus Vinícius Chamon. *Etnosilvicultura Kaiabi no Parque Indígena do Xingu* : subsídios ao manejo de recursos florestais. São Carlos : USP-SC, 2001. 194 p. (Dissertação de Mestrado)

SCHMIDT, Nigel. Anthrosols and human carryng capacity in Amazonia. *Annals Association of American Geographers*, s.l. : American Geographers, n. 70, p. 553-66, 1980.

SENRA, Klinton Vieira. *Relatório circunstanciado de identificação e delimitação da Terra Indígena Batelão (Etnia Kaiabi)*. Brasília : CGID/DAF/Funai, 2002.

————. *Relatório preliminar de identificação da Terra Indígena Rio Arraias*. Brasília : CGID/DAF/Funai, 2000.

————. *A cultura material Kayabi nos museus do Rio de Janeiro*. São Paulo : ISA/Atix, 1997. 71 p.

————. Os Kaiabi. In: *Enciclopédia Povos Indígenas no Brasil* [online]. Disponível na World Wide Web: <http://www.socioambiental.org/website/pib/epi/kaiabi/kaiabi.shtm>.

SENRA, Klinton Vieira; ATHAYDE, Simone Ferreira de. Os Kaiabi viajam ao centro do mundo. In: RICARDO, Carlos Alberto (Ed.). *Povos indígenas no Brasil*: 1996/2000. São Paulo : ISA, 2001. p. 649-50.

SENRA, Klinton Vieira; JESUS, E. *Relatório sobre o levantamento dos sistemas de produção da Aldeia Capivara, Etnia Kayabi, Parque Indígena do Xingu.* São Paulo : ISA, 1996.

SILVA, Geraldo Mosimann da. *Agricultura Kaiabi e Yudja na paisagem norte do Parque Indígena do Xingu.* São Paulo : ISA, 1999. 104 p.

SILVA, Geraldo Mosimann da; ATHAYDE, Simone Ferreira de. *Bases socioambientais para o desenvolvimento de alternativas econômicas sustentáveis na região norte do Parque Indígena do Xingu – MT*: relatório técnico. São Paulo : ISA, 1999.

SILVA, Geraldo Mosimann da; ATHAYDE, Simone Ferreira de; SENRA, Klinton Vieira; SCHMIDT, Marcus Vinícius Chamon. *Viagem histórica do povo Kaiabi ao seu território ancestral no Rio dos Peixes, MT.* São Paulo : ISA/Atix, 2000. 75 p.

TRAVASSOS, Elisabeth. *Xamanismo e música entre os Kayabi.* Rio de Janeiro : UFRJ, 1984. 357 p. (Dissertação de Mestrado)

————. A tradição guerreira nas narrativas e nos cantos Caiabis. In: COELHO, Vera Penteado (Org.). *Karl von den Steinen*: um século de antropologia no Xingu. São Paulo : Edusp, 1993. p. 445-83.

VILLAS BÔAS, Orlando; VILLAS BÔAS, Cláudio. *Os Kayabi do rio São Manuel.* Porto Alegre : Kuarup, 1989. 116 p.

————. *Xingu*: os índios e seus mitos. Rio de Janeiro : Zahar, 1973.

WENZEL, Eugênio. *Relatório sobre a Reserva Indígena Kayabi-Tatuí.* Brasília : Funai, 1983 (mimeografado)

O **Instituto Socioambiental** (ISA) é uma associação sem fins lucrativos, qualificada como Organização da Sociedade Civil de Interesse Público (Oscip), fundada em 22 de abril de 1994, por pessoas com formação e experiência marcante na luta por direitos sociais e ambientais.

Com sede em São Paulo e subsedes em Brasília (DF) e São Gabriel da Cachoeira (AM), além de bases locais para a implantação de projetos demonstrativos, o ISA tem como objetivo defender bens e direitos sociais, coletivos e difusos, relativos ao meio ambiente, ao patrimônio cultural, aos direitos humanos e dos povos.

O ISA produz estudos e pesquisas, implanta projetos e programas que promovam a sustentabilidade socioambiental, valorizando a diversidade cultural e biológica do país.

Para saber mais sobre o ISA consulte **www.socioambiental.org**

Apoio institucional:

ICCO – Organização Intereclesiástica para Cooperação ao Desenvolvimento

NCA – Ajuda de Igreja da Noruega

São Paulo
Av. Higienópolis, 901
01238-001
São Paulo – SP – Brasil
tel: (11) 3660-7949
fax: (11) 3660-7941
isa@socioambiental.org

São Gabriel da Cachoeira
Rua Projetada 70 – Centro
Caixa Postal 21 – 69750-000
S. G. da Cachoeira – AM – Brasil
tel: (97) 471-1156/2193
fax: (97) 471-1156
isarionegro@uol.com.br

Brasília
SCLN 210, bloco C, sala 112
70862-530
Brasília – DF – Brasil
tel: (61) 349-5114
fax: (61) 274-7608
isadf@socioambiental.org

tiragem desta edição: 1.000 exemplares

impressão e acabamento: Gráfica e Editora Alaúde Ltda (São Paulo, SP)